（第5辑）

高等学校薪酬管理研究论文集萃

曾 嵘 刘婉华 主编

清华大学出版社
北 京

内 容 简 介

本书是中国高等教育学会薪酬管理研究分会组编的2017—2018年研讨论文和研究报告汇编，展示了高校改革人事管理模式、完善绩效评估办法、优化薪酬管理制度、加强高校人才队伍建设和提高办学水平的最新研究成果。

图书在版编目(CIP)数据

高等学校薪酬管理研究论文集萃. 第5辑/曾嵘, 刘婉华主编.—北京：清华大学出版社，2020.3
ISBN 978-7-302-54574-3

Ⅰ.①高…　Ⅱ.①曾…　②刘…　Ⅲ.①高等学校－劳动工资管理－中国－文集　Ⅳ.①G647.5-53

中国版本图书馆CIP数据核字(2019)第290348号

责任编辑：黎　强
封面设计：傅瑞学
责任校对：赵丽敏
责任印制：丛怀宇

出版发行：清华大学出版社
网　　址：http://www.tup.com.cn, http://www.wqbook.com
地　　址：北京清华大学学研大厦A座　　邮　　编：100084
社 总 机：010-62770175　　邮　　购：010-62786544
投稿与读者服务：010-62776969, c-service@tup.tsinghua.edu.cn
质量反馈：010-62772015, zhiliang@tup.tsinghua.edu.cn
印 装 者：三河市铭诚印务有限公司
经　　销：全国新华书店
开　　本：185mm×260mm　　印　张：23.25　　字　数：562千字
版　　次：2020年3月第1版　　印　次：2020年3月第1次印刷
定　　价：80.00元

产品编号：086080-01

《高等学校薪酬管理研究论文集萃》
编　委　会

前　言

2018年以来，国家继续聚焦聚神聚力，全面深化高等教育综合改革。作为推动高等教育内涵式发展和助力“双一流”建设的重要抓手，我国高等院校在薪酬制度的改革方面继续稳步推进，提出了一些新课题、新挑战，同时在高校人力资源工作者和薪酬课题研究者的努力下总结出不少值得借鉴的经验和建设性的思路，涌现出一批优秀的研究成果。

自2007年开始，中国高等教育学会薪酬管理研究分会充分发挥“平台”作用，围绕人力资源和薪酬制度建设等专题已陆续出版了四辑论文集萃，产生了良好的社会反响，既调动了相关领域工作人员的积极性，又充分展示了薪酬管理研究分会重总结、重研究的良好风气。集结而成的论文集萃受到了各个会员单位广泛的欢迎和关注，在我国高等学校薪酬研究领域的影响越来越大。现将近两年的14篇优秀论文和研究分会组织开展的8项研究课题报告再次结集出版，这些论文来自研究分会《高校薪酬管理研究通讯》（2017年总第21期）和《高校薪酬管理研究通讯》（2018年总第22期）的部分文章，课题报告则是研究分会近年来开展的重点课题研究成果。本辑论文集萃在数量上较之前有所减少，但更加偏重研究的深度和系统性，对于现实薪酬问题的探讨更加细致。

《高等学校薪酬管理研究论文集萃（第5辑）》将继续致力于分享和交流高等学校薪酬管理研究的最新进展，激发大家进一步思考，希冀在前人基础上出现更加优秀的实践和理论成果，形成具有推广价值的解决方案，为政策制定提供参考，助力并践行科教兴国伟大战略，服务国家发展大局。

本辑论文集萃的出版，受到分会领导一如既往的关心和支持，一些会员单位提出了很好的建议，同时在出版过程中得到清华大学出版社的大力支持，在此表示诚挚感谢！

中国高等教育学会薪酬管理研究分会

2019年11月于北京

前言

目　　录

论　　文

研究报告

论文

“双一流”建设背景下的高校教师薪酬体系改革

王保平　何　萌

（东南大学 江苏南京　210000）

摘　要：2016 年 11 月，各中央部委直属高校开始全面实行绩效工资制度改革，这标志着我国一流高校的新一轮收入分配制度改革已经全面拉开序幕。如何在国家政策及总量控制的基础上，构建适合一流大学发展需要的教师绩效工资体系，成为高校内外广泛关注的问题。本文在对美国一流大学薪酬体系部分特点分析梳理的基础上，结合我国高校发展的实际情况，为“双一流”建设过程中各高校教师薪酬体系的构建提供思路与建议。

关键词：“双一流”；教师；绩效工资；薪酬体系

一、我国一流高校教师薪酬体系现状及存在的问题

首先，我国高校现行的工资制度以单一工资制为主体，决定教师工资的主要因素是学历、职称、工龄三大因素。近年来，虽然高校对教师工作绩效的重视程度逐年增加，但绩效考核流于形式，绩效标准难以做到准确全面，尚不能避免分配中的平均化、资历化问题。如何建立确保“绩效”，又兼顾“公平”的绩效工资制度，真正实现高校劳动力资源的合理配置，发挥薪酬对人才的绩效激励作用，仍是国内一流大学需要深入解决的问题。

其次，我国一流高校经过上一轮薪酬体系改革，大部分实行了校内岗位绩效津贴制度，有相当数量的高校在薪酬方式多样化方面进行了富有成效的探索，在制定高层次人才薪酬方案时，能够根据市场因素、行业特点、人才个性化需求等方面的实际情况，制定个性化的协议薪酬体系。但对于劳动力市场薪酬水平调整的响应还不够迅速，在多角度收集和分析薪酬数据方面，还较为被动。在制定高层次人才薪酬政策时，存在片面依赖高薪酬高待遇竞价抢挖人才，以“学术头衔”“人才头衔”确定薪酬待遇、配置学术资源的现象，影响人才长期稳定服务。高校如何科学地制定高层次人才薪酬体系，来引导和规范高层次人才的合理流动，杜绝人才的无序竞争，这将是新一轮绩效工资体系构建过程中需要重点解决的问题。

第三，随着“双一流”大学建设的深入推进，我国政府近年来将“建设世界一流大学和一流学科”上升到国家战略层面，累计投入了数以千亿计的资金，我国高校在对世界高质量科研的总体贡献率方面也有抢眼的表现。但从科研经费的支出用途角度来看，对高校提高科研表现作用最大的薪酬支出占比还有待提高。因此，对于我国一流大学，如何不断增强管理能力，提高科研经费使用的有效性，使科研经费充分投入到高校的各项教学、科

研及公共服务活动中，以适应劳动力市场不断提高的薪酬水平，也是高校教师薪酬体系构建过程中有待解决的问题。

二、国外一流大学薪酬体系的借鉴及启示

综观欧美主要发达国家的高等学校，以美国为例，其世界一流大学的薪酬体系在吸引人才和绩效激励方面通常比一般大学更具优势和吸引力，主要有以下几个特征：

1. 薪酬水平具有市场竞争力

美国一流大学面向全球竞争优秀人才，教师的薪酬水平主要取决于市场价格。一方面，重视教师的工作绩效，通过对教师的个人贡献与工作绩效进行评价，并考虑职位、级别的差异，制定出差异化、个性化的工资方案。如顶尖杂志发表的文章数量、学术成就、教学任务、引用次数以及所出版的书籍等因素，都会对教师的薪酬分配产生影响。对于高层次人才的薪酬福利，甚至做到一人一议。另一方面，高校之间激烈的人才竞争，要求各高校密切关注相关劳动力市场的薪酬动态，定期组织或参与行业内外的各类薪酬调查。在制定本校薪酬政策时，高度重视全行业的薪酬市场调查数据，并以最快的响应速度，尽可能准确地获取相关劳动力市场的行业薪酬信息。基于这些薪酬信息，学校薪酬部门定期评价现有的薪酬水平及结构，并适时进行调整，以确保能够吸引更多人才的加入。因此，美国一流大学的薪酬水平，相对于其他行业和其他高等教育机构，具有更强的市场竞争力。一流大学的教师有着令人羡慕的薪酬福利待遇，这种待遇为学校各类人才安心从事教学和科研工作提供了强有力的保障。公平、科学、稳定的薪酬调节机制，有效地保障了美国高校高层次人才的有序流动。

2. 高校整体薪酬水平与学校排名密切相关

美国的高校，按所有制可分为公立大学和私立大学。前者属政府所有，办学资金来自政府，经费相对有限单一；后者属于私有，获得的政府财政拨款较少，办学经费主要来自学费、投资收益及各界校友捐款，经费来源相对广泛，往往经济实力雄厚，可提供给教职员工的薪酬福利待遇也更为丰厚，在吸引人才方面更具市场竞争力。因此，经过几百年的发展，美国很多私立大学发展成为世界一流大学。表 1 是 2016 年美国 20 所一流大学平均有效薪酬状况的调查数据。表 1 按教授的平均有效薪酬排序，可以看出 2016 年薪酬排名前 20 的高校，大部分也都位于美国大学排行榜前 20 名。例如斯坦福大学的教授，平均年薪 28 万美元，职位相对较低的助理教授也有 15 万美元的年收入。只有 3 所高校位于美国大学排行榜前 20 名之外，分别为纽约大学（36 名）、洛杉矶加州大学（24 名）、巴布森学院（52 名）。其中纽约大学和洛杉矶加州大学分别地处美国东西部经济最发达的两大都市圈之内，所在地经济发展水平高，因此两所学校的整体薪酬水平也较高。而巴布森学院主打商科，经济类、金融类教授占很大比重，而这些学科在美国劳动力市场的平均薪酬水平很高，所以该校提供给教师的薪酬待遇也较高。由此可见，一流大学为教师提供了一流的薪酬待遇，一流的薪酬也为大学的良性发展提供了有力保障。

表 1　美国 20 所一流大学平均有效薪酬状况
（按教授平均薪酬排序）

平均薪酬排名	学校名称（中文）	2016 年美国 USNEWS 大学排名	2016 年平均有效薪酬（万美元）		
			教授	副教授	助理教授
1	斯坦福大学	5	28.04	18.67	15.39
2	芝加哥大学	3	27.82	15.79	14.01
3	哈佛大学	2	27.4	16.31	15.97
4	纽约大学	36	26.02	14.96	14.68
5	哥伦比亚大学	5	25.84	17.56	13.58
6	耶鲁大学	3	25.68	15.64	12.74
7	宾夕法尼亚大学	8	25.64	15.93	15.74
8	麻省理工学院	7	24.96	16.79	14.77
9	普林斯顿大学	1	24.75	15.55	12.2
10	西北大学	12	24.26	14.7	13.7
11	巴布森学院	52	23.75	17.84	13.92
12	杜克大学	8	23.5	14.83	11.25
13	圣路易斯华盛顿大学	19	23.1	14.59	12.84
14	乔治城大学	20	22.88	14.25	12.97
15	莱斯大学	15	22.86	15.85	12.74
16	范德堡大学	15	22.75	13.6	11.1
17	洛杉矶加州大学	24	22.71	14.47	11.83
18	达特茅斯学院	12	22.37	14.26	10.35
19	加州理工学院	10	22.14	15	14.2
20	伯克利加州大学	20	21.7	14.43	13

数据来源：美国统计网站 Startclass.com 及美国 USNEWS2016 年大学排名。

3. 高校整体薪酬水平存在明显的学科及地域差异

美国高校的薪酬水平在不同学科之间存在明显差异。市场上热门的行业，如法律、医学、工程、经济等专业教师的收入，远高于文学、历史、政治等冷门学科。根据 2013 年全美所有大学各学科教师的平均薪酬的调研结果，将 30 个学科按大理科和大文科进行简单分类，从图 1 数据可以看出，大理科类教授平均年薪为 96741 美元。年薪在 10 万美元以上的学科有建筑学（超过平均值 6%）、计算机与信息科学（超过平均值 10%）、工程学（超过平均值 24%）、医疗保健（超过平均值 4%）。副教授年薪在 8 万美元以上的有计算机与信息科学、工程学，同时工程学的助理教授的年薪也超过了 8 万美元。此外，高校所属地域经济发展水平的不同，也会带来教师平均薪酬水平的差异。如前文列出的纽约大学、洛杉矶加州大学，虽然没有进入美国大学排行榜前 20 名，但由于地处经济发展水平很高的地区，故教师薪酬水平也名列前茅。

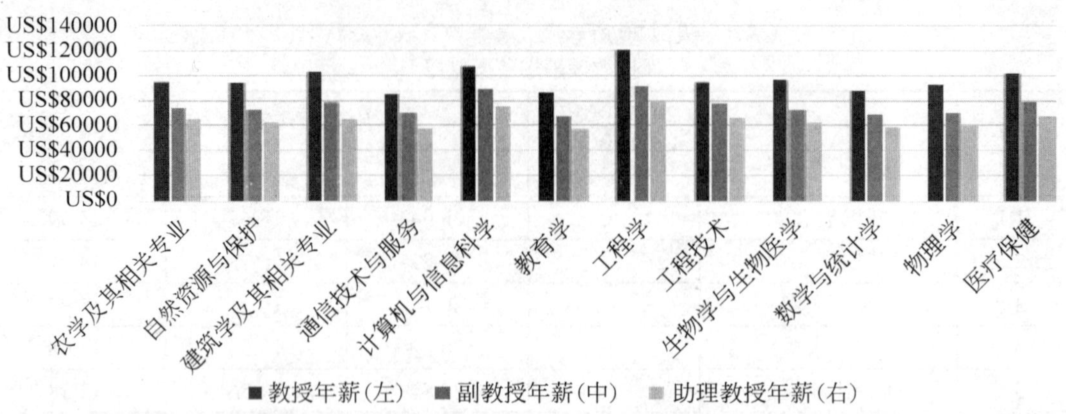

图 1　美国所有大学各学科（大理科类）教师平均薪酬情况

4. 高校整体薪酬水平与科研经费水平密切相关

美国联邦政府对公立高校和私立高校的科研给予了较大的投入，一些历史悠久、科研实力极强的一流私立大学也能够争取到很多的联邦资助，他们的科研经费支出在学校总收入中占有很高的比例。美国高校 2016 年科研经费情况如表 2 所示。其中排名第一的约翰·霍普金斯大学已经连续 33 年被美国国家科学基金会列为全美科研经费开支最高的大学，其 2016 年的总研发支出达到 21.06 亿美元。从表 2 可以看出，科研经费总量对高校的薪酬水平也有一定的影响作用，科研经费支出排名前列的高校，其教授的平均薪酬也处于较高水平。不论是私立大学还是公立大学，经费数量多，经济状况好，自然有实力提供更高的薪酬，也更有利于吸引有价值的人才，从而推动学校综合水平的提高。

表 2　美国高校 2016 年科研经费与平均薪酬情况

排名	美国高校	总研发支出（亿美元）	2016 年教授平均薪酬（万美元）
1	约翰·霍普金斯大学	21.06	21.09
2	密歇根大学（安娜堡）	13.23	16.8
3	威斯康星大学（麦迪逊）	11.70	20.63
4	圣路易斯华盛顿大学	11.09	23.1
5	圣迭戈加州大学	10.74	16
6	旧金山加州大学	10.33	17.05
7	杜克大学	10.09	19.8
8	洛杉矶加州大学	10.03	18.8
9	斯坦福大学	9.03	23
10	哥伦比亚大学	8.89	23.6
11	北卡罗来纳大学（教堂山）	8.85	17.94
12	宾夕法尼亚大学	8.47	20.2
13	明尼苏达大学（双城）	8.26	17.19
14	麻省理工学院	8.24	20.3

数据来源：《美国科学基金会》（NSF）及 http://faculty-salaries.startclass.com/

在对美国一流大学薪酬体系部分特点分析梳理的基础上，结合我国高校教师薪酬体系现状，我们可以得到多重启示，这将对我国"双一流"大学教师薪酬体系的合理构建产生积极作用。

三、构建高校教师薪酬体系与促进人才合理流动的建议

一是遵循国家和主管部门有关规定，规范薪酬体系和标准。国务院在对高等学校绩效工资制度改革的要求中提到，实施绩效工资要与清理规范津贴补贴相结合，与规范事业单位财务管理和收入分配秩序相结合。由此可见，规范性是绩效工资顺利实施的基本要求，不但要规范发放项目，归并清理津贴补贴，更要从宏观上规范收入分配秩序。长期以来，由于统一的绩效工资政策一直未出台，各中央部属高校均不同程度地存在国家统一津贴补贴之外自行发放津贴补贴和奖金的情况。这些津贴补贴和奖金，有的对促进高校教育科研水平提高、激发教师工作绩效方面起到了积极的促进效果，有的则属于违规发放。对此，各高校首先应从政治上高度重视，并在综合调研的基础上，立足当前高等教育行业的实际特点，综合考虑社会整体薪酬状况等因素，对各类津贴补贴进行合理的归并与清理。原来合理发放的校内津贴补贴纳入绩效总量范围内，继续体现其对优化薪酬结构的积极补充作用；对于不符合国家及学校规定违规发放的津贴补贴，则应彻底清理。在对津贴补贴充分清理归并的基础上，各高校应在国家教育战略和学校发展目标的指导下，制定符合行业特色，又兼顾本单位特色要求的绩效工资制度，包括绩效工资的总体水平、项目构成、分配结构、调整机制等。同时，要严肃分配纪律，加大上级主管部门的巡视、监督及惩处力度，采取必要的问责制，多渠道杜绝津贴补贴违规发放事件的发生。

二是构建合理的教师、管理、其他专技和工勤人员的薪酬标准体系。高校绩效工资体系的构建，应综合考虑教师、管理、其他专技和工勤人员几支队伍之间的平衡协调关系。在充分保证优化师资队伍建设、优先向教学一线倾斜的前提下，既要体现学校的办学定位，又要适当平衡各类人员之间的薪酬关系。近年来，随着高等教育事业的蓬勃发展，我国高校尤其是一流的研究型大学，承载了大量的科学研究与社会服务的职能，已经成为我国开展科学研究的一支重要力量。高校科研经费的激增，带来的是部分教师科研创收的大幅增加，有的科研型教师，其科研创收部分已超过其固定工资部分数倍甚至数十倍。这不仅使教师之间收入差距增大，也加大了教师与管理及工勤人员的收入差距。高校的发展，离不开教师的主体作用，也离不开管理、工勤岗位人员对学校各类事业的辛勤努力。因此，在实施绩效工资改革时，各校应合理建立教师、管理、其他专技和工勤人员的标准体系，在优先激励教师队伍和高端人才的同时，注意管理队伍和其他专技人员薪酬标准与教师薪酬标准的差距，充分发挥绩效的激励作用，避免高校内部"贫富悬殊"现象的蔓延。只有使绩效工资的功能对各类人员都能得到最大程度的发挥，实现人尽其才，充分调动他们的工作积极性，才能营造出一个优绩优酬、和谐发展的校园氛围。

三是高层次人才和校领导的绩效工资水平应与教师平均绩效水平保持合理的比例。高层次人才是一流大学的核心竞争力之一，对高校学科建设、人才培养、综合排名提升具有重要作用，在制定高层次人才薪酬政策时，应坚持激励约束并重、精神物质激励结合，与岗位职责要求相统一的收入分配原则。而研究型大学的校领导，很多都是院士、长江学者、各类人才计划的入选者，高贡献理应获得高收入，收入分配政策也应该向关键岗位和高层

次人才倾斜。目前在我国高校中，这两类人员的薪酬水平也一直处于薪酬金字塔的最顶端。合理拉开高层次人才与普通教师的薪酬差距，可以对一般人才产生一定的吸引力，激励其提升自身教学科研水平，有助于实现薪酬制度的激励作用。但是根据绩效激励的“木桶原理”，组织内部的绩效水平取决于组织中绩效最低的部分。如果高层次人才与普通教师之间的收入差距过大，会使部分低收入人群产生消极情绪，从而影响高校内部的和谐以及整体绩效。建议合理保持高层次人才、校领导与普通教师的绩效水平比例，高层次人才人均绩效水平不高于相应教师按专业技术职级人均绩效水平的 3 倍，校领导不高于 2.5 倍。

四是规范奖励性绩效的发放。绩效工资分为基础性绩效和奖励性绩效两部分，基础性绩效相对固定，用于稳定基本收入结构，起到基础保障的作用。而奖励性绩效则是绩效工资中相对灵活的部分，一般可通过课酬、办班收入、科研劳务收入等渠道获得，校内各二级单位在分配时可以有相对的自主分配权，但这并不意味着奖励性绩效可以随意发放。绩效工资实施后，各高校应对这部分绩效的资金来源和构成进行规范，制定相应的管理办法，将这部分收入纳入全校财务系统通盘考虑，提高管理的透明度。学校层面的奖励性绩效与二级单位绩效（含科研劳务、办班收入等）应保持合理比例，建议原则上应不超过 1 : 1。

五是建立和完善高校薪酬体系的自律制度，保障高层次人才的有序流动。绩效工资的顺利实施，除了要求高校内部提高管理水平，制定适合高校发展需要的绩效工资制度外，还需要充分发挥专业组织作用，开展人才流动趋势研究，外部依托专业研究学会，如薪酬分会、师资分会等进行有组织的调查研究、数据采集及分析、政策引导。此外，建议由名校牵头，在自律、公开、平等的基础上成立薪酬方面的高校联盟，形成优势互补、相互合作、资源流动的联合体，寻求共同规则，制定与我国高校“双一流”发展相适应的行业标准及准则，规范整个高等教育行业的薪酬体系。高校联盟还应发挥必要的监督及监管作用，建立统一的信息平台，使我国高校间的高层次人才流动信息公开透明，从而杜绝高层次人才的无序流动及高校高价挖人的不正当竞争行为，实现高层次人才的可持续、健康有序、合理的流动，保证高校综合改革的深入推进和“双一流”建设的有序协调发展。

参考文献

[1] 李燕萍，沈夏珏. 高校薪酬体系构建：国内实践和国外经验[J]. 中国高等教育，2016（7）.

[2] 陈乐一，周金城. 美国高校绩效工资制度的发展及对我国的启示[J]. 外国教育研究，2010（8）.

[3] 熊俊峰. 大学教师薪酬结构研究[D]. 武汉：华中科技大学，2014.

[4] 任颖. 高校绩效工资制度实施现状与对策研究[D]. 长春：东北师范大学，2012.

[5] 秦郑. 基于绩效评价的高校绩效工资分配方案设计研究[D]. 成都：西南交通大学，2012.

[6] 柯文进，姜金秋. 世界一流大学的薪酬体系特征及启示——以美国5所一流大学为例[J]. 中国高教研究，2014（5）.

[7] 费祎，陈波，许映秋，等. 减少差异 构建校内创收收入再分配机制[J] .中国高等教育，2011（19）.

[8] 王保平. 高校综合改革背景下的薪酬制度研究[J]. 中国高等教育，2016（7）.

[9] 爱德华·拉齐尔. 人事管理经济学[M]. 刘昕，译. 北京：北京大学出版社，2000.

作者简介

王保平，教授，东南大学常务副校长，研究方向为人力资源管理、显示技术。
何萌，东南大学人事处劳资科科长，研究方向为高校人力资源管理。

Study on the Reform of Compensation System of Universities under the Background of "Double First-Class" Initiative Construction

Wang Baoping, He Meng

(Southeast University, Nanjing, Jiangsu, 210000)

Abstract: Since 2016, universities led by the central ministries and commissions have begun full implementation of merit pay system reform, which marked the beginning of a new round of income distribution system reform of China's "Double First-Class" universities. On the basis of the national policies, how to construct a merit pay system which is suitable for the development of the "Double First-Class" universities has become a widely concerned problem. On analyzing the characteristics of the compensation system of top universities in the United States, this paper provides ideas and suggestions for the construction of the compensation system of universities in the process of "Double First-Class" construction, which combines with the actual development of universities in China.

Keywords: "double first-class" initiative; university teachers; performance related pay; compensation system

美国高校教师校外专业活动管理情况及启示

生云龙　徐绍莉

（财政部 北京　100820；清华大学 北京　100084）

摘　要：美国高校教师的校外专业活动十分普遍。本文将梳理美国各界对高校教师校外专业活动的态度、美国部分高校对教师校外专业活动在时间、分类、薪酬等方面的管理规定，并通过分析国内高校教师兼职兼薪活动的现状及有关管理规定，提出美国高校管理经验对我国高校规范教师兼职兼薪活动的启示。

关键词：高校；教师校外专业活动；兼职兼薪

美国高校教师的校外专业活动十分普遍，高校对此类活动基本持鼓励与规范并重的态度，并相应制定了行之有效的管理办法，对此类活动的时间严格规范，进行分类管理，并对教师获得的薪酬福利加以限定。这些管理办法对我国高校规范教师的校外兼职兼薪活动、促进我国教育和科研事业的健康发展，具有积极的借鉴意义。

一、美国各界对高校教师校外专业活动的态度

（一）政府持鼓励态度

1980 年，美国国会通过了《贝多法案》，该法案的核心内容是：将联邦政府资助高校研究获得的知识产权归属于发明者所在高校，高校要承担专利申请和将专利许可授权给企业界的义务；发明者应分享专利许可收入；高校应将技术转移和专利许可所得返还到教学和研究中去；联邦政府保留一定的“介入权”。《贝多法案》在执行中虽然引发了一定争议，但总体上看，该法案促进了大学科研创新并将成果向产业部门转移，实现了产业技术创新、社会经济发展与作为发明者的教师个人的财富增长。

（二）行业协会更强调规范

高校教师校外兼职兼薪涉及利益冲突（指教师因追求经济利益而对学术活动、专业规范带来不利影响）和责任冲突（指教师因花费时间、精力参加校外活动而对其所承担的校内责任产生不利影响），美国行业协会很早就意识到这一问题。1965 年，美国大学教授协会（AAUP）、美国教育理事会联合发表“关于预防高校在政府资助研究中的利益冲突”声明，一方面鼓励大学向政府、工业界转化知识、技能，另一方面建议高校制定相关政策，对教师校外兼职活动进行有效管理与规范，避免出现利益冲突和责任冲突。此后，AAUP

等行业协会又发表了一系列声明，主要强调高校教师在参与校外活动时，必须考虑其在本校的首要职责。

（三）高校采取鼓励与规范并重的态度

美国高校通常鼓励教师积极投身校外服务，一是高校特别是公立研究型高校有义务协助政府、企业、社区和公民解决实际问题，向社会提供专业服务，这是大学履行社会服务功能的重要途径；二是有助于教师结合现实问题开展研究、教学，获取实践经验；三是可以加强教师与校外组织的合作，扩大其职业影响，提升学校声誉，也为学生提供了更多就业机会；四是可以增加教师的个人收入，刺激教师进行科研创新。因此，高校教师校外兼职兼薪使社会、学校、教师都有所收益。同时，由于利益驱动，教师如果热衷于校外活动，会花费较多时间、精力，从而对其履行校内学术职责产生不利影响，因此高校通常都采取措施对教师从事校外活动进行规范。如美国加州大学系统（UC）严格规定，教师不得从事任何造成责任冲突的校外专业活动；如果教师未遵守学校的相关规定，将受到纪律处分等处理，但教师可以对不公处理进行申诉。美国斯坦福大学规定：教师在校外为第三方提供学术领域内或本学科的咨询活动并获得报酬的行为绝不能损害大学声誉或教师的职业声望；教师应尽量避免或减少利益冲突，并在发生冲突时必须做出适当的反应。

二、美国部分高校对教师校外专业活动的管理规定

（一）对教师校外专业活动的时间规定

美国大部分高校普遍规定教师每周可以有一天时间进行校外兼职活动，如麻省理工学院对教师兼职遵循“五分之一原则”，即经学院批准后，教师一周最多可以有一天用于校外服务活动。一些高校作出更细致的规定。如 UC 规定，按 9 个月聘任的“学术年度教师”在本学年内从事校外有偿活动不能超过 39 天；其余 3 个月中如果未在本校提供有偿服务，则没有任何外部专业活动的天数限制；如果提供了有偿服务，那同样每周最多一天可从事外部专业活动；按 12 个月聘任的“财政年度教师”在本财政年度内从事校外有偿活动不能超过 48 天；这些天数可以平均分配，但一年内未使用的天数不得转入下一年。斯坦福大学规定：教师从事校外咨询的时间为每个学术季度（13 周）13 天，相当于每周一天；“学术年度教师”三个季度不得超过 39 天，“财政年度教师”四个季度不得超过 52 天，但可以有限度地允许教师进行调剂；如果咨询是按小时计算的，则每个学术季度允许 130 个咨询小时。

（二）对教师校外专业活动的分类管理

美国高校根据可能导致的利益冲突、责任冲突的严重程度，对教师的校外兼职活动进行了分类。通常包括三类：一是与教师校内本职工作间基本不存在利益冲突和责任冲突、不需要报批的兼职活动；二是必须得到学校管理部门的事先批准才能够进行的兼职活动；三是明确禁止的兼职活动，这类活动会对教师校内本职工作带来不利影响。几乎所有高校都明确规定教师的兼职活动不能影响正常教学工作的开展，绝对禁止从事以营利为目的的

兼职活动。

UC 将教师校外专业活动分为三类：一是最有可能造成责任冲突的校外专业活动，如在教育机构、信托机构、政府机构等大学以外的实体机构进行教学、研究或管理，独立或共同成立一家公司等；二是责任冲突可能性相对较小的短期外部专业活动，如提供外部咨询服务、在大学以外的董事会任职等；三是不太可能引起责任冲突问题的校外专业活动，如在学术协会中担任领导、以编辑的身份审查稿件、出席学术讨论会并发表演讲等。第一、二类活动必须在年度报告中披露，计入教师外部专业活动最多 39 天或 48 天的限额。第一类活动还需要得到本校校长的事先书面批准，通常每个财政年度批准一次；如时间跨度较长，不得超过 5 年。第三类活动虽然无上述要求，但同样不能干扰教师履行大学义务。当某个活动属于一个以上类别时，它应该被分配到需要更严格的报告和预先批准的类别中。

美国高校通常对教师的非专业活动不加限制。如 UC 认为，教师的非专业活动是其私人生活的一部分，不受有关规定的限制。斯坦福大学规定：教师可以从事与个人学术领域或学科没有直接关系的各种涉及经济利益的活动，这是教师私人生活的一部分，但前提是必须履行其在学校的全部责任。

（三）对教师校外专业活动的薪酬管理

教师在聘任合同之外从事学术活动获取薪酬需要遵循相关规定。美国行政管理和预算局（OMB）规定：“教师在暑假或其他非合约聘期内，基于资助合约工作的报酬率，不能超过教师在正式学术年度聘任期中的基本工资率。”在照章纳税的前提下，多数高校允许教师将从事校外专业活动所获收入归个人所有，但也有所限制。如美国伯克利加州大学允许在协商的基础上，教师每天最大收入值是日薪额外增加 30%，其中“学术年度教师”的日薪按 9 个月年薪的 1/171 决定，而“财政年度教师”的日薪按 12 个月年薪的 1/236 决定。斯坦福大学还规定：如果教师超出学校规定时间从事校外专业活动，大学有权利也有义务保护自己免受损失，并要求教师赔偿超出规定时间所对应的薪酬福利。

此外，美国高校对教师利用学校资源或带学生参与校外兼职活动严格限定。如 UC 特别强调，除非在现有政策允许的有限情况下，大学资源不得用于私人、商业、政治或宗教目的。斯坦福大学规定：大学的设施和服务均不得用于教师的校外有偿工作。UC 还规定了对学生参与教师外部专业活动的限制：不得影响学生的学业，也不得影响教师对学生的评价。

三、对我国高校规范教师兼职兼薪活动的启示

（一）国内高校教师兼职兼薪活动的现状

有专家将我国高校教师兼职分为四个基本类型，包括校际兼职与社会兼职，学术性兼职与非学术性兼职，实质性兼职与非实质性兼职，无薪兼职、有薪兼职与高薪兼职。从这些兼职类型看，教师的校际兼职和社会兼职实现了高校间、高校与企业间的人才资源共享；在国内外学术组织、学术刊物、学术会议上担任学术职务的学术性兼职既是对个人学术水平的认可，也有利于提升学校的学术声誉，属于高校积极鼓励和推荐的兼职活动，而参加

各种庆典揭幕以及直接参与市场运营等活动的非学术性兼职是高校不支持甚至禁止的兼职活动；大多数教师接受的是任务明确、工作具体的实质性兼职，这对用人高校发挥了积极作用，但也存在只是被冠以各种荣誉性职务而未从事实质性兼职的情况；大部分高校教师追求的是学术价值而非经济利益，因此愿意参与一些学术性或专业性背景较强的无薪兼职，但也有个别热门专业的教师及专业技术人员在兼职过程中可以轻松获得高额报酬（如校外培训讲课费等），这诱惑部分教师热衷于经常性外出讲学，对本职工作造成较大的负面影响。

近些年，随着高等教育的迅猛发展，我国高校教师兼职兼薪行为不断增加，这有利于在全社会形成知识创造价值并得到合理回报的良性循环，促进科技要素的合理流动，体现了人才强国和教育兴国等战略的有效实施，但也出现部分教师兼职后影响本职工作甚至学术真知的情况，由此引发的利益冲突、责任冲突情况愈发复杂多样。由于高层次人才特别是具有学术头衔的高层次人才能够在重点学科建设、学科评估、申请博士点或硕士点、高校升格等方面为高校"加分"，各高校都热衷于追逐和引进高层次人才，或是聘请高层次人才担任兼职教师，有的高校甚至举全校之力重点建设某些学科并以高薪招揽该学科的相关人才，这造成部分教师的"逐利性跳槽""兼职吃空饷"和人才定价的"唯帽子论""水涨船高"等现象滋生、蔓延，一些教师的校外兼职时间与收入甚至大大超过本校的正常教学时间与工资收入，既对高校正常的学术秩序产生严重冲击，也不利于良性学术生态环境的形成。虽然部分高校对教师兼职兼薪行为作出管理规定，但从一些学校的规定及执行情况看，不少高校对"请进来"的兼职教师通常有较为完善的管理办法且执行情况良好，对"走出去"兼职的本校教师却缺乏行之有效的规范，即使有相应的管理办法也难以落实。这与我国高等教育规模迅速发展而高层次人才相对缺乏、高校间人才竞争激烈、全国性或地区性的人才兼职平台尚未形成等因素密切相关。高校在对待教师兼职兼薪问题上也存在矛盾心理，既要吸引校外人才"为我所用"，又要防止本校人才资源外流。

（二）国内主管部门对高校教师兼职兼薪的有关规定

对此，有关部门采取了"鼓励+规范"的态度。如 2014 年教育部《关于建立健全高校师德建设长效机制的意见》规定，高校教师不得有影响正常教育教学工作的兼职兼薪行为。2016 年，中共中央办公厅、国务院办公厅印发《关于实行以增加知识价值为导向分配政策的若干意见》(简称《意见》)，明确允许高校教师依法依规适度兼职兼薪。《意见》的出台旨在加快实施创新驱动发展战略，激发科研人员创新创业积极性，在全社会营造尊重劳动、尊重知识、尊重人才、尊重创造的氛围。《意见》规定：允许科研人员从事兼职工作获得合法收入，允许高校教师从事多点教学获得合法收入。同时，《意见》也作了相应的约束性规定。一是对兼职的范围做了规定，文件鼓励科研人员公益性兼职，积极参与决策咨询、扶贫济困、科学普及、法律援助和学术组织等活动。二是兼职要经所在单位同意，以履行好岗位职责、完成本职工作为前提。三是要遵守相应的管理规定，包括与单位约定兼职的权利和义务，实行兼职公示制度，兼职行为不得泄露本单位技术秘密、损害或侵占本单位合法权益、违反承担的社会责任，建立兼职获得股权及红利等收入的报告制度，个人按有关规定缴纳个人所得税。

（三）国内一些高校对教师兼职兼薪活动管理规定的完善

近年来，国内一些高校不断完善教师校外兼职活动管理规定，这些规定对规范教师兼职兼薪起到了积极作用。

一是对教职工校外兼职活动作出明确界定。清华大学规定：教职工校外兼职活动，是指教职工在完成本职工作的前提下，以个人名义或者经学校委派，利用本人的知识和技能在校外组织机构从事非本职岗位但与本职岗位相关的工作，而且这些工作不便于以成果转化、研究合作、咨询服务等学校相关合同方式来执行。北京大学规定：校外兼职是指在本职工作之外，利用本人的知识和技能受聘于校外主体或者作为校外主体从事教学、科研、技术开发、管理服务等活动。

二是将校外兼职进行分类。清华大学将校外兼职分为政府组织类、社会团体和基金会类、事业单位和民办非企业单位类、企业类。清华大学规定：教职工在完成学校规定的教学、研究、管理服务等本职工作的前提下，可以从事与教育教学和学术研究相关、有利于增强学校办学实力、提高学校声誉的校外兼职活动；但原则上不得在企业担任法定代表人、董事长、经理、财务负责人、执行董事等重要职务，不得作为企业的实际控制人。北京大学校外兼职主要类型包括校外兼课、科技开发、成果转化、企业兼职等。北京大学允许教师在全面履行岗位职责、保质保量完成本职工作任务的前提下，从事可扩大本人和学校学术声誉或社会影响的非营利性兼职；但学校不提倡教师从事与提升本人业务能力、提高学校声誉或社会影响无关的兼职；除学校委派外，教师个人不得作为法定代表人开办企业，不得在校外的企业中担任或兼任企业负责人。

三是严格审批和考核。清华大学规定：教职工从事校外兼职活动，应当由本人进行申报，经所在二级单位审核同意后，报校人事处审批；校外兼职情况纳入教职工年度考核内容，各二级单位应当将本单位教职工年度校外兼职情况（包括兼职单位、兼职职务、兼职时间、是否取酬等）在本单位范围内进行公示。北京大学规定：教师到校外兼职应当经所在单位同意，报学校人事部门备案；年度考核时须提交在外兼职的情况和业绩说明，以便学校对其岗位工作全面考核。

四是规定了兼职时间。清华大学规定：教职工从事校外兼职活动的时间原则上每周不超过一天，全年累计不超过 22 天；教职工从事政府组织类校外兼职活动时间可以适当增加；兼职时间超出规定时间的，应当与学校签订校外兼职协议；兼职时间超出规定时间直接影响到校内本职工作的，应当书面报学校审批后方可兼职。北京大学规定：教师校外兼职应当在高质量完成学校规定的教学、科研和管理服务等工作的前提下进行，原则上不得占用工作时间；因特殊情况需占用工作时间的，每周不得超过 8 小时（兼课不得超过 2 小时）；为保证教师把主要精力投入到学校教育教学、科学研究等工作，保证教学、科研、管理等任务的顺利完成，被聘为长聘职位的教师原则上不得占用工作时间在校外兼职，特殊情况要占用工作时间在校外兼职时应当报学校特别审批。

五是对兼职取酬作出规定。清华大学规定：教职工可以依法依规适度获得合法的兼职报酬，但应当如实将兼职取酬情况报学校备案，并按规定缴纳个人所得税；原则上应当与学校签订校外兼职协议，具体约定兼职期限、工作内容、工作量分配、考核办法、薪酬待遇以及兼职报酬上交比例等内容，因此获得的报酬应当按年度按比例上交所在二级单位，纳入单位人才发展基金，上交比例原则上不得低于所得兼职报酬（税后）的30%；教职工校外兼职获得的偶然性报酬，以及从事政府组织类校外兼职活动取得的报酬，原则上归个人。北京大学规定：占用工作时间的校外兼职取得报酬，由教师与所在二级单位协商分配比例。

六是严格相关责任。清华大学规定：教职工在校外兼职活动中，本人及兼职单位原则上不得使用学校的人力（包括学生）、仪器设备、资金、场地（包括教室）、信息等资源，确需使用的，应当事先提出申请按照相关规定报学校审批；教职工以个人名义从事校外兼职活动所涉及的技术、经济、法律等纠纷，由教职工自行处理，学校不承担相关责任；给学校造成损失的，学校有权依法追偿。清华大学还规定：教职工违规进行校外兼职活动，学校将对其进行批评教育，并限期整改；拒不改正的或者校外兼职造成不良影响或严重后果的，学校视情节轻重给予组织处理直至纪律处分；涉嫌违法的，依法追究法律责任；校内单位对教职工相应违规行为负有相关责任的，同时追究相关责任人的责任。北京大学规定：教师在兼职活动中，本人及其校外聘用单位原则上不得使用学校的人力（包括本科生、研究生）、研究和生产设备、资金、教室、场地等资源；确需使用者，应当事先提出申请报学校有关部门审批，并与学校签订相关协议；教师因校外兼职所涉及的技术、经济、法律纠纷，一律由校外聘用单位和兼职者本人负责处理，学校不承担任何责任。北京大学还规定：凡未经学校批准，擅自在校外兼职者，或者在兼职过程中损害学校利益者，按照学校相关规定给予处理或处分；教师所在单位未按照本规定及本单位管理细则严格管理，负有管理责任的，学校视情节降低该单位的年终岗位绩效奖励额度。

（四）美国高校管理经验对我国高校的启示

在国内高校不断完善教师兼职兼薪管理规定的同时，美国高校对教师校外专业活动的管理经验可以为我国提供一些积极的借鉴作用。一是继续坚持科技强国、人才兴国战略，营造有利于各类人才竞相成长、各展其能的良好环境，从根本上解决人才数量相对稀缺和社会需求相对旺盛之间的矛盾。二是主管部门应积极推动高校教师薪酬的规范化、阳光化，促进高层次人才合理有序流动，并发挥行业协会、专业组织的作用，推动建立高校教师兼职信息平台，引导高校间教师兼职兼薪规范有序发展。三是高校应坚持鼓励与约束并重的原则，对教师校外兼职兼薪采取分类管理、事先申请、信息公开、加强考核等方式，引导教师在高质量完成本职工作的基础上进行校外兼职，并平衡各学科间因兼职兼薪造成的教师待遇差距。

参考文献

[1] https://www.ucop.edu/academic-personnel-programs/_files/apm/apm-025-07-01.pdf.

[2] https://doresearch.stanford.edu/policies/research-policy-handbook/conflicts-commitment-and-interest/consulting-and-other-outside-professional-activities-members-academic-council-and-medical center-line-faculty.

[3] 顾全. 美国公立研究型大学教师薪酬机制研究[D]. 上海：华东师范大学，2017：109-110.

[4] 陈天宁，等. 规范高校教师兼职兼薪　提高人才效益. http://www.jyb.cn/zgjyb/three/200807/t20080704_175616.html, 2008-07-04.

[5] 清华大学教职工校外兼职活动管理规定，2018.
[6] 北京大学教研系列教师校外兼职管理试行办法，2016.

作者简介

生云龙，财政部综合司副处长，研究方向为收入分配政策研究。
徐绍莉，清华大学人事处，研究方向为人力资源管理。

Management Experience and Its Enlightenment of Outside Professional Activities of Faculty Members in American Colleges and Universities

Sheng Yunlong, Xu Shaoli

（Ministry of Finance, Beijing, 100820）
（Tsinghua University, Beijing, 100084）

Abstract: Outside professional activities of faculty members are very common in American colleges and universities. This paper will sort out the attitudes from various sectors of the United States towards the outside professional activities of faculty members, and the management regulations in terms of time limit, classification and compensation of the outside professional activities of faculty members of some universities in the United States. By analyzing the current situation of faculty compensated outside professional activities in colleges and universities in China and relevant management regulations, this paper puts forward the enlightenment of the management experience of American colleges and universities on regulating faculty compensated outside professional activities in colleges and universities in China.

Keywords: colleges and universities; outside professional activities of faculty members; compensated outside professional activities

人才竞争环境下的高校奖励性绩效模式探索

周晓梅

（华东理工大学 上海 200237）

摘　要：薪酬对于吸引一流人才，组建优质师资队伍，激发教师工作积极性和主动性，进而提高高等教育的质量作用显著。“双一流”建设下高校薪酬体系建设面临更大挑战。鉴于此，我校以构建公平公正、按岗定薪、强化绩效、动态调控的核心思想设计和构建了基于奖励性绩效模式的薪酬体系并取得了一定的成效。

关键词：薪酬管理；绩效津贴；奖励性绩效模式

优质的师资是高校“双一流”建设的关键，而薪酬在教师的选拔、聘任、管理和激励上都发挥着重要的作用。只有构建适应市场竞争环境的激励性薪酬体系，充分发挥高校薪酬福利的“经济杠杆”作用，才能吸引全球范围高层次人才加盟。此外，科学合理、按劳分配、优绩优酬的薪酬福利制度有助于高校实现人才的优化配置，保障青年教师成长，结合教师个人努力，形成合力来推动高校教育质量的进步。

一、目标任务

围绕学校总体建设任务和发展目标，以学科为龙头，统筹规划在创新人才培养、师资队伍建设、学科条件建设等方面资源，建设以绩效为导向的资源配置新模式。充分激发学校内生动力和发展活力，引导高等学校不断提升办学水平。

二、推进校院两级管理，绩效津贴分配分块实施，激发办学活力

充分发挥奖励性绩效的激励导向作用，综合学校整体绩效津贴额度，建立动态调控的校院两级收入分配管理制度。

绩效津贴分配以定量考核为基础设立业绩津贴，由人事部门会同教务处、研究生院、科学技术发展研究院、人文社会科学处、学科发展规划处修订完善业绩点计算办法，确保津贴足额分配至直接从事教学科研工作的人员。管理及公共服务部分覆盖到管理及公共服务部门，同管理专项奖励津贴合并执行。

绩效津贴分配围绕学校重点工作设置专项奖励津贴，向关键岗位、业务骨干和做出突出成绩的教职员倾斜。专项奖励津贴根据学校发展和改革重点任务设立若干子项目，实行动态管理。目前设立教育教学、科学研究、学科建设、人才队伍、管理及公共服务等项目，分别由教务处、研究生院、科学技术发展研究院、人文社会科学处、学科与专业发展规划

处、组织部和人事处等部门核定总体分配额度。

三、完善与重点工作相符的绩效津贴分配机制

设置以定量考核为基础的业绩津贴，由人事处会同教务处、研究生院、科学技术发展研究院和人文社会科学处修订完善业绩津贴计算办法，确保津贴足额分配至直接从事相关教学科研工作的人员。同时设立由学校发展和改革重点任务若干子项目组成的专项津贴，各专项项目围绕年度发展和改革重点任务实行动态管理。按各项重点工作推进情况，由各分管部门分别对本科教学、研究生教学、科学研究、人才队伍建设、学科建设、管理队伍建设几方面制定具体的分配方案。

（一）本科教学部分

分本科工作量津贴、专项绩效津贴和教学评估与管理工作专项津贴。

1. 本科工作量津贴

以本科一线工作为主体，包含实验教辅人员，按课时工作量对应工作量津贴的分配。由教务处按当年本科教学工作量确定津贴总量。

2. 专项绩效津贴

（1）本科教学基本考核

本科教学投入与成效考核内容包括教学投入、课程质量、招生及学生发展、教学管理等方面。具体包括招生人数、教授、副教授开课比例、教授授本科课程占总课程数的比例、教学经费投入与执行、选用高水平优质教材、实习基地、实验开设、毕业论文、学生评教、督导与同行听课、招生宣传、毕业及就业情况、教学管理与质量保障等。

（2）本科教学专项考核

本科教学专项工作考核内容包括教学成果、教学研究与改革、各类立项课程（如精品课程、全英语教学课程、混合式教学课程、通识教育核心课程、专业核心课程等）、教材、创新创业教育、卓越工程师培养等专门项目的建设和实施情况。

（二）研究生教学部分

研究生教学部分分业绩津贴和专项津贴两块。

实行研究生业绩津贴的工作效绩原则，是指对在研究生教育指导和课程教学工作中做出良好效绩的教师，给予业绩津贴的鼓励和支持，其目的是促进学校研究生教育事业的发展和质量的提升。研究生工作业绩津贴包括三部分；一是研究生任课教师的工作业绩津贴；二是上岗导师指导研究生的工作业绩津贴；三是学位点业绩津贴。研究生院会同各学院制定这三方面的业绩津贴基点标准和计算方法。根据当年三方面工作的具体情况确定当年研究生教育部分业绩津贴的额度。

为了对各学院研究生教育层面工作给予公正、客观的评价，调动学院领导、管理教师

等工作的积极性、创造性和敬业精神，保障研究生教育工作健康有序高效发展，设立研究生教学部分专项津贴。实行研究生专项津贴的原则，是指在研究生教育从进口到出口的各环节中，对于做出良好效绩的学院、分管领导及相关指导教师和管理教师，给予专项津贴的鼓励和支持，其目的是促进学校研究生教育事业的发展和质量的提升。研究生工作专项津贴的考核分为基础项、加分项、减分项三个部分。基础项以各学院研究生规模为基数，按比例分配专项津贴中的基础部分，其余部分作为动态考核项的分配额度。研究生院根据当年研究生教育的重点工作会同各学院制定加分项、减分项具体分配方案。

（三）科研部分

实行科研部分业绩津贴的工作效绩原则，是对完成当年经费到款基本任务的教师，给予基本任务以上部分经费到款业绩津贴的鼓励和支持，其目的是促进我校科研经费总量的稳定增长。

科研部分业绩津贴包含两部分，一是教师经费到款业绩津贴，二是省部级及以上重点基地秘书和科辅人员的业绩津贴。教师经费到款业绩津贴是科研部分业绩津贴的主要组成部分，重点基地秘书和科辅人员业绩津贴按岗位职责固定数额发放。

理工系数以及教师经费到款基本任务和重点基地秘书和科辅人员业绩津贴额度可根据当年具体情况调整。

科研基础专项津贴由科研院根据绩效评价体系核算分配给学院的津贴总额后由人事处统计下发学院。科研业绩津贴由经费跃升、科技创新体系建设、社会影响力、国际影响力提升四部分组成，具体分配见表1。

表1　科研专项津贴组成部分

系列	项目	说　明
科研经费跃升	经费业绩	各学院科研经费净到款的业绩
	重大项目	承担国家、企业重大科研经费项目情况
推进创新	体系建设	学校重点基地和团队的建设情况
提升影响力	社会影响力	重大科技成果获奖情况
	国际影响力	参与国际科研工作情况

文科科研绩效分配以学校“双一流”建设和评估的相关精神为指导，为充分调动全校教师的科研积极性，进一步提高人文社会科学研究质量和创新能力，提升人文社会科学综合竞争力和学术影响力，同时综合考虑不同学院在学科定位、获取科研经费难度等方面的差异性，最终形成本年度的文科科研分配方案。

文科科研绩效津贴由综合绩效津贴和增量绩效津贴两部分构成。综合绩效津贴是根据上一年度全校文科教师做出的科研贡献绩点来分配；增量绩效津贴则主要体现奖励优秀的原则，主要奖励超出全校文科平均科研绩点的科研工作者。在计算绩效津贴时还充分考虑该人均科研绩效。各学院的测算结果是综合绩效津贴和增量绩效津贴之和。

综合绩效津贴（约占总额的70%）由各学院所有老师的科研绩点综合和人均科研绩点两部分组成。

增量绩效津贴（约占30%），是基于全校文科科研教师的科研业绩点均值，由各学院超出均值的科研业绩点加总计算而得。

文科科研绩效主要根据优秀研究成果、科研项目、省部级以上科研奖项、成果要报和科研基地等五部分组成。

优秀研究成果是指老师已经发表的高水平期刊论文和出版的著作。其中高水平论文分成四档，即CSSCI、二级期刊（一般SSCI期刊）、中文权威期刊、SSCI顶级期刊。著作分为专著和合著两类，合著根据作者人数计算人均绩效点。

科研项目包括纵向项目和横向项目两类。纵向项目主要有国家级和省部级两个层次，并分别根据获批的项目级别测算绩效。横向科研项目则主要根据到款科研经费量来测算绩效。

成果要报主要鼓励教师积极参与咨政服务，分为刊发类和领导批示类两种。刊发类包括《国家社科基金成果要报》、上海市哲学社会科学规划办公室《成果要报》、《教育部人文社会科学专家建议》三类。领导批示类则分为国家领导人、省部级主要领导人批示和司局级采纳三个层级。

科研奖项主要是各类公认的国家及省部级奖项。其中国家级科研奖项包括国家自然科学奖、国家技术发明奖、国家科学技术进步奖、高等学校科学研究优秀成果奖（人文社会科学）；省部级奖励主要包括上海市自然科学奖、上海市技术发明奖、上海市科学技术进步奖、上海市哲学社会科学优秀成果奖和上海市教育科学研究成果奖等，并根据著作奖和论文奖等不同类别，以及不同层级的奖项相应计算科研绩点。

科研基地主要是从学院在科研团队建设方面的成绩来考核，包括新获批的省部级以上研究基地，以及在基地建设检查中获得优秀等指标。

（四）学科建设部分

学科建设专项以积极、主动地自我建设为主导思想，进一步完善学科发展管理机制，强化岗位责任制。充分调动各学科主动性，提升学科建设水平，结合当年学科建设主要重点工作及主要成效，各学科、学院及相关职能部门工作的推进、完成绩效为建设专项津贴的分配依据，制定当年具体指标。为了充分调动各学科建设的积极性、主动性，进一步完善管理机制，强化岗位责任制，不断提升我校学科建设水平，依据学校绩效津贴划分额度，结合当年学科建设重点工作内容与成效，制定“学科建设专项津贴”分配方案。

（五）人才队伍建设专项

为进一步加强高层次人才队伍建设，调动各单位和教职员工对高层次人才引进和培养工作的主动性、积极性和创造性，激发人才工作活力，学校拟设立华东理工大学人才队伍建设专项奖励津贴，用于奖励在高层次人才引进和培养工作中做出突出贡献的单位和个人。

奖励对象：在高层次人才及团队引进、培养工作中成绩突出的有关单位以及在高层次人才及团队引进、培养工作中做出突出贡献的个人。

奖励原则：

1. 根据高层次人才引进、人才计划入选、海外教师补充、队伍稳定等情况，核算各学院人才队伍专项奖励津贴额度；

2. 效率优先，兼顾公平，设立学院基础奖励额度；

3. 奖罚并举，国家级高层次人才流失按相应奖励标准的50%减扣；

4. 人才计划以正式发文日期为准，科研项目以批准通知日期(非项目起始日期)为准，新引进人员以正式报到日期为准。

核算办法及奖励标准：

学院专项奖励＝基础奖励＋岗位奖励金额×引进(入选、聘用)人数–岗位奖励标准×50%×流失人数

（六）管理岗位专项津贴

根据学校当年重点工作推进情况，以及管理岗位突出贡献、岗位贡献度，当年管理岗位专项津贴核算在分配额度内进行，由人事处制定当年管理岗位专项津贴建议方案报学校常委会审议通过后，再分类进行额度下拨。机关部处职员的专项津贴按校领导分工由分管校领导统一调控。正副处级干部专项津贴总额和考核优秀奖励专项由组织部会同人事处、教师工作部确定具体分配方案。各学院管理岗位专项津贴整块下拨给学院并报分管校领导。

四、总体情况

绩效津贴总量各块分配按学校当年各项工作具体推进情况，当年增量用于当年新增成果和新增专项。设教育教学、科学研究、学科建设、人才队伍建设、管理及公共服务绩效津贴。人事处汇总各块额度分配，通过人事系统薪酬模块总量下拨至二级部门，各二级部门可在核定总量内制定具体分配方案。

各二级部门根据核定总量，结合学院实际情况，制定科学高效的津贴分配方案。绩效津贴的分配应以个人年度工作目标责任和日常工作业绩作为主要依据，多劳多得，优绩优酬，适当拉开分配差距，向责任重大岗位、业绩突出的人员倾斜。坚持“公平、公正、公开”的原则。绩效津贴分配方案需经二级教代会审议通过方可实施，分配结果在一定范围内公布，坚持“科学、有序、高效”的原则。绩效津贴分配方案要统筹兼顾各类人员津贴水平，力求科学合理，方案制定规范有序，操作过程紧凑高效。

五、问题与思考

需进一步研究的问题：如何平衡各块之间的工作量对应，核算依据如何统一化，建立公平、合理的切块分配原则，是实际操作过程中一直困扰我们的问题。在逐年优化分配结构的过程中，根据学校实际情况和历史发展状况，制定符合实际的优化分配原则。

薪酬改革一直在路上，科学高效的奖励性绩效模式是高校发展的内动力。

参考文献

[1] 王集权，焦伟. 高校教师薪酬制度的现状及改革措施[J]. 江苏高教，2017(1): 126-127.
[2] 张友恭. 基于核心竞争力提升的高校奖励性绩效工资分配方案构建——以FZ大学为例[J]. 中国人力资源开发，2015，18.
[3] 骆品亮，周红，陆毅.高校薪酬制度的国际比较及其对我国研究型高校薪酬制度改革的启示[J]. 上海管理科学，2003(2): 57-59.
[4] 陈宗春. 关于我国高校薪酬福利制度的问题与思考[J]. 人力资源管理，2016(1): 95-97.
[5] [美]德里克・博克. 回归大学之道[M]. 侯定凯，译. 上海：华东师范大学出版社，2008: 55.
[6] 骆品亮，陆毅. 我国研究型高校薪酬制度的研究[J]. 研究与发展管理，2004，16(2): 63-70.
[7] 陈万明，冯承强. 高校教师薪酬制度改革理性评析与展望[J]. 复旦教育论坛，2006，4(4): 52-55, 76.
[8] 国务院. 统筹推进世界一流大学和一流学科建设总体方案[Z]. 国发[2015]64号.
[9] 宋婷，王彦飞. 中国、美国及香港地区高校教师薪酬制度比较研究[J]. 特立学刊，2016(3): 25-28.
[10] 陈怡. 高校薪酬制度改革现存问题分析及对策建议[J]. 中国电力教育，2010(16): 172-173.

作者简介

周晓梅，讲师，硕士，华东理工大学人事处副处长，研究方向为人力资源薪酬管理。

Research on Awarded Performance Model in University Oriented the Talent Competition Environment

Zhou Xiaomei

(East China University of Science and Technology, Shanghai, 200237)

Abstract: Compensation management is the key challenge that universities are facing in the quest for Double First-rate. It determines whether the universities can attract first-class talents, stimulate the enthusiasm and initiative of teachers, and thereby improve the quality of higher education. ECUST has developed and implemented the new incentive performance model based salary system with definite results. This paper discusses this topic and gives some proposals.

Keywords: Compensation management; Performance allowance; Incentive performance mode

高等学校绩效评估综述

王天威　陈　菡　林晓棠

（上海交通大学 上海　200240）

摘　要：我国高等学校的绩效管理一直以来以个人年度考核为主，21 世纪初全国高校开始实行岗位聘任制，由此产生了聘期考核。由于高校具有公益性事业单位的特点，绩效难以定量评价，造成了高校内部二级单位组织绩效管理长期以来并没有一套合适的方法。本文对国内外常用的绩效评估方法进行归纳，并结合美国自然科学基金常用的 PART 方法和美国能源部国家实验室绩效评估方法，通过对比分析总结各种方法的特点。本文介绍了构建绩效评估指标体系的三个原则即"SMART 原则"、"二八原则"和"闭环管理原则"，提出了"3D 评估理论"，最后结合高校的组织机构特点，提出高校进行组织绩效评估设计指标体系时应特别关注的五个问题。

关键词：高校；组织绩效；评估

一、引言

（一）绩效的含义

关于何为绩效，学者们有着不同的看法。Campbell 在 1990 年将员工绩效定义为"个人作为一个组织成员为完成组织所期望、规定或正式化的角色需求所表现的行为"[1]。Borman 和 Motowidlo 在 1993 年将绩效定义为"所有与组织目标有关的行为且此行为可依个体对组织目标贡献程度的高低予以衡量"[2]。Kurz 于 1989 年将教师绩效界定为：教师行为的质量和数量，或者说教师已经达成的教学、研究和服务的程度。

"绩"是组织的经营业绩，"效"是组织的管理效率。绩效则是经营业绩和管理效率的统称，其中，经营业绩是指组织成员在经营管理组织的过程中对组织的生存与发展所取得的成果和所做出的贡献[3]；管理效率则反映了组织获得经营业绩的能力。绩效应该是过程与结果的统一体，而组织绩效通常可以认为是组织内部所有个体绩效的加和。

（二）我国绩效管理的历史沿革

我国绩效管理的历史大致可划分为以下五个阶段。

第一阶段：奖勤罚懒（20 世纪 60、70 年代）。由于历史原因，当时组织几乎没有正式的绩效评估及管理系统，基本上实行平均主义。对于做出特殊贡献的员工主要进行以精神鼓励为主、物质鼓励为辅的奖励；对犯有重大过失的员工则予以行政处罚为主的惩罚。

第二阶段：主观评价（20 世纪 70 年代末—80 年代中期）。组织开始根据员工的能力与贡献来确定其报酬，逐步拉开分配收入的差距，评估往往是凭领导的主观感觉，缺乏客观标准。

第三阶段：德能勤绩廉（20 世纪 80 年代—90 年代初）。有了综合的评估体系，包括工作成绩、能力、态度、出勤率等各项指标。但是评估指标过于庞杂，缺乏针对性，没有明确设定的标准。

第四阶段：目标评估（20 世纪 90 年代中期开始）。从 20 世纪 90 年代中期开始逐步引入 MBO，强调客观、量化的评估，用事先承诺的标准来评估组织成员实际完成工作的绩效，以达到最终改善绩效的目的。但是导致了急功近利等短期行为。

第五阶段：关键绩效指标法、平衡计分卡法等。

（三）高校的绩效管理

高校是不以营利为目的，由国家教育主管部门利用国有资产创办的，从事教育、科研等活动的社会服务组织。虽然高校不同于政府部门，然而在管理上一直沿用党政管理的模式。为了适应建立和完善社会主义市场经济体制的要求，1992 年党的十四大提出，要按照机关、企业和事业单位的不同特点，逐步建立健全分类管理的人事制度。2002 年党的十六大又提出政事分开，随着政府与事业单位的体制分开，高校管理模式也发生了划时代变革，普遍实行岗位聘任制，对人员的管理主要采用了绩效考评、绩效管理机制。我国高校绩效管理的历史可以划分为以下三个阶段：

一是准绩效考核阶段。20 世纪，大多数高校并未有明确的绩效考核制度，奖金只是和上课课时挂钩，年终奖通常是平均奖，和个人绩效关联不大。该阶段不同于改革开放之前，已经有奖金等方式的存在，但绩效考核并不全面，也未能真正体现高校发展的战略目标，因此用“准绩效考核”来描述该阶段。

二是绩效和岗位聘用相关阶段。1999 年，根据《中共中央国务院关于深化教育改革全面推进素质教育的决定》和国务院批转教育部《面向 21 世纪教育振兴行动计划》的部署，教育部提出了“关于当前深化高等学校人事分配制度改革的若干意见”，指出要“以转换机制为核心，通过改革人事分配制度和理顺管理体制，强化岗位聘任，打破“铁饭碗”和平均主义大锅饭，破除职务“终身制”和人才“单位所有制”，形成“能进能出、能上能下、能高能低”的激励竞争机制，努力创设有利于优秀人才尽快成长和发挥才干的制度环境[4]。

三是绩效和报酬挂钩阶段。2005 年，教育部根据国家事业单位改革的总体要求，提出在高校中推行绩效工资制度，并将其作为 2006 年的重点工作来抓，一部分高校先期试点绩效工资制度。到 2011 年，绩效工资制度在全国高校中得到普遍推行，而绩效工资制度的基础是绩效管理体系。绩效工资制度的推进，无形中更进一步促进了我国高校绩效管理体制的发展。

二、当前问题与研究意义

（一）当前问题

绩效评估是一项世界性的难题，尤其是高校这种具有非营利性特征的组织，其绩效必须最大限度地凸显其社会公益性，因此，高校的绩效考核，不能完全照搬企业模式，其绩效评估工作的开展更是存在着诸多困难。主要表现为：

1. 对评估认识不到位。主要表现在两个方面：一是高校与企业不同，是以提供教育、科研服务为主，不追求利润最大化，不以营利为目的，因此，一直以来许多高校管理者认为在高校实施企业中开展的绩效评估意义不大，对绩效评估工作认识不深刻，对绩效评估功能和意义的理解不到位；二是对高校这类特殊的社会组织自身的特点认识不足，机械地套用一般的绩效评估指标体系开展院系绩效评估工作，评估效果不理想。

2. 评估指标难以确定。指标内容涵盖经济因素、社会影响、内部建设等方方面面，其中每个方面之下的具体指标的选择，各指标之间的关系及权重分配等问题一直都是困扰高校组织绩效评估的难题。加上高等教育所关注的是社会效益，并不像一般企业追求利润的最大化，难以找到一些客观、明确、可量化的绩效评估指标进行定量分析[5]，因此，对其组织绩效的定性定量综合评定是高校绩效评估工作的难点和关键所在。

3. 缺乏激励机制。长期以来，高校对绩效评估工作的科学性、全面性认识不足，仅仅将绩效考核评价作为整个管理工作中的一个独立环节，没有将绩效考核的结果与员工的切身经济利益相挂钩[6]，致使绩效评估结果很难直接用于资源配置方面的激励。而不能与资源配置挂钩的绩效管理难以激励高校努力寻求发展之路，提高自身的教学、科研及管理水平。在这种激励不充分的情况下，大部分的人力资本没有激发出来，造成了一定程度的浪费。

4. 缺乏反馈机制。目前高校绩效考核结果往往不进行反馈沟通，考核工作结束后，数据表格等常常无人问津，被束之高阁，使得绩效评估的意义和作用均无法达到。绩效反馈应作为绩效管理中的重要组成部分，如果运用得当，对组织绩效的改进是一剂良方。对学院，有效的反馈可以使其了解自身工作中的差距和不足，以便其找到改进的方法，同时可以提高学院领导对绩效评估工作的重视程度；对学校，在与学院沟通的过程中，能够了解学院开展工作中的困难，以便给予帮助和指导，学院亦可对学校未来发展规划、目标设定提出意见和建议。

5. 评估偏差的影响

近因效应　近因效应是指当人们识记一系列事物时对末尾部分项目的记忆效果优于中间部分项目的现象。由于近因效应的作用，信息前后间隔时间越长，近因效应越明显。原因在于前面的信息在记忆中逐渐模糊，从而使近期信息在短时记忆中更为突出。近因效应的存在造成绩效评估工作开展前一段时间的绩效影响较大，整个评估期内所有绩效影响程度呈现出非线性特征。

趋中效应　趋中效应是错误地将被考评者划为接近平均或中等水平。当趋中效应发生时，所有被考评者均以平均或接近平均的得分结束考评，进而不能辨别最优与最差。

宽大效应　一般说来，个体对他人往往是积极的肯定估计高于消极的否定估计，这种心理倾向叫宽大效应。由于宽大效应，评估者主观上的原因造成绩效评估客观性受到一定程度的影响。

（二）研究的意义

高等教育是国家培养人才的有效手段和重要途径。高校培养人才的质量对国家未来的发展具有重要影响。即使在“院为实体”的办学方针指导下，高校也决不能放松对学院的有效监管，建立科学的绩效评估体系十分必要，这不仅是促进高校人才培养的有效途径，对高校自身的发展也具有积极的推动作用。

1. 进行有效的绩效评估有助于更好地实现校院两级资源的合理配置。一方面，学校作为评估者要对学院办学进行监督和管理，确保学院的发展与学校的整体规划相适应。通过对学院的绩效评估使学校有限的资源实现最优的分配。另一方面，学院作为被评估者，日常工作中取得的成效可以通过绩效评估的途径得以展现。

2. 进行有效的绩效评估有利于学院转变管理、服务理念。可帮助学院完成如下转变：从以单位自身的规则为导向到以社会公众的需求为依据；从强调对上级主管部门负责到强调对社会公众负责[3]；从具有浓厚色彩的行政模式发展转变为服务型的模式。

3. 进行有效的绩效评估有助于提高学院的工作效率。通过绩效评估，及时地发现工作中的问题与困难，进行查漏补缺；发现问题及时解决，遇到困难积极与学校沟通。

4. 进行有效的绩效评估有助于促进学院产出更优的成果。“大锅饭”的分配制度极大地挫伤了学院及广大教师工作的积极性，造成人力资源的浪费。只有通过绩效评估才能打破“干好干坏一个样，干多干少一个样；干活越多，出错越多”这类消极思想的影响，将广大教师的工作积极性彻底调动起来，才能促进更多教学、科研成果的产生。

三、组织绩效评估常用方法

（一）介绍

1. MBO 目标管理（Management By Objectives）的概念最早由德鲁克在 1954 年出版的《管理的实践》一书中正式提出。目标管理思想对管理实践的影响是多方面的，但就组织绩效评估指标体系设计而言，目标管理的重要贡献可以分为两个方面：一是它对有效的绩效评估体系应当满足的标准的设定；二是对有助于满足上述标准的设计方法和原则的阐述。德鲁克明确表示，实施目标管理的根本出发点是：企业绩效要求每一项工作都必须以达到企业整体目标为目标，“任何企业都必须建立起真正的团队，并且把每个人的努力融合为共同的力量”。

2. KPI 关键绩效指标（Key Performance Indicators），是通过对组织的关键参数进行设置、取样、计算、分析，衡量组织绩效的一种目标式量化管理指标。它是对组织运作过程中关键成功因素的提炼和归纳，是对组织成员个人、团队或部门起战略导向作用的绩效衡量指标体系。从实践上看，如何在企业总体层面上保证指标选择具有“关键性”显然是构建 KPI 体系的关键所在。

3. BSC 平衡记分卡（Balanced Score Card）的概念由卡普兰和诺顿于 1992 年在《哈佛商业评论》上首次提出。认为组织应该从财务、客户、内部流程、学习与发展四个层面出发建立起平衡长期和短期、前置和驱动指标、有形和无形领域的绩效评估指标体系。基于 BSC 的绩效指标体系设计框架充分体现了指标体系的平衡性和因果性的要求。

4. 360°反馈评价（360 Degree Feedback）也称为全方位评价，最早被英特尔公司提出并实施运用。360° 强调全方位、客观地对员工进行考评，被考评者的上级、下级、同事、客户及其本人从多个角度对被考评者的工作进行评估[7]，以此保证公正性，并通过考评反馈改变员工行为，从而提高企业绩效。

5. PART（Program Assessment Rating Tool）即项目评价分级工具。该方法将项目的考评分为四节。每节对应描述项目的一个方面，即 Program purpose and design（项目的目的与设计），Planning（计划），Management（管理），Results and accountability（结果与效果）。根据项目实际结合每节特点设计考评问题，一般每节设计 5 至 10 个问题，总得分为 100%，每题分值为 100%/N（N 为该节问题数）。考评工作的关键在于问题的设计，采用问答的方式对以上四方面进行考评。项目的综合评分等级分为五档，Effective（效果显著），Moderately Effective（较有效果），Adequate（合格），Ineffective（无效果），Results Not Demonstrated（结果不能接受）。PART 作为一种项目考评方法，能较好地体现对项目整个过程的跟踪，并对项目最终完成情况给出评估结果。

6. 美国能源部国家实验室绩效评估方法　绩效评估评分由评估委员会给出。评估委员会包括以下人员：现场办公室主任、两名现场办公室代表（两年轮换制）、两名科学总部项目办公室代表（两年轮换制）、科学办公室综合决策支持中心采购专员（两年轮换制）。该方法从“完成使命的效率与效能”、“科研设施的设计、建设和运营”、“提供高效有效力的科学和技术项目管理”三个大项及 11 个小项多方面对实验室绩效进行综合评估，每个评估项根据程度划分为 11 档，每档均有分数及字母等级，较好地体现了评估的定性定量相结合、相转化的思想。最终根据评估结果通过查表的方式确定实验室“管理运营”和“科技发展目标”两个方面的绩效奖励。

（二）比较

上节谈到的六种组织绩效评估方法各有其自身特点，表 1 从复杂程度、操作难度、评估准确性三方面进行对比，并总结了各自的优势与劣势。

表 1　绩效评估常用方法对比表

	MBO	KPI	BSC	360°	PART	美国能源部国家实验室绩效评估方法
复杂程度	小	中	大	中	较大	较大
操作难度	易	较难	难	易	较难	较难
评估准确性	中	较高	较高	高	较高	较高
优势	目标明确，且制定时有上下级沟通	关注关键绩效	能反映多方面的绩效情况	全方位评价	有对话，回答有证明材料	评分分档清晰，与奖励直接挂钩
劣势	目标制定较难、耗时长	会忽略一些指标、关注面窄	操作难度大、成本高	成本高、评估标准一致性不易控制	需根据实际情况设计问题，较难	分档多，各档的关键差别不易确定

四、如何构建指标体系

（一）原则

组织绩效管理的关键和难点在于如何建立一套合理的绩效评估指标体系，而建立指标体系需要遵循以下原则：

1. SMART 原则　学术界对 SMART 原则的具体含义有一些不同的表述。通常是认为：S 代表 Specific，即指标必须是具体的、可以理解的；M 代表 Measurable，即指标是可以衡量的；A 代表 Attainable，即指标信息是可以获得的；R 代表 Relevant，即指标是与工作目标和职责相关的；T 代表 Time-bound，即指标测量明确时间；最后作为整体的 SMART，代表指标是灵敏的，能区分绩效优劣的。上海交通大学的唐宁玉教授将该原则进一步深化发展为 SMARTER 原则：E 代表 Exciting，即指标应是振奋人心的；R 代表 Rival，即指标应关注竞争对手的目标；更加完整地诠释了 SMART 原则。

2. “二八原则”　二八原则亦称为二八原理，是由意大利经济学家帕累托提出的一个经济学原理，即组织创造价值的过程，存在着“80/20”的规律，即 20%的骨干人员创造了组织 80%的价值；而且在每一位员工身上“二八原则”同样适用，即由 20%的关键行为完成 80%的工作任务。因此，必须抓住 20%的关键行为，对之进行分析和衡量，即可抓住绩效评估的重点。

3. 闭环管理原则　现代管理学经过百余年的发展，人们逐渐意识到闭环管理的重要性，而其中的关键在于反馈机制。组织绩效管理同样需要遵循闭环管理原则，通过反馈不断修正评价体系，帮助组织实现更高的绩效，如图 1 所示。

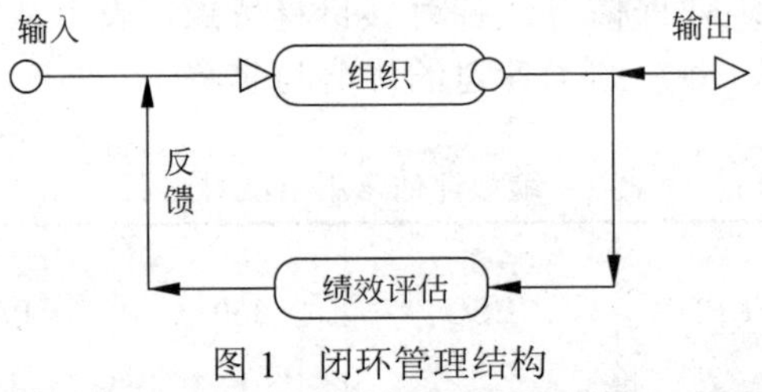

图 1　闭环管理结构

（二）3D 评估理论

在组织绩效管理实施过程中可应用 3D 评估理论。所谓“3D”是指 Design、Diagnosis 和 Development，即设计、诊断与发展。设计主要表现为评估指标体系的设计，应以组织发展目标为基础，由考核方与被考核方共同研究商讨后确定；诊断是通过考核、评估发现问题、分析问题的过程和手段；被考核方在诊断结果确认后，根据诊断报告进行整改，最终的目的是使组织得到进步和发展。整个过程体现了闭环管理原则。

五、小结

高校自身具有浓厚的社会公益色彩，在设计其绩效评价指标体系时应兼顾以下几点：

（一）考虑出发点

高校绩效评估指标体系的构建应从社会责任与使命出发。高校的存在是满足社会需求，提供政府或企业无法或不易提供的服务。这就要求高校始终保持公益性这一使命与宗旨，这样的绩效评估才是有意义的。

（二）考虑自身特点

一方面，任何的组织运作均离不开财务方面的支持，财务指标通常是一个组织绩效评估的重要指标。但非营利的社会组织提供公共产品服务，侧重于组织使命目标的实现，非营利组织的存在不在于其创造了多少利润，而在于其承担了多少社会责任。因此，相对于企业而言，高校绩效评估中的财务指标的重要性大为降低；另一方面，由于各高校特色专业不同，文理偏重不同，因此构建指标体系时必须结合学校的发展规划和学院的学科特点。

（三）定性与定量相结合

由于不是所有反映高校绩效的因素都能够量化，因此设计二级指标时可加入一些定性指标，纠正过于强调定量指标对高校长远发展所带来的负面影响，定量与定性相结合可使得高校绩效评估指标更具综合性和导向性。

（四）多维度全面评估

打破由上级考核下级的传统考核机制，从多个维度对高校院系设计评估方案，减小评估误差，提高评估的准确性和客观性。

（五）闭环管理机制

首先，制定目标环节中校院两级通过有效的沟通，为目标的可行性提供强有力的保障；其次，绩效评估中如能设计自评环节，则可理解为绩效管理体系的前馈机制；再次，绩效反馈与修正阶段校院应再次交流，形成反馈机制。整个绩效管理体系构成了一个完整的闭环管理系统。

参考文献

[1] 卫武，等. 个人、团队和组织层次只是转换对绩效的影响[J]. 情报杂志，2009(9): 107-116.

[2] 谢玉华，等. 企业劳动关系和谐度与员工工作绩效的实证研究[J]. 湖南大学学报(社会科学版)，2012(1): 66-70.

[3] 焦明清，等. 事业单位绩效评价体系构建[J]. 当代经济，2010(3): 70-71.

[4] 曾凤玲. 论高校教师聘任制度改革对学术评价的新要求[J]. 高教探索，2009(5): 118-121.

[5] 叶萍. 社会组织绩效评估指标体系研究[J]. 广西社会科学，2010(8): 104-107.

[6] 简军. 关于事业单位绩效考核体系优化设计的探讨[J]. 现代商业，2011(4): 88-89.

[7] 熊通成. 360°考核在事业单位绩效考核中的应用[J]. 中国工人，2010(3): 9-11.

作者简介

王天威，上海交通大学人力资源处，副科，研究方向为高教管理。
陈菡，上海交通大学人力资源处，正科，研究方向为高教管理。
林晓棠，上海交通大学人力资源处，副处（副研究员），研究方向为高教管理。

Review on the Performance Evaluations in Colleges and Universities

Wang Tianwei, Chen Han, Lin Xiaotang

(Shanghai Jiao Tong University, Shanghai, 200240)

Abstract: The performance management of China's colleges and universities has long been focusing on personal annual assessment until the engagement system was first introduced in the early 21th century. Since then, engagement evaluations came into force.

As colleges and universities share the same characteristics with public-welfare institutions, i.e. it is difficult to conduct quantitative performance evaluations, there has been a demand for suitable performance evaluation methods for quite a long time.

In this article, the author described the common performance evaluation methods both at home and abroad, particularly introduced the "PART" method used by US National Natural Science Foundation and the method used by the US Department of Energy's National Laboratory, and then drew a conclusion on each method's characteristics via comparative analyses. The author introduced three principles that established the performance evaluation index system: Principle "SMART", Pareto Principle (also known as the 80/20 rule), and Closed-loop Management Principle, and also put forward the "3D" evaluation theory. The author summed up with the organizational characteristics of colleges and universities, and also proposed five aspects that special attention shall be paid to while conducting performance evaluation and designing index systems.

Keywords: Colleges and Universities; Organizational Performance; Evaluation

年薪制：大学校长职业化的薪酬制度重建①

赵映川

（长江大学 湖北 荆州 434023）

摘 要：实施薪酬激励，是破解大学校长职业化困境的切入点。现行的校长薪酬只是“身份制”工资，而非与管理能力和绩效挂钩的业绩工资。由于校长薪酬既缺乏外部竞争力又缺乏内部公平性，未能体现出校长的管理绩效。因此，要推进大学校长职业化，亟须参照市场化薪酬决定机制提高薪酬水平，优化薪酬结构，完善绩效考核机制，重建大学校长薪酬制度。

关键词：大学校长；职业化；薪酬

21世纪初，我国首次提出了一个有别于“大学校长专业化”的新概念——“大学校长职业化”[1]。所谓人学校长职业化，是指“大学校长”是一种职业而非职务，从业者通过这种职业获得物质报酬和精神享受；而“大学校长专业化”是指校长在逐步深化对教育意义认识的基础上，不断增强历史使命感与专业精神，不断提升道德与伦理追求，不断提高领导专业技能与能力的过程。[2] 2012年，袁贵仁针对大学校长的发展方向问题指出“既然当校长，就要放弃自身业务的研究和有关荣誉的获得，全心全意做一个全职的校长”。但2014年的调查显示：现任大学校长中有87%的人继续从事原来的学术研究工作，91.6%的校长拥有学术兼职，47.3%的校长获得了学术类奖项，66.7%的校长担任博士生导师。②之所以如此，一个共识度较高的理由是“大学校长在住房、医疗等方面的保障，无法与党政领导干部相比；在薪金上的保障，又无法与企业家相比，中国大学校长的岗位，基本是个‘奉献’岗位。”[3] 由此可见，薪酬是阻碍我国大学校长职业化的主要因素。

一、薪酬激励：破解大学校长职业化困境的切入点

在大学是国家行政机构附属部门的时代，大学校长是政府意志的贯彻者和执行者，鲜有管理活动的自主权和个人活动的选择权，更难有通过个人的努力获得额外报酬的机会。但在大学治理的序幕已拉开，“管、办、评”分离的今天，校长和国家之间从过去的附属关系转变为一种新型的委托代理关系，这种关系赋予他们为了自身利益尤其是物质利益进行理性选择的条件和机会，于是，他们忙着申报各种课题和奖项获得经费资助、担任各种评委获得评审费、担任研究生导师获得学生指导费，这些高收益的活动使得他们无意于担任“职业化校长”。

① 本文系2013年国家社科基金项目：基于学术职业视角的高校教师薪酬制度研究（13BGL079）

② 数据均来自于浙江农林大学党委书记宣勇在2014年高等教育国际论坛上的发言。

（一）校长职业化的动力机制缺失

从 1949 年直至 1976 年“文化大革命”结束，大学主要属于政治领域，如 1958 年的《关于教育工作的指示》所述：党的教育工作方针，是教育为无产阶级的政治服务……教育的目的，是培养有社会主义觉悟的有文化的劳动者。当时的大学校长们“以阶级斗争为纲”，完成党交给的政治任务是他们工作的唯一目标，“大学校长”身份体现更多的是一种政治意义。1998 年，我国颁布了《中华人民共和国高等教育法》，首次明确了大学校长的身份是“高等教育的法定代表人”，全面负责学校发展规划、教学和科研活动、人事任免和教师聘任、经费预算等活动。大学校长不再只是一个服从上级命令的政策贯彻者和执行者，而需要在政府的宏观指导下，主动研究高等教育规律、用科学的管理方法和艺术的管理技巧处理学校外部和内部事务，做一个懂教育、办教育的“专业化的校长”。

党的十八届三中全会审议通过的《中共中央关于全面深化改革若干重大问题的决定》提出我国深化改革的总目标是“完善和发展中国特色社会主义制度，推进国家治理体系和治理能力现代化”，大学治理是国家治理题中应有之义。大学治理的本质是：政府的简政放权使其将更多的权力下放给提供公共产品的社会服务部门，具体的做法是将原本属于“公有产权”的国家财产委托给代理人——大学校长经营。

政府和大学的关系由过去的直接管理变为委托代理，这种转变带来了国有财产所有权和经营权的分离：国家拥有财产所有权，大学校长拥有财产经营权，两权分离在赋予校长更多办学自主权的同时，带来了一个不可回避的矛盾——国家和校长利益的不相容，作为产权所有者的政府希望校长将“大学校长”作为一种在社会大市场中以既定的劳动方式谋求生存与发展的职业，做一个类似职业经理人的职业校长，全身心地投入学校外部的公关和内部的管理中，实现国有资产的保值增值——提升整体国民的素质、整个国家的生产力、整个社会的文明程度；但校长作为一个社会人，“大学校长”职位首先必须保证他过上体面的生活、获得崇高的社会声望。

除此之外，作为资产所有者的国家和作为大学管理者的校长之间还存在信息不对称的问题。国家要充分了解校长，即使花费较高的信息成本也难以满意，因为校长会采用各种方式显示对他有利的信息而隐藏不利信息。在双方签订委托代理关系之前，校长根据自己的偏好和能力进行“逆向选择”，但国家只能根据收集到的不完全信息进行“正向选择”。委托代理关系签订后，校长十分清楚自己工作的努力程度和对国家的忠诚度，也很了解大学的运作情况和将为国家带来的收益，但国家对这些信息难以获知，这就形成了“道德风险”问题。当前，国家没有建立起通畅的信息收集渠道，没有形成职业校长市场，也没有建立起常规性的校长绩效考核制度，校长的薪酬仅仅是“身份制”工资而非与管理能力、成果挂钩的业绩工资，在他们的薪酬既缺乏外部竞争力又缺乏内部公平性的情况下，人的“趋利性”促使他们为了个人利益而损害国家利益。国家希望他们以职业经理人的身份管理大学，但他们却为了更多的物质利益而将管理工作“业余化”。

（二）年薪制：激励校长的职业化

所有权和经营权相分离造成了国家和校长的激励不相容，双方信息的不对称加大了校长的“道德风险”，这种矛盾无法通过道德建设得以全面解决，需要通过制度激励和约束校长的行为，降低代理成本、提高代理效率。

委托代理理论中的激励，是指委托人使用某种价值标准或某些社会福利指标，促使代理人在选择或不选择委托人标准或目标时，从自身效用最大化出发，自愿地或不得不选择与委托人标准或目标相一致的行动，如物质激励、控制权激励和精神激励等。所谓约束，是一种反向的激励，是指通过组织内外部的监督和市场竞争的外在压力，使代理人形成很强的自我约束，从而在满足自身效用最大化的同时，减少偷懒和道德风险等问题，努力实现委托人利益的最大化，如权利约束、市场约束和道德约束。[4] 通过制度的激励和约束，可以使经营者对生产投入更多的时间和精力，通过为所有者带来收益最大化而实现自我效用的最大化，达到激励相容的最佳状态。

大学校长是政治人的年代，为有效推进国家主导型制度变迁，党和政府把主流意识形态的形成作为一个突破口，利用大规模的意识形态教育使人们的行为符合政府的期望。在这种时代背景下，“全心全意为人民服务”等主流价值观而非制度激励着校长努力工作。

同时，大学校长的政府官员身份，使得国家根据官僚制度的特点对他们实施以政治手段为主的激励和约束：当校长带领大学取得了较好的成绩时，往往得到政治意义上的奖励——调任到其他级别更高的大学担任校长，或调离大学担任政府部门要职。当大学的发展停滞不前、教职工怨声载道时，校长受到的也是政治意义上的处罚——调任到其他级别更低的大学担任校长，或调离大学担任政府部门闲职。金字塔顶端的岗位非常少，因而校长获得奖励的机会非常少，而无关经济利益的政治性处罚更多的是一种象征性意义。

当“大学校长”是一种职业时，担任大学校长的人具有通过这份职业追求幸福生活的本能愿望，国家不能希望校长通过个人的道德超越而达致人性的完美，也不能通过无关紧要的政治意义上的奖惩激励校长专注于学校管理，只能通过物质手段激励校长为国家创造更大的收益，将国家收益与个人收益紧密相连，在满足个人利益的同时带来国家收益的最大化。公司治理的经验显示：年薪制、股权激励、EVA（Economic Value Added，经济增加值）奖金制度都发挥了较好的激励约束作用，被视为我国公司治理成功的关键。大学是非营利性组织，校长不能享受剩余索取权，因此不能获得股权激励；同时大学是学术性组织，其收益难以货币化，所以难以采用 EVA 奖金制度进行激励。而年薪制既关注校长的人力资本又注重其管理绩效，在保证较高薪酬水平的同时强调校长的职业化管理能力，使其从“如果不做课题研究或不带研究生，其有形的个人收入将可能少于校内学者们在学校获得的收入”[5]转变为“只用专注于学校管理就可以获得较高的收入”，真正实现校长的职业化。

二、我国大学校长薪酬的实证调查

衡量薪酬的激励性，主要分析其外部竞争力和内部公平性，这些研究都需要薪酬数据作为支撑。而我国除了上市国有企业每年在其公司年报中公布高管薪酬、有些省份公布一些低端职位的工资指导价外，很难从公开的渠道获得员工的薪酬数据，本研究主要采用访谈法和案例法（A 大学）获得大学校长的薪酬数据。

（一）缺乏外部竞争力

所谓薪酬的外部竞争力，是指与竞争对手相比，本组织的薪酬水平是高还是低，并由此产生的组织在劳动力市场上对人才竞争能力的大小。研究我国大学校长薪酬的外部竞争力，可供比较的对象有上市国有企业的总经理，因为根据我国国情，国有企业总经理与大学校长都是由政府委任的，具有相近的行政级别，[6] 他们都需要具备较高的人力资本，工作中压力都比较大。

为了使研究数据更具真实性和比较性，本文选取了武书连 2013 年中国大学排行榜前 20 位大学（浙江大学、北京大学、清华大学、上海交通大学、复旦大学、南京大学、武汉大学、四川大学、中山大学、华中科技大学、山东大学、吉林大学、南开大学、西安交通大学、中国科学技术大学、中南大学、东南大学、中国人民大学、天津大学、大连理工大学）的校长和 2013 年营业收入排名前 20 位上市国企（中国石油、中国石化、中国工商银行、中国建设银行、中国银行、中国移动、中国农业银行、中国铁建、中国中铁、中国神华、中国电信、中国铝业、中海油、兴业银行、中国太保、中国联通、中国人寿、中铁二局、交通银行、中国远洋）的总经理作为比较。他们的人力资本信息见表 1。

表 1　大学校长和上市国企总经理人力资本比较

	性别	最后学位			学科背景					职称	
	男	博士	硕士	学士	工学	理学	经济学	法学	管理学	高级	副高级
大学校长	100%	100%			53%	37%	5%		5%	100%	
企业总经理	100%	60%	30%	10%	26%		37%	11%	26%	36%	64%

数据来源：20 所大学和 20 家上市国企网站。

从表 1 可以看出：大学校长和上市国企总经理全部都是男性，除了这个数据完全相同外，其他数据都存在一定的差别。对于获得的最后学位，大学校长都是博士，而上市国企总经理中博士占 60%、硕士占 30%，学士占 10%；对于学科背景，53%的大学校长所学专业是工学，37%的是理学，经济学和管理学各占 5%。相比而言，上市国企总经理所学专业更多的是经济学和管理学，如经济学的占 37%、管理学的占 26%、工学的占 26%、法学的占 11%；在职称方面，大学校长都是教授，而上市国企总经理中获得高级职称的只有 36%，还有 64%的人获得的是副高级职称。

学位和职称是衡量个体人力资本的两个主要指标，从上面的数据可以看出：大学校长拥有的人力资本普遍高于上市国企总经理。根据要素分配理论：人力资本越高，薪酬越高，即大学校长的薪酬应该高于上市国企总经理，但真实的情况却并非如此：

我国大学校长的薪酬主要由两部分组成：一部分是国家工资，一部分是校内工资。我国中部某省属重点综合大学校长 2013 年的总收入是 10.4 万元，而对其他 10 所大学校长的访谈可知（这 10 所大学信息见表 2），他们的年收入大多在 10 万～20 万。这个结论与宣勇的结论比较接近，他的研究显示：大学校长的年收入平均为 17.34 万元，其中 10 万元以下的占 23.7%，15 万元以下的占 47.4%。①我国上市国企总经理的薪酬为年薪制，2013 年度 20 家上市国有企业年报显示：中国移动总经理税前年薪为 314.6 万元，排名第一；交通银行总经理税前年薪为 45.8 万元，位居最后。20 位总经理的年薪平均值为 144 万元。

① 数据均来自于浙江农林大学党委书记宣勇在 2014 年高等教育国际论坛上的发言。

表2　10所大学信息

	大学所在地			大学类型		
	东部	中部	西部	“985”大学	非“985”的“211”大学	其他大学
大学数量	3	4	3	2	4	4

大学校长和上市国企总经理的职业特点决定他们主要以拥有的人力资本等生产要素参与分配，以上的分析说明：大学校长拥有比上市国企总经理更高的人力资本，但他们的薪酬却远远低于总经理的薪酬，大约仅为其1/10，完全不具备外部竞争力。

（二）缺乏内部公平性

薪酬的内部公平性，是指员工对自身工作在组织内部相对价值的认可。亚当斯的公平理论指出：一个人不仅关心自己所得所失，而且还关心与别人所得所失的关系，他们是以相对付出和相对报酬全面衡量自己的得失。如果得失比例和他人相比大致相当时，就会认为公平合理，否则就感觉不公平。在他的公平模型中，主要以员工的心理感受为比较对象，这无疑增加了研究公平性的难度。为了增加可行性和可信性，本研究将亚当斯的公平模型修正为：某岗位的平均薪酬/某岗位的价值＝另一岗位的平均薪酬/另一岗位的价值。

在A大学，“校长岗”是管理系列的最高级岗位，“二级教授岗”是教师系列的最高级岗位，两者由于工作性质不同而具有不同的价值。但对于一个大学的发展而言，校长的价值显然高于二级教授的价值，因此，校长的薪酬应高于二级教授的薪酬。可是A大学的财务数据显示：校长2013年的薪酬为10.4万元，二级教授岗的平均薪酬为12.9万元，即校长的薪酬低于二级教授岗平均薪酬，公平模型失衡。

与二级教授相比，校长的薪酬不具有公平性，与另一个学术群体——特聘教授相比，校长薪酬的公平性更为缺失。如A大学所属的省政府为了加强高校高层次人才队伍建设，吸引、遴选和造就一批具有国家、国内领先水平的学科、专业带头人，形成一批优秀创新团队，实施了“楚天学者计划”。2013年，该校外聘了10名讲座教授，他们的年薪是45万元；22名特聘教授，他们的年薪是30万元；8名主讲教授，他们的年薪是15万元。除开这些教授在其人事关系所在单位获得的薪酬，仅在A大学获得的薪酬就远远高于校长的薪酬（讲座教授除外）。从我国大学校长的选拔标准可以发现：他们具有很高的学术水平，是所在学科的领军人物和带头人，A大学的校长是二级教授、国家科技进步奖的获得者，但他的薪酬远远低于学校外聘专家和学者，公平模型再次失衡。

职业的首要功能是满足从业者的物质需要，“校长”职业要满足校长基本的生存需要，满足校长抚养孩子的需要，满足校长自我提升的需要。但我国大学校长的薪酬水平明显偏低，难以使他们过上比较体面的生活。为了改善自身生活条件，他们不得不通过身兼数职来提高收入水平。同时，现象学家舍勒指出“攀比是人的本性”，当校长感觉到内部分配不公平而无法通过制度改变时，他们必将减少对管理工作的付出，维持公平感的平衡。

三、构建大学校长年薪制

大学校长年薪制能够破解大学治理框架下国家与校长之间委托代理关系中的激励不相容和信息不对称难题，将这种薪酬理念具体化为薪酬制度，主要表现为以下三个方面：

（一）参照市场化薪酬决定机制，提高年薪水平

美国大学治理中的激励机制主要表现为较高的年薪，高薪反映美国大学校长作为一种职业，其劳动价值在经济报酬上的体现，有利于增强校长的职业意识，心无旁骛地专职于学校的管理经营，从而保证了美国大学校长的卓越，继而保证美国高等教育的质量。[7] 据报道，2013 年，公立大学校长中薪酬排名第一的是俄亥俄州立大学校长戈登・吉（E. Gordon Gee），高达 605.8 万美元，全美公立大学校长薪酬的中位数为 47.9 万美元，而总统奥巴马的年薪为 40 万美元。美国大学校长的年薪为什么高于总统，哪些因素决定了校长的高薪酬，同类学校校长薪酬的差异为什么相差巨大，这些问题无法用企业经营者年薪影响因素——为企业创造的利润或由此带来的股票高价格来解释，其唯一答案是市场决定价格机制。

我国大学校长的职业环境不完全同于美国大学校长，所以其薪酬决定机制也有所不同，但在大学治理的背景下，遵循按要素分配原则、反映市场供求关系的机理是相同的。我国可以采用如下方式确定大学校长的薪酬：依据大学校长人力资本价值，反映校长管理学校的业绩，参照现行“长江学者”年薪标准和国内一些上市国有企业总经理的年薪水平。如 2013 年营业收入排名前 20 位的上市国企总经理的年薪平均值为 144 万元，某校长江学者特聘教授的年薪是 30 万～50 万元，中组部“千人计划”入选者的年薪已基本与国外一流大学教师的收入水平接轨。[8] 据此可以确定我国大学校长的薪酬须在原有的水平上翻番。

（二）尊重大学管理的特殊性，优化薪酬结构

大学校长实行年薪制后，其年收入主要包括“基本薪酬”和“绩效薪酬”两个部分，“基本薪酬”用于满足校长的基本生活需要，而“绩效薪酬”反映职业化校长治理大学的效果。值得说明的是，当前我国大学校长的收入中也有“绩效薪酬”（每所大学的称呼有所不同，如绩效工资、校内工资、校内津贴等），但它直接与校长的学术成果挂钩，是对其学术能力的一种承认和肯定，基本上与校长治理大学的成效无关。

企业经营者的年薪中，基本薪酬所占比重大约为 30%，绩效薪酬所占比重大约为 70%。这一比例有利于在责任、风险和收入对等的基础上加大激励力度，使经营者能够凭多种要素广泛深入地参与企业剩余收益的分配，使经营者的实际贡献直接反映于当期各类年薪收入的变动之中，并进一步影响其应得的长期收入。[9] 但是，大学是传承和创造知识的学术组织，它的产品表现为接受几年教育后人力资本大大提高的毕业生、发表的文章、出版的著作、发明的专利、为国家和企业解决的科技难题。由于知识的难以定价和市场化，导致大学的收益难以用货币进行计量，也就无法像企业那样获得确切的剩余收益数据。另外，大学具有超功利性，市场不会给无人问津的产品以任何的“宽容”和“理解”，而大学却必须为某些“不实用”的研究和探索保留必要的生存空间。历史地看，某些观点、理论过于“迂腐无用”，基本是“异端邪说”，但在经历长时间的考验之后，却发现当时被人们所摒弃的“无用之学”被证明是最有价值的。如果校长绝大部分薪酬由大学的办学效益直接决定，他可能会偏离大学应有的价值追求而变成市场的婢女随之亦步亦趋。因此，大学校长年薪制既要改变过去校长薪酬与管理业绩完全不相关的状况，又不能像企业一样制定非常高的业绩薪酬比重。基于此，大学校长的薪酬结构可以与企业经营者的薪酬结构相反，即年薪中的“基本薪酬”占 70%，“绩效薪酬”占 30%。

（三）凸显职业化导向，完善绩效考核机制

大学校长年薪制中的绩效薪酬反映的是校长管理大学的成果、承担的责任和风险，这些需要进行评估才能获得真实有效的数据。在美国，无论是公立大学还是私立大学，董事会都会对校长进行年度评估和阶段性评估，评估的重点是校长的筹资能力、管理资金的能力、协调外部关系的能力、对学校进行战略管理的能力，而校长在其专业领域的科研和教学能力不做任何考核。绩效考核是根指挥棒，它反映了学校对校长工作的期望和校长应该努力的方向，加州大学前校长克拉克·克尔掌校期间，放弃了原来的工业关系研究，着力思考大学治理问题，最后将其发表的演讲集结成册，出版了《大学的功用》等不朽著作。我国大学应建立各自的校长考核制度，由学校绩效考核委员会对校长的办学理念、战略规划、办学效果等进行考核，考核的结果作为衡量校长的领导能力和发放薪酬的依据。

在过去政治挂帅的年代，我国大学校长特别强调政治素质，有些从战场上下来的功臣因其过硬的政治素养而直接被任命为大学校长。在大学被视为学术组织的今天，大学校长首先是学术精英，他们因在各自专业领域中的高声望而获任校长一职，如 34 所“985”高校的校长全部都是博士生导师，其中 16 位是科学院或工程院院士。[10]除了在选拔校长时考察其政治素质、学术水平、道德品质和身体素质外，我国大学还没有建立起校长任职期间的常规性绩效考核制度。为了督促校长将大学管理视为其唯一的工作，并有效而科学地推行年薪制，必须建立起对大学校长管理能力和管理业绩的常规性考核制度。

实行年薪制后，大学校长的薪酬与其管理能力和业绩直接挂钩，为了获得较高的薪酬，他将主动地从“业余校长”转变为“职业化校长”，将所有的时间和精力专注于学校的发展和管理。同时，当校长的薪酬足以让其过上体面的生活并获得自我价值感认同时，他将摆脱过去因为金钱而陷入的不自由的工作状态，专心致志地担任职业化的校长。

参考文献

[1] 王继华. 校长职业化与教育创新[M]. 北京: 北京大学出版社，2003.

[2] 张波. 校长专业化、职业化及其制度保障[J]. 教学与管理，2009(1).

[3] 徐显明. 山东大学迈出去行政化第一步[N]. 光明日报，2011-04-14.

[4] 张端鸿. 大学治理结构的经济学分析[J]. 复旦教育论坛，2013(6).

[5] 李树. 现代大学校长职业化已成趋势[J]. 教育与职业，2007(6).

[6] 詹宏毅. 著名大学校长与上市国企CEO的基本特征比较分析[J]. 中国高教研究，2011(3).

[7] 郝森林. 美国大学校长的职业化取向及启示[J]. 教育发展研究，2009(7).

[8] 王希勤，刘婉华，郑承军，等. 透视高校教师收入分配现状[N]. 中国教育报，2014-06-09.

[9] 李小平，何燕. 激励机制：EVA奖金制度与年薪制的比较分析[J]. 四川师范大学学报(社会科学版)，2008(6).

[10] 赵映川. 我国大学校长角色冲突研究——基于涂又光先生的社会领域理论[J]. 湖北社会科学，2013(6).

作者简介

赵映川，湖北大学教育学院教授，研究方向为高校人力资源管理。

Annual Salary System: the Reconstruction of Salary System for University President's Professionalism

Zhao Yingchuan

(Yangtze University, Jingzhou, Hubei, 434023)

Abstract: Salary incentive is the breakthrough point to break the plight of university president's professionalism. Nowadays, university president's salary is on behalf of his identity. It is not merit pay that base s on labor's management ability and performance.

President's salary not only lack of external competitiveness, but also lack of internal fairness, at the same time, it does not reflect president's management performance. For promoting president's professionalism, we need to reconstruct president's salary system, that is, raise the salary levels, optimize the salary structure, and establish the performance system.

Keywords: university president; professionalism; salary

美国顶尖大学薪酬体系特征研究①

曹 峰[1] 林元启[2] 刘婉华[3] 王 佳[3]

（[1]清华大学 公共管理学院 北京 100084）

（[2]中国社会科学院大学 马克思主义学院 北京 100089）

（[3]清华大学 清华四川能源互联网研究院 四川 610000）

摘 要：薪酬是大学激励机制的重要组成部分，它在激发教师工作热情、提升工作满意度、增强大学凝聚力等方面起着重要作用。本文回顾了已有关于大学薪酬的研究，选取美国大学教授协会（AAUP）和美国劳工统计局有关薪酬战略、薪酬水平、薪酬构成、薪酬结构、薪酬调整这五方面的相关数据对美国具有代表性的 11 所顶尖大学的薪酬体系进行了研究，借鉴美国顶尖大学的经验提出改进我国高校薪酬体系的建议，以配合我国高校“双一流”建设中的薪酬改革工作。

关键词：美国；顶尖大学；教师；薪酬体系

一、引言

随着“双一流”建设进入新阶段，如何通过创新激励机制，努力提升高校教师队伍水平，为“双一流”建设提供有力支撑和可靠保障，已经成为提升我国高等教育综合实力和国际竞争力的重要工作之一。而薪酬体系建设是大学激励机制的重要组成部分，它在激发教师工作热情、提升工作满意度、吸引和挽留人才等方面起着重要作用。②

美国拥有为数众多的世界一流大学。在英国《泰晤士高等教育副刊》2018 年世界大学排行榜中，前 50 名的大学中有 26 所是美国大学。③在 U.S.News2018 年全球最好的大学排名中，前 50 名的大学中有 32 所是美国大学。④在 QS 世界顶尖大学排名中，前 50 名的大学中有 18 所是美国大学。⑤优质的美国高等教育得益于大学里顶尖级的师资队伍，以及能够吸引和保留这些杰出教学科研人才的薪酬体系，因此研究美国大学教师的薪酬特征具有代表性。本文选取了 11 所美国顶尖大学，对其薪酬体系的特征展开研究，重点讨论了美国顶尖高校的薪酬战略、水平、构成、结构和调整五个方面，试图为国内高校“双一流”建设过程中教师薪酬的设计提供实证基础和对标体系。

---

① 基金项目：四川省软科学研究计划“人才价值评估与薪酬匹配系统研究”（18RKX0064）。本文相关内容已发表于《清华大学教育研究》2019 年第 3 期.

② 刘爱生.美国大学教师薪酬的构成、概况与特征[J].外国教育研究，2017，(3): 81-92.

③ The Times Higher Education, “World University Rankings 2018,” https://www.timeshighereducation.com/world-university-rankings/2018/world-ranking#!/page/1/length/25/locations/US/sort_by/rank/sort_order/asc/cols/stats.

④ US News Education, “Best Global Universities Rankings,” https://www.usnews.com/education/best-global-universities/rankings.

⑤ QS Top Universities, “QS World University Rankings,” https://www.topuniversities.com/university-rankings/world-university-rankings/2018.

二、文献与研究方法

（一）文献与研究框架

薪酬是大学激励机制的重要组成部分。薪酬一词有广义与狭义之分。狭义的薪酬是指直接获得的报酬，如基本工资、绩效工资、奖金、津贴等；广义的薪酬除了包括狭义薪酬以外，还包括间接获得的报酬以及各种非货币收入，如福利、服务等。①

薪酬战略就是将薪酬体系与组织发展目标联系起来，以一系列薪酬方案帮助组织保持竞争优势、实现长远目标。②薪酬水平是指组织内部平均薪酬的高低状况，它是讨论薪酬外部竞争力的必要条件。③薪酬构成是指薪金报酬的各组成部分在薪酬总体中的结构与比例，它不仅仅指基本薪酬（Salary），还包括福利（Benefit）等。基本薪酬是指员工因完成工作而获得的周期性发放的报酬，而福利是指除工资、奖金之外向员工提供的各种保障计划、补贴、服务及实物等，是报酬的间接组成部分。④薪酬结构是指组织中各种工作或岗位之间薪酬水平的比例关系，通过薪酬等级、等级之间的级差以及确定级差的标准来描述。⑤薪酬调整涉及薪酬的增长机制，是保持薪酬动态平衡、实现激励目标的重要手段。薪酬调整包括薪酬水平调整、薪酬构成调整和薪酬结构调整三个方面。

因此，本文以薪酬的概念为基础，从薪酬的战略、水平、构成、结构和调整五个方面对美国顶尖大学的薪酬体系进行讨论，以此为我国高校薪酬体系的改进提供全面的借鉴。

（二）研究数据

本文选取了2017年U.S.News全美大学排名中排名前十的研究型大学与公立学校中排名第一的伯克利加州大学作为研究的案例。本文采用美国大学教授协会（AAUP）2017—2018职业经济状况报告数据、⑥美国劳工部劳工统计局2017年5月全美各行业就业和工资估算、⑦各大学财务年报等相关资料进行分析，以此讨论美国顶尖大学薪酬体系的特征。

三、美国大学教师薪酬体系特征

（一）薪酬战略

薪酬战略作为大学薪酬设计的指导原则，对实现薪酬体系与大学整体目标的契合有着重要意义。美国顶尖大学的薪酬战略强调要以富有竞争力和公平性的薪酬体系吸引、留住优秀人才，为大学整体目标服务。例如，加州大学明确指出："教职工的质量是加州大学

---

① 闫世平编著.人力资源管理[M]. 北京：机械工业出版社，2014. 108.

② Edward E. Lawler III, *Strategic Pay: Aligning Organizational Strategies and Pay Systems* (San Francisco: Jossey-Bass Inc, 1990).

③ 赖亚曼. 美国高校教师薪酬外部竞争力分析及启示[J].清华大学教育研究，2008，(6)：90-96.

④ 莫寰等. 人力资源管理——原理、技巧与应用[M].北京：清华大学出版社，2007，337-338.

⑤ 马君. 山鸣峰.科研导向下绩效工资的"倒U"效应[J].上海大学学报（社会科学版），2013，(1):111-124.

⑥ American Association of University Professors. Annual Report on the Economic Status of the Profession, 2017-2018. https://www.aaup.org/sites/default/files/ARES_2017-18.pdf.

⑦ U.S. Bureau of Labor Statistics. May 2017 National Occupational Employment and Wage Estimates. https://www.bls.gov/oes/current/oes_nat.htm.

持续取得成功的基石，为此加州大学将会为本校所有员工提供富有竞争力的薪酬。”

本文选取的 11 所美国顶尖大学均具有明确的薪酬战略（见表 1），其主要特征有：薪酬设计的核心目标是吸引、留住人才以建设高水平的教师队伍；薪酬调整与绩效管理相结合，注重激励性；薪酬结构着力保障内部一致性和公平性；薪酬水平始终关注变化的市场情况，富有竞争力，同时充分考虑大学的财务状况。

表 1　美国 11 所顶尖大学薪酬战略

排名	学校	薪酬战略
1	普林斯顿大学	普林斯顿大学努力营造一种工作环境，使所有员工都能够认可普林斯顿的精神，并产出最高水平的成果。通过富有竞争力的薪酬、福利计划、工作生活计划和优美的校园环境来吸引、留住和激励那些聪明、充满活力、才华横溢的员工
2	哈佛大学	哈佛大学提供富有竞争力的薪酬，旨在吸引、留住和奖励优秀的员工。为了保证薪酬始终具有竞争力，密切关注哈佛大学的薪酬在高等教育市场以及地方和全国就业市场中的水平
3	芝加哥大学	芝加哥大学致力于提供全面的奖励计划，以吸引、留住和奖励高素质、多元化和高效率的员工。为了实现我们的薪酬理念，我们：1）强调员工努力和结果的一致性；2）保持薪酬的外部竞争性和内部公平性；3）在遵守相关法律和合同的前提下，有效利用大学资源
4	耶鲁大学	耶鲁大学的薪酬计划考虑如下目标：1）吸引和留住优秀的人才；2）根据每个岗位的具体职责和技术要求设计合理的薪酬结构，并确定相应的工资；3）根据个人的贡献和绩效确定工资增长水平；4）支付富有竞争力的薪酬；5）薪酬满足大学预算要求
5	哥伦比亚大学	哥伦比亚大学致力于吸引、鼓励和保留高素质的员工队伍，以支持我们在教育、研究等领域的重要使命。大学提供反映市场趋势的、有竞争力且公平的薪酬。此外，为教职员工提供良好的福利
6	麻省理工学院	麻省理工学院努力通过提供有竞争力的薪酬和福利来吸引和留住高素质的员工。我们的目标有三个：1）在不断变化的环境中争夺合格的员工；2）公平公正地支付员工报酬；3）对财务负责
7	斯坦福大学	我们提供公平和有竞争力的员工薪酬计划，吸引、留住和奖励各级优秀员工
8	宾夕法尼亚大学	宾夕法尼亚大学的薪酬理念旨在保持内部一致性和对经济指数的变化做出反应。各学院和中心都接受大学薪酬政策的指导。薪酬政策与工作绩效相符，鼓励个人成就和成长，并灵活应对动态的就业市场的挑战
9	杜克大学	杜克大学保持一种基于工作分类的薪酬结构。具体做法是将相同的工作归类，对同一类工作所支付的薪酬与市场中类似的工作相当
10	加州理工学院	加州理工学院的薪酬计划旨在满足教职员工动态和独特的需要，使他们能够专注于教育、科学和工程。工资是薪酬的重要组成部分，它与个人的知识、技能和能力密切相关。此外，还持续评估工资水平，以确保其竞争力和公平性
11	伯克利加州大学	伯克利加州大学薪酬计划的目标是建立可与市场相媲美的工资水平，并协助大学管理层制定有助于招募、留住和激励高素质员工的薪酬计划

数据来源：根据以上各高校官网介绍整理。

（二）薪酬水平

美国大学教授协会（AAUP）的数据显示，2017—2018 年度美国大学教授的年平均工资为 104820 美元，副教授为 81274 美元，助理教授为 70791 美元。[①]按照 2018 年 3 月 23 日汇率 1 美元=6.3300 人民币计算，美国大学教授年平均工资约为 663511 元人民币，副教授 514464 元人民币，助理教授 448107 元人民币。[②]

而本文选取的美国顶尖大学的年平均工资水平更高。表 2 显示了 2017 年 U.S. News 全美大学排名前十的高校，以及伯克利加州大学 2017—2018 年度的工资情况。排名第一的普林斯顿大学教授的年平均工资达到 238000 美元，副教授为 143800 美元，助理教授为 115200 美元，折合人民币分别为 1506540 元、910254 元和 729216 元。这 11 所大学教授的年平均工资折合人民币为 1424308 元，副教授为 911520 元，助理教授为 778532 元，明显高于美国高校的平均值。这充分体现了美国顶尖大学对教师人才队伍的重视，愿意为其提供高水平的工资。

表 2　2017—2018 年度美国 11 所顶尖大学的年平均工资情况　　美元

排名	学校	教授	副教授	助理教授	讲师	平均
1	普林斯顿大学	238000	143800	115200	93000	176200
2	哈佛大学	245800	151700	140700	112000	191100
3	芝加哥大学	234300	126000	121400	66500	164100
4	耶鲁大学	214300	135000	109600	81000	160500
5	哥伦比亚大学	251300	161200	126200	82700	185300
6	麻省理工学院	222800	149100	124500	106000	178000
7	斯坦福大学	246200	157800	131600	190300	207900
8	宾夕法尼亚大学	217300	140100	130300	—	182000
9	杜克大学	209700	138800	114100	—	176000
10	加州理工学院	204200	149000	128300	88100	178000
11	伯克利加州大学	191200	131500	111000	86000	153500
平均（美元）		225009	144000	122991	100622	177509
平均（人民币）		1424308	911520	778532	636939	1123633

数据来源：American Association of University Professors, “The Annual Report on the Economic Status of the Profession, 2017-18”, https://www.aaup.org/sites/default/files/ARES_2017-18.pdf；US News Education, “National University Rankings,” https://www.usnews.com/best-colleges/rankings/national-universities.

单纯的工资数据不足以反映美国高校对教师薪酬的重视，还需分析这些学校的预算情况。从预算上看，美国顶尖大学 50%～60%的支出用于薪酬支出（见表 3）。例如，哈佛大学 2016—2017 年财年的总支出约为 49 亿美元，其中 50%（约 25 亿美元）用于支付薪酬费用；伯克利加州大学 2016—2017 财年的总支出约为 27 亿美元，其中 64%（约 18 亿美元）用于支付薪酬费用。由此可以看出美国顶尖高校把教师薪酬作为学校运行成本的重点，体现了其对教师薪酬的重视程度。

---

① American Association of University Professors. The Annual Report on the Economic Status of the Profession, 2017-2018. https://www.aaup.org/sites/default/files/ARES_2017-18.pdf.

② 以下计算中，均以 2018 年 3 月 23 日汇率进行折算。

表 3　2016—2017 年度美国 11 所顶尖大学薪酬支出占学校总支出的比例

排名	学校	薪酬支出（千美元）	支出总额（千美元）	薪酬支出占总支出的比重（%）
1	普林斯顿大学	840307	1615975	52.0
2	哈佛大学	2455000	4885000	50.3
3	芝加哥大学	2344682	4327652	54.2
4	耶鲁大学	2206353	3511065	62.8
5	哥伦比亚大学	—	4384914	—
6	麻省理工学院	1752054	3464024	50.6
7	斯坦福大学	3481000	5900000	59.0
8	宾夕法尼亚大学	5100000	8900000	57.3
9	杜克大学	1593000	2700000	59.0
10	加州理工学院	373418	653770	57.1
11	伯克利加州大学	1766963	2773113	63.7

数据来源：各个学校年度财务报表。其中耶鲁大学为 2016—2017 财年预算支出，其余各个学校的支出均为 2016—2017 财年决算支出，即实际支出。加州理工学院的决算支出中减去了归属于美国国家航空航天局的喷气推进实验室的支出。

相比美国各个行业人员的收入，美国顶尖大学教师的薪酬总体处于中上水平。根据美国劳工部劳工统计局 2017 年 5 月全美各行业就业和工资估算，并结合 AAUP 对美国顶尖大学教师薪酬的统计，发现美国顶尖大学教师的收入总体处于中上水平（见表 4）。最高的是斯坦福大学，教师的年平均工资达到全美工资水平的前 20%，较低的是伯克利加州大学，但也达到前 40%。总体而言，美国顶尖大学教师的收入处于社会的中上水平，保障了教师较高的经济地位和社会地位。

表 4　2016—2017 年度美国顶尖大学教师工资占全美各行业工资的百分位数

排名	学校	各级教师平均工资（美元）	工资的百分位数（%）
1	普林斯顿大学	171300	31
2	哈佛大学	177500	29
3	芝加哥大学	160800	35
4	耶鲁大学	157900	37
5	哥伦比亚大学	180600	28
6	麻省理工学院	171200	31
7	斯坦福大学	200500	20
8	宾夕法尼亚大学	176400	29
9	杜克大学	172200	31
10	加州理工学院	175300	30
11	伯克利加州大学	149100	40

数据来源：U.S. Bureau of Labor Statistics, “May 2017 National Occupational Employment and Wage Estimates”, https://www.bls.gov/oes/current/oes_nat.htm; American Association of University Professors, “Annual Report on the Economic Status of the Profession, 2016-17,” http://www.aaup.org/report/visualizing-change-annual-report-economic-status-profession-2016-17.

（三）薪酬构成

从薪酬构成来看，除了基本工资以外，美国大学还为其教师提供一系列福利，比如大学为教师本人及其家属提供医疗和养老保障计划，甚至为其子女提供学费补助等。表5展示了哈佛大学、伯克利加州大学和斯坦福大学所提供的福利种类。由此可见，美国顶尖大学给教师提供的福利是非常多样的。这些福利涵盖方方面面，从医疗、伤残保险到学费、培训项目、带薪学术休假等。值得一提的是，地处硅谷中心的斯坦福大学为了吸引和保留最优秀的人才，自建了大量住房允许教师以较低的价格购买或租住。[①]此外，斯坦福大学还根据教师的家庭经济状况，为其支付5000～20000美元的儿童保育费。[②]多样化福利的根本目标是尽可能地解决教师的后顾之忧，让教师全身心地投入到教学与科研之中。

表5 哈佛大学、伯克利加州大学和斯坦福大学的福利种类

哈佛大学	伯克利加州大学	斯坦福大学
医疗保健服务	医疗	医疗与人寿保险
残疾与人寿保险	核心医疗计划	平价医疗
牙科服务	牙科服务	牙科服务
视力保健	视力保健	视力保健
支出账户与健康储蓄账户	护理和健康支出账户	健康与保健
退休人员健康计划	退休计划	退休储蓄服务
税收延期储蓄	基本生活计划	退休指导计划
退休投资选择	核心生活计划	学费与培训资助
退休教育与规划	补充生活计划	斯坦福特价服务
法律援助	法律援助	教师特别计划
额外报销	汽车、住房的购买与租赁	自选福利
银行、抵押贷款、住房与个人保险	保险费用	带薪休假
带薪休假	意外死亡和截肢	
校外景点、演出门票优惠	短期残疾计划	
校内文化娱乐活动	补充残疾计划	

资料来源：Harvard University, “Total Rewards”, https://hr.harvard.edu/totalrewards; University of California, Berkeley, “Benefits Packages,” https://hr.berkeley.edu/compensation-benefits/benefits/eligibility/packages; Stanford University, “Offerings for Faculty & Staff,” https://cardinalatwork.stanford.edu/benefits-rewards/my-offerings/faculty-staff?utm_source=benefits-rewards&utm_medium=benefits-tcs-button&utm_campaign=Stanford%20Careers.

从数额上看，美国大学为教师提供的福利是其薪酬中相当可观的一部分。美国大学教授协会（AAUP）的调查表明，2014—2015学年美国高校平均每位教师的福利支出相当于教师基本工资的30.1%，总额高达26463美元，折合人民币约167511元。表6进一步展示

① Stanford University, “Experience a New Kind of Community at University Terrace”, https://fsh.stanford.edu/nfh/UT/universityTerrace.shtml.

② Stanford University, “On-Site Early Childhood Education Programs”, https://cardinalatwork.stanford.edu/benefits-rewards/worklife/children-family/on-site-child-care.

了 2017—2018 年度美国排名前十的大学及伯克利加州大学教师福利水平的绝对值。从数据来看，美国顶尖高校教师能够获得的福利换算为货币的平均值为 49955 美元，约合人民币 316215 元，远高于美国大学的平均水平。这些福利在工资之外为教师提供了进一步的经济保障，成为体现美国顶尖大学薪酬外部竞争力的重要因素。

表 6　2017—2018 年度美国 11 所顶尖大学福利水平　　美元

排名	学校	平均福利水平
1	普林斯顿大学	51500
2	哈佛大学	41100
3	芝加哥大学	55800
4	耶鲁大学	42500
5	哥伦比亚大学	44300
6	麻省理工学院	49800
7	斯坦福大学	53600
8	宾夕法尼亚大学	61500
9	杜克大学	52700
10	加州理工学院	38900
11	伯克利加州大学	57800
平均（美元）		49955
平均（人民币）		316215

数据来源：American Association of University Professors, “The Annual Report on the Economic Status of the Profession, 2017-18”, https://www.aaup.org/sites/default/files/ARES_2017-18.pdf.

（四）薪酬结构

美国大学的薪酬分配强调以个人业绩为导向，受学术职业等级、学科差异等多因素影响。[①]分析美国大学的薪酬结构可以从横向（即不同专业）和纵向（即不同职称）两个维度来考察。

从横向来看，高校教师的薪酬水平与其所在专业有着较密切的联系，不同专业的教师工资存在较大差异。图 1 显示了 2016—2017 年度美国各专业教授的年平均工资，其中研究型大学中平均工资最高的前五个专业是商业管理类、法律类、计算机类、工程类和卫生类。最低的五个专业是历史、英语语言文学、图书馆学、外语文学和视觉与表演艺术。这种差异体现了美国大学的市场化特点。市场对诸如商业管理、法律、计算机、工程、卫生等学科的人才需求旺盛，高校在招聘、留住这些学科的人才时会面临其他行业的激烈竞争。为了确保高校薪酬的外部竞争力，高校往往会在财力范围内提供一个较接近外部市场的薪酬，否则高校很难留住这些人才。相比之下，像英语、历史学等学科的教师，由于外部市场需求较小，行业间的竞争压力小，薪酬也较低。

① 文洁.美国一流大学薪酬理念对当前我国高校绩效工资改革的启示[J]. 重庆理工大学学报(社会科学版)，2012，(6)：115-119.

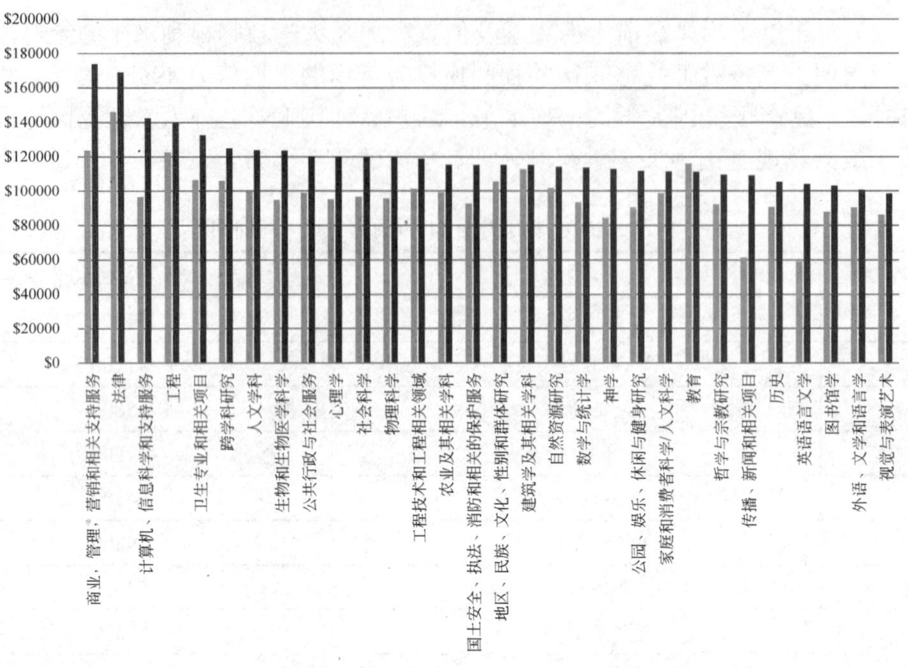

图 1　2016—2017 年度美国大学各专业教授年平均工资

数据来源：HigherEdJobs,"Tenured/Tenure-Track Faculty Salaries", https://www.higheredjobs.com/salary/salaryDisplay.cfm? SurveyID=39.

从纵向来看，在美国进行博士层次教育的大学中，教授的平均工资是助理教授的 1.62 倍，副教授的平均工资是助理教授的 1.15 倍。在总体薪酬方面，教授是助理教授的 1.60 倍，副教授是助理教授的 1.15 倍（详见表 7）。

表 7　2017—2018 年度美国博士教育类大学的平均工资和薪酬

序列	平均工资（美元）				平均薪酬（美元）			
	总体	公立大学	私立大学	教会大学	总体	公立大学	私立大学	教会大学
教授	141476	130376	176953	145035	186750	175246	225291	186046
副教授	99820	93785	118236	103420	134187	127538	154940	136688
助理教授	87043	81626	103873	89708	116842	111618	134554	116123
指导教师	65606	62259	76685	67319	89910	86529	101452	88629
讲师	64614	59300	75667	74763	90554	86145	100734	96704
没有职称	77699	76908	77843	82467	106548	107019	104936	106414
总体	95176	88490	113829	102521	128103	121309	148049	133091

数据来源：American Association of University Professors, "The Annual Report on the Economic Status of the Profession, 2017—2018", https://www.aaup.org/sites/default/files/ARES_2017—2018.pdf.

具体就本文选取的 11 所美国顶尖大学的薪酬结构来看，这 11 所大学教授平均工资为助理教授平均工资的 1.83 倍，其中普林斯顿大学教授工资与助理教授工资差距最大，为 2.07 倍，加州理工大学最小，为 1.59 倍。这 11 所大学副教授平均工资与助理教授平均工资差距为 1.17 倍，其中哥伦比亚大学差距最大，为 1.28 倍，芝加哥大学差距最小，为 1.04 倍（详见表 2）。这种薪酬安排表明美国高校激励体系的第一目标是教授，高校首先是要保证教授的薪酬具有竞争力。人力资本理论认为，个人的人力资本含量越高，其劳动生产率越高，创造的边际价值越大，因此人力资本含量高的人才应获得更高的薪酬。[①]在美国大学教师聘用制度的激烈竞争下，获得教授职位的学术人才往往是具有较强创新能力、学术产出能力的高级人才，他们往往是高校人才争夺的主要目标。因此，高校在财力有限的情况下，优先保障教授薪酬的竞争力具有重要意义。

（五）薪酬调整

教师薪酬的调整机制对于其工作激励和生活保障有着重要的意义。从 2005—2006 年度到 2017—2018 年度，美国大学教师平均工资名义上都有增长，最高增长 3.9%，最低增长 0.9%，平均名义增长 2.46%。考虑到每年消费者价格指数的变化，实际增长率有的年份为正，有的年份为负，最高增长 3.3%，最低–1.5%，平均实际增长 0.47%（详见表 8）。

表 8 美国高校教师平均工资增长率

年度	教授	副教授	助理教授	讲师	所有级别	教授	副教授	助理教授	讲师	所有级别	消费者物价指数
	名义增长率					实际增长率					
2005—2006 至 2006—2007	4.2	2	4.1	3.9	3.8	1.7	1.4	1.6	1.4	1.3	2.5
2006—2007 至 2007—2008	4.3	4.1	4.1	3.9	3.8	0.2	0.0	0.0	–0.2	–0.3	4.1
2007—2008 至 2008—2009	3.8	3.6	3.6	3.3	3.4	3.7	3.5	3.5	3.2	3.3	0.1
2008—2009 至 2009—2010	1.0	0.8	1.1	1.4	1.2	–1.7	–1.9	–1.6	–1.3	–1.5	2.7
2009—2010 至 2010—2011	1.4	1.2	1.5	0.9	1.4	–0.1	–0.3	0.0	–0.6	–0.1	1.5
2010—2011 至 2011—2012	2.2	1.6	2.1	1.7	1.8	–0.8	–1.4	–0.9	–1.3	–1.2	3.0
2011—2012 至 2012—2013	2.1	1.7	2.1	2.0	1.7	0.4	0.0	0.4	0.3	0.0	1.7
2012—2013 至 2013—2014	2.4	2.1	2.3	2.0	2.2	0.9	0.6	0.8	0.5	0.7	1.5
2013—2014 至 2014—2015	2.6	2.4	2.6	2.4	2.2	1.8	1.6	1.8	1.6	1.4	0.8
2015—2016 至 2016—2017	2.5	2.7	3.0	3.1	2.6	0.4	0.6	0.9	1.0	0.5	2.1
2016—2017 至 2017—2018	2.5	3.2	3.3	3.3	3.0	0.6	1.3	1.4	1.4	1.1	1.9

数据来源：American Association of University Professors, "The Annual Report on the Economic Status of the Profession, 2017 2018", https://www.aaup.org/sites/default/files/ARES_2017-18.pdf.

① 张天. 研究型大学高层次人才薪酬策略研究[D]. 上海：上海交通大学高等教育研究所，2008.

如图 2 所示，2014—2018 年度美国 11 所顶尖大学中大多数学校的教授工资名义增长率较为稳定，与美国大学教授平均名义增长率大致处于同一水平。这表明，美国顶尖大学教授薪酬在较高的绝对值水平基础上，仍与全国教职市场保持了总体一致的增长速度。个别学校还有远超平均水平的增长速度，更体现了美国顶尖大学对教授薪酬的重视程度。

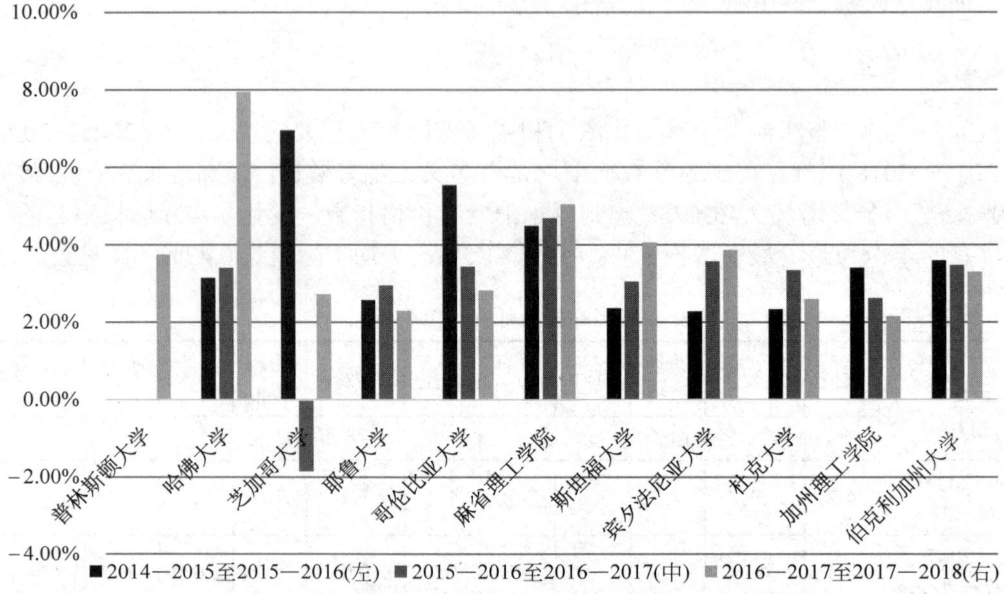

图 2　2014—2015 至 2017—2018 美国顶尖高校教授工资名义增长率

数据来源：American Association of University Professors , “Busting the Myths: The Annual Report on the Economic Status of the Profession, 2014—2015”, https://www.aaup.org/reports-publications/2014—2015salarysurvey; American Association of University Professors, “Higher Education at a Crossroads: The Annual Report on the Economic Status of the Profession, 2015—2016”, https://www.aaup. org/report/higher-education-crossroads-annual-report-economic-status-profession-2015—2016; American Association of University Professors, “Visualizing Change: The Annual Report on the Economic Status of the Profession, 2016—2017”, https://www. aaup.org/report/visualizing-change-annual-report-economic-status-profession-2016—2017; American Association of University Professors, “The Annual Report on the Economic Status of the Profession, 2017—2018”, https://www.aaup.org/sites/default/files/ARES_2017—2018.pdf.

美国大学的薪酬调整并没有一个统一的国家标准，而是根据通货膨胀情况和市场导向，参照美国其他行业和高校进行动态调整，其根本宗旨是通过提供具有竞争力的薪酬吸引更为优秀的教师。这些大学的薪酬办公室每年都要出台一个详细的报告，评估本校教师与其他行业专业人员、其他高校教师的薪酬对比情况，并在此基础上，提出切实可行的薪酬调整建议。

四、讨论与启示

从美国顶尖大学的经验来看，每所大学都有导向鲜明的薪酬战略，其薪酬水平位列全美各行业中上游，具有较强的外部竞争力，同时其薪酬构成中还包含丰富而人性化的福利以保障教师及其家属的生活。美国顶尖大学各专业教师薪酬情况和市场竞争情况密切相关，其教授薪酬明显高于副教授和助理教授，是薪酬激励政策的核心目标群体。从薪酬调整来看，其薪酬总体上呈现稳定增长的趋势，以适应消费水平的变化和激烈的人才竞争环境。

借鉴美国的经验，中国高校薪酬体系的改革应注意以下几点：

第一，从薪酬战略来看，它作为高校薪酬体系设计的指导思想对于保障薪酬的竞争力和公平性有着重要意义。我国高校的薪酬体系往往缺少顶层设计，薪酬体系理念不明、缺少目标，不能很好地为高校整体战略服务。因此，我国高校应当制定更加科学、合理的薪酬战略，以促进符合高校实际的薪酬体系的建设和完善。

第二，从薪酬水平来看，高校教师往往是国际人才市场上重要的资源，各国对此的竞争十分激烈。在这种形势下，中国高校较低的薪酬水平缺乏竞争力，因此在“双一流”建设过程中要吸引国际优秀人才，必须提供与国际接轨的薪酬水平。虽然目前我国所实施的诸如“千人计划”等众多人才计划为高端人才提供的薪酬待遇已经初步实现了与国际接轨，但是这部分高端人才的数量占全体高校教师的比重仍较小，中国高校还应提高总体的薪酬水平。

第三，从薪酬构成来看，建立多样化、人性化的福利体系是向世界一流大学薪酬体系靠拢的必经之路。大学的福利能够为教师解除生活上的后顾之忧，使其专注于教学和研究，是大学吸引、留住高端人才的重要手段。但是我国高校所提供的福利与国际顶尖水平仍有差距，主要体现在福利水平不高与种类不够丰富上，特别是高校对青年教师的福利保障较差。因此，我国高校应着力提高福利水平、丰富福利种类，建设多元化、多支柱的福利体系，特别是注重青年教师的福利保障。

第四，从薪酬结构来看，高校的薪酬体系在坚持以个人绩效为导向的同时，要综合考量学术职业等级、学科等因素，兼顾公平性与竞争性，合理分配薪酬。目前我国高校出于人才竞争的需要会设置特殊的人才计划，以给予部分顶尖人才远超于普通教师的薪酬待遇，这在一定程度上造成了顶尖人才与普通教师的薪酬差距过大和薪酬结构扭曲的现象。高层次人才与普通教师待遇的差异，虽体现了绩效导向，有一定激励作用，但其不公平性可能造成更大弊端。因而中国高校应参考美国高校薪酬结构的特征，在注重效率的同时兼顾公平。

第五，从薪酬调整来看，它是持续保障薪酬水平竞争力的重要手段。我国高校教师的薪酬调整具有较大的主观随意性，缺少正常的薪酬调整机制，薪酬调整不及时、不定期，且往往缺乏科学依据。我国高校应当引入制度化、常态化的薪酬评估机制和调整机制，结合多种因素定期、合理地调整高校教师薪酬，保障薪酬始终具有良好竞争力，从而实现薪酬战略的目标。

作者简介

曹峰，山东东营人，清华大学公共管理学院就业与社会保障研究中心副主任，研究方向为就业与社会保障政策；

林元启，浙江宁波人，中国社会科学院大学马克思主义学院本科生，研究方向为教育政策；

刘婉华，四川南充人，清华四川能源互联网研究院副院长，研究方向为薪酬福利政策；

王佳，四川泸州人，清华四川能源互联网研究院人力资源部副主任，研究方向为人力资源管理、人才管理。

A Study on the Characteristics of Compensation System in Top American Universities

Cao Feng[1], Lin Yuanqi[2], Liu Wanhua[3], Wang Jia[3]

([1] School of Public Policy and Management, Tsinghua University, Beijing, 100084)
([2] School of Marxism, University of Chinese Academy of Social Sciences, Beijing, 100089)
([3] Energy Internet Research Institute, Tsinghua University, Sichuan, 610000)

Abstract: As an important part of a university incentive mechanism, compensation plays an important role in determining job satisfaction, motivating the faculty and strengthening the cohesion of a university. This paper studies the compensation system of the 11 top universities in the United States from the five aspects of the compensation strategy, compensation level, composition, structure and adjustment based on the data from the American University Professors Association (AAUP) and the American Labor Statistics Bureau, which is expected to be useful for reforming the compensation system while constructing the “double first class” Chinese universities.

Keywords: The United States; Top University; Faculty; Compensation

“双一流”建设背景下高校职工职业发展研究①②

曹 峰[1] 林元启[2] 刘婉华[3] 王 佳[3]

（[1]清华大学 公共管理学院 北京 100084）

（[2]中国社会科学院大学 马克思主义学院 北京 100089）

（[3]清华大学 清华四川能源互联网研究院 四川 610000）

摘 要：高校职工职业发展对职工个人发展和高校各项工作的有序开展都有着重要的意义。基于职业发展阶段理论、职业发展管理理论、人力资本理论、职业定位理论和激励理论等相关研究，高校职工职业发展应坚持以人为本的原则、公平性原则、共同性的原则、统一性原则和平衡性原则，开展职业评估和规划，构建职业培训体系，实行岗位轮换机制，设计职业晋升路径，以及培养核心职工。高校推动职工职业发展要明确实施主体和完善实施机制，充分认识到职工队伍建设的重要性，做好多部门之间的工作协调机制，对不同阶段的职工要因人施策，密切关注职工的心态问题，从而促进职工职业发展体系的构建和完善。

关键词：高校；职工；职业发展

高校职工是指学校依法聘用的主要从事管理、教学研究辅助等其他专业技术工作、服务等事务的工作人员。[1]建设世界一流大学需要一流的教师队伍，同样也需要一流的职工队伍，职工队伍对高校的运行起着不可或缺的作用。教师队伍和职工队伍的共同进步是高校稳定、高效运行的必要保障。当前高校制定了一系列吸引、激励优秀教师人才的政策，却在一定程度上忽视了职工队伍的建设。从高校实际情况来看，目前我国高校职工队伍存在职业发展路径不清晰、专业化水平较低、激励措施不完善、受重视程度较差、人员流动性高等问题，这在一定程度上影响了高校的运行。因此，探索完善职工职业发展体系可以有效提升高校的行政效率，保障教学、科研等工作的顺利开展，为“双一流”建设打下坚实基础。

本文综合已有国内外有关高校职工职业发展的研究成果，论述了高校职工职业发展的理论依据，讨论了高校职工职业发展应遵循的原则、具体内容和实施机制，并特别指出了这一过程中值得注意的问题，为高校职工职业发展体系的构建提供借鉴与思路。

一、高校职工职业发展的理论基础

高校职工职业发展体系的构建需要相关理论的支撑，以指导其实际工作的开展。在回顾相关文献的基础上，本文认为以下五个理论对高校职工职业发展具有指导意义。

① 本文系四川省软科学研究计划“人才价值评估与薪酬匹配系统研究”（18RKX0064）的阶段性成果。

② 本文已发表在《中国人事科学》2019 年第 4 期。

（一）职业发展阶段理论

高校职工的职业生涯和从事其他行业的人员一样，可以根据其年龄、工作年限和能力划分为不同的阶段：（1）职业准备阶段：在进入组织之前发展职业兴趣、接受教育和培训、寻找合适职业方向；（2）职业初期：在进入组织的初期，遵守组织规章制度，适应组织文化和工作风格，努力融入工作环境，不断提升工作能力，为实现自身职业目标打好基础；（3）职业中期：在早期职业经历的基础上，评估职业发展，强化或重新确定职业发展道路，不断接受教育培训，完善职业能力；（4）职业后期：随着工作年限的增长，在完成工作要求、指导新人工作、继续为组织做出贡献的同时，也开始为退休做一定准备。[2]

（二）职业发展管理理论

组织战略目标的实现需要优秀的职工队伍，而优秀职工的培养则需要合理的职业发展管理。职业发展管理旨在帮助职工实现职业目标，从而促进组织发展、实现组织目标，它包括制定职业规划、开展职业评估、开发职业能力等系列活动。[3]职业发展管理是实现职工职业目标的基础，职业发展管理的成功需要组织和职工个人的共同努力，也将促进组织目标和个人目标的共同实现。[4]因此，高校有必要开展科学规划的职业发展管理活动，打造一支职业能力高度发展的职工队伍，以促进高校发展战略的实现。

（三）人力资本理论

高校职工职业发展的本质是增强职工队伍的人力资本水平。人力资本是指凝结在人体内、能够物化于商品或服务、增加商品或服务的效用、并以此分享收益的价值。[5]高校对职工人力资本的投资将促进职工工作能力的提升，使其工作贡献更为杰出，改善高校运行成效。为了促进职工队伍人力资本的积累，高校一方面应根据其战略需要逐步引进专业化、职业化、国际化的人才优化其队伍结构，同时还要为既有职工提供教育培训等职业发展机会。[6]通过外部引进和内部挖潜的策略，高校可提升职工队伍的人力资本水平，促使职工队伍为高校发展创造更大的价值。

（四）职业定位理论

在不断提升职工队伍人力资本水平的同时，高校还应帮助每个职工逐步确定其职业定位。职业定位是在个人与工作情景的互动中相互作用形成的，与其价值观、职业动机、发展需要密切相关。职业定位的核心内容主要包括个人的职业动机、职业发展需要、在职业实践中发展起来的职业能力以及由各种生活工作经历塑造的工作态度和价值观。[7]对自身职业定位的确认可以帮助个人有目的地积累工作经验、有针对性地发展职业能力、思考如何提高工作效率和创造工作成就。组织通过对个人职业定位的识别可以了解其职业抱负和成功标准，有助于促进个人和组织目标的有机结合，促进组织的整体发展。

（五）激励理论

促进职工职业发展还应不断提升其工作满意度。从“双因素”理论来看，职工的工作满意度受保障因素和激励因素影响。[8]所谓保障因素是指工资、福利待遇、工作条件，这些要素得到满足后可以防止职工产生不满意的情绪，但要促使职工产生更积极的行为则需要职业成就、他人认可、职业发展等因素的满足。因此，高校一方面要做好职工的基础性保障工作，改善其工资、福利等物质待遇；另一方面，要提高对职工的重视程度、健全奖惩制度、提供教育培训等职业发展机会、完善职业晋升机制，增加其工作荣誉感和成就感，从而为组织创造更好的效益。[9]

二、高校职工职业发展的原则

在理论支撑的基础上，高校职工职业发展的过程需要确定切合实际的、具有代表性和问题导向性的准则来指导具体工作的开展。结合高校职工职业发展工作的实际问题，应重视以人为本、公平性、参与性、统一性和平衡性等重要原则。[10]

（一）以人为本的原则

高校职工职业发展应遵循以人为本的原则，在展开职业规划、提供职业培训的时候，应该充分考虑职工的能力素质、工作因素、家庭因素和时间因素，将职业发展管理作为促进职工职业目标实现、取得职业成功的切实举措。只有切实从职工实际出发、从职工队伍建设的现实问题出发，职工职业发展的系列活动才能让员工获得尊重感，有效激发其工作热情，促使其积极发展职业能力，努力实现职业目标。

（二）公平性原则

公平性原则是指高校职工能够公平地参与高校组织的各项职业发展活动，获得均等的职业发展机会。高校组织职业发展活动，不仅要解决职业发展机会不充分的问题，更要重视职业发展公平性的问题。只有处理好公平性问题，职业发展活动才能真正受到职工的欢迎，产生预期效果。高校在提供职业发展信息、提供职业发展机会、进行职业晋升和轮岗等工作时应做好充分公示，公开其程序与标准，以确保高度透明的信息公开。公平性原则的贯彻落实能够充分彰显职工人格的平等，体现对职工的尊重。

（三）参与性原则

参与性原则是指人力资源管理部门、职工任职部门和职工等多方主体能够充分参与职业发展规划的制定、职业发展活动的开展。在高校职业发展活动中，高校人力资源管理部门往往占据主导地位，有可能会忽视职工职业发展的个性化需求。因此，在高校管理者和职工个人之间要加强沟通机制，充分发挥职工的积极性和主动性，让多元主体共同参与职业发展战略规划的制定，充分反映职工诉求，推动高校建设专业化、高水平的职工队伍。

（四）统一性原则

统一性原则是指职工职业发展目标要和组织战略发展目标相统一。高校的战略发展目标是制定高校职工职业发展规划时相关部门和职工个人必须考虑的首要因素。组织在帮助职工确定职业发展目标和职业发展规划时，必须将其发展目标作为职工职业发展目标设计的指导，以此为基础提供相应支持，鼓励职工在高校发展的过程中实现个人职业发展。所以，高校职工职业发展必须贯彻个人目标与组织目标相统一的原则，从而顺利地开展职业发展活动，实现组织战略规划和职业发展规划。[11]

（五）平衡性原则

平衡性原则是指职工职业发展和家庭生活之间的关系要实现平衡。家庭关系是职工日常生活中最常接触的社会关系，职工家庭对其职业发展有着极大的影响，反过来职业发展在一定程度上也会影响职工承担家庭责任。高校职工所能拥有的自由支配时间比教师少，因而其在处理职业发展和家庭生活关系时比教师面临着更大的张力，职业与家庭之间发生冲突影响职工职业发展的风险更高。因此高校在职工职业发展过程中要帮助职工协调好职业发展和家庭责任，处理好职业和家庭这对重要关系，保障个人职业的成功发展。[12]

三、高校职工职业发展的内容

高校职工职业发展的内容要涵盖高校职工职业发展工作的全过程，包括职业评估和规划、职业培训、工作轮换、职业晋升和核心员工管理等系列具体工作的开展。

（一）开展职业评估和规划

高校首先应鼓励职工开展自我评估，促使职工对其性格、爱好、价值观、学历和工作经验等自身要素形成清晰的认识，找准职业定位，初步确定个人职业发展目标。在职工自我评估的基础上，高校可运用科学评估工具分析职工职业能力和发展趋向，结合内外因素评估其职业潜力。[13]在职业评估的基础上，职工和高校应当共同完成对其职业发展生涯的设想，制定发展规划，包括选择相应岗位、确定发展目标、开展教育培训等活动。明确职业规划后，高校应为职工发展提供必要的支持，从而增强规划的可实现性，提高其追求职业成功的信心和动力。随着职业规划的实施，高校还应根据工作需求和职工自我认识与工作能力的变化，对其职业规划进行重新评估和修正。

（二）构建职业培训体系

职业发展规划的实现既需要职工自身的不懈努力，也需要高校为其提供优质的职业培训和充分的进修机会。在开展培训时，高校必须要考虑其岗位特点、工作需要，结合职工职业发展规划，制定专门的培训计划、落实培训任务。在培训过程中，高校应通过各种手段提高职工的主观能动性，鼓励职工的积极参与，促使其能力持续扩展和提升。开展职业培训既可以帮助职工提高工作技能和工作效率，也可以作为一种激励手段，使其在发展过程中体会成就感和满足感。[14]同时，随着职工职业能力的提高，其工作效率和成效不断改善，组织也能更好地实现其战略发展目标。

（三）实行岗位轮换机制

除了加强职业培训以外，高校还可实行岗位轮换来促进职工职业发展。岗位轮换旨在帮助职工在不同岗位的多次尝试中明确自己的职业定位，对自己的优点和缺点有更深刻的认识，并在不同的锻炼中全面发展自身能力，为日后承担更重要的工作做好准备。[15]对于新进的职工，在其结束就职培训、初步进入工作部门时，可以安排在多个岗位上轮换工作，使其通过亲身体验更真切地认识到所在部门工作的全貌，培养全面的工作能力，为今后工作中的协作配合打好基础。高校也能在这一过程中对职工的工作能力和适应能力有更为全面的认识，为其安排更适宜的岗位，使他发挥更重要的作用。同时，岗位轮换也可以培养出工作的多面手，使同一岗位上有多个备用人选，降低人员流失造成的风险，提高业务工作的稳定性。

（四）设计职业晋升路径

职工职业发展要根据其工作情况、职业规划的特点，为其提供相应的职业晋升路径，以保障其职业规划的有效实现。职业晋升路径是职工在高校岗位序列中的职业发展通道，是职工有计划、有方向地实现其职业目标的重要指向。传统的单一职业晋升路径意味着职工只能在行政管理岗位序列内进行晋升，造成职业晋升路径狭窄的问题，限制了职工的职业发展积极性。在横向职业晋升路径中，单位允许职工在不同岗位间进行横向调动，这可以增加职工的工作新鲜感，但向上晋升的趋势不明显。因此，针对高校职工队伍中存在大量管理人员和专业技术人员的现象，高校可以设计“H”型职业晋升混合路径，职工不但可以在管理岗位或专业岗位内获得同等的发展机会，还可以在不同岗位序列之间转换，从而满足其职业晋升的需求。[16]

（五）加强核心员工管理

在高校职工职业发展管理中还要特别关注对核心员工的培养。高校的核心员工是指具有较强工作能力、负责核心业务、掌握关键资源、有着极高的职业素质、工作绩效优异、对机关和院系工作产生重要影响的员工。[10]随着合同制的引入，高校职工队伍的流动性提高，因此为了保证业务工作的稳定性，职工队伍建设的重要任务之一就是在人员新陈代谢的过程中筛选、培养和保留业务工作中的核心员工。核心员工的确定，重点在于对岗位重要性和职工的能力及职业目标进行合理评估，从而确定核心员工的具体范围，并根据需要及时调整。高校要明确核心员工的待遇，根据单位需要帮助其实现进一步的职业发展。高校应将核心员工作为职工队伍建设的标杆和榜样，激励其他职工努力工作并发展职业能力，从而带动整体职工队伍水平的进步。

四、高校职工职业发展规划的实施

高校职工职业发展的推进需要落实相应的实施机制，从实施主体、实施机制和资源保障等角度全面实现职工职业发展体系的构建。

（一）设立专门机构，明确实施主体

为了对职工职业发展进行专门化、系统化的管理，高校应设立专门机构作为职工职业

发展规划的实施主体，牵头负责相应工作，从高校战略出发制定职工职业发展的长远规划，指导各个院系开展职工职业发展工作。[3]同时，职工任职的机关部门和院系应成立领导小组并指定专人负责，对职工职业发展规划提出修改和完善建议，并根据学校战略规划、工作需要和职工具体情况进行实施。

（二）广泛借鉴经验，优化体制机制

在明确规划实施主体的基础上，高校应充分借鉴政府机关、大型企业和社会组织在人才引进、培养、保留、激励等工作领域的先进经验。这些单位员工规模大，人员差异化程度高，与高校职工队伍有很大的相似性，因而对高校的职业发展管理有着较好的借鉴意义。同时，高校实施职工职业发展管理必须要结合自身实际，坚持制度化、规范化的管理方法，不断完善人员招聘、职业培训、绩效考评和职业晋升等相应制度，最大限度地消除职工职业发展的制度性阻碍，建立起有据可循的管理机制，推动职工职业发展工作的展开。

（三）配套资金人员，充分保障实施

高校为职工职业发展活动的顺利开展需要为其建立必要的资源保障制度，配套专项资金和专职人员，以减轻相关职能部门、院系和职工个人的负担，减少工作阻力。高校应当在对职工职业发展的成本、价值、收益进行合理评估的基础上，建立起必要的资金投入制度，设立专门预算促进职业发展规划的实施。除了资金保障以外，高校还应配备专职人员，为职工提供咨询、规划、培训等专业服务，专门负责职工职业发展规划的实施。

五、讨论

高校职工职业发展体系的构建除了在原则、内容、实施机制等方面要做好设计以外，为促进职工职业发展工作的顺利实施还需要关注以下几方面的关键问题。

（一）从系统功能的角度看待职工队伍的重要性

为了切实推动职工职业发展，高校管理层必须从系统功能的角度看待职工队伍的重要性。在高校中，教师队伍负责教学科研活动，处于高校的核心地位，因而教师队伍的建设常常被管理者视为高校人事工作中的优先事项。但是随着我国高教事业的发展，高等教育活动的规模和复杂程度日益增加，这对高校的行政管理提出了更高的要求。缺乏有效的行政管理工作，高校日常的教学和科研活动会受到极大的影响，其整体运行也将出现问题。因此，不应因职工队伍整体的学历低、工作默默无闻而轻视它，或者简单地将职工队伍和教师队伍进行比较，看谁更重要；而是应该把大学看作一个系统，从系统功能有效发挥的角度看待职工队伍功能及其职业发展的重要性。当前许多高校虽然在政策宣传上强调职工队伍的重要作用，但还未真正将职工队伍建设提升到战略规划的高度，在实际工作中仍有轻视职工队伍的倾向。因而要以现代人力资源管理理论和实践经验为基础，通过全面实施高校职工职业发展战略，促进职工队伍职业素质和工作能力的提升，不断提高职工队伍的职业化、专业化水平，努力建立一支乐于奉献、负责、高效的职工队伍。

（二）要注重职业发展中的多部门协同配合

职工职业发展是一个全面的系统工程，建立完备的职工职业发展管理机制需要多个部门和院系的协调配合。高校职工分散在学校的各个机关部门和院系，各个单位有着不同的利益要求，对职业发展工作的认识程度不同，对这一工作的开展可能对本部门工作产生的影响存在顾虑，因而难免会产生推诿扯皮、工作难以推进的问题。因此，在实施职工职业发展的过程中，首先，高校应从顶层配套相应规章制度，组建或指定专门机构牵头统筹相关工作，明确各单位之间的分工，建立起有据可循的工作机制。其次，各相关单位之间还要建立起有效的沟通机制，促进信息互通共享，形成有效的协同机制。第三，为增强机关部门和院系对职工职业发展重要性和必要性的认识，可以尝试将职工职业发展成效纳入部门考核，并对绩效优异的单位予以奖励。

（三）要根据职工所处的不同阶段因人施策

高校职工队伍是在较长的历史时期内积累发展起来的，其人员构成较为复杂，在年龄、资历、受教育程度等方面存在很大不同。如果对职工职业发展采取“一刀切”的处理办法，会使一部分职工产生抵触情绪，因而职业发展管理需要因人施策、因不同群体施策。这就要求高校要充分掌握职工队伍实际情况，根据其职业生命周期和不同职业阶段的特点开展专门的职业发展管理。初入高校的职工往往会因现实和期望的落差而陷入职业困境，这一时期要通过多种方法使其确定职业发展目标。职工进入职业稳定期之后，有着实现职业成就的旺盛需求，希望接受足够的教育培训，积极追求职业晋升，努力实现职业目标，这时要帮助他们确认职业发展规划、努力提高其工作能力和工作成效。随着职工年龄的增长，职工仍有追求职业成就的需求，但受限于年龄问题晋升机会逐渐减少，工作热情逐渐减退，这一阶段应当帮助他们找回工作热情，提供进一步的职业发展机会。在高校长期工作、失去了晋升、转岗等职业发展机会的职工已进入衰落期，要避免这部分职工感到受歧视或受到了不公正的待遇，要从工作、生活、健康等各方面加以关心爱护，根据其在过去职业经历中表现出的职业特长，合理安排其工作。[10]

（四）关注岗位调整中的职工心态问题

高校职工队伍建设难免会涉及岗位调整乃至人员辞退的问题，这会在职工队伍中产生恐慌情绪，从而直接影响业务工作的稳定性乃至学校内部的秩序。因此，高校应密切关注岗位调整过程中的职工心态问题，要做好“人的工作”，做好“人心的工作”，做好“暖人心的工作”，切实保障高校职工队伍建设过程中的稳定问题。一方面，高校进行职工岗位调整要掌握好循序渐进的原则，配合高校对职工职业发展的整体规划，逐步完成岗位调整任务，避免大幅调整对职工心态和高校业务工作产生不良影响；另一方面，高校对岗位调整涉及的人员要做好心理疏导工作，促使他们正确认识岗位调整的意义，更好、更快地适应新岗位的工作生活，鼓励他们在新岗位上追求新的职业成就。对于被辞退的职工，也要及时做好安抚工作，为他们提供必要的物质和精神上的帮助，保证业务工作交接和人员过渡的顺利进行，避免发生不稳定事件。

六、结论

根据新时代高校发展的需要，完善高校职工职业发展体系是高校人事工作的重要任务之一。优秀的高校职工队伍能保障高校的稳定运行、促进高校战略发展目标的实现，因此这一重要人力资源需要高校的重视与大力开发。高校职工职业发展体系的完善，可以使职工信心倍增，明确自身发展方向及途径，能够有效激励职工的工作积极性和主动性，增强其工作责任感和自我提升的意愿，激发高校职工不断产生新的思想和理念，促进职工职业素质和职业能力的开发，从而在一定程度上改善行政效率低下和职工队伍人员流失等问题，为高校日常运行和教学科研等工作提供良好的行政保障。同时，职工队伍水平的提升和高校战略规划的稳步推进存在着相辅相成的良性循环关系，能够形成高校建设中的双赢局面。

高校应充分认识到职工队伍建设的重要意义，高度关注职工职业发展中的关键问题，真正把职工队伍建设作为完备大学系统的重要工作。高校管理者要站在高校战略发展规划的高度，从实际出发，充分分析当前本校职工队伍建设中存在的问题和切实需要，结合职业发展相关理论和先进经验，做好顶层设计和配套实施制度，理顺职业发展规划的实施机制，减少职工职业发展体系完善在制度和实践中存在的障碍，完善符合高校和职工个人发展需要的职业发展体系，促进高校行政管理队伍的职业化和专业化，打造一支乐于奉献、负责、高效的优秀职工队伍，营造现代化的高校行政管理体系，提升高校行政服务效率，为“双一流”建设做好更充分的人力资源保障和行政服务保障。

作者简介

曹峰，清华大学公共管理学院就业与社会保障研究中心副主任；

林元启，中国社会科学院大学马克思主义学院本科生；

刘婉华，清华四川能源互联网研究院副院长；

王佳，清华四川能源互联网研究院人力资源部副主任。

参考文献

[1] 中华人民共和国教育部高等学校章程核准书第25号（清华大学）《清华大学章程》[R].

[2] 杜映梅. 职业生涯管理[M]. 北京：中国发展出版社，2006.

[3] 杜林致. 职业生涯管理[M]. 上海：上海交通大学出版社，2006.

[4] 张再生. 职业生涯开发与管理[M]. 天津：南开大学出版社，2003.

[5] 李忠民. 人力资本：一个理论框架及其对中国一些问题的解释[M]. 北京：经济科学出版社，1999.

[6] 肖敬武. 高校基层行政人员能力建设现状与提升策略——以H大学为例[D]. 广州：华南理工大学硕士学位论文，2015.

[7] E. H. 施恩. 职业的有效管理[M]. 仇海清，译. 北京：三联书店，1992.

[8] 赫茨伯格，等. 赫茨伯格的双因素理论[M]. 张湛，译. 北京：中国人民大学出版社，2009.

[9] 缪国书，许慧慧. 公务员职业倦怠现象探析——基于双因素理论的视角[J]. 中国行政管理，2012(5): 61-64.

[10] 谢琨. 高校行政管理人员的职业生涯管理研究[D]. 成都：电子科技大学，2007.
[11] 张翼，樊耘，邵芳，纪晓鹏. 论人与组织匹配的内涵、类型与改进[J]. 管理学报，2009, 6(10): 1377-1383.
[12] 李贵卿. 工作—家庭冲突的理论模型和研究发展[J]. 软科学，2007(4): 13-16.
[13] 罗双平. 职业生涯规划[M]. 北京：中国人事出版社，1999.
[14] 郭晓勋，刘立民. 健全职工职业技能培训体系及机制研究[J]. 中国劳动关系学院学报，2015，29(1): 59-63.
[15] 梁俊. 国有企业员工职业生涯管理研究[D]. 成都：西南交通大学，2004.
[16] 杨光. 研发人员的"H"型职业生涯路径设计激励[J]. 科技管理研究，2006(12): 162-163.

Career Development of University Staff during the"Double-First Class" Construction

Cao Feng[1], Lin Yuanqi[2], Liu Wanhua[3], Wang Jia[3]

([1] School of Public Policy and Management, Tsinghua University, Beijing, 100084)
([2] School of Marxism, University of Chinese Academy of Social Sciences, Beijing, 100089)
([3] Energy Internet Research Institute, Tsinghua University, Sichuan, 610000)

Abstract: Career development of university staff is of great significance to the individual development of staff and could ensure all work carried out in order. Based on the career development stages theory, career management theory, human capital theory, occupation position theory, incentive theory and the correlative research, staff's career development of universities should adhere to the people-centered principle, fair principle, commonality principle, unity principle and balance principle, university should carry out professional evaluation and planning, construct professional training system, implement job rotation mechanism, design career advancement path, and cultivate the core staff. In order to promote the career development of staff, the university must clear the main implement subject and improve the implementation mechanism, fully recognize the importance of the construction of the workforce, and coordinate the work between the various departments. The staff at different stages must be guided by the people and pay close attention to the mentality of the staff. Thereby promoting the construction and improvement of the staff professional development system.

Keywords: university; staff; career development

价值分配理念及实践：高端人才合理薪酬该多高？

杨家福

（中国农业大学 北京 100083）

摘 要：学校的价值体系指教职工行为对学校发展需要所起效用、贡献和作用，以及学校对此的评价。学校价值体系需要涵盖大学四大基本功能，即人才培养、科学研究、社会服务和文化传承。改革传统按人头分配等方式，以价值贡献为基础，配置包括编制、绩效工资总额指标、校发工资、社保学校配比部分等等一切可以分配的资源。本办法可以用于校院两级分配、高端人才薪酬测算等方面。按本办法测算，过去五年的某年度，某高校高端人才合理薪酬相比实际薪酬有50%增长空间。

关键词：价值分配；高端人才；薪酬；合理区间

一、价值体系概念

教职工是一切工作的出发点和落脚地。落实立德树人根本任务，践行“顶天立地”科技工作方针、推进人才强校战略，对接国家重大战略和决策，将“十三五”规划、双一流规划方案等顶层设计落地，这些任务都需要全校教职工来执行和落实，教职工是一切工作的出发点和落脚地，让广大教职工强烈的发展意愿形成学校发展合力是当务之急。

价值体系是连接学校目标和教职工行为的中枢系统。学校的价值体系指教职工行为对学校发展需要所起效用、贡献和作用，以及学校对此的评价，学校的价值体系体现在进人遴选标准、职称职务晋升条件、考核结果、薪酬分配等方方面面。要让学校目标落地，关键是要让教职工去做学校所期望的行为和事情。学校主张什么，倡导什么，反对什么，抵制什么，都需要体现在学校的价值体系，从而加强、引导和维持教职工持续不断产生学校期望的行为。形成对学校发展“人人关心、人人支持、人人参与”的氛围，避免和减少偏离战略方向“主航道”行为。

二、价值体系“四梁八柱”

根据学校新战略新目标厘定学校价值体系。当前，高等教育强国建设进入新时代，建设“双一流”成为高等教育系统最强音，在“新形势、新阶段、新任务”背景下，需要采取“新理念、新思路、新举措”，进行战略研判和系统谋划，明晰学校战略蓝图和任务目标，根据战略和目标重新厘定学校价值体系。

人才培养、科学研究、社会服务和文化传承是大学“四大基本功能”，学校价值体系需要涵盖四项职能。学校价值体系的外延包括教学价值体系、科研价值体系、社会服务价值体系和文化传承价值体系。社会服务是教学和科研的延伸，文化传承也需要以教学和科研为载体，因而教学价值体系和科研价值体系是基础和重中之重。

从实践而言，教学、科研奖励标准可以作为教学价值体系和科研价值体系的表征。各个学校在进行教学、科研奖励时一般都会出台教学奖励办法和科研成果奖励办法，包括课时奖励、论文奖励、科技成果奖励等。各项成果对应奖励标准相对大小代表了学校对其价值评价的高低，一方面要按照新战略对现有奖励标准进行适当修改，另外一方面要补全社会服务和文化传承部分，从而构建可量化、可操作的价值评价体系。

制定八类关键业绩指标（KPI）奖励方案激励全体教职工。贯彻学校价值体系，人才培养成果和科学研究成果的取得，离不开一流学科平台、人才队伍、管理服务、党务思想工作等支撑服务。因而，除了对人才培养和科学研究的**成果**奖励，还需要对**全过程、全环节**及全体教职工各类关键行为及业绩指标进行奖励。关键业绩奖励方案具体包括八个方面：①**人才培养**（如成功申报国家实验教学示范中心、国家级虚拟仿真实验教学中心等，获批国家级特色专业、国家人才培养模式创新实验区等）；②**科学研究**（如成功申报国家级及省部级哲学社会科学研究基地、重点实验室、技术工程中心，入选国家创新研究群体项目等）；③**学科建设**（学科评估排名第1、前3、前5等，学科排名进步，入选ESI 1%、1‰等）；④**人才队伍建设**（人才引进伯乐奖，入选院士、长江、杰青、四青等）；⑤**党建与思政工作**（如全国劳模、全国五一劳动奖章、全国优秀教师、全国优秀教育工作者、全国师德标兵、北京高校优秀共产党员等）；⑥**管理服务**（管理服务改革创新奖，效率提升奖，荣誉表彰奖等）；⑦**筹资奖励**（为学院筹资进行捐资配比奖励，对筹资做出贡献人员进行奖励等）；⑧**特殊贡献奖励**（为学校发展做出突出贡献、取得重大成果、获得重要奖励人员颁发特殊奖励）。

价值体系和关键业绩指标的主要区别一个是结果，一个是过程。价值体系主要指人才培养、科学研究等取得的结果、成果，关键业绩指标是指过程性业绩。即一个是结果，一个是过程。

三、价值体系与资源配置

以价值贡献为基础，适当考虑关键业绩指标配置各类资源。此处所指的资源包括编制、绩效工资总额指标、校发工资、社保学校配比部分等等一切可以分配的资源。改革传统按人头分配等方式，以价值贡献为基础，适当考虑关键业绩指标，重构资源配置方式。根据重新修订的学校价值体系，核算各学院价值贡献大小及其在全校所占比重，按各学院价值贡献比例切块，配置各类资源主要部分（比如80%），再适当考虑关键业绩指标，配置剩余部分（比如20%），既体现价值分配导向，同时实现统筹兼顾。

案例：以价值贡献测算高端人才合理薪酬

制定高端人才薪酬标准既是收入分配改革重点也是难点。高端人才主要是指院士、长江、杰青和四青等“戴帽子”的人才，他们是高校最核心的战略资源，处于师资队伍金字塔的塔尖，代表了学校和学科水平和地位，应该对他们实行多劳多得、优劳优酬。考虑到他们对学科的带动作用和对学校声誉的积极影响（显著的正外部性），给予人才一定溢价也是无可厚非的。但现状是高端人才已经拿着学校里最高的薪水，甚至已经远远高于其他教师。

制定高端人才薪酬面临两难：如果定低了，人才不满意，可能降低人才积极性，甚至导致人才外流；如果定高了，普通教师不满意，过大的收入不平等会面临舆论压力。**两难的核心问题就是说不清楚高端人才到底拿多少合适**。以下就以某高校为例，利用价值分配体系尝试解答这个疑问。

该校教学价值体系：以本科生课时工作量、研究生课时工作量和研究生导师指导工作量作为教学价值，由于数据原因，未考虑质量因子。

该校科研价值体系：包括国家级和省部级科技成果奖励、科研论文奖励、专利和著作权奖励、政策报告和科技成果转化等几大类。

教学价值和科研价值均有相应标准，即对成果的赋分。相应的，加总每个教师的教学贡献和科研贡献，可以计算得到每个人的教学价值和科研价值贡献。考虑到教学与科研在大学，特别是一流大学具有同等重要性，故教学价值和科研价值可以按 50%∶50%合并为教学科研价值，并将其指数化为教学科研价值指数。

举例：经过折算，全校平均教学价值为 200 标准课时，全校平均科研价值为 4 篇标准 SCI 收录论文。某高端人才，1 年完成 200 标准课时和 60 篇标准 SCI（将高影响因子文章折算为标准 SCI 后），则：

$$\text{教学科研价值指数} = 50\% \times (200/200) + 50\% \times (60/4) = 8$$

也就是说该高层次人才教学科研价值指数是全校平均值的 8 倍。

不考虑人才溢价，合理薪酬是指高层次人才投入产出比与整体投入产出比一致，计算公式如下：

$$\frac{Income\_GD}{Value\_GD} = \frac{Income\_ALL}{Value\_ALL}$$

Income_GD 代表高端人才合理薪酬平均值，*Value_GD* 代表高端人才教学科研价值指数平均值；*Income_ALL* 代表全体教师实际工资平均值，*Value_ALL* 代表全体教师教学科研价值指数平均值，移项可得：

$$Income\_GD = \frac{Income\_ALL}{Value\_ALL} \times Value\_GD$$

举例：假设高端人才实际薪酬为 20 万/年，全体教师实际工资平均值为 10 万/年，高端人才教学科研价值指数平均值为 3，全体教师教学科研价值指数平均值为 1。则高端人才合理薪酬为：

$$Income\_GD = \frac{Income\_ALL}{Value\_ALL} \times Value\_GD = \frac{10}{1} \times 3 = 30\ \text{万/年}$$

高端人才合理薪酬为 30 万/年，实际薪酬为 20 万/年，也就是说在不考虑人才溢价的情况下，有 10 万元薪酬增资空间，即 50%的增幅。

以上分析未考虑教学质量因子，考虑到高端人才教学质量因子一般应高于整体，如果考虑教学质量因子和人才溢价，则高端人才薪酬增幅应更大。

作者简介

杨家福，硕士，中国农业大学人事处正科，研究方向为人力资源管理。

The Concept and Practice of Value Distribution: How Much Salary Should High-level Talents Be Paid For?

Yang Jiafu

(China Agricultural University, Beijing, 100083)

Abstract: The value system of universities refers to the effect, contribution and role of teachers' behavior on school development needs, as well as the school's evaluation of it. The value system of universities needs to cover four basic functions of the university, namely talent cultivation, scientific research, social services and cultural heritage. We should reform the traditional method of distribution by headcount, and allocate all resources based on value contribution including staffing, total performance salary, payroll, etc. This method can be used in the income distribution at university and college levels, the salary calculation of high-level talents and so on. Based on the above method, in a certain year of the past five years, the reasonable salary of high-level talents in a university has 50% growth space compared with the actual salary.

Keywords: Value distribution; High-level Talents; Salary; Reasonable range

基于高校人事薪酬管理研究①

张莉霞

（南京农业大学 江苏南京 210095）

摘　要：随着我国社会主义市场经济体制的不断完善高校人事制度的改革愈加深化。而改革的核心与关键体现在薪酬制度的改革上，这也直接关系到教师队伍的稳定与建设及国家人才的培养和战略目标的实现。目前，我国许多高校都在探索和制定适合自身特征的薪酬制度改革。基于此，本文依据国家现行的工资制度，对事业单位工作人员的收入分配制度做一个具体的分析，其中会运用企业薪酬管理的理论，对高校薪酬体系的构建进行探讨，为深化高校收入分配制度改革提供理论指导。

关键词：高校薪酬制度；人事薪酬；薪酬改革

一、高校薪酬制度的含义

高校教师的薪酬是依据教师的专业职称、学历、教研能力、资历等因素制定的待遇。包括了货币报酬和非货币报酬两种类型。主要由四个部分构成：职务要素、绩效要素、技能要素和保障要素。

高校属于公益性的社会公共服务机构，与一般的营利单位不同的是其薪酬属于再次分配的性质，因此，公平就成为了最重要的衡量标准。高校教师薪酬制度的制定要以平等和公平为标准，以激励教职员工的发展和成长为目标，遵守国家的法律法规和人事管理制度，依照高校的办学理念和管理模式，制定全体教职员工必须共同遵守的行为准则和薪酬制度。可以说，薪酬制度是高校人事管理制度的最重要组成部分。

二、高校薪酬制度结构

1. 基本工资。它包含了职务工资和教龄工资，是薪酬中相对稳定的部分，根据教师的职称和所在岗位的性质等标准来确定，可以看作是教师所受教育、拥有能力的一个函数。高校的职称序列是以教授、副教授、讲师、助教来设置，每一个序列又细化出若干档，组成了教师的基本薪酬部分。国务院第 652 号文件将基本工资的调整，规定原则上每两年一次。

2. 职务津贴制度。其作用在于提高教师工作质量和效率。因此它包括了课时津贴、导师津贴和科研津贴。规定教授、副教授、讲师必须完成一定的课时数，对课题的研究由于时间跨度很长，几年甚至数十年也难以出成果，甚至是无法出成果。应从激励的角度出发，制定一个基本的任务量，以此确定科研的奖励工资档次，并按实际的考核情况按时发放。

① 本文转载自《人才资源开发》2015 年第 9 期。

3. 社会福利保障。包括养老保险、医疗保险、失业保险、生育保险、工伤保险、住房公积金及校内和地方的各种津贴等。社保福利虽然是一种隐性福利，但是对于教师队伍的稳定和吸引人才有相当重要的作用。

4. 绩效工资。一般在学期末或是年终发放，以德能勤绩为标准分为全勤奖、绩效考核奖、年终奖金和科研贡献奖。绩效工资的支付标准是依据绩效考核，属于激励型薪酬，向高校教师传递“多劳多得、优劳优酬、业绩决定报酬”的薪酬信号。其功能是引导教师通过自身的实力，实现双方利益互赢。

三、现行的高校薪酬制度的弊病

1. 平均主义抑制科研水平的提升。目前的薪酬模式多以职务和资历为中心，既没有对突出岗位的要求，也没有考虑个人的贡献，动态薪酬差距比较小等现象客观存在，导致了平均主义，干多干少、干好干坏一个样。上到国家工资，再到地方性补贴，下至校内福利都以职务职称为决定因素，过分强调平均主义，使薪酬与业绩挂钩的激励效应得不到强化。

2. 缺乏长效的激励机制造成教师行为的功利化倾向。目前，高校教师的薪酬普遍采取的是基本工资加岗位津贴。这样的模式属于当期分配，不具备长效激励的作用。教师只需要在自己的岗位上按时按量地完成科研成果或是发表文章就获得了晋升职称的资格。与此同时，外部社会经济活动和收益不断增加。相较于校内的低薪酬，教师自然而然将更多的精力投入到社会工作中获取高额的报酬，长此以往，教师的学术成果无从谈起，滋生了学术腐败。

3. 薪酬增长的唯职务性与缺失的团队精神。高校教师的工资改革多年来是“徒有其表”“雷声大雨点小”，一旦遇上工资结构调整，仍然取决于职务的提升。即使教师的业绩与能力提升很快，学校内部没有空缺出合适的岗位，仍然得不到晋升，自然也无法获得相应的薪酬。现实的情况迫使教师更多关注了个人的利益，而忽视了团队的合作与知识的共享。

4. 薪酬制度与聘用制度制约用人机制的发挥。因为高校是公益性非盈利机构，因此在政策的制定和人才的选拔上是没有绝对自主权的。政府的拨款属于财政性拨款，发放是按国家核定的标准，创收作为校内津贴的主要来源，普遍缺乏稳定性。长此以往，导致学校也无法准确估算出每年应该用多少财力支付教师的工资。随着全国高校陆续实行了全员聘任制改革。聘任就成为了合同制，学校与教师两个主体之间的权利、责任和义务必须在合同中明确地约定出来。真正的聘任应该是双向自主选择，也就是说聘任主体根据自己的需求，参照人才的市场价格，自主拟订人才薪酬水平。既然是合同制，就要有与之配套的薪酬制度，真正实现“以岗定薪、岗变薪变”。显而易见，这样的薪资支付方式在目前的薪酬结构中是无法实现的。尤其是在优秀人才的引进上，这一模式所带来的问题就更加突出。这也是导致人才吸纳不来或是无法留住的重要原因。

5. 考核体系不健全。校内津贴作为有限的资源，也是唯一完全由学校做主的资源，学校自然是希望它能“以小博大”。因此对它赋予许多的分配依据：论文著作数量、科研经费额度、课学时数、带研究生的人数等作为衡量业绩的标准。这样做确实在最大程度上体现了客观与公正，减少了尽可能多的人为因素，但是，现行考核制度过分注重指标而脱离实际的问题，不可能激励人力资本的“创造性”。是选择横向的数量还是纵向的质量成为摆在教师面前和学校考核的两难问题。

四、高校薪酬制度的改革措施

1. 国家宏观调控，高校自主分配。高校是独立法人，在市场经济条件下，应该拥有自主地制定符合本校特点的薪酬制度的权利。国家和地方政府在高校薪酬方面充当的是宏观调控者的角色，高校才是真正的实施者和实践者。当然这要在国家已经根据不同类型学校，制定出指导性原则的基础上进行。这个原则可以按照办学规模、办学效益来制定，对最低收入与最高收入提出一个标准线，具体的细则由学校自主实施，使大学教师在分配收入上拉开一定的差距。另外，必须将高校整合国家财政拨款制度内工资和来自创收的制度外收入的权利充分给予高校，使高校自主地制定与其内外部环境、发展阶段、组织文化高度适应的薪酬制度。

2. 延长聘期与考核周期灵活相结合。目前高校采用的聘期较短，很难科学地衡量出科研成果的利用情况和影响，这一弊病尤其体现在重大的科研项目上，越是科技含量高的项目，其实际效益的产生周期越长，高校应本着留住人才，鼓励科研的目的，给予教学科研人员一个较长的聘期，并制定具有弹性的考核指标。比如教学为主的系列岗位可将聘期控制在两年之内，而对于从事基础研究或重大项目的科研系列岗位，三年甚至是五年更有利于高质量科研成果的集成与突破。在这期间，可以设立中期考评，对于阶段性评价无法胜任者，可先延期支付岗位津贴，如果聘期延长后亦无明显突破者，校方再考虑处理办法，这种方式既能对长线项目给予支持，又可较好利用延期薪酬制度约束人才流动性大和聘期动力不足的问题。

3. 建立适应市场机制的灵活性薪酬制度。高校的扩招带来的是日益激烈的竞争，薪酬制度在吸引和留住人才中起到了战略性的作用。大锅饭必须打破，转向主动适应外部环境。打破雇员群体完全一样的薪酬制度，在市场经济体制下，提高薪酬制度的灵活性，以提高学校对市场的快速反应能力。比如对高精尖人才在引进时提供科研启动费、安家费、配备工作助手、安排家属子女等；对市场紧缺的特殊专业高级人才，实行高额年薪制，既与国际接轨，又吸引和稳定特殊人才。

4. 健全福利制度。福利是唯一不和教师工作业绩挂钩的非货币性报酬，作为教师薪酬的间接组成部分，它无须缴税，因此在某种意义上对于教师就更具价值。教师的福利，除了法定福利（养老保险、医疗保险、住房公积金，病假、产假、婚假、探亲假等政府明文规定的福利制度），校定福利的弹性和针对性更高。它是根据自身特点有目的地设置的一些符合本校实际情况的福利。目前比较流行的校方福利有生日及节日购物礼券、婚丧喜庆补助、节日奖金、休闲旅游资助等。目前，高校的福利形式比较单一，自主开发的福利内容很少。所以，高校应该有一个系统化的设计，结合本校的各种管理制度，有针对性地设置一些既符合本校实际情况又与实际变动相结合的福利计划，实施多元化的福利制度，比如外地引进的优秀人才在本地买房提供补助、支持教师子女享受留学补助等，让教师灵活自主地选择最能满足他们自己或其家庭的特定需求的福利组合。

另外，值得注意的是提高福利的针对性和灵活性，对于稳定骨干教师会起到意想不到的效果。因为从本质上讲这是组织给予成员的一项具有保障性质的薪资，如果它能更强调组织给予成员的长线保障，比如针对年轻教师的买房资助、针对中老年教师的子女教育和商业保险，势必起到既定的激励效果。

高校可以根据每个教师的薪酬层次设立相应金额的福利账户，按时按量地拨入相应的金额，设立多种福利项目，如购房福利、购车福利、培训福利、子女教育福利、休闲旅游福利等，供教师自主选择，使福利的效用达到最大化。这样的福利组合既降低了维护教师的人力资本，又激励教师更大发挥其潜能，从而达到吸引人才和留住人才的目的。

五、结语

高校教师薪酬制度的改革是一项系统而复杂的工程。薪酬制度改革是一场深入而持久的“战争”。有勇气打破现有全校教师按统一的标准发放工资的形式，制定灵活的薪酬管理模式是获取“战争胜利”的唯一方式。为此，高校的用人形式、聘用合同的制定都要随之改革，使职工与高校不再是一种从属关系，而是一种共赢的关系，同时高校必须为教师创造良好的事业发展的软、硬件环境。在高校实现跨跃式发展的同时，也要把教师的事业推向新的高度，实现高校与教师个人的双向的可持续发展。

参考文献

[1] 闫大海. 薪酬管理与设计[M]. 北京：中国纺织出版社，2007.

[2] 曾湘泉. 薪酬：宏观、微观与趋势[M]. 北京：中国人民大学出版社，2006.

[3] 胡昌全. 薪酬福利管理[M]. 北京：中国发展出版社，2006.

[4] 余泽忠. 绩效考核与薪酬管理[M]. 武汉：武汉大学出版社，2006.

[5] 曾湘泉. 赵立军. 我国高等学校工资制度的历史沿革[M]. 北京：高等教育出版社，2004.

[6] 赵丹龄，张岩峰，汪雯，等. 高校教师薪酬制度的国际比较研究[M]. 北京：高等教育出版社，2004.

[7] 杨燕绥. 应当建立高校教师薪酬延期分配制度[M]. 北京：高等教育出版社，2004.

作者简介

张莉霞，硕士，南京农业大学人事处，研究方向为人力资源管理。

Research Based on Management of University Personal Remuneration

Zhang Lixia

(Nanjing Agricultural University, Nanjing Jiangsu, 210095)

Abstract: With the continuous perfection of socialistic market economy system, reform of personal system in university and college is deepening. The core of the reform lies on the reform of the personal remuneration and it directly relates to the stability and building of the team of teachers、the realization of the strategic goals and cultivation of national talented personnel. At present, a number of universities and colleges in our county are exploring and reforming remuneration system fitted for themselves. Based on this, according to the current country's salary system, this essay analyzes income distribution system of independent non-profit institutions' employees in details. Theories on enterprise remuneration management will be used to discuss the construction of university and college's salary system and theoretical guidance to further the reform of income distribution system of university and college's will be offered .

Keywords: university and college's salary system; personal remuneration; salary reform

高校薪酬差异的理论探究
——基于竞赛理论和行为理论的视角①

陈蓉蓉　程 玥

（上海交通大学 上海　200240）

摘　要：随着高校人事制度改革的不断深化，各地高校在人事管理体制和运行机制改革方面进行了诸多探索，也取得了一些经验，其中高校薪酬制度改革仍然相对比较滞后。本文在探究竞赛理论和行为理论的基础上，结合华东某高校教职工薪酬体系现状，尝试分析高校教职工薪酬设计理论逻辑，为后续高校薪酬研究提供些许助力。

关键词：薪酬设计；竞赛理论；行为理论；人力资源管理

一、引言

如何吸引人才、激励人才一直是高校人事制度改革的核心问题，薪酬作为最为基础同时也是最为重要的激励手段一直是改革过程中至关重要的一个环节。有学者发现，越是优秀的竞争者，越是会对物质激励产生反馈，薪酬激励的水平和结构最终对个人的绩效产生影响[1]。因此设计科学有效的薪酬激励手段十分关键，而如何制定合理的薪酬体系一直是各个组织人事管理的重点和难点，尤其对于高校而言。

目前，国内各高校针对新引进人才逐步实行年薪制，高层次人才队伍的收入水平逐渐具备外部竞争力，逐步实现与市场接轨，而之后如何兼顾内部公平性和效率性则是对未来薪酬设置的巨大考验。已有的薪酬理论研究主要围绕竞赛理论和行为理论展开，但相关研究多集中在企业，对高校组织的相关研究则相对薄弱。本文基于已有的薪酬激励理论研究，结合华东某重点高校的薪酬结构概况，试图理清高校薪酬体系改革背后的理论逻辑，为后续相关研究提供助力。

二、竞赛理论与行为理论

1. 竞赛理论

竞赛理论认为拉大员工薪酬差距可以改善员工态度、创造企业绩效。在很多情况下，个人的努力水平很难准确衡量或者计算成本太高，导致员工的最终薪酬并非真正地与个人的产出相关联，特别是在规模较大的组织中，监督成本、技术难度高，个人生产力区别很难及时通过薪酬来反映[2]。竞赛理论有利于降低组织内部监控成本，较大的薪酬差距可鼓

① 本文转载自：《人力资源管理》2017 年第 8 期。

励组织成员参与排序竞争[3,4]。在竞争机制下，员工所获报酬并非基于个人绝对业绩，而是取决于和其他竞争者的对比结果。除此之外，在信息不对称的情况下，竞赛理论通过资源重组自动淘汰排在末位的低质量员工，从而避免同一个组织中的低质量员工影响高质量员工，最终导致组织崩溃[5]。另一方面，每个层级之间的薪酬差距往往是不一致的，越往上激励水平越高，档差越大，竞争者需要付出的努力也就越多，这就要求员工付出更多努力。最后，竞赛机制鼓励员工寻求突破，同时对员工某些有害组织的过激行为及机会主义行为产生抑制作用，促使组织和员工的利益在一定程度上达到统一[6]。

2. 行为理论

与竞赛理论相悖，行为理论认为员工薪酬差距在一定程度上会破坏团队协作，最终对组织的稳定及绩效产生负面影响。具体而言，行为理论者从以下几个角度分别阐述薪酬差异如何给组织带来损害：第一，组织内的员工（特别是低层级员工）极易通过比较来评判自己的薪酬，当他们发现周围员工的薪酬高过自己时，很容易产生被剥削的心理感受，进而放大薪酬差距的不公平感，造成消极怠工行为，即使这种评判往往是主观性的[7]。第二，薪酬差异会影响员工的行为选择。当面对薪酬差异带来的激励时，非高管人员会提高个人努力水平，但更倾向于通过减少团队协作、增加利己努力（甚至进行阴谋活动）来实现目标[8]。第三，当维持组织公平及团队协作十分重要、当员工边际贡献难以准确衡量或者计算成本太高时，即使员工个人绩效存在差异，由于员工不满所带来的负面影响太大，为鼓励员工协作，应采用相对均等的薪酬分配方案[9]。

3. 二者的互补性

已有关于竞赛理论和行为理论的探究更多的是把二者置于对立面进行探究。然而，通过对国内上市企业员工薪酬差距的实证研究，发现大幅度的薪酬差距并不会给公司效益带来如行为理论所预测的各种负面影响，相反，企业更多时候是依赖竞赛理论来发挥对员工的激励作用，薪酬差距与公司未来绩效呈正相关。当企业技术复杂性较高、企业规模较大时，拉开高管团队内部的薪酬差距、高管与员工之间的薪酬差距有助于企业绩效的提升，符合竞赛理论的预期假设；有趣的是，当企业为国有性质时，拉大高管与员工之间的薪酬差距，对组织绩效却有着负面的影响[10-12]。同时有学者研究发现，当薪酬差距较小时，普通员工得到更多的激励，但对高管团队缺乏正向激励[13]。由此可见，竞赛理论和行为理论并非简单地处于对立状态。不少实证研究表明，在特定条件下，竞赛理论和行为理论在解释薪酬差距与企业绩效之间的联系及对员工的激励作用时具有互补性[14,15]。

三、竞赛理论和行为理论对高校薪酬的指导意义

目前针对薪酬激励的理论与实证探究主要集中于企业，相较而言，对国内高校薪酬分配机制的相关研究并不多[16]。2013年底，由教育部人事司主导的针对31个省市自治区高校的一项调研显示：高校（尤其是教育部直属和中央其他部属高校）有超过三分之一将“校内不同类别人员收入分配差距太大、收入分配关系不尽合理”列为高校薪酬中最为突出的

问题[17]，由此可见理顺高校薪酬分配方式，妥善处理高校教职工薪酬的公平性问题至关重要。毫无疑问，组织之间的性质、管理机制等不同，必然导致不同组织薪酬分配出现明显的结构性差异。那么，在企业中已有广泛论证的薪酬理论能否对高校的薪酬体系研究提供借鉴？

高校专任教师的工作特点多表现为极高的专业性及复杂性。高校教师的薪酬主要基于科研产出及教学工作，工作绩效虽然相对容易量化，但因其劳动过程难以监控，不可避免地为考核与监督带来不确定性和困难性。有学者发现，针对绩效难以监控的员工，薪酬差距与组织绩效存在正相关关系[14]。而在同一学术领域内，同一组织中的成员普遍能力水平相当，更是难以依据岗位来界定其薪酬水平及能力差异。在这种背景下，竞赛理论可以充分发挥薪酬的正向激励作用：丰厚的奖励设置吸引高水平竞争者主动参与竞争，依据最终排序来确定竞争结果及获得奖励。同时组织对教师的外部监督需求被弱化，转而成为教师的自我监督和自我激励机制，鼓励教师全身心的工作投入和创造性的激发。

与专任教师群体不同，非专任教师人员往往不独立承担教学和科研任务，个人边际贡献并不像教师那般容易衡量。这类人员薪酬差异的决定条件通常为工龄、职务及学历，且薪酬水平往往与其行政地位及岗位重要程度挂钩。另一方面，事业单位的薪酬分配普遍存在平均主义和集体主义倾向，组织成员对公平性的感知程度非常高，因此对巨大的待遇差距总体接受程度低。非专任教师人员的岗位体系一般较为完善，员工工作内容更是趋于稳定，同时组织对成员之间的团结与协作程度需求非常高，因此总体而言，更适用行为理论来设定薪酬分配原则[10,15]。

事实上，国内不少高校的薪酬改革与竞赛理论和行为理论的薪酬理念不谋而合。迄今为止，不少高校已实施过多轮薪酬制度改革，目前“我国高校薪酬制度逐步走向绩效导向、能力导向和市场化的差异化激励”[18]。例如，华东某重点高校（J 校）对新引进人才普遍采取年薪制，针对高层次人才队伍（院士、长江、特聘、青千）开出的条件十分诱人，颇具市场竞争力。学校规定，给予进入长聘体系（tenure track）的国家青年千人总年薪不低于 35 万元。长聘体系中的院士，校拨基本资源（不含津贴）达到 50 万元/年左右，即便是新进特别副研究员享受校拨基本资源（不含津贴）也达到近 20 万元/年。对于尚未被聘至长聘体系岗位的优青、国家青年拔尖及青年长江学者，学校提供校级岗贴 10 万元/年（最高可享受 6 年）。此外，学校启动针对优秀青年学者、优秀教师的奖励及培养计划，给予科研经费及奖金由几万至几十万元不等。针对非专任教师人员，起薪标准则统一依据岗位和学历学位背景进行确定，并随着专业技术职称、职员职级的晋升来具体调整薪资水平，但是各薪级档差并不十分明显。总体而言，J 校根据高校教职工的职业特质，结合两种薪酬理论对教师队伍和非教职管理人员队伍的薪酬结构进行差异化设置，使竞赛理论和行为理论两种薪酬理论在适当的环境下得以实现互补：教师队伍采取以能力为中心的薪酬模式（适用竞赛理论），强调个性与差异化，以适应内外部激烈的竞争环境；非专任教师人员采用以岗位为中心的薪酬模式（适用行为理论），以岗位工资为薪酬分配的主要依据，强调协作与稳定[19]。近年来，J 校在吸引人才，尤其是高层次人才方面始终保有强劲竞争力，不可否认薪酬体系的改革为人才队伍的建设发挥了积极作用，竞赛理论和行为理论可以被认为在 J 校人事改革中总体上发挥了正向作用。

四、结语

本研究以竞赛理论和行为理论为切入点，探究我国高校教职工薪酬分配的理论逻辑。通过梳理，发现J校薪酬改革基本符合竞赛理论和行为理论的逻辑假设。具体而言，J校教师队伍薪酬分配基本符合竞赛理论设定，而非专任教师人员薪酬机制则更接近行为理论设定。当然，本文论述仅仅是建立在已有理论及研究基础上的初步探讨，未来还需要更深入的实证检验来做进一步修正或补充。在此基础上，接下来的研究可以聚焦在以下两个方面：

1. 在理论探究的基础上，需要扩大样本范围来收集更为全面和深入的实证资料，尤其是针对不同类型、不同地区高校教职工展开的调研，以实证数据来进一步阐述竞赛理论和行为理论的实践价值。

2. 在已有研究中可能被忽略的非经济因素，例如有学者提及的“文化因素”、“权力距离”等概念[14]。这些因素是否对高校薪酬体系存在影响以及如何影响组织的薪酬体系选择，都是值得逐一深入探究的。

总体而言，在不同的环境、不同时期，针对不同样本研究得出的结论千差万别，但可以确定的是，薪酬模式是多种因素共同影响的结果，不同组织之间千差万别，不可一概而论，只能结合组织自身特点设计相对合理的薪酬模式，并根据内外部环境的变化对薪酬的水平和结构进行动态调整[20]。

参考文献

[1] Ehrenberg, R. G. and M. L. Bognanno. Do Tournaments Have Incentive Effects?[J]. Journal of Political Economy, 1990, 98(6): 1307-1324.

[2] Bishop, J., The Recognition and Reward of Employee Performance[J]. Journal of Labor Economics, 1987. 5(4): S36-S56.

[3] P, L.S.S.R., Rank-Order Tournaments as Optimum Labor Contracts[J]. Author(s): Edward P. Lazear and Sherwin Rosen Source: Journal of Political Economy, 1981, 89(5): 841-864. Published by: The University of Chicago Press.

[4] O'Reilly, C. A., B.G. Main and G.S. Crystal, CEO Compensation as Tournament and Social Comparison: A Tale of Two Theories[J]. Administrative Science Quarterly, 1988. 33(2): 257-274.

[5] Lin, C. C. and C. C. Yang, Tournaments as a Worker Discipline Device[R]. Economic Inquiry, 2001.

[6] Becker, B. E. and M. A. Huselid, The Incentive Effects of Tournament Compensation Systems[J]. Administrative Science Quarterly, 1992. 37(2): 336-350.

[7] Cowherd, D. M. and D.I. Levine, Product Quality and Pay Equity Between Lower-Level Employees and Top Management: An Investigation of Distributive Justice Theory[J]. Administrative Science Quarterly, 1992. 37(2): 302-320.

[8] Milgrom, P. and J. Roberts, An Economic Approach to Influence Activities in Organizations[J]. American Journal of Sociology, 1988. 94: S154-S179.

[9] Greenberg, J., A Taxonomy of Organizational Justice Theories[J]. The Academy of Management Review, 1987. 12(1): 9-22.

[10] 林浚清，黄祖辉，孙永祥．高管团队内薪酬差距、公司绩效和治理结构[J]．经济研究, 2003(4): 31-40.
[11] 张正堂，李欣．高层管理团队核心成员薪酬差距与企业绩效的关系[J]．经济管理, 2007(2): 16-25.
[12] 张正堂．企业内部薪酬差距对组织未来绩效影响的实证研究[J]．会计研究, 2008(9): 81-87.
[13] 白锋，程德俊．团队薪酬差距对个人和团队绩效的影响[J]．经济科学, 2006(6): 118-128.
[14] 王永乐，吴继忠．中华文化背景下薪酬差距对我国企业绩效的影响——兼对锦标赛理论和行为理论适用对象的确认[J]．当代财经, 2010(9): 59-64.
[15] 洪雁，王贯中，李成标．宽带薪酬应用研究述评[J]．现代管理科学, 2006(10): 87-88.
[16] 赵德平．高校教师薪酬激励感知与工作绩效的实证分析——以激励效果为调节变量[J]．四川师范大学学报(自然科学版), 2015(6): 938-942.
[17] 高校教师薪酬调查课题组．透视高校教师收入分配现状[R], 2014.
[18] 李明，熊丽敏．中国高校薪酬制度变迁——基于支持联盟框架的分析[J]．中国证券期货，2010(12): 32-33.
[19] 刘朝晖．构建高校激励型宽带薪酬模式的探析[J]．当代教育科学, 2010(17): 44-46.
[20] 申健．国有企业知识员工薪酬激励现状及效果实证分析[J]．发展研究, 2010(5): 88-93.

作者简介

陈蓉蓉，上海交通大学人力资源处职员。
程玥，上海交通大学数学科学学院人事干事。

A Theoretical Study on the Compensation System of Chinese Universities
——Based on the Perspective of Tournament Theory and Behavioral Theory

Chen Rongrong, Cheng Yue

(Shanghai Jiao Tong University, Shanghai, 200240)

Abstract: As the personnel system reform further develops, greater changes have taken place in many colleges and universities. However, as an important part of university personnel system, the progress of compensation system reform is relatively behind. Base on tournament theory and behavioral theory, this paper focus on the status as well as the theoretical logic of compensation system design, with a case study of a university in eastern China. This study may also provide some support for further reforms of compensation system.

Keywords: compensation design; tournament theory; behavioral theory; human resources management

心理授权、组织承诺对创新绩效的影响研究
——基于 N 大学的数据分析

吴晓伟

（暨南大学 广东广州 510632）

摘　要：本研究从高校教师的心理授权角度出发，构建心理授权、组织承诺对创新绩效的作用机制模型。通过问卷调查，共回收 467 份有效问卷，运用 SPSS、AOMS 统计软件进行分析，得到以下结论：(1) 心理授权对创新绩效存在显著的正相关关系；(2) 心理授权与组织承诺存在显著的正相关关系；(3) 组织承诺与创新绩效存在显著的正相关关系；(4) 组织承诺是创新绩效的重要前因变量，并在心理授权与创新绩效之间起中介作用。本研究结果显示知识密集型组织领导者如能加强对员工的心理授权，增强对员工的组织承诺，会较大程度上提高知识密集型组织的创新绩效。

关键词：心理授权；组织承诺；创新绩效

一、前言

Thomas 和 Velthouse[1]首次提出了心理授权(Psychology Empowerment)的概念，指出心理授权是在参与创作过程中体现出来的内在动机，并总结了影响心理授权的四个维度：工作意义(meaning)、自主权(self-determination)、自我效能感(self-efficacy)、工作影响(impact)。研究表明，心理授权积极影响员工的内在动机，内在动机被认为是一种行之有效的预测创造力。组织承诺(Organizational Commitment)的概念是由 Becker[2]提出的，Becker 认为组织承诺是情感的表现，员工逐渐增加对组织感情的投入，形成一种对组织全身心奉献的情感，员工不愿意离开组织主要是因为员工对组织产生了较多情感的依赖。

Zhou 和 Shalley [3]认为创造力是个体或个体在群体工作中的新奇和有用的想法的产生，对于创造力发生在组织中，管理者需要支持和促进它，因为大多数知识型员工的工作成果是具有创造性的，知识型员工对创造力诱发环境具有相当大的影响。Shalley, Zhou 和 Oldham [4]研究表明，员工的创造力可以从根本上促进组织创新，提高工作效率和组织竞争力。目前创造力研究者们建议集中精力在提升创造力的领导方法上，因为领导授权涉及的权力分享会对员工的心理产生影响进而提高员工在工作中的创造动机。

本研究的目的是构建理论模型，分析心理授权、组织承诺与创新绩效之间的内在联系，力图研究高校创新绩效的形成发生机制，使知识型员工的管理架构更加踏实稳定，鼓励知识型员工创新，创造更多更优的绩效。

二、文献综述

Frick[5]认为高校教师是知识型员工中的一种，是具有特殊脑力的劳动者，拥有知识型员工的共同特征。Spreitzer[6]在Thomas和Velthouse研究结果的基础上，完善和扩展心理授权的概念，开发了四维度量表并进行了验证。四维度量表内容如下：(1)工作意义(meaning)是指个体根据自己的价值体系和标准，评判自己工作任务的目标与价值；(2)自主权(self-determination)是个人对自己工作决定的感知；(3)自我效能感(self-efficacy)是个人以自己技能为基础，自己完成特定任务或行为的自信程度；(4)工作影响(impact)指个人工作中能够影响所在组织的战略、行政、管理和运营的程度。林立(2011)[7]的研究表明，企业领导者不仅要通过塑造自身的变革型领导方式来增加员工的创新行为，而且要善于为员工营造一种心理授权的感受，提升员工的自我效能及自尊，继而提高员工创新行为。心理授权能够激发员工工作动机，使他们自愿去尝试新的方法和技术，从而能产生更多的创新构想和实践，这就是心理授权对于创新结果的正向影响。Spreitzer[6]、Zhang和Bartol[8]等学者都认为当员工认识到工作意义或自身发展的重要性时，他们愿意使用更充裕的时间和加倍的努力去深入研究此项问题，并有可能会尝试新的工作方法，提出更多更广阔的工作思路。刘耀中[9]等证明了心理授权的工作意义是使员工认识到自己创新的价值，工作自主权维度能使员工感受到更多的自己掌握和控制的能力，自我效能维度能增强员工完成工作的信心，工作影响维度能使员工创新的想法被更多人接受。

基于此，本研究提出以下假设：

H1：心理授权对创新绩效有显著正向影响

H1a：自我效能感对创新绩效有显著正向影响

H1b：自主权对创新绩效有显著正向影响

H1c：工作意义对创新绩效有显著正向影响

H1d：工作影响对创新绩效有显著正向影响

组织承诺作为衡量一个人愿意在组织留任的一种状态，可分为感情承诺、持续承诺和规范承诺；它是由家庭观念、学校教育乃至社会行为规范等逐步内化而成，继而影响员工对组织的承诺行为。Meyer和Allen[10]提出组织承诺的三因素理论：感情承诺、持续承诺和规范承诺，认为个体的感情承诺表示个体感觉需要被组织所雇佣，高水平的感情承诺会使个体愿意留在组织；持续承诺涉及个体离开组织的成本观念，高水平的持续承诺会使个体愿意留在组织；规范承诺反映了个体的持续受雇用的责任感，高水平的规范承诺会使个体愿意留在组织。总的来说，不同的组织承诺表明个体对组织存在不同的心理状态。雷巧玲[11]提出心理授权的意义、能力与知识型员工感情承诺正相关，与知识型员工持续承诺负相关；而心理授权中的自我决策及影响力既对知识型员工的感情承诺有利，同时也对持续承诺有利。吴小云[12]研究发现，心理授权通过意义、影响和自我效能三个维度对下属的情感承诺产生直接的积极影响，而对下属的连续承诺产生的是消极影响。王瑞文[13]在研究教师心理授权和组织承诺关系时，提出不同的观点，她认为教师心理授权的工作意义维度、自我效能维度对组织承诺产生显著正向影响；心理授权的影响力维度对教师的组织承诺产生正向影响；心理授权的自主权维度对组织承诺没有显著影响，即提高或降低教师工作自主权不会对教师的组织承诺产生影响。

基于此，本研究提出以下假设：

H2：心理授权对组织承诺有显著正向影响

H2a：自我效能感对组织承诺有显著正向影响

H2b：自主权对组织承诺有显著正向影响

H2c：工作意义对组织承诺有显著正向影响

H2d：工作影响对组织承诺有显著正向影响

Kanter[14]研究指出，创新绩效可被定义一个工作角色、工作组或者组织中形成并实现新的想法，且对本工作、工作组或者组织有一定的帮助作用。Janssen 和 Van Yperen [15]认为创新是一种思维产生到实践的过程，对于创新的理解可以分为过程、产品和认知等创新。我国学者韩翼[16]将创新绩效分为三个方面：创新意愿、创新行为和创新结果。陶咏梅、康宇[17]认为组织管理者在创新上不仅要打造创新的组织环境及激发创新行为，要准确识别员工在本组织留任的真正动机。无论是感情承诺还是规范承诺，留住那些能够与组织的发展目标一致的员工才可以激发创新意愿，落实创新行为，达成创新结果。

基于此，本研究提出以下假设：

H3：组织承诺对创新绩效有显著正向影响

H3a：感情承诺对创新绩效有显著正向影响

H3b：持续承诺对创新绩效有显著正向影响

H3c：规范承诺对创新绩效有显著正向影响

对于组织承诺和工作绩效之间的关系，Riketta [18]研究指出，组织承诺是工作绩效的前因，并用元分析(meta analysis)对此进行了检验。韩翼 [19]对于组织承诺和工作绩效之间的关系，进行了有效的论证：感情承诺与创新绩效存在显性关系；规范承诺与创新绩效呈现负相关。陶咏梅[20]研究认为感情承诺是促进个体创新行为产生的前因变量。

基于此，本研究提出以下假设：

H4：组织承诺在心理授权与创新绩效之间起中介作用

通过以上分析，本文提出心理授权与高校教师创新绩效关系的理论模型，如图 1 所示：

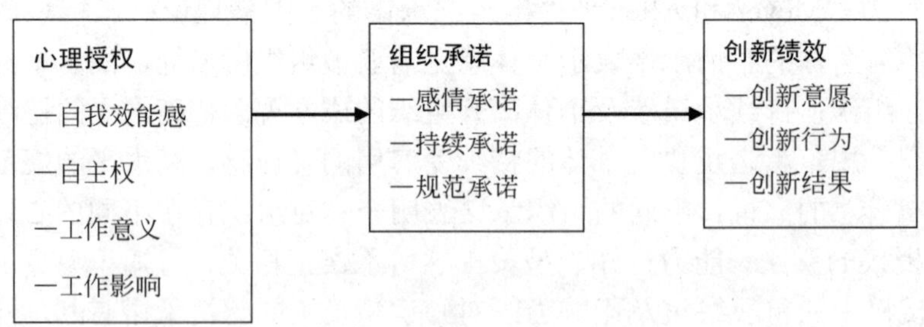

图 1　心理授权、组织承诺与创新绩效关系理论模型

三、研究方法

1. 研究对象

2017 年 1 月至 2 月期间在 N 大学进行纸质问卷和电子问卷的派发，派发问卷的对象

以N大学的学院为单位，按比例派发共600份问卷。现回收问卷492份，去掉未作答和不完整的无效问卷25份，获得有效问卷467份，有效问卷率达94.92%。其中男性和女性样本各占44.8%和55.2%；教师占56.3%，管理人员是15.8%，实验人员是23.8%，专职科研人为3.6%，其他人员占0.5%；66.6%的人是属于31～50岁这个区间，11.1%是30岁以下人员，其中22.3%的人是50岁以上；在校工作年限方面10年以上的占94.3%，10年以下占5.8%；具有中级以上职称达到93.1%；文科和理工科分别占49%和51%，分布基本趋于一致。

2. 测量工具

本研究量表的测量均采用李克特5点测量，回答从1到5代表“完全不同意”到“完全同意”。

心理授权的测量采用Spreitzer[6]开发出来的四维度量表，共计12个项目。组织承诺的测量主要根据Allen和Meyer[21]开发的三维度量表（感情承诺、持续承诺和规范承诺），借鉴Chen和Francesco[22]及韩翼[16]开发的问卷量表，设计了16个项目的量表。创新绩效的测量取自于韩翼[16]开发的量表，根据高校的情况，以及本研究的需要，设计了8个项目的量表。

为进一步确保研究数据的有效性，在数据分析前对采集的数据进行信度检验，采用SPSS 19.0可靠性检验对心理授权、组织承诺和创新绩效各变量以及各变量的维度进行测算。结果显示：心理授权的α系数是0.940，组织承诺的α系数为0.927，创新绩效α系数显示是0.817，总量表的α系数达到0.915，这表明各量表间的内部一致性较好，本研究所采用数据符合研究要求。（见表1）

表1　各研究量表信度表

量表	总信度
心理授权	0.940
组织承诺	0.927
创新绩效	0.817

四、变量的相关分析

心理授权的四个维度、组织承诺的三个维度与创新绩效之间的相关性分析结果如表2所示。结果表明：(1)心理授权的维度自我效能感、自主权、工作意义、工作影响与创新绩效均存在显著正相关关系，相关系数r分别为0.411、0.521、0.431、0.580；(2)组织承诺的维度感情承诺、规范承诺、持续承诺与创新绩效存在显著正相关关系，相关系数r分别为0.553、0.707、0.553。

创新绩效与自我效能感（B=0.320，β=0.302，p<0.001）、自主权（B=0.278，β=0.251，p<0.001）、工作意义（B=0.526，β=0.481，p<0.001）、工作影响（B=0.749，β=0.642，p<0.001），

表 2　创新绩效与心理授权、组织承诺各维度的相关分析结果

变量	自我效能感	自主权	工作意义	工作影响	感情承诺	规范承诺	持续承诺	创新绩效
自我效能感	1							
自主权	0.726**	1						
工作意义	0.884**	0.715**	1					
工作影响	0.768**	0.698**	0.831**	1				
感情承诺	0.415**	0.464**	0.361**	0.525**	1			
规范承诺	0.566**	0.689**	0.451**	0.694**	0.717**	1		
持续承诺	0.452**	0.517**	0.452**	0.605**	0.676**	0.684**	1	
创新绩效	0.411**	0.521**	0.431**	0.580**	0.553**	0.707**	0.553**	1

注：**表示在 0.01 水平(双侧检验)上显著相关。

由此分析，自我效能感、自主权、工作意义和工作影响与创新绩效存在正相关关系，假设 H1a、H1b、H1c、H1d 成立。组织承诺与自我效能感（B=0.201，β=0.273，p<0.001）、自主权（B=0.307，β=0.370，p<0.001）、工作意义（B=0.564，β=0.688，p<0.001）、工作影响（B=0.685，β=0.782，p<0.001），由此分析，心理授权的自我效能感、自主权、工作意义、工作影响与组织承诺存在正相关关系，假设 H2a、H2b、H2c、H2d 均成立。创新绩效与感情承诺（B=0.244，β=0.248，p<0.05）、规范承诺（B=0.532，β=0.595，p<0.001）、持续承诺（B=0.216，β=0.229，p<0.05），由此分析，组织承诺的感情承诺、规范承诺、持续承诺与创新绩效存在正相关关系，假设 H3a、H3b、H3c 均成立。（见表 3）

表 3　创新绩效与心理授权、组织承诺关系的回归分析结果

变量	创新绩效			组织承诺		
	B	β	Sig.	B	β	Sig.
解释变量						
自我效能感	0.320***	0.302***	0.000	0.201***	0.273***	0.000
自主权	0.278***	0.251***	0.000	0.307***	0.370***	0.000
工作意义	0.526***	0.481***	0.000	0.564***	0.688***	0.000
工作影响	0.749***	0.642***	0.000	0.685***	0.782***	0.000
感情承诺	0.244*	0.248*	0.040			
规范承诺	0.532***	0.595***	0.000			
持续承诺	0.216*	0.229*	0.025			

注：* p<0.05，** p<0.01，*** p<0.001。

在模型 1 中，创新绩效与自我效能感（B=0.320，β=0.302，p<0.001）、自主权（B=0.278，β=0.251，p<0.001）、工作意义（B=0.526，β=0.481，p<0.001）、工作影响（B=0.749，β=0.642，p<0.001）之间的回归系数显著。在模型 2 中，由于组织承诺作为中介变量进入模型，虽然创新绩效与组织承诺相关性明显（B=0.596，β=0.560，p<0.001），但创新绩效对心理授权

各个维度自我效能感（B=0.176，β=0.224，p<0.01）、自主权（B=0.125，β=0.141，p<0.001）、工作意义（B=0.085，β=0.097，p<0.1）、工作影响（B=0.221，β=0.237，p<0.001）之间正相关有显著的降低，心理授权与创新绩效之间的显著关系明显减弱了，充分表明了组织承诺的中介作用。因此，假设H4验证成立。（见表4）

表4　组织承诺对心理授权与创新绩效关系的中介检验结果

变量	创新绩效				
	模型1		模型2		
	B	β	B	β	Sig.
解释变量					
自我效能感	0.320^{***}	0.302^{***}	0.176^{**}	0.224^{**}	0.003
自主权	0.278^{***}	0.251^{***}	0.125^{***}	0.141^{***}	0.000
工作意义	0.526^{***}	0.481^{***}	0.085^{*}	0.097^{*}	0.027
工作影响	0.749^{***}	0.642^{***}	0.221^{**}	0.237^{**}	0.001
中介变量					
组织承诺			0.596^{***}	0.560^{***}	0.000

注：* p<0.05，** p<0.01，*** p<0.001。

五、结论

结论1：心理授权对创新绩效有着关键性的影响

本研究中工作意义对创新结果影响是正相关但不明显，这与研究样本是有关的。工作影响对创新的影响十分显著，影响力的大小直接关系到知识型员工创新的动力，对创新结果影响尤为显著。经过验证，本研究的H1成立，心理授权各个维度与创新绩效存在正相关，因此心理授权与创新绩效存在正相关关系。

结论2：本研究再次验证了心理授权对组织承诺的影响作用

本研究在国内外学者研究的基础上，再次通过对不同性别、身份、年龄、工作年限、职称、所属学科的知识型员工（高校教师）做了回归分析，得出知识型员工的心理授权各个维度与组织承诺存在很强的相关性。高校教师心理授权的四个维度对组织承诺的三个维度产生正向影响作用。本研究的假设H2成立，对高校教师的心理授权度越高，得到员工的组织承诺越多。

结论3：本研究验证了组织承诺和创新绩效的影响关系，组织承诺在心理授权和创新绩效之间的中介作用

员工的感情承诺表示雇员想要和组织持续雇佣，感情承诺的员工想要留在组织，为组织创造更多绩效；持续承诺涉及员工对离开组织的一种成本认知，持续承诺高的员工认为必须留在组织，否则自己的创新无法被重视；而规范承诺则反映雇员持续雇佣的责任感情，

高水平规范承诺的员工感觉他们应该留在组织，自己创新成果会被别人夺走。员工的组织承诺越多，创新绩效就产出越多。

在员工心理授权感逐渐增强的情况下，表现出自己对组织承诺也是同时获得提升，员工的创新也会随之增长。将组织承诺作为中介变量分析后得知，从本研究回归分析的数据可看出，组织承诺使心理授权与创新绩效的非标准化回归系数（B）值有明显下降，本研究的假设 H4 成立，故组织承诺在心理授权和创新绩效之间起到完全中介作用。

六、启示

（1）高校教师心理授权研究为管理教师提供一个新的视角与方法。从提高高校教师心理授权的感知角度出发，通过对教师自我效能感的增强，工作的自主性扩大，深刻理解工作意义和工作产出的影响力增强，制定出提高教师对学校的认可、提高高校教师对创新绩效的管理政策将是解决高校教师队伍不稳定、提高教育质量的新办法。

（2）高校应提高知名度和改善教师的生存环境，通过定期开展师德教育、师德评选、工作表彰、先进表彰等一系列活动弘扬教师职业精神，加深高校教师对自己职业的热爱，提高教师对工作意义的认可，提高教师的工作使命感、认同感和自豪感。

（3）高校应提高教师对自己教书育人职责的重视，对培养指导的学生获得奖励的教师可以给予充分的肯定和表扬；在教师承担的科学创新研究和社会服务工作中给予大力支持和认可，改进教师创新绩效考核制度和人事管理制度，增加教师对自己创新工作意义的认识程度。

参考文献

[1] Thomas K W, Velthouse B A. Cognitive elements of empowerment: An “interpretive” model of intrinsic task motivation[J]. Academy of Management Review. 1990, (4): 666-681.

[2] Becker H S. Notes on the Concept of Commitment[J]. American Journal of Sociology. 1960, (66): 132-42.

[3] Zhou J, Shalley C E. Research on employee creativity: A critical review and directions for future research[M]. In J. Martocchio (Ed.), Research in personnel and human resource management: 2003, 165-217.

[4] Shalley C E, Zhou J, Oldham G R. The effects of personal and contextual characteristics on creativity: Where should we go from here?[J]. Journal of Management, 2004, (6): 933-958.

[5] Frick K. Worker influence on voluntary OHS management systems—A review of its ends and means [J]. Safety Science, 2011, (7): 974-987.

[6] Spreitzer G M. Individual empowerment in the workplace: Dimensions, measurement, validation[J]. Academy of Management Journal, 1995, (38): 1442-1465.

[7] 林立. 以心理授权为中介的领导风格与员工创新行为关系研究：以Z公司为例[D]. 杭州: 浙江大学. 2011.

[8] Zhang X M, Bartol K M. Linking Empowering Leadership and Employee Creativity: The Influence of Psychological Empowerment, Intrinsic Motivation, and Creative Process Engagement[J]. Academy of Management Journal, 2010, (1): 107-128.

[9] 刘耀中. 心理授权的结构维度及其与员工创新行为的关系研究[J]. 西北师大学报(社会科学版), 2008, (6): 90-94.

[10] Meyer J P, Allen N J. A three-component conceptualization of organizational commitment[J]. Human Resource Management Review. 1991, (1): 61-89.

[11] 雷巧玲，赵更申. 心理授权与知识型员工组织承诺的关系研究[J]. 科技进步与对策, 2007, (9): 122-125.

[12] 吴小云. 变革型领导对员工组织承诺的影响[J]. 商业研究, 2013, (7): 99-108+133.

[13] 王瑞文. 基于心理授权四维度模型的高校教师工作状况影响因素分析[J]. 西安电子科技大学学报(社会科学版), 2014, (2): 96-102.

[14] Kanter R M. Three Tiers for Innovation Research[J]. Communication Research, 1988, (5): 509-523.

[15] Janssen O, VanYperen N W. Employees'goal orientations, the quality of leadermember exchange, and the outcomes of job performance and job satisfaction[J]. Academy of Management Journal, 2004, (47): 368-384.

[16] 韩翼. 雇员工作绩效结构模型构建与实证研究[D]. 武汉：华中科技大学, 2006.

[17] 陶咏梅，康宇. 基于组织承诺的组织创新气氛与个体创新行为关系研究[J]. 工业技术经济. 2012, (6): 145-150.

[18] Riketta M. Attitudinal organizational commitment and job performance: a meta- analysis[J]. Journal of Organizational Behavior, 2002, (3): 257-266.

[19] 韩翼. 组织承诺对雇员工作绩效的影响研究[J]. 中南财经政法大学学报, 2007, (3): 53-58.

[20] 陶咏梅. 组织创新气氛、个体学习能力和组织承诺、个体创新行为关系研究[D]. 长春: 吉林大学, 2013.

[21] Allen N J, Meyer J P. The measurement and antecedents of affective, continuance and normative commitment to the organization[J]. Journal of Occupational and Organizational Psychology, 1990, (1): 1-18.

[22] Chen Z X, Francesco A M. The relationship between the three components of commitment and employee performance in China[J]. Journal of Vocational Behavior, 2003, (3): 490-510.

作者简介

吴晓伟，暨南大学人力资源开发与管理处，研究方向为高等教育研究。

The Impact of Psychological Empowerment and Organizational Commitment on Innovation Performance —Based University data analysis

Wu Xiaowei

(Jinan University, Guangzhou, Guangdong, 510632)

Abstract: In this study, from the perspective of the psychological empowerment of university teachers, a mechanism model of psychological empowerment and organizational commitment to innovation performance was constructed. Through the questionnaire survey, a total of 467 valid questionnaires were collected. The result is analyzed by using SPSS and AOMS statistical software. The conclusions are as follows: (1) There was a significant positive correlation between psychological empowerment and innovation performance. (2) Psychological empowerment and organizational commitment were significant. (3) There is a significant positive correlation between organizational commitment and innovation performance. (4) Organizational commitment is an important antecedent variable of innovation performance and plays an intermediary role between psychological empowerment and innovation performance. The results of this study show that if knowledge-intensive organization leaders strengthen their psychological empowerment to employees, it will help to enhance employees' organizational commitment. And it will greatly improve the innovation performance of knowledge-intensive organizations.

Keywords: Psychological empowerment; Organizational commitment; Innovation performance

中美高校教师薪酬影响因素浅析

郑婕慧

（暨南大学 广东广州 510632）

摘　要：改革开放以来，我国逐步建立了一套较为完善的高等学校的收入分配制度，高校教师的工资待遇不断改善。高校薪酬水平逐步向市场化接轨，在人才竞争日趋激烈的今天，如何确定合理的薪酬水平，吸引一流人才投身教育事业，激励人才不断创新成果，实现高校人才队伍的相对稳定及合理流动，成为高校内外广泛关注并亟待解决的问题。本文利用高等教育学会薪酬管理研究分会的薪酬调查数据，以及美国大学教授学会（AAUP）的教师工资统计数据，对我国和美国高校教师薪酬影响因素进行分析，发现学科、学校所在的地区，学校的类型均对教师群体的薪酬水平有影响，而对教师个体薪酬的影响的主要因素是绩效。通过对影响因素的比较分析，为“双一流”大学建设过程中构建确定教师薪酬制度，促进人才合理有序流动提供思路与建议。

关键词：高校；薪酬水平；影响因素

改革开放以来，随着高等教育管理体制改革的不断深入，我国高等学校的收入分配制度经过多次改革，建立了一套较为完善的收入分配体系，高校教师的工资待遇不断改善，越来越受到尊重，社会地位逐步提高。高校作为人才培养的基地和科学创新的重要主体，在全球化发展迅速、人才竞争日趋激烈的今天，如何确定合理的薪酬，以吸引一流人才投身教育事业、激活人才的活力和创新潜力，激励人才不断创新成果，是高校自身面临的重要课题。如何在国家政策指导及总量调控的基础上，构建与高等学校“双一流”建设相适应的，符合高校自身发展需要，又能充分发挥激励效果的教师薪酬制度，实现高校人才队伍的相对稳定及合理流动，成为高校内外广泛关注并亟待解决的问题。

本文利用高等教育学会薪酬管理研究分会的薪酬调查数据，以及美国大学教授学会（AAUP）的教师工资统计数据，对我国和美国高校教师薪酬影响因素进行分析，为“双一流”建设过程中确定教师薪酬制度，促进人才合理有序流动提供思路与建议。

一、两国高校教师的薪酬制度和薪酬水平

（一）我国高校的薪酬制度和水平

我国高校自 2006 年收入分配制度改革以来，实行岗位绩效工资制度，教师的工资分为岗位工资、薪级工资、津贴补贴和绩效工资四大部分。其中岗位工资和薪级工资是基本工资，标准由国家统一制定；津贴补贴指的是艰苦边远等特殊岗位津贴，或者改革性补贴，标准和享受的人群也由政府统一规定。以上三项工资项目均是政府主导的保障型薪酬。

绩效工资是体现教师工作量和贡献的薪酬，总量由上级部门核定，在总量控制数之内，高校享有绩效工资的分配自主权。绩效工资按照主导发放的主体不同，又可以分为学校主导型绩效和院系主导型绩效。学校主导发放的主要是教学科研业绩绩效，院系或学术团队在政策许可的范围，也可以按劳取酬的方式，弹性发放专项绩效工资。

在岗位绩效工资制度下，薪酬结构呈现政府主导保障型薪酬、高校主导绩效型薪酬、院系团队主导的弹性绩效薪酬的三元结构，高校的分配自主权主要体现第二、第三类绩效工资的分配上。绩效工资体现教师的实际贡献，也拉开了薪酬差距。自高校综合改革制度以来，年薪制逐渐进入高校，成为重要的薪酬制度之一。年薪制为协议工资，从薪酬结构上看，年薪制薪酬结构中的绩效工资比重更大，不仅体现教师的贡献，还体现人才的价值。

根据国家统计局公布的最近 5 年全国分行业就业人员的平均工资，教育行业的人均工资水平从 2013 年的第 9 位，逐步攀升到 2017 年年人均工资水平位居各行业的第 6 位，显示我国高校的收入分配制度经过多次的改革取得一些成效。特别是 2014 年、2016 年两次提高基本工资标准后，教育行业从业人员的待遇有了显著的提高，教师的地位也得到提升。但是，教育行业的整体工资的水平仍然低于同样有高学历要求的金融、计算机等行业。2017 年国有教育行业人均工资 8.34 万元，是国有单位人均工资 8.11 万元的 1.02 倍，而薪酬最高的金融业人均工资为 10.9 万元，是平均数的 1.34 倍。

长期以来，我国高校薪酬水平受政府主导影响较大，受市场化导向影响较小，岗位绩效工资制度以及年薪制新模式，使大学日益在一定的范围内取得薪酬分配自主权。不仅是国家基本工资的调整，近年来各类人才计划的出台，也使得教师薪酬平均水平显著提高，但从上述统计数据来看，教育行业薪酬与知识密集行业薪酬水平之间存在着一定的差距，教师整体薪酬水平仍然不高。

（二）美国高校的薪酬制度和水平

美国高校普遍实行薪级制，教师的薪酬水平主要取决于市场价格，以市场薪酬调查数据作为制定本校薪酬政策的重要依据，强调外部竞争性、内部公平性以及对绩效贡献的重视。美国高校每年制定该年的薪酬计划，依据教师的职务、学历、资历等因素将每位教师确定在一定范围的特定薪级上，给予相应的年薪，从总体上体现出薪级制的特点。年薪按月支付给教师，年薪是固定基本工资和可变工资的总和。美国政府对公立大学的薪酬进行调控，通过经费预算拨款，规定社会保障福利待遇等政策和措施，进行高校薪酬制度的宏观管理和政策指导，但公立高校和私立高校一样，有着相似的市场模式的薪酬机制，保证竞争力。

根据 AAUP 调查的 1025 个报告机构的薪资，2017—2018 年教职人员的平均工资为 8.8 万美元。根据美国劳工统计局(Bureau of Labor Statistics)的统计，全美在职工作人员约为 1.3 亿人(不包括自雇人员)，平均工资是 43460 美元，大学教职人员的薪资为全部人均薪资的 2.04 倍。

通过以上中美的薪酬水平的比较可知，国内教育行业、教师整体薪资水平的市场竞争力不够。

二、影响高校教师薪酬的主要因素

（一）学科影响教师薪酬水平

图 1 显示，根据高等教育学会薪酬管理研究分会的调查，已公布的青年教师的薪酬水平，以学科进行分类分析，经济学管理学最高，艺术学文史类较低，最高与最低相差 1.3 倍。经管类人才薪酬排位第一，与国家统计局公布的金融业从业人员工资排名第一一致，体现了我国大学教师的薪酬水平已逐步与专业行业市场接轨，外部市场对人才的需求对高校教师的薪酬影响力逐渐加大。

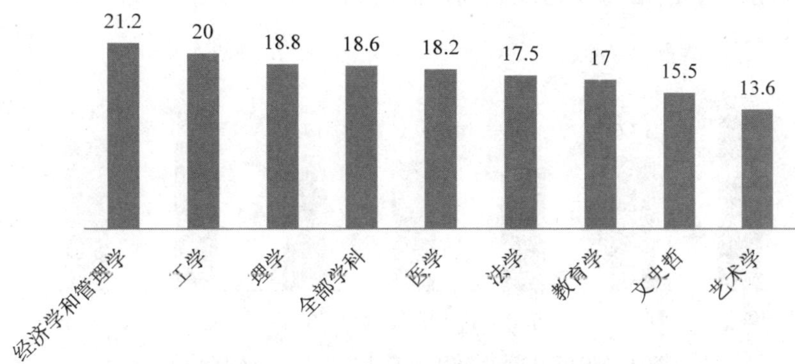

图 1　2017 年中国青年教师收入均值（单位：万元人民币）

图 2 显示，在美国研究型大学助理教授工资分布中，不同学科之间存在明显差异，商学和经济学科远高于人文学科、表演艺术学科。助理教授工资中最高学科工资约为最低学科工资的 1.75 倍。

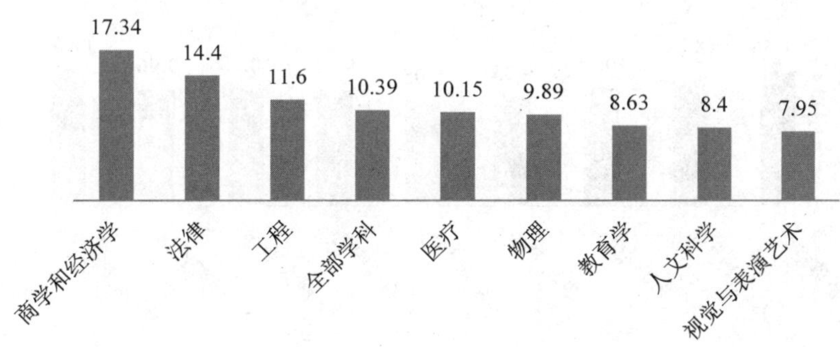

图 2　2017—2018 年美国助理教授收入均值（单位：万美元）

两个收入调查显示，与美国的教授薪酬水平分布相似，国内经济类管理类高校教师薪酬也处于排头领先地位，证明市场主导因素的薪酬已经逐步成为高校教师的薪酬的主要影响因素。随着近年高校收入分配制度改革的不断推进，我国高校教师薪资制度已从传统高度统一模式逐步向市场模式报酬体系转化，教师薪酬的市场引导特征越来越显著。

这种学科薪酬市场化的趋势对高校传统的薪酬管理产生一定的影响。由于市场的作用，高校只有用相当于或高于市场平均水平的薪酬才能引进高质量的教师，所以会在高校中出现引进人才薪酬高于原有人才，青年教师的薪酬超过高年资教师的薪酬水平的情况，造成一些教师尤其是高年资教师的不满。薪酬市场化的趋势给高校教师薪酬带来了资金的压力，高校内一些教师的不满产生一些问题，但总的来说，薪酬的市场化趋势还是为高校在激烈的人才竞争中吸引和留住高质量人才提供了保障。

（二）区域影响教师薪酬水平

图 3 即薪酬学会的调查显示，在青年教师的收入中，华北、华南地区收入最高，东北、西北地区收入最低，显示地域对于收入的影响仍然存在。随着中国经济高速发展与区域经济发展的不均衡格局，从区域特征而言，可以发现与区域经济发展水平相对一致，薪资区域分布呈现出明显的沿海发达地区高，而内陆经济落后地区、特别是东北、中部地区较低的结构特征。

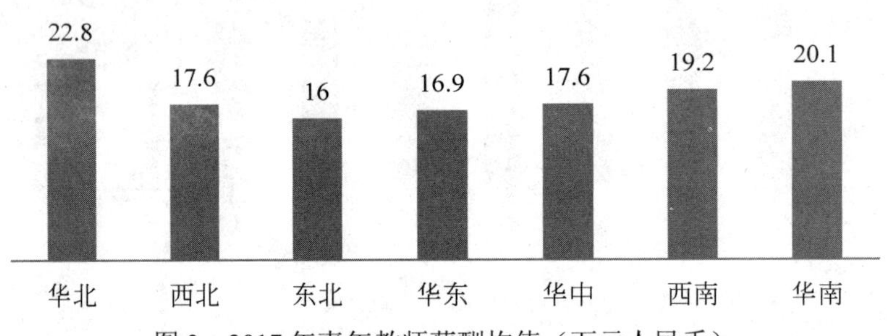

图 3　2017 年青年教师薪酬均值（万元人民币）

图 4 显示：美国大学按所处地域经济水平的不同，教授的薪酬平均水平不同，AAUP 的调查显示，东部地区和西部太平洋沿岸地区薪酬较高；西部山区薪酬较低，约为 11.8 万美元，显示大学所处地区的经济水平与教授平均薪酬水平正相关，由于各地区的经济发展水平存在差异，不同地区经济发展不平衡，地区所属大学教师的薪资差距也相对较大。

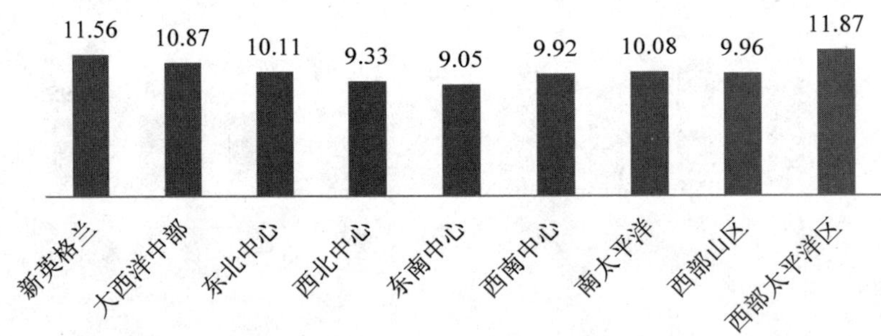

图 4　2017—2018 年美国各地区助理教授平均薪资（万美元）

两项调查都显示，经济欠发达地区对于优秀人才的吸引力不足。

（三）学校的类型影响薪酬水平

调查显示学校类型也是影响教师收入的影响因素。研究型大学、综合性大学高校的薪酬高于普通高校，主要源于其多元化的资金来源，包括专项经费、重大科研经费的支持等。

研究表明，美国高校类型中，私立高校的薪酬高于公立高校，主要源于其雄厚的经济实力。公立大学主要依靠政府拨款，私立大学需要自行筹措办学经费。对私立大学而言，学费、捐赠收入和投资经营收益是其经费的重要来源，而师资力量是影响这三方面的重要因素。优秀的教师吸引优秀的生源，吸引名流企业家捐赠，更吸引投资者投入资本，投入科研经费。因此，私立大学只有提供高竞争性的薪酬，在优秀师资力量上面加大投入，才能产生良性循环效应。公立大学与私立大学教师薪资差异因此形成。

（四）其他影响个体薪酬的因素

与影响整个高校教师行业薪酬水平的因素不同，影响高校教师个体薪酬的因素呈现政策性影响因素和绩效影响因素。

在我国的多元薪酬结构中，政府主导类薪酬政策中职称、工作年限和任职年限都是薪酬的影响因素，但工作年限和任职年限影响力显然不如职称的影响力大，通常是通过累计工作年限和任职年限来获取职称的晋升之后，薪酬才有显著的提升。职称是影响教师个体薪酬水平的主要因素，在高校的岗位体系中，职称是教师学术水平的代表，是薪酬设定的主要因素。薪酬学会的调查显示，2017 年国内高校相邻职称比为 1.50，1.29，1.19，美国高校的职称相邻比为 1.37，1.16。与美国相比，国内不同职称间的薪酬梯度更大，显示职称对薪酬的影响更大。职称间的收入差距大，一方面学术水平的价值体现更大，另一方面，也体现由于学术地位的提高，其获取资源的渠道和能力更广而取得更多的薪酬。

在绩效薪酬方面，高校内部的主要影响因素是教学工作量、科研能力和学术成果、学科建设、社会服务等各项具体工作取得的成绩等，由大学内部激励机制产生的薪酬差异。

三、意见和建议

我国高校教师工资制度从 2006 年收入分配制度改革以来，逐步体现保障导向、市场导向、绩效导向。纵观高校教师工资制度的历次变革，薪酬决定机制中高校自主权的逐步扩大，高校教师薪资已形成了鲜明的多元化结构特征。虽然工资的制度制定、标准调整等决策权集中于政府部门，但随着教师所在院校或学科院系创收来源所决定的绩效工资比重的不断提升，国家基本工资的比重开始下降。学校主导的教学科研绩效，以及院系团队主导的弹性业绩绩效呈现不断上升的趋势。高校教师的薪酬日益受到国家的关注和重视，基于以上对高校教师薪酬水平影响因素的分析，结合我国高校薪酬存在的问题，提出以下的建议和意见。

（一）提升高校教师整体薪酬水平

教育投入要更多地向教师倾斜，不断提高教师待遇，才能让广大教师安心从教、热心从教。从知识密集行业来看，高校教师薪酬与知识密集行业薪酬水平之间存在着显著的差距，表明教师薪酬水平仍然偏低，在知识密集型行业中缺乏竞争性。如果不提高高校教师的整体薪酬水平，必然有优秀人才流失到其他知识密集型行业。国家需要有计划分步骤地大力提升高校教师的薪酬水平，以保证教师的薪酬水平处于行业较高的排位。在目前薪酬市场化趋势越来越显著的形势下，要改善目前高校教师薪酬滞后于其他知识密集型行业薪酬水平的现状，提高薪酬水平，吸引和稳定优质人才充实到教师队伍中来，防止优秀人才流失到其他行业。有竞争力的薪酬才能保证高校师资队伍的质量，保证教学水平，提高人才培养质量。

（二）提高薪酬保障功能

提高教师薪酬中的保障型薪资的比重，适度控制市场化薪酬，降低市场对于教师薪酬的影响。未来应加大基本工资标准调整的幅度，提高基本工资在薪酬总额中的比重，提高基础性绩效工资在薪酬总额中的比重，以保障收入水平与地区的经济发展水平、物价水平相适应，提高教师的生活质量。高校教师肩负着为国家培养人才的重任，稳定且有保障的收入，带来强有力的职业归属感和自豪感，保障他们在良好的环境中保持高质量的工作状态，潜心治学、教书育人，并激发创新的潜力和动力，不断创新成果。

（三）缩小地区之间的实际薪酬差距

调节中部、西部经济落后地区与沿海经济发达地区大学教师的薪酬差距，合理控制教师薪资的地区之间、院校之间的差异，保障我国高等教育体系的整体化良性发展。

（四）规范市场化的薪酬定价行为

近年来高校之间优秀人才竞争的不断加剧，各类高薪引才计划的出台挑战正常的薪酬水平确定机制。人才的竞争应该遵循市场规律，但也应该要规范流动，避免出现人才恶性竞争，导致对行业、高校及个人发展均不利的后果。高校应该通过行业协会组织，共同约定人才有序竞争、有序流动的协议，规范市场化薪酬定价行为。

参考文献

[1] 国家统计局数据 http://data.stats.gov.cn/easyquery.htm?cn=C01就业人员平均工资.

[2] https://www.aaup.org/report/annual-report-economic-status-profession-2017—2018年度专业经济状况报告.

[3] 付瑶瑶，吴旦. 美国研究型大学学术人员薪酬管理制度的研究与借鉴[J]. 复旦教育论坛，2007，(5): 68-75.

[4] 赵丹龄，张岩峰，汪雯. 高校教师薪酬制度的国际比较[J]. 中国高教研究，2004 增刊: 32-40.

[5] 刘婉华，袁汝海，裴兆宏，等. 高校教师工资待遇国际比较与思考[J]. 清华大学学报（哲学社会科学版），2004, (6): 86-92.

[6] 李晓轩，刘莹. 美国大学薪酬设计的市场模式研究[J]. 政策与管理研究，2008，(4): 336-342.

[7] 柯文进，姜金秋. 世界一流大学的薪酬体系特征及启示——以美国5所一流大学为例[J]. 中国高教研究, 2014, (5): 20-25.

[8] 王保平. 高校综合改革背景下的薪酬制度研究[J]. 中国高等教育，2016，(7): 10-13.

[9] 高校教师薪酬调查课题组. 高校教师收入调查分析与对策建议[J]. 中国高等教育，2014，(10): 27-29.

作者简介

郑婕慧，管理学硕士，暨南大学人力资源开发与管理处副处长，高级经济师。研究方向为人事薪酬管理。

Analysis on the Influencing Factors of Teachers' Compensation between Chinese and American Universities

Zheng Jiehui

(Jinan University, Guangzhou, Guangdong, 510632)

Abstract: Since the reform and opening up, China has gradually established a relatively perfect income distribution system in colleges and universities and the salaries of teachers in Colleges and universities are constantly improving. Nowadays, with the increasingly fierce competition for talents, how to determine a reasonable salary level, attract first-class talents to participate in education, encourage talents to innovate continuously, and realize the relative stability and reasonable flow of talents in colleges and universities has become a problem that needs to be solved urgently. Based on the salary survey data of the Institute of Higher Education Salary Management Research Branch and the Teachers' Salary Statistics of American Association of University Professors (AAUP), this paper analyses influence factors of teachers' salary in Chinese and American universities. It finds that the types of disciplines and schools have an impact on the salary level of teachers, but the main impact on teachers' individual salary is the type of school. The key factor is performance. Through the comparative analysis of the influencing factors, this paper provides ideas and suggestions on how to establish and determine the salary levels of teachers and promote the rational and orderly flow of talents in the process of the construction of "double first-class" universities.

Keywords: Colleges and Universities; Salary Level; Influencing Factors

公立高校教师绩效工资满意度的构建

陈　丽

（西安电子科技大学 陕西西安　710071）

摘　要：根据绩效工资在公立高校治理中的作用和现有研究的局限性，阐述了构建公立高校教师绩效工资满意度的重要性。绩效工资的生命线是激励相容，激励相容体现为公立高校和高校教师绩效目标的融合程度，以及抑制高校教师机会主义行为的程度。以激励相容为理论基础，根据运行逻辑将绩效工资概括为绩效目标、绩效评估和激励效价的有机体，在借鉴薪酬满意度量表以及整合养老金并轨对公立高校教师代际公平影响的基础上，构建了绩效工资满意度量表。四个维度是工资结构满意度，程序公平满意度，分配公平满意度和代际公平满意度，共计有 16 个题项。在阐述四个维度的内涵及其关系的同时，讨论了后续研究方向和绩效工资满意度的研究价值。

关键词：公立高校；高校教师；绩效工资满意度

一、研究问题的提出

就内在逻辑而言，绩效工资是“绩效目标、绩效评估和激励效价”的有机体，作为薪酬体系的重要组成部分，与固定工资和福利相比，绩效工资有着不同的属性和功能，已经成为公立高校的制度性治理工具。就提升公立高校竞争力和推动高校教师职业发展的双重目标来看，检验高校教师绩效工资的设计质量和实践效果的主要依据是绩效工资融合公立高校和高校教师目标的程度，或者是抑制高校教师机会主义行为的程度，因此，激励相容是绩效工资的生命线。

但是在公立高校治理实践中，绩效工资往往被作为管理层与高校教师进行利益交换，或者向高校教师传递和分解绩效目标的工具来使用，管理层较少有意识地采取措施提高绩效工资的激励相容程度，这些做法抑制了绩效工资的积极作用，降低了高校教师对绩效工资的接受度，有的公立高校甚至发生了集体抗议事件。为了将激励相容的抽象内涵具体化，我们可以借助高校教师对绩效工资的满意度间接测量激励相容程度。

以下三个因素是构建公立高校教师绩效工资满意度的情境。第一，治理体系的差异。所有权和委托—代理模式的差异决定了公立高校的治理体系不同于企业和私立高校，设计绩效工资时需要着重考虑绩效目标设定过程中的程序公平问题和代际公平问题。第二，职业认同的差异。公立高校教师不同于一般知识员工，设计绩效工资时需要考虑绩效工资占总工资的比重，以及设定的绩效目标与高校教师绩效偏好的一致性问题。第三，养老金并轨带来的影响。养老金并轨给公立高校师资管理带来的影响主要有两点：一是激励问题，新政策要求降低绩效工资水平，将部分绩效工资划归到基础工资，弱化了绩效工资的激励功能；二是代际公平问题，养老金并轨后参加工作的“新人”退休后的收入水平难以像并轨前工作、并轨后退休的“中人”那样得到保障。本文之所以将“新人”养老金的代际公平问题纳入绩效工资满意度，是因为绩效工资兼具激励和保障功能，可以融合公立高校与“新人”的目标，是公立高校解决养老金并轨带来的代际公平问题的“利器”。

本文将在社会科学研究的范式下引入源自机制设计理论的激励相容理论，立足于公立高校治理体系的特征将激励相容理论、养老金并轨的影响与绩效工资结合起来，在传统薪酬满意度量表的基础上构建公立高校教师绩效工资满意度，包括维度和测量题项。与西方发达国家高校相比，我国公立高校推行绩效工资的历史很短，原本就需要不断完善，加之养老金并轨带来了新的影响，因此，以公立高校教师为对象研究绩效工资满意度问题具有理论和实践层面的必要性。

二、理论基础与文献述评

（一）激励相容理论及其应用

Hahn 等人认为，激励相容理论源自机制设计理论，旨在通过设计恰当的激励机制诱导行为主体的积极行为、抑制机会主义行为，融合两个以上参与体的目标[1]。最初目的是帮助委托人解决代理人的机会主义问题，采用的是管理科学与工程的数理分析范式，基本工具是博弈论和概率论，主要做法是在行为模拟分析的基础上设计博弈规则，诱导行为主体的行为，强调优化研究[2]。在早期的实践中，激励相容理论主要用于企业，帮助董事会或者股东为经理人或者高管设计激励规则，抑制经理人或者高管的机会主义行为，诱导创新或研发等长期行为[3]。后来运用到了政府管制领域，帮助政府设计诱导垄断企业的管制规则，融合政府、垄断企业和消费者的目标[4]。由于参与主体的数量有限，激励对象的行为后果容易观察，例如公司价值的变化、垄断产品价格和数量的变化，等等，因此，容易评估激励相容的实现程度。

近年来，开始有学者在组织管理、社会政策和生态政策领域应用激励相容理论。周黎莎和余顺坤为解决信息不对称和搭便车等问题提出了改进企业绩效管理模式的主张，设计了包含员工参与的企业绩效管理模式并运用算法进行了验证[5]。张欣和刘幸菡运用数理方法探讨了高校教师个体行为与组织目标的激励相容问题，在优化分析的基础上围绕高校教师的能力和高校的风险偏好提供了管理建议[6]。黄宇等人以学科带头人为核心论证了激励相容在转型期高校科研团队中的运用和实现问题，重点关注的是科研团队与个体的利益共享机制[7]。

（二）绩效工资的效果

绩效工资包括利润分享和分红等形式，学术界的主流意见是，绩效工资有助于提高员工的生产率，促进员工目标和组织目标的融合，但是绩效工资的效果具有复杂性，有的研究证明其可以带来积极的影响，有的认为积极影响并不显著，甚至有的研究结论表明，推行绩效工资会带来负面影响，因此，后期的研究更加注重分析中介变量和调节变量的影响。

Igalens 和 Roussel 基于法国员工的一项研究表明，工作满意度和工作动机与薪酬中的固定工资满意度、变动工资满意度、工资增长满意度、福利满意度、基于绩效的固定工资预期、基于绩效的变动工资预期均呈正相关关系[8]。Kuvaas 通过相关分析进一步发现，固定工资而不是代表绩效工资的分红与员工的内在动机、组织支持感知正相关，通过回归分析发现，固定工资对员工自己报告的绩效和组织承诺有积极影响[9]。

Artz 以英国工人为研究对象得出的研究结论是，虽然绩效工资会提高员工的工作满意度，但是这一结论更适用于大型企业中加入工会的员工或者男性员工[10]。Green 和 Heywood 的研究发现，绩效工资对工作满意度中的工资满意度、工作安全满意度、工作时间满意度和工作本身这四个维度均有积极影响[11]。但是 Belfield 和 Heywood 以中学教师为对象进行的研究却得出了相反的结论，发现绩效工资与工作满意度呈负相关[12]。Woessmann 利用 2003 年的数据对中学教师的绩效工资与教学业绩之间的关系进行的研究则发现，在推行绩效工资的国家，学生的数学、科学和阅读成绩要高于平均水平 0.25 个标准差[13]。

Campbell 等人的研究发现，当员工认为绩效评价的过程和结果不能令人信服时，组织将绩效工资与绩效评价结果联系起来会弱化绩效工资对任务绩效的激励[14]。这表明绩效工资包括绩效评估和激励效价。Kim 等人以韩国员工为对象开展实证分析发现，绩效工资感知对薪酬满意度有积极影响[15]。绩效工资是工资的一部分，工资又是薪酬的一部分，随着绩效工资重要性的增强，我们有必要深入研究绩效工资满意度。

（三）薪酬满意度

Heneman 和 Judge 认为，学术界关注薪酬满意度的主要原因是，薪酬满意度会影响组织的绩效、员工的态度、行为和绩效[16]。Heneman 和 Schwab 较早设计了薪酬满意度的维度和测量题项，四个维度是工资水平满意度、工资增长满意度、工资管理满意度和福利满意度[17]。Judge 专门检验了 Heneman 和 Schwab 开发的薪酬满意度量表的有效性，发现量表是有效的，但是每个维度的影响因素有差异[18]。Currall 等人以中学教师为研究对象检验了薪酬满意度对组织绩效的影响，发现薪酬满意度与学区的绩效正相关、与教师的离职率负相关，教师对工会的满意度与薪酬满意度正相关[19]。他们设计的薪酬满意度量表包括五个维度，采用了五级里克特编码，工资水平有三个题项，福利满意度有三个题项，工资结构满意度有两个题项，工资增长满意度有三个题项，工会满意度有两个题项。

Barber 和 Simmering 运用分配公平理论探究了薪酬计划接受度的影响因素，包括熟悉程度、坚持的时间、员工的组织程度，等等，其中，最主要的因素是员工的分配公平感知，而且薪酬计划的接受度会影响员工的组织认同[20]。员工的薪酬公平感知是薪酬满意度的重要组成部分，在面对既定薪酬时，员工喜欢在比较一些因素后形成公平感知，Werner 和 Ones 通过研究发现，员工对绩效和资历的比较对薪酬公平感知的影响是显著的，同时，管理层对分配结果的解释程度有积极的调节作用[21]。可能因为难以让管理层和绝大多数员工满意，虽然薪酬满意度是一个重要的管理议题，但是在实践中并不是一个经常被有意识地触及的议题，Corby 等人在 2000 至 2002 年间对 15 家英格兰大型企业的人事经理进行了访谈，发现人事经理很少正式评估薪酬体系存在的问题，他们的决策依据主要来自非正式消息或者道听途说[22]。

三、公立高校教师绩效工资满意度的维度与测量题项

公立高校的主要目标是，在设计和实施绩效工资治理能力的约束条件下，实现根据发展战略设定的绩效目标。高校教师的主要目标是，执行职业生涯发展规划，增进基于组织和职业的自尊。

（一）工资结构满意度

总工资由固定工资和绩效工资构成，工资结构满意度指的是高校教师对绩效工资占总工资比重的评价。高校教师需要获得基于组织和职业的自尊，这决定了他们不喜欢完全固定或者完全弹性的工资结构，而是倾向于接受具有一定弹性的工资结构，不希望绩效工资完全没有或者完全替代固定工资。高校教师不同于公务员，他们需要探索新知识，完成具有挑战性的工作任务。如果完全没有绩效工资，高校教师将难以感觉到基于职业的自尊，对于自我效能感高的个体而言尤为如此[23]。如果绩效工资占总工资的比重过大，高校教师同样难以感觉到基于组织的自尊，容易将绩效工资理解为纯粹的利益交换工具，会缺乏对组织的归属感，降低他们的工作安全感，从而滋生机会主义行为。既往研究表明，工资水平对员工基于组织的自尊和绩效有积极影响[24]。当然，固定工资水平和福利水平也会影响高校教师的工资结构满意度。在不考虑个性等条件下，当固定工资水平和福利水平高于社会平均水平的时候，他们倾向于接受较高的绩效工资占总工资比重；反之，倾向于接受较低的绩效工资占总工资比重。

（二）程序公平满意度

从因果关系的视角看，绩效工资满意度的四个维度并不是平行关系，程序公平会影响其他三个维度，因为程序公平代表的是公立高校与高校教师围绕“绩效目标、绩效评估和激励效价”这三个环节博弈的公平性、开放性，绩效工资的三个环节会独立或者交互影响高校教师绩效工资满意度。绩效目标决定了高校教师的绩效压力，包括类型、质量和数量；绩效评估决定了高校教师的绩效得到客观、准确评价的程度；激励效价直接决定了高校教师的绩效工资水平，即分配公平满意度和工资结构满意度。Miceli 完成的一项研究表明，员工关于绩效评估的态度会影响薪酬满意度，态度越积极，薪酬满意度越高[25]，这表明员工的程序公平感知与绩效工资满意度呈正相关。另有 Pichler 的研究表明，员工参与绩效评估的程度会影响其反馈行为，一般而言，参与程度越高，越容易接受评估结果，体现到反馈行为，就是愿意付出更多的绩效投入或者不会选择缩减绩效投入[26]。

具体到高校教师绩效工资满意度，需要特别指出的是，程序公平直接影响管理层设定的绩效目标与高校教师绩效偏好的一致性。高校教师是一个人力资本密集型社会群体，而且资产专用性比较高。如果公立高校根据发展战略单方面设定绩效目标，会扭曲高校教师的绩效偏好，其后果是，高校教师难以发挥比较优势，增加了高校教师适应绩效目标的代价，或者诱发了回避、撤退行为，这会降低高校教师的绩效工资满意度，诱使他们消极地评价绩效评估和分配结果。基于上述分析，本文将从两个方面测量程序公平满意度，一是高校教师对管理层设定的绩效目标与自身绩效偏好一致性的评价，二是高校教师对绩效评估的态度。

（三）分配公平满意度

Goncalo 和 Kim 开展的实证研究发现，分配公平感知对员工的态度和行为具有积极影响，将员工的创新绩效作为被解释变量的研究发现，分配公平感知可以激发员工在创意方面的绩效投入[27]。Lambert 等人在研究员工职业倦怠和离职倾向的诱因时，将分配公平和程序公平作为自变量进行分析发现，分配公平与员工的职业倦怠和离职倾向呈负相关[28]。Mitchell 检验组织支持感知、分配公平与工作动机三者的关系时发现，分配公平感知对工作动机有积极影响，而且员工的工作自主权会正向调节两者的关系[29]。

高校教师是人力资本密集型社会群体，公立高校需要激励高校教师增加创造、传播和应用知识的绩效投入，控制高校教师的职业倦怠行为和离职比率。回顾上述文献可以得知，分配公平感知对公立高校期望的高校教师行为具有积极影响，因此，本文将分配公平满意度作为绩效工资满意度的维度之一。在对自己的绩效与分配结果进行比较形成分配公平感知以外，分配公平感知还包括与他人进行的横向比较。对于高校教师而言，管理层设定的同类绩效目标如果等级和数量相同，不同个体的绩效工资会相同，可以忽略横向比较。但是不同类型绩效的激励效价会影响分配公平感知，因此，判定不同类型绩效的激励效价的程序公平会影响分配公平。根据 Goncalo 和 Kim 开发的分配公平量表，将围绕绩效、绩效投入、价值的实现程度与绩效工资的一致性测量分配公平满意度[30]。

（四）代际公平满意度

在不同的情境下，代际公平有着不同的内涵，代际公平在本文中指的是公立高校内部不同代际的高校教师获取养老金待遇的权利差距。养老金并轨给公立高校带来的挑战之一是如何解决代际公平问题。并轨前带有编制走上工作岗位、并轨后退休的“中人”需要交纳养老保险，基于个人和单位交纳的养老保险和职业年金所折算的养老金如果低于并轨前退休的“老人”的养老金，财政资金会给予补充；但是对于并轨后走上工作岗位的“新人”，基于个人和单位交纳的养老保险和职业年金所折算的养老金如果低于并轨前退休的“老人”的养老金，财政资金不会给予补充；上述差距会造成代际公平问题。这个问题是公立高校的一个特色，因为民办高校不存在编制问题，推行的是与民营企业相似的全员聘任，全员购买养老保险，不存在财政资金给予补充的问题，因而在不同代际的高校教师之间不存在“老人老办法、新人新办法”造成的代际公平问题。

越来越多的公立高校将提升研究实力和学科水平作为战略目标，引进“新人”是第一选择，“新人”代表了公立高校的未来，但是代际公平问题会降低“新人”基于职业和组织的自尊，那么，公立高校如何解决这一对矛盾呢？本文基于激励相容理论提供的建议是，推行分层式绩效工资。在人力资源管理层面，公立高校的治理体系和使命不同于政府，公立高校需要参与激烈的办学竞争，需要为高校教师提供对外有竞争力、对内有竞争性的工资，不能完全根据资历和职称分配收入，而是主要取决于绩效。对应到薪酬体系，推行分层式绩效工资是公立高校解决代际公平问题的“利器”，因为绩效工资兼具激励和保障功能。具体做法是，为“新人”提供附有调整系数的绩效工资，将调整系数带入激励效价。例如，同样发表 1 篇权威学术论文，“新人”可以获得多于“中人”的绩效工资，这部分超额绩效工资是对“新人”养老金损失的补偿，用当期超额绩效工资换取远期社会保障。

四、研究结论与后续研究建议

（一）研究结论

本文构建公立高校教师绩效工资满意度的思路如图 1 所示：由“绩效目标、绩效评估和激励效价”构成的绩效工资是构建公立高校教师绩效工资满意度的本体；养老金并轨给公立高校代际公平带来的挑战是构建绩效工资满意度的外部环境；公立高校是有效整合本体和外部环境的制度供给主体，由管理层和高校教师构成，从根本上决定了绩效工资的激励相容程度。绩效目标设定和激励效价判定决定了工资结构满意度，公立高校治理体系和治理能力是制度供给主体的行为约束条件，直接决定了程序公平满意度，程序公平进而影响其他三个维度，绩效目标、绩效评估和激励效价共同决定了分配公平满意度，激励效价吸纳代际公平补偿需求的合理性直接决定了代际公平满意度。

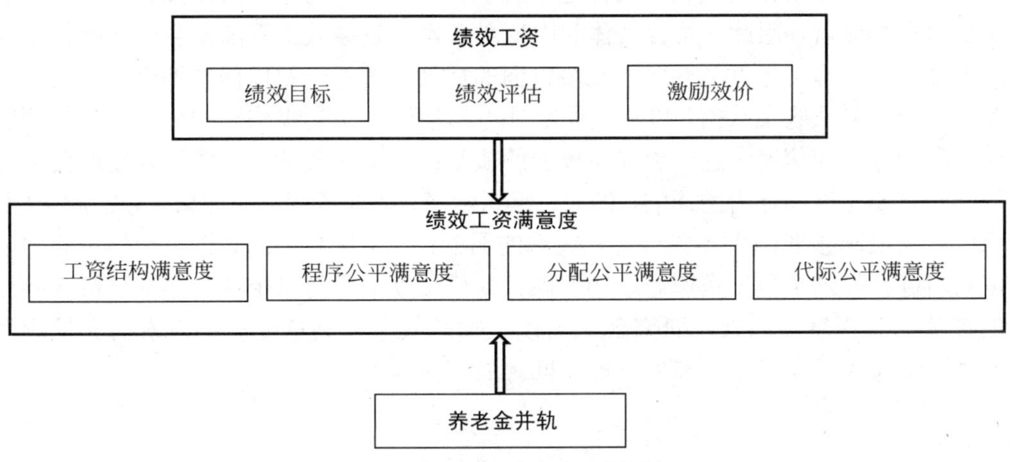

图 1　绩效工资满意度分析框架

根据各个维度的内涵，本文设计了公立高校教师绩效工资满意度的测量题项（见表 1），阐明了每个维度对应的题项及其参考文献。

表 1　绩效工资满意度度量表

序号	维度	题项	参考文献
1	工资结构满意度	绩效工资占工资总额的比例合理 绩效工资占工资总额的比例太高 绩效工资占工资总额的比例太低	Currall，2005
2	程序公平满意度	管理层设定的绩效目标合理 管理层设定的绩效目标正常 管理层设定的绩效目标可行 管理层实施绩效评估的过程可信 管理层采用的绩效评估方法合理 管理层实施绩效评估的结果可靠	Greenberg 1987

续表

序号	维度	题项	参考文献
3	分配公平满意度	管理层发放的绩效工资与我的绩效相称 管理层发放的绩效工资与我的贡献相称 管理层发放的绩效工资体现了我的价值 管理层发放的绩效工资与我的预期一致	Mitchell，2012
4	代际公平满意度	绩效工资的差异化可以实现养老金的代际公平 分层式绩效工资可以弥补“新人”的养老金损失 为实现养老金代际公平调整绩效工资令人满意	Asheim，2010

（二）后续研究建议

随着绩效工资在公立高校的重要性逐渐显现，绩效工资满意度对高校教师的态度和行为的影响将更加显著，因此，结合具体的因变量探索构建绩效工资满意度的影响机制具有理论和管理意义。本文建议开展以下几个方面的后续研究：一是以问卷调查方法为主，辅之以深入访谈等方法收集数据，以规范的实证方法检验本文初步构建的公立高校教师绩效工资满意度的效度和信度，进一步提高量表的质量；二是探究绩效工资满意度对公立高校教师的一些重要态度和行为的影响，例如，组织承诺、职业认同和工作繁荣，在此基础上，进一步研究薪酬满意度、领导-成员交互关系的影响；三是探究公立高校治理体系和治理能力等因素对高校教师绩效工资满意度的影响，既往文献主要是以企业为样本分析影响绩效工资的覆盖面和强度的因素，研究公立高校教师绩效工资满意度影响因素的文献尚属稀缺。同时，本文关于绩效工资三要素的论断还有待确认和检验。

参考文献

[1] Guangsug Hahn, Nicholas C. Yannelis. Efficiency and incentive compatibility in differentialinformation economies[J]. Economic Theory, 1997(10): 383-411.

[2] M. Bumin Yenmez. Incentive compatible market design with applications[J]. Game Theory, 2014, (8).

[3] 吕新军. 代理冲突、激励相容与上市企业技术创新——基于双边随机边界模型的实证分析[J]. 现代财经, 2013(11): 118-128.

[4] 蔡建刚，叶泽. 信息不对称条件下激励相容的输配电价模型研究[J]. 中国管理科学，2014，22(5): 91-97.

[5] 周黎莎, 余顺坤. 基于激励相容的企业绩效管理模式设计[J]. 技术经济与管理研究, 2012(1): 13-17.

[6] 张欣，刘幸菡. 高校教师个体行为与组织目标激励相容问题研究[J]. 经济与管理研究，2010(3): 123-128.

[7] 黄宇, 李战国, 冯爱明. 激励相容在转型期高校科研团队中的运用和实现[J]. 科技管理研究, 2010(13): 150-156.

[8] Jacques Igalens, Patrice Roussel. A study of the relationships between compensation package,work motivation and job satisfaction [J]. Journal of Organization Behavior, 1999, 20(7):1003-1025.

[9] Bard Kuvaas. Work performance, affective commitment, and work motivation: the roles of pay administration and pay level [J]. Journal of Organization Behavior, 2006, 27(3): 365-385.

[10] Benjamin Artz. The Role of Firm Size and Performance Pay in Determining Employee Job Satisfaction[J]. Labor, 2008, 22(2): 315-343.

[11] Colin Green, John S. Heywood. Does Performance Pay Increase Job Satisfaction [J].Economical, 2008, 75: 710-728.

[12] Clive R. Belfield, John S. Heywood. Performance pay for teachers: Determinants and consequences[J]. Economics of Education Review, 2008, 27: 243-252.

[13] Ludger Woessmann. Cross-country evidence on teacher performance pay[J]. Economics of Education Review, 2011, 30(3): 404-418.

[14] Donald J. Campbell, Kathieen M. Campbell, Ho-Beng Chia. Merit pay, Performance appraisaland individual motivation: An Analysis and Alternative [J]. Human Resource Management, 1998, 37(2): 131-146.

[15] Seongsu Kim, Mark A. Mone, Sunghoon Kim. Relationships among self-efficacy, pay-for-performance perceptions and pay satisfaction: A Korean Examination [J]. Human Performance, 2008, 21(2): 112-125.

[16] Heneman Hg. Pay satisfaction [J]. Research in Personnel and Human Resources Management, 1985(3): 115-139.

[17] Heneman HG, Schwab DP. Pay satisfaction: Its multidimensional nature and measurement[J]. International Journal of Psychology, 1985, 20(1): 129-142.

[18] Timothy A. Judge. Validity of the dimensions of the pay satisfaction questionnaire: Evidence of differential prediction[J]. Personnel psychology, 1993, 46: 331-355.

[19] Steven C. Currall, Annette J. Towler, Timothy A. Judge, Laura Kohn. Pay satisfaction and organizational outcomes[J]. Personnel psychology, 2005, 58: 613-640.

[20] Alison E. Barber, Marcia J. Simmering. Understanding pay plan acceptance: The role of distributive justice theory[J]. Human Resource Management Review, 2002, 12: 25-42.

[21] Steve Werner, Deniz S. Ones. Determinants of Perceived Pay Inequities: The Effects of Comparison Other Characteristics and Pay-System Communication[J]. Journal of Applied Social Psychology, 2000, 30(6): 1281-1309.

[22] Susan Corby, Geoff White, Celia Stanworth. No news is good news? Evaluating new pay systems[J]. Human Resource Management Journal, 2005, 15(1): 4-24.

[23] Ignacio Franceschelli, Sebastian Galiani, Eduardo Gulmez. Performance pay and productivity of low and high-ability workers[J]. Labour Economics, 2010, 17: 317-322.

[24] Donald G. Gardner, Linn Van Dyne, Jon L. Pierce. The effects of pay level on organization-based self-esteem and performance: A field study[J]. Journal of Occupational and Organizational Psychology, 2004, 77: 307-322.

[25] Miceli Marcia P, Jung Lijae, Near Janet P, Greenberger David B. Predictors and outcomes of reactions to pay-for-performance plans[J]. Journal of Applied Psychology, 1991, 76(4): 508-521.

[26] Shaun Pichler. The social context of performance appraisal and appraisal reactions: A meta-analysis[J]. Human Resource Management, 2012, 51(5): 709-732.

[27] Jack A. Goncalo, Sharon H. Kim. Distributive justice beliefs and group idea generation: Does a belief in equity facilitate productivity? [J]. Journal of Experimental Social Psychology, 2010, 46(5): 836-840.

[28] Eric G. Lambert. The relationship among distributive and procedural justice and correctional life satisfaction, burnout, and turnover intent: An exploratory study[J]. Journal of Criminal Justice, 2010, 38(1): 7-16.

[29] Jonathan I. Mitchell. The role of perceived organizational support, distributional justice and motivation in reactions to new information technology[J]. Computers in Human Behavior, 2012, 28(2): 729-738.

[30] Jack A. Goncalo, Sharon H. Kim. Distributive justice beliefs and group idea generation: Does a belief in equity facilitate productivity? [J]. Journal of Experimental Social Psychology, 2010, 46(5):836-840.

作者简介

陈丽，女，江苏省新沂市人，西安电子科技大学人事处。

The Construction of Teachers' Performance Salary Satisfaction in Public Colleges and Universities

Chen Li

(Xidian University, Xi'an, Shanxi, 710071)

Abstract: Based on the role of performance-based pay in the governance of public universities and the limitations of existing research, the importance of constructing the performance-based salary of public university teachers is discussed. The lifeline of performance-based wages is incentive compatibility, and the compatibility of incentives is reflected in the degree of integration of the performance goals of teachers in public universities and colleges, and the degree of inhibition of opportunistic behavior of university teachers. Based on the theory of incentive compatibility, and based on the operational logic, the performance payroll is summarized as the performance target, performance evaluation and incentive price of the organism. Based on the salary satisfaction scale and the integration of the pension integration, the impact on the fairness of public college teachers on the basis of the impact , built a performance wage satisfaction metrics table. The four dimensions are salary structure satisfaction, program fairness satisfaction, distribution fairness satisfaction, and intergenerational fairness satisfaction. There are 16 items in total. While expounding the connotation and relationship of the four dimensions, the research value of follow-up research direction and performance-wage satisfaction is discussed.

Keywords: public universities; college teachers; performance pay satisfaction

高等学校绩效工资改革路径选择
——围绕改革中出现的热点问题①

王洪元

（福建师范大学 福建福州 350007）

摘 要：高校绩效工资改革作为近年事业单位工资改革的主要环节，其落地已近 10 年，然而细数改革给高校教职工带来的激励效果却不如预期。为保障绩效工资在高校单位正向激励效用的发挥，有必要梳理出其在单位层面、个人层面存在的热点、难点问题，为其制度完善和改革方向提出更为贴合高校实际的路径选择。

关键词：高等学校；绩效工资；薪酬分配

我国在人事制度方面的改革主要包含有三个方面：人事体制改革、工资制度改单以及社会保障制度改革。其中，绩效工资改革是工资制度改革中体现事业单位特点、提高岗位绩效、规范收入分配秩序的关键一环，其改革内容不但是工资制度改革的重要成果，也影响和带动了人事体制、社会保障体系的进一步的完善。高校绩效工资改革是一项国家层面的教育政策，采用的是由上至下的推进模式，目的在于在维持高校“教育教学”的核心技术不变的基础上，活化其师资管理技术，以建立岗位责任、业绩实效、社会贡献紧密联系的绩效工资制度，推动高校师资管理由“身份管理”向“岗位管理”的演进。

一、高校绩效工资的涵义与理论框架

绩效工资是指以创造的绩效为衡量条件的动态工资，不同于计划经济体制下平均主义的“大锅饭”制度，其指的是以工作业绩、工作态度、工作贡献等事后评估为依据发放薪酬的工资制度，其前身是计件工资制，目的在于激励单位员工的工作主动性和积极性、提高单位人力资源的价值创造，实现组织和个人的双赢。

1. 绩效工资的理论框架

一方面，绩效工资有助于激励员工的工作潜力的理论依据是公平理论（Equity Theory）和期望理论（Expectancy Theory）。亚当斯从心理学角度出发，提出人能否受到激励，不仅在于客观地得到了什么，还要受到是否被公平对待的主观感受的影响，即员工的激励程度来源于对自己和参照对象的报酬和投入的比例的主观比较感觉——合理的分配是激发工作动机的重要因素。目前，在我国与这一理论相一致的朴素分配思想“多劳多得”已得到

① 本文转载自：《教育财会研究》2016 年第 6 期。

广泛的群众认同，因此，当绩效工资的计发是基于个人工作贡献时，员工感到更多的公平。除了对公平分配氛围的要求，绩效工资要发挥激励效果还需要具备弗鲁姆所指出的人们对期望结果的偏好评估。弗鲁姆的期望理论认为，绩效工资之所以能够激励员工，是因为员工将行为结果和对应的期望值相联系，促使他们为了所期望的绩效报酬去实现组织所需要的行为和实绩，对于专业型人才较多的事业单位，这一理论所指出的更为关键的内容是，员工还将认识到不断提高自身专业素质，提高成果质量和数量是提高绩效、增加弹性收入的有效途径，将会对员工的自我发展和组织的长期进步产生积极作用。

另一方面，不同于亚当斯和弗鲁姆从心理学角度阐释绩效理论，前景理论（Prospect Theory）从金融学的角度指出了出于风险偏好的不同，绩效工资的激励效果也将产生变化。依照这一理论，将固定薪酬作为员工获得薪酬的心理参照点所做的值函数（见图 1），反映了工作人员的心理状态在“获得”时呈现风险厌恶，在“失去”时呈现风险追求[1]。在价值与心理参照点一致时，即在薪酬中没有绩效工资时，薪酬与绩效无关，对于员工的激励效果为零，即计划经济下的“大锅饭”状态，随着绩效工资强度的增加，个体收入高于参照点时，获得的绩效工资将引起更高的绩效动机，但这一动机在绩效强度进一步提高后，将因为对绩效工资的认知由“失去”转为“获得”，使员工产生风险厌恶，导致其机理效果的下降，反之，员工收入低于其心理参照点，面对绩效部分薪酬的“损失”，人们表现为风险追求，并有更高的努力工作的动机，这一动机同样在认知转化的过程中因风险偏好转变为风险厌恶而下滑。由此，前景理论中的绩效工资对员工的激励效果呈现出依照参照点而存在的倒 U 形（见图 2）。

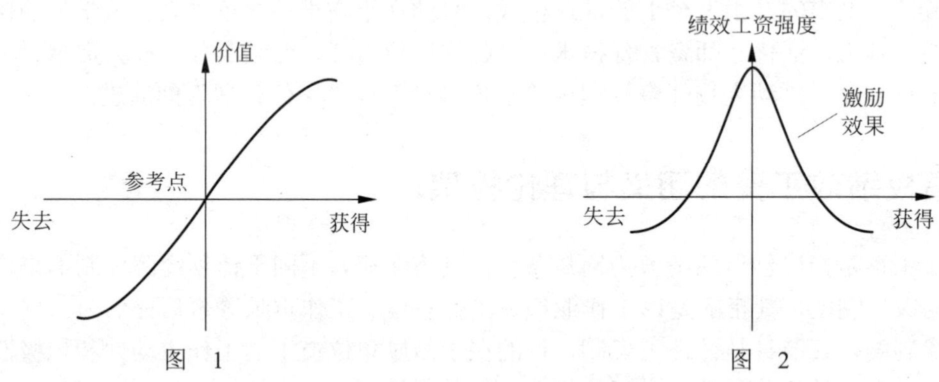

图 1　　　　图 2

2. 高校绩效工资的构成与涵义

目前，高校的薪酬基本由岗位工资、薪级工资、绩效工资和各项津贴补贴四部分组成，岗位工资主要体现教职工所处岗位的劳动责任轻重、工作任务难易和作业强度大小，薪级工资主要体现教职员的工龄资历、学历和工作表现的情况，津贴补贴主要针对的是对脏、苦、累、险和风险较大的特殊岗位上的人员的政策性补贴，绩效工资才是体现教职员贡献和实绩的弹性工资部分[2]。其中，绩效工资又细分为基础性绩效工资和奖励性绩效工资，前者是对于教职员完成基本工作量的报酬，具有额度较少、弹性较小的特点，后者是在岗位职责以外的，对于工作的质量、数量的突破或其他贡献的奖励，具有额度较大、弹性也较大的特点。高校语境下的人力资源所创造的绩效价值不能由市场交易议价约定，应视为岗位工作者在其所处的职务中充分运用自身能力为社会实现的贡献，从单位角度是高校事业单位为社会所创造的各种实质性公共教育服务和公共物品效用，因此，高校的薪酬制度是依照个人、单位所创造的综合效益而确定的弹性工资制度。

二、高校绩效工资实施的难点与热点问题

1. 组织层面存在冲突点

首先，绩效工资的竞争性削弱高校教职人员的团队合作意识。高校在实行绩效工资制度时，存在着一个组织成本与教职员薪酬满意度相平衡的问题，绩效工资强度增大必然加重组织薪酬管理的成本，因此，受到单位资源和教职员感知的双重制约的绩效工资制度是一项竞争性的激励制度，它常常会导致教职员之间的合作动力减弱，威胁到组织长期的和谐发展。杜旌在其实证研究中得出结论，在绩效工资强度较大时，相比于帮助他人的利他性，自我增益的利己性将会更为突出[3]，即使在高校团结合作的文化氛围下，绩效工资仍然可以让教职员更多关注个人收益。组织层面的凝聚力是通过个体的态度和行为表现出来的，个体的合作意向降低将导致高校整体效率下滑。

其次，绩效工资管理仍然未摆脱身份管理的旧症。绩效工资的前身是 2006 年工资套改前的岗位津贴，为此绩效工资的施行必须建立在岗位聘任制的基础之上。纵观当前高校的聘任情况，一方面，全员聘任尚未得到全面落实，岗位设置与制度管理脱节的问题还没有得到有效解决；另一方面，随着近几年高校教育事业的蓬勃发展，高校人员结构已经发生了较大的变化，较为显著的便是非编人员的增加。随着人事代理、劳务派遣人员的增多，原本依照“编制内身份”而确定的绩效工资制度在面对这一部分人员时，陷入了缺少国家明确政策的管理灰色地带，由于缺乏针对非编人员的绩效考核和绩效分配制度，高校组织的薪酬分配的稳定性和组织内个人的公平感均得不到保证。在以上两方面问题尚未解决的情况下，绩效工资改革的仓促推行不但会模糊教职员的薪酬预期，并且绩效工资分配所依赖的价值贡献与职责实绩的联系将逐渐脱节，降低绩效工资制度的合理性和公平性。

最后，绩效工资容易使教职员的实绩倾向于“短平快”，影响高校远期发展。高校与企事业单位不同，主要职责是作为教育公共组织提供带有公益性质的社会服务，社会影响周期长，组织绩效难以量化是其特殊性所在。绩效工资制度往往强调当期实绩当期分配，哪怕考核周期有所调整也不会出现大的跨越，然而学生的培养、项目成果的收获均具有风险性和滞后性的特点，这容易使教职员，特别是专业技术人员在课题选择、项目申报上功利化、短期化，在教育指导学生上避重就轻、忽视质量转而追求数量。这既造成高校作为社会教育、研究、服务机构的功能逐渐弱化，又将导致高校内师生关系淡漠、文化共鸣减少，高校作为社会重要、主要的精神共同体的身份淡化，均不利于学校的长期、稳定的发展。

2. 个体对于绩效工资的偏好存在差异性

对于高校中的个人来说，除绩效工资制度本身的合理性问题之外，还存在着由于个体

偏好而导致的对于新的工资制度的接受度不同的问题。有研究表明，组织中的个体的劳动积极性之所以对绩效工资产生反应，是由于这部分工资的不确定性产生了紧张和压力，推动他们通过个人实绩确保自己的利益[4]，但是，即使绩效工资制度在制定上是一视同仁的，绩效工资所带动的高校教职员的劳动积极性却是受到多种因素的影响。

首先，职级高低导致对绩效工资的感知不同。这一点在高校行政人员中尤为突出，就个体绩效而言，个体对于自我效能可控性感知越显著，越能接受绩效工资制度。高校管理人员中职级越高的人员其通常与单位组织文化契合度越高，并且手中掌握更大的决策权，职责所带来的全局观和控制感、参与感较普通员工更强，也因此更容易感知自己工作的绩效和对单位绩效的贡献和增益，更容易接受与绩效挂钩的绩效工资。另外，绩效工资制度与传统计件工资制度不同的地方在于绩效与付出的劳动的比例并不是固定不变的，高层管理人员与普通高校行政人员相比，工作内容上多了自由选择权，对于拥有分配资源的高层来说，同样的资源通过不同选择将有不同的实绩产出，即绩效和绩效工资波动的幅度较大，绩效工资是作为一种“绩效奖励性”工资，是一种激励性工资。相对的，普通高校行政人员工作选择空间较小，绩效波动不显著，绩效工资很大程度上将被视为高校对于自身工作是否达标的监督手段，因此这部分员工眼中的绩效工资是作为一种“劳动补贴性”工资，是一种保健性工资。

其次，根据前景理论，高校教职员对于绩效工资的认同感和绩效薪酬的满意度是基于自我设立的心理参照点的，而不是基于客观的收益。绩效工资和其心理参照点一致时，绩效工资对于个人不具备激励作用。当绩效工资强度低于其心理参照点时，即所谓的即使教职员付出辛苦劳动来获得绩效，但仍没有响应的报酬奖励，这一情况下绩效工资的激励效果为负。当绩效工资强度高于其心理参照点时，则又分为两种情况：第一种，随着绩效工资强度的逐渐升高，能力较强、获得实绩较多的教职员会有较明显的收入增加，对于绩效工资的认可程度上升。第二种情况下，当绩效工资强度达到某一边际点时，由绩效工资带来的弹性收入部分将因与心理参照点的对比被视作“收益”，使个人产生风险厌恶，导致其出现降低努力的倾向。绩效工资对高校教职工的激励效果由于个体收入心理参照点的存在而呈现倒 U 形，正是考虑到绩效工资出现的边际激励效果的情况，高校目前的绩效工资制度中的绩效工资部分一般由基础性绩效和奖励性绩效组成，前者弹性低、额度小、具有长期激励的效果，后者弹性高，额度大，是调整激励强度的部分[5]。目前，二者的比例、激励强度如何协调以达到个人激励效果的最大化仍是学界和劳资决策群体热烈讨论的问题。

最后，教职员对于部分绩效的感知度较低。高校特殊的社会服务性质使其很难将其组织绩效量化，这也进一步导致个人的绩效难以被精确地量化对比，因此当下高校对于绩效工资的分配一般采取折中手段，即基于组织绩效进行分配，如提高年终奖在绩效工资中的比例，且平均化情况较为明显。但这种方法从结果上看，仍然留有计划经济体制下“大锅饭”的影子，进一步的，由于绩效工资是所有教职员进行分享的，缺乏竞争感，容易被作为一种教职员福利来认同，具备保健功能，但弱化了其激励效果，教职员对这一部分的绩效工资的感知度和敏感性自然也会减弱，绩效工资的激励作用得不到应有的发挥。

三、高校绩效工资的路径选择

高校完善自身绩效工资制度的益处是显而易见的，绩效工资充分调动教职员的工作积极性，促进劳动分配以一种良性循环自我优化，不但在远期具有减少人力资源管理成本的功能，长期的推行和完善还将带动高校形成自我管理、人才导向的组织文化，提升自身的成就导向型人才的吸引力，成为建设高水平大学的内增动力。为了顺利推进绩效工资制度在高校的建设和完善，正确的路径选择是其发挥正向作用的前提。

1. 实行动态化、差异性绩效工资标准

绩效工资依照实绩分配收入，本身便是一种弹性收入，但其根本上是为了激发教职员的工作动力，因此必须尽量避免造成富者愈富、贫者愈贫的资源过度集中于一小部分人的“马太效应”。

首先，依照岗位类别区分绩效工资管理模式。高校是较为特殊的公共事业单位，人员基数大、岗位类别复杂，主要包括专业技术岗位、行政管理岗位以及工勤技能岗位，如何衡量三种不同工作队伍的贡献始终是一个不可回避又难以满意答复的问题。三支工作队伍工作性质迥异，使得它们的工作强度、技术含量、社会反馈情况和工作环境均有较大的差异。为此，在兼顾各个岗位教职员工的公平感认知、保证各类别人员的稳定和协调发展的基础上，还要体现高校作为教育事业单位的特殊性，体现在绩效工资基准的设定要向教育科研一线人员倾斜。为此在进行绩效工资基数设定时，应实行差异化的分类管理，如专业技术人员实行将岗位津贴与绩效津贴相结合的模式，行政管理人员实行岗位津贴与业绩津贴相结合的模式，工勤人员实行市场化配给模式，努力实现三支重要队伍在绩效工资分配办法上的相对公平。

其次，针对职级、职称不同级别的同类人员，采取动态调整的差异化绩效基准。以层级划分三类岗位人员，又可以大致区别为高级岗位、中级岗位、初级岗位，当前部分高校在对不同层级人员的绩效考核中还采用相同的考核指标和衡量权重，难以从绩效工资的分配中区别不同层级人员的责任轻重、素质高低和能力要求差异。考虑到高级别、关键职位人员任职的工作综合素质和责任要求均高于低级别人员和一般职位，在设立绩效工资基准时可以设定不同的且具有弹性的基本值，例如，从低到高可分别占所在组织的绩效工资总量的 10%、20%、30%，并就这一基础比例结合当期的工作绩效给予一定的上下浮动空间[6]。以此标准形成各个高校在以岗定薪、薪随岗变的基础上，强调激励高成就人员的绩效工资分配基本思路。

最后，在划分了岗位类别、职级高低的差异后，在个人绩效工资的组成成分中，根据改革进度和高校实际情况，寻找基础性绩效和奖励性绩效的平衡点。由于固定薪酬的作用倾向于保健功用，即保障教职员完成基本职责的动力，而浮动薪酬的作用才更具有激励的效果，因此，在绩效工资分配比例中，寻找一个具有保健效果又能够充分激发员工工作热情的平衡点是十分重要的。在绩效改革的初期，以推进员工接受绩效工资的概念和理念为目标，奖励性绩效的比例不宜过大，在改革的过渡期，由于教职员对绩效工资制度所倡导的价值观与社会主流劳动分配理念相合，可以将基础性绩效所占比例进行适当的下调，在改革的末期，进入深水区的改革可以将奖励性绩效的力度根据本校教职员当前的接受能力、

学校的经济承受水平、学校的组织文化氛围进行调整，因地制宜地寻找基础性绩效与奖励性绩效的比例。

2. 完善立体化、联动式的绩效考核机制

高校的绩效工资施行的效果好坏，不仅在于其自身分配办法的合理性，也需要与其紧密挂钩的绩效考核制度的"齐步走"。有证据表明，工资刺激的效力是如此依赖于它与其他因素的关系，以至于不能将它分离出来作为一个独立的因素来衡量效果[7]，绩效工资对教职员的激励作用能否达到预期效果，必须要有一个被信服和认可的关联因素来解释不同人员间绩效工资的差异，绩效考核正是这一关键要素的不二选择。

一方面，转变绩效考核思维定势，提高考核可操作性。在现有的高校绩效考核体系中，考核指标仍然参照公务员队伍所采用的考核标准，即对于人员的"德、能、勤、绩"四个维度的笼统覆盖，主管感强且缺乏具体、明确的考核标准，使得考核者难以做到客观，考核效果差，考核程序的操作性低。高校的绩效考核应该回避思维定势，尝试通过借鉴、反思其他以社会公益性服务为组织目标的事业单位的考核标准，引入和创新适合于自身背景、条件和教学氛围的考核形式。可以将整体评价和细分指标相结合、量表考核和综合判断相衔接，摸索推动各项考核指标由繁至简，提高考核效果和考核效率，增强考核程序的系统性和可操作性。

另一方面，重视科学考核，提倡公开化考核。由于受到绩效改革前的固定薪酬和长久以来中国人情社会的影响，高校事业单位的考核存在着较为严重和普遍的轻视考核、搞形式考核的倾向，严重影响了被考核人员的公平感受和对绩效工资制度的观感。应确保同一高校不同院系、机关的同类岗位上采用相同尺度的绩效考核，杜绝在多维度、多层次的绩效工资分配方法上的失衡现象。由于目前绩效考核的考核参与主体依然为个人，考虑到评价参照点、主观情感、人员素质等方面存在的差异，对参与考核审查的人员有必要进行有针对性的培训，直至他们能够正确掌握考核方法和评价准则，最大限度回避主观因素对考核准确性的负面影响。另外，为了兼顾被考核人的公平感受、推进绩效考核的顺利执行，还应该进行公开化考核，确保教职员对于考核程序、考核办法的理解，公开考核结果以及对应的绩效工资额度，实现考核结果与劳动分配的直接关联，使被考核人产生明确绩效工资预期、不断调整自身的努力方向。

我国事业单位数量庞大，体系复杂，其中高校事业单位承接我国绝大多数大学、专门学院和高等专科学校的教育教学任务，如何在资金来源复杂的财务现状下找到较为完善的绩效工资管理模式，处理好教职员劳动激励和分配效率的问题，使高校从个人到组织整体因绩效工资改革的完善受益，考验的是组织层面的管理艺术和个人的自我管理水平，各地区、各高校应给予充分重视，不仅在当期薪酬上加以管理，还要在远期的成就导向型的制度氛围建设上进行周密安排和精心策划，确保绩效工资改革取得正向成效。

参考文献

[1] Kahneman D, Tversky A.Prospect Theory: An Analysis of Decision Under Risk[J]. Econometrica, 1979, 47(2): 263-291.

[2] 余文盛. 高等学校绩效工资改革研究述评[J]. 四川理工学院学报, 2012, 27(1): 7-11.
[3] 杜旌. 绩效工资：一把双刃剑[J]. 人力资源, 2009, 12(3): 117-124.
[4] Green F. Why Has Work Effort Become More Intense?[J]. Industrial Relations, 2004, 43(4): 709-741.
[5] 杨志兵. 高校绩效工资结构设计探析[J]. 华中农业大学学报, 2009(4): 54-57.
[6] 徐刚. 事业单位绩效工资正向激励的路径依赖[J]. 中国行政管理, 2010, 297(3): 32-36.
[7] Andrew Dzamba. Compensation Strategies to Use Amid Organizational Change[J].Compensation & Benefits Management, 2001(4):16-29.

作者简介

王洪元，福建师范大学人事处教师，管理学硕士，研究方向为公共管理理论与实践。

The Path of Performance Wage Reform in Colleges and Universities ——About Hotspots in Reform

Wang Hongyuan

(Fujian Normal University, Fuzhou, Fujian, 350007)

Abstract: As the main link of wage reform in public institutions in recent years,wage reform of Colleges and universities has been implemented for nearly 10 years. However, the effect being achieved still cannot live up to expectations. It is necessary to sort out the hotspots and difficulties at individual or even higher level for ensure positive incentive of wage reform in colleges and universities, then make a more practical choice to the improve its system.

Keywords: Universities; Performance Wage; Salary Distribution

研究报告

高校青年教师激励保障体系关键问题研究课题报告

清华大学课题组

2018年12月25日

第一章　研究概述：背景、理论基础与问题界定

一、研究背景

（一）新时期加强青年教师队伍建设的双重意蕴

高校建设和发展的基础和根本是教师队伍的建设和发展，一流的教师队伍是高校高质量人才培养，高水平科学研究以及良好的社会服务能力的保障。而激发教师队伍的潜力和活力，是教师队伍建设不可或缺的重要部分。

青年教师是教师队伍中最具可塑性和发展性的宝贵资源，因此完善青年教师的激励机制是高校建设的重中之重。2014 年习近平总书记在北大考察座谈时指出，青年的价值取向决定了未来整个社会的价值取向，而青年又处在价值观形成和确立的时期，抓好这一时期的价值观养成十分重要①。这句话对于高校而言，富有双重意蕴。

2016 年 12 月 7 日，习近平总书记在全国高校思想政治工作会议中对高校及高校教师提出了新的要求②，要“坚持教书和育人相统一，坚持言传和身教相统一，坚持潜心问道和关注社会相统一，坚持学术自由和学术规范相统一，引导广大教师以德立身、以德立学、以德施教”。可以说，高校是青年学子价值观养成的塑造者和见证者；而青年教师是高校的生力军、变革引领者和大学文化的传承者，是高校立德之本、学生立德之源，其自身价值观的养成更具导向性。

因此，重视青年教师的成长和价值观塑造，体现了一个大学的气度及其对大学精神的坚守。

党的十八大以来，加快薪酬制度改革、创新高校收入分配模式，为深化教育领域综合改革、统筹推进“双一流”建设（世界一流大学和一流学科）提供强大的动力基础，一直是党中央国务院重点关注的改革领域。近期，随着“七大群体激励计划”和“六大支撑行动”推出，以及中办、国办发布的《关于实行以增加知识价值为导向分配政策的若干意见》（简称《意见》）出台，将高校薪酬收入分配改革推向新的高度。

（二）高校青年教师发展存在诸多压力

1. 生存需要的压力过大

青年教师面临工作压力大、薪资报酬低、职称晋升难等压力，在上海市社联委托下，上海东方青年学社和华东师范大学共同组成课题组（简称“上海社联课题组”）对此进行调查③。课题组抽取了年龄在 45 岁以下，在高校及科研院所从事人文社会科学教学和研究

---

① 胡敏. 青年价值取向与社会价值取向[N]，中国青年报，2014 年05 月 28 日.

② 习近平：把思想政治工作贯穿教育教学全过程[EB/OL]. 新华网，http://news.xinhuanet.com/politics/2016-12/08/c_1120082577.htm

③ 中青报网.做一名大学青年教师到底有多难？很难！[EB/OL].[2016-10-28]. http://edu.cyol.com/content/2016-06/07/content_12749890.htm.

工作的人员进行调查。研究发现，相比较上海公务员以及国有企业专业技术人员的收入来说青年社科工作者总体收入不高，但是内部的差异较大。收入的高低除了要看职称高低以外，还要看在哪一类高校以及什么学科工作。“穷教授，富讲师”也是普遍存在的。

此外，事业发展起步期急需资金支持，同时面对婚姻、住房、医疗保险、子女教育、赡养老人等问题带来的巨大经济压力往往导致青年教师入不敷出，严重影响其生活质量和身心健康。

许多高校将研究成果与经济收益挂钩，导致部分青年教师急功近利，陷入争抢项目而忽视项目完成水平的恶性循环。许多青年教师除了跑课题、拉项目，还从事代课、培训等校外兼职活动增加收益。有些高校在评职称时执行“非升即走”或“非升即转”制度，高校人才引进制度导致人才扎堆，“僧多肉少”，竞争激烈。在这种情况下，青年教师的生存需要成为第一需要，这也符合“ERG 理论”的实际情况。

2. 工作自主性需要得不到满足

高校青年教师一般有着较高的成就欲望，希望在工作中不断提高和发展自己，并取得社会的认可。高校和科研机构的教学与科研人员虽然对于工作时间的支配具有较大的主动权，但他们受到来自科研、课题、晋升以及经济收入上的多重压力。自由支配时间主要用于科研和教学准备，这客观上挤压了他们正常的生活，作息时间不固定、心理压力较大，日常生活质量反而较低。根据上海社联课题组的调研，具体表现在：

睡眠时间短，休闲时间少。总体上，受访者日常的睡眠时间都少于 6 小时，职称越高，工作日睡眠时间越少，日常休闲时间都少于 2 小时，职称为副教授休闲时间最少，仅为 1.37 小时。节假日睡眠时间虽然有一定程度提高，但仍然在 6 小时左右徘徊，教授（正高）睡眠时间为 5.95 小时，副教授（副高）为 5.81 小时，讲师为 6.20 小时。节假日休闲时间提高的幅度较高，讲师职称受访者达到 2.73 小时，副教授（副高）为 2.40 小时，教授（正高）为 2.25 小时。总体来说，无论是工作日还是节假日，职称越高，休息时间越少。

总之，青年教师在发表高质量学术论文，争取高级项目上困难重重。因此青年教师在个人成就期望上有一定的情感落差，自尊受挫①。

（三）高校青年教师激励保障“新旧问题”交织叠加

受教育部委托，由薪酬研究分会组织，原中山大学校长黄达人教授负责《教育部直属高校教师收入结构调查分析与政策建议》研究项目中专门将青年教师的收入状况进行了专题研究。研究报告指出，“青年教师报酬不能体现其自身劳动价值，90%以上青年教师对自己的薪酬水平不满意，与社会其他行业类型同类人员相比，收入水平较低。各高校对青年教师收入分配的倾斜政策不是特别有效。”因此，“如何提高青年教师收入，增强教师岗位的吸引力，还要从薪酬体系设计的整体布局出发，多角度改革教师的薪酬分配方式”。

上海大学上海公共人力资源研究所所长山鸣峰教授以上海高校教师（特别是青年教师）为对象，从深化高校综合改革和推进内涵建设的角度出发，研究了“教育综合改革试

① 龚俊朋. 基于“ERG 理论”的高校青年教师激励策略探究[J]. 河南科技学院学报，2011(4):42-44.

验区上海市属高校薪酬制度创新”，指出高校青年教师薪酬分配上总体存在“收入水平偏低、结构倒挂、缺乏动态增长机制等问题”，而这一切又与高校现行的“缺乏弹性的绩效考核机制和陡峭型的薪酬激励机制”有关①。

北京语言大学当代中国研究所所长郑承军教授在《优化青年教师成长环境，完善青年教师薪酬体系》中提到：“高校青年教师是高校中最有潜力和活力的群体，也是收入低、负担重的群体，常常自嘲为‘弱势群体’，也自称为‘青焦一族’”。“为了优化青年教师成长环境，我们要重视青年教师收入的激励保障机制建设，尤其要重视青年拔尖人才的激励机制建设，促进优秀青年教师脱颖而出。”

青年教师是教师队伍中最具潜力、活力、可塑性和发展性的宝贵资源，他们是高校的未来。因此完善青年教师的激励机制也是高校队伍建设的重中之重。我国高校青年教师激励机制主要通过改革高校教师人事分配制度达到激励的目的，由于此项改革的时间尚短，教师激励制度和相关的配套措施还不健全，制约着教师积极性的发挥和高等教育质量的提升，但为青年教师激励机制研究留下了空间。随着国家实力的提升，许多优秀海外人才陆续回国工作，这也为优化高校教师队伍提供了良好机遇。

二、理论基础

（一）高校青年教师界定

国内外对高校青年教师尚未形成统一的定义，在其年龄界定上更是没有一个具体明确的界定。高校教师学术发展的重要基金项目对于青年项目的申请年龄要求不得超过 39 周岁。教育部“高校青年教师奖”则规定了 40 周岁以下的青年教师能参与评选。“国家杰出青年科学基金项目”申请年龄限制是 45 周岁以下。世界卫生组织对于青年的年龄划分为 14～44 周岁。从以上几个重要的组织和青年项目申请年龄情况上看，对于青年年龄上限的界定大多在 40～45 周岁。

因此，为了更准确和详细的研究高校青年教师激励保障的关键问题，本文将高校青年教师定义为具有高等院校教师资格证书，年龄在 45 周岁以下、专门从事教学与科研工作的教师。

（二）高校青年教师特点

1. 职业特点

（1）劳动的复杂性

一方面，学生差异性决定了高校教师劳动复杂性；另一方面，科研项目跨学科跨专业的特点决定了高校教师必须依赖自身的主观能动性，不断学习不断创新。所以教师工作过程难以采用统一的标准进行考核，工作结果也难准确测量，具有一定的复杂性②。

① 山鸣峰. 教育综合改革与高校薪酬制度创新[M]. 上海：上海大学出版社，2017.

② 王崇锋，徐强，刘连博，等. 有千金尚须一“诺”：组织承诺视角下的高校教师激励[J]. 中国人力资源开发，2014(19): 74-78.

（2）入行“门槛”高，前期投入大

高校要求其从业人员具有渊博的知识、较高的智力水平和创新能力，在实际中，高校青年教师学历大部分是博士以上，这需要较大的前期投入。高投入要求高收入，青年教师的高投入会影响高校青年教师的薪酬期望值水平，这对青年教师生存需要的激励做了现实铺垫。

（3）个人劳动成果难以量化且具有滞后性

高校教师的工作内容主要包括教学和科研两部分工作。教学成果体现在“学生质量的改进与提高”，然而这种改进与提高难以量化。“十年树木，百年树人”，教师劳动是一项长期过程，所以高校教师劳动成果具有滞后性。同时，对于科研方面，由于科研过程很难控制，缺乏成果的具体衡量标准，劳动结果难以量化。因此，对于高校教师的激励，在考虑可量化的绩效激励的同时应注重内在激励。

（4）工作稳定、独立自主性强

高校青年教师职业相对稳定、工作场所和工作时间灵活，加之高校宽松的组织氛围，高校教师的工作自主性较强。所以，高校教师被称为“最难管理的人”。因此对于教师工作监督难度较大。

（5）工作动机非完全货币化

高校教师属于知识型员工，具有创造性鲜明、自主性高、成就动机强、蔑视权威等特点。在货币收入达到一定水平后，更注重追求公平、自由的竞争环境和自我实现。因此，需要重视青年教师的成长发展需要。

（6）职业发展具有高原效应

由于职业角色的压力与冲突、社会期望的不协调、高校管理的不平衡以及青年教师个性及价值取向问题等四个因素，导致高校青年教师职业具有高原效应①。职业高原这一概念由美国心理学家弗朗斯提出，指在个体职业生涯中的某个阶段，员工获得进一步晋升的可能性很小，是向上运动中工作责任与挑战的相对终止，是个体职业发展上的一个停滞期②。在职业高原期，亟待实现动力转换。

2. 个性特点

（1）开放的思想

青年教师较中老年教师而言，思想更加开放。作为社会的青年力量，其摄取知识及接受社会信息的反应能力较强，是教师群体里最敏感活跃的一部分。

（2）较高的自我价值实现

高校青年教师主要是通过其知识的产出来实现价值，因此具有较高的追求。当面临的教学和科研工作具有很强的意义，他们往往会竭尽全力去完成，实现自我价值。

（3）较高的成就动机

高校青年教师不同于其他青年工作群体，由于其工作的特殊性，他们更看重工作成果，期望得到社会的认可，他们更加关注自我成就和精神认可。

---

① 陈斌岚，李跃军. 地方高校青年教师职业高原现象及应对措施[J]. 黑龙江高教研究，2016(1): 56-58.

② 郑艳玉. 教师如何走出“职业高原”?[J]. 心理与健康，2015(1): 54-55.

（三）激励保障相关理论

1. 激励的界定

激励（motivation）是个心理学上的名词，认为某种动机促使人们产生行动，激励能够激发、推动和加强人的行动，是一种持续性激发人行为动机的心理过程。然而在管理学上，国内外对于激励的内涵的界定也不全相同。

管理大师孔茨（1993）认为，激励是应用于动力、愿望、需要、祝愿及类似力量的整个类别[①]。管理学家罗宾斯（1994）认为，激励是个体通过高水平的努力而实现组织目标的愿望，而这种努力又能满足个体的某种需要[②]。周三多（1997）认为，激励是提高工人的工作积极性，通过影响职工的需要，最终达成引导他们在企业经营中的行为[③]。苏东水（2002）认为，激励是通过一定手段激发他人动机，使他们有一股内在的动力，朝着他的目标前进的心理活动过程[④]。

本文认为，激励是指通过创造各种条件，对青年教师的需求给予各种适当满足，激发青年教师的动机，引导使之产生组织目标的特定行为的过程。包含满足需求、激发动机、引导行为等内容。

2. 激励保障的形式及原则

在高校青年教师的激励保障问题上，激励保障形式包括物质激励保障、目标激励保障、情感激励保障、竞争激励保障等几个方面。

物质激励保障，是一种通过物质给予的方式使得高校教师的物质满足感得到提升，从而调动其工作的积极性和创造力。物质激励保障主要包括金钱、福利、带薪休假、舒适办公条件等，特点在于满足高校教师的切身物质生活利益。

目标激励保障，是一种通过目标的设置从而引导和激发高校教师工作积极性的激励保障。一般将具有可行性的合理大目标分成具体的几个阶段性的小目标，从而调动其对于目标实现的积极性。

情感激励保障，是一种通过人与人之间情感关系的建立，使得高校教师具有强烈工作归属感的激励保障。在组织内部形成一种良好的人际关系、工作关系，其中包括相互的信任、相互关心、相互支持、相互尊重等和谐的工作环境，从而提高其在组织内部的归属感。

竞争激励保障，是一种通过竞争对高校教师进行奖罚的激励保障。增强组织内部人员的相互竞争，有利于使得其有一定的危机感，从而更加激发其发挥潜能，另一方面也有利于有成就需求的人更加积极的工作。

3. ERG理论

ERG理论是美国耶鲁大学的奥尔德弗（Clayton Alderfer）基于马斯洛需求层次理论提出的新的人本主义需要理论，将需求进一步划分为：生存（Existence）的需要、相互关系

① 李新建著. 企业薪酬管理[M]. 天津：南开大学出版社，2007：137-165.

② Stephen P. Robbins.Organization Behavior: controversies and applications（7th ed）. Prentice Hall Inc，1966，66-69.

③ 王瑞永，周鸿. 管理学：原理与方法[M]. 北京：人民邮电出版社，2006.

④ 苏东水. 东方管理学[M]. 上海：复旦大学出版社，2005.

（Relatedness）的需要和成长发展（Growth）的需要。其中生存需要主要指衣食住等关系人生存的基本需求，相互关系需要指的是人与人交往时的尊重，而成长发展需求则是指自我的发展和自我的完善，通过完成具有挑战性、创造力的工作从而得到了内心满足。该理论观点：

第一，低层次需求满足后会引发高层次需求。

第二，各类需要层次并不是刚性结构。同一时间可以有多种需求共同驱动行为动机，而且需求层次可逆。比如一个人的生存和相互关系需要尚未得到完全满足，但他仍然可以为成长发展的需要工作，而且这 3 种需要可以同时起作用。

第三，如果高层次需求被抑制，作为替代，会对低层次需求更渴求，即“受挫——回归”过程。例如，一个人人际关系需要得不到满足，可能会增强他对更多金钱或更好的工作条件愿望。因此，管理措施要随人需要结构的变化而变化，并根据每个人不同的需要制定出相应的管理策略。

对于本课题研究中，借助 ERG 理论，青年教师的生存需求包括：高校内部和谐环境、生活状态、生活稳定性、工作压力可控、子女教育环境、有能力照顾父母、付出与收入挂钩。相互关系需要：与学生配合密切、同事间和谐相处、与领导有效沟通、有参与学校决策的机会、有归属感。成长发展需要：重视学术发展与交流、提供更多的培训和深造的机会、足够的经费支持、合理的激励与奖惩机制、教学和科研设施齐全、有职称晋升的机会、工作具有挑战性，能获得成就感。理论启发在于高校青年教师激励保障过程中，应了解教师的真实需要，激励机制要根据教师需要结构的变化而做出相应的改变，并根据个人不同的需要采取相应的措施，以此驱动青年教师的创新动机，促进主动性、创造性，实现师资效能的最大化。

实践中对于高校青年教师的启示在于：

第一，了解青年教师需要，尝试估计青年教师的满足水平，从多种角度进行激励。

第二，引导青年教师正确认识自己的能力、个性、个人认知及所处的环境，认识到他们要通过自己的努力来取得工作绩效。

第三，为了提高青年教师积极性，在保证其满足感的基础上强化满足感与工作绩效之间的联系。要注意绩效对于期望的负反馈及满足感对于效价的负作用。

第四，在对青年教师等知识性员工进行激励时，充分把握努力——业绩——报酬——满足这个连锁过程。特别是对于报酬、期望值、能力、工作认知等要素的思考，结合青年教师的特点，对报酬激励、精神激励和工作激励等不同激励方式进行有效选择并组合，做到人尽其才、各色其所、各有满足。

（四）高校青年教师激励保障相关问题研究基础

1. 高校青年教师薪酬福利激励

学者专家认为薪酬福利对高校青年教师的激励具有积极作用，通过研究他们提出以下观点：陈水生（2005）认为高校教师激励应遵循“物质、精神激励并重”①。

① 陈水生. 知识经济时代高校教师创新团队的激励探索[J]. 中国高校师资研究，2007(5): 38-42.

郭梅（2005）通过调查与研究发现，约 82%的高校教师认为工资奖金对其激励作用最大，所以物质激励对于高校的教师有很重要的作用①。

黄姗姗（2010）从高校青年教师需求特点出发，研究得出全方位的薪酬体系对高校青年教师有着很好的激励效果，利于提高工作效率开发工作潜能②。

卢小青（2010）认为高校教师薪酬满意度的总体趋势是，教师资历越高，教师的收入水平越高，因此，教师收入水平、教师从收入中感知到的分配公平程度以及高校薪酬政策等因素均可能是影响教师薪酬满意度的主要因素③。可以看出，教师薪酬激励体系存在以下问题：青年教师薪酬总体水平偏低，青年教师对于薪酬的公平性满意度不高，激励功能逐渐弱化；薪酬激励忽视需求分析，差异化激励不明显；体系偏重经济性需求，轻视非经济性需求。

2. 高校青年教师职业激励

习近平总书记关于人才工作系列讲话中提出我们要完善人才发展机制，要不拘一格、慧眼识才，放手使用优秀青年人才，为他们奋勇创新、脱颖而出提供舞台。充分发挥高校人才荟萃、学科齐全、思维活跃、基础雄厚的优势，加强科学研究工作，加大科技创新力度，努力形成更多更先进的创新成果。

马君、刘婷（2015）研究发现，高层次人才不仅关注短期利益的外在薪酬，更关注学习和成长等与自我职业发展有关的可以获得长期收益的内在价值需求④。青年教师这样专注于科研教育的专业人员，对工作内在价值的需求尤甚，工作成就动机更强，自主性更高，主要依据高级行为引导系统即分析式信息加工路径行事。

当前高校青年教师的职业发展目标主要分为外在职业发展目标和内在职业发展目标两个方面。外在职业发展主要表现在职称、薪酬福利等，而内在的职业发展目标主要是青年教师的职业素质与能力发展，同时也是制约外在职业发展的重要因素。

3. 高校青年教师激励保障影响因素

2016 年 3 月，中共中央印发了《关于深化人才发展体制机制改革的意见》（以下简称《意见》），《意见》提出围绕推进“五位一体”总体布局和“四个全面”战略布局，注重对创新人才培养、评价、流动、激励、引进、保障机制的精准施措，着力解决人才管理中行政化、“官本位”问题，解决人才评价中唯学历、唯职称、唯论文问题，解决科研成果转化难、收益难问题，让人才有成就感、获得感。健全联系专家工作制度，切实做好团结、引领、服务工作。各级领导干部要真诚同各方面人才交朋友，政治上信任、工作上支持、生活上关心，为他们发挥聪明才智创造良好条件。

通过研究发现，在知识型员工的激励中，薪酬福利和职业发展是激励强度最高的两个因素。因此，根据高校青年教师的职业与个性特点，可以发现在高校青年教师的激励保障关键问题研究中，薪酬福利和职业发展是研究重点。

---

① 郭梅，刘珏琏，郭英英. 高校教师激励机制初探[J]. 集团经济研究，2005(16).

② 黄姗姗. 基于高校青年教师薪酬激励制度的研究[J]. 文教资料，2010(11): 163-164.

③ 卢小青. 我国高校教师薪酬管理激励机制的研究[D]. 北京：北京交通大学，2009.

④ 马君，刘婷. 重赏之下必有勇夫?研发人员的工作价值需求与激励错位对创造力的抑制[J]. 管理评论，2015，27(7): 94-104.

三、问题界定

（一）新形势下高校青年教师队伍激励保障关键问题

从高等教育发达国家的实践看，青年博士进入高校，一般要经过六年的专业磨合和历练期，通过严格的学术共同体考核后才有可能拿到终身教职。目前，我国高校在青年教师引进和培养方面呈现多样化趋势。这里既有传统的用人轨道，也有与发达国家并轨的用人轨道，还有根据人才层次和学科发展需求实行的双轨并行制。随着统筹推进“双一流”（即一流大学，一流学科）建设的展开，高校在人才争夺方面势必有更高的内驱力。但是，不可否认的是，高校把视线放在青年人才引进上，恰恰忽略了青年人才的成长和专业发展上。

问题一：高校立身之本在于立德树人，而一流人才的培养、前沿研究与文化传承，依赖于最基层的一线教师，特别是那些见效慢、需要长期沉淀的从事教学和基础研究的教师群体。而婚育、抚养子女、赡养老人等生活压力太，科研经费难觅，科研教学评估难测，职称晋升通道拥堵，是青年教师职业生涯阶段中无法回避的问题。现有的制度是否能为青年教师提供基本的保障，解决青年教师生活压力问题？现有的制度安排如何引导青年教师自主地进行专业发展，让他们有更多的时间和精力从事科研和创造性活动，并且激励他们取得职业发展，做出优秀的成绩？

问题二：重“有头衔”的人才引进，特别是海外高层次青年人才引进，资源的过度倾斜，会不会产生“拔苗助长”或“营养单一”的问题？会不会加剧“精英激励困局”，即激励一个（群）人，麻木一群（类）人？

问题三：重引进轻培养这种速成倾向严重。特别是青年人才的引进，是否与学校的发展战略和学科平台有效对接融合？“囫囵吞枣”式的引进是否会产生“南橘北枳”的水土不服效应？

问题四：从职业生涯发展规律看，青年教师经过严格的博士训练进入高校，以 45 岁为限，一般经过适应期、加速成长期、高原平台整理期和退出或后高速发展期等阶段。现有的激励机制设计是否体现或考虑了不同阶段的发展要求？

综上分析，当前激励保障的关键问题是薪酬激励保障和职业发展激励保障，我们将重点进行这两方面的研究。

（二）高校青年教师队伍激励保障问题研究重点内容

薪酬激励保障重点解决青年教师薪酬的外部竞争力问题、内部公平性问题和福利完善性问题。

外部竞争力问题。高校教师薪酬水平缺乏国际竞争力，尤其是青年教师与国外同等职称的收入差距最为显著。在国内同行业之间，青年教师的收入也远远落后于其他行业。

内部公平性问题。传统经济体制下，薪酬分配主要是按职称、工龄等资历确定，比较注重公平，但激励性不够；在现行的社会主义市场经济体制下，由于财力所限，引进海外人才的收入一般都高于本土人才，特殊人才特殊待遇，体现了激励，但在一定程度上影响公平。希望通过改革和创新，在不远的将来，无论什么类型的人才，薪酬待遇都是按照个人能力和市场价值来确定，同时体现出公平性和激励性。

福利完善性问题。国内高校中资深教师和青年教师在福利待遇有很大差别，以养老、医疗、住房为例来对比一下，就会发现在福利体系社会化，货币化的进程中，青年教师和资深教师比较，福利保障是降低的。国外高校和国内高校中青年教师所享受的福利待遇也有很大差别。综合考虑国内外的差异，针对青年教师应该建立特色福利计划，实现多元化的福利保障。

职业发展激励保障重点结合青年教师职业特点，将职业发展四个定义维度加以整合，总结国内高校实践，从专业发展、个人发展和组织发展等方面解决青年教师职业发展相关问题，遵循职业生涯发展规律，激励机制设计体现或考虑了不同阶段的发展要求，从部属高校和地方高校两个维度分别加以分析。同时，通过结合国外青年教师管理制度的比较，国内普通青年教师职业需求与青年人才职业发展的比较研究，提出完善青年教师职业发展激励保障体系。

第二章　高校青年教师激励保障现状调研与关键问题分析

根据学者德西（Deci）和瑞恩（Ryan）提出的有机整合理论，组织的激励保障制度只有满足个体的成长需求，才能起到激励作用，[①]我们以调研高校青年教师的职业发展需求为切入点，系统分析现有高校青年教师激励保障制度是否满足他们的职业发展，以此为完善高校青年教师激励保障制度提供第一手数据。

一、高校青年教师 ERG 调研分析

（一）调研量表及样本情况

1. 调研量表

为了解高校青年教师对现有激励政策和制度的满意度，听取青年教工的心声和需求，我们基于美国耶鲁大学的奥尔德弗（Clayton. Alderfer）的生存-关系-发展（ERG）理论[②]，系统研究高校青年教师的生存需要（Existence）、关系需要（Relatedness）和发展需要（Growth）。

在借鉴已有成熟量表的基础上，我们编制了《高校青年教师激励保障机制研究问卷》，分为 3 个维度和 23 个题项。

2. 样本分析

截至 2016 年 12 月 7 日，共采集来自 13 个高校的 1516 个样本。样本的男女比例约为 2∶1；样本的年龄主要集中在 30～40 岁这个年龄段；从学历和职称来看，教师学历层次主要集中在博士，职称主要为讲师和副教授；样本中，教学科研并重占到总样本量的 67.1%。

37%的青年教师无海外学习经历，有海外学习经历青年教师的学习时长多数在 6 个月以上(51.4%)；婚姻状况是已婚为主(82.7%)；一半以上的青年教师参加工作的年限在 0～5 年，6～15 年的比例为 38.19%；每天工作时长主要集中在 6～15 小时，比例高达 95.43%；一半以上的青年教工平均年收入在 6 万～10 万，主要收入阶段为 6 万～15 万，占到总样本量的 80.01%。样本教师的住房情况，住父母房子的仅有 5.7%，39.2%已购买商品房，学校提供房子的教师比例是 29%，目前仍租房的比例高达 26.1%。

---

① Deci E. L., Ryan R. M. The General Causality Orientations Scale: Self-determination in Personality[J]. Journal of Research in Personality, 1985, 19(2): 109-134.

② Alderfer C P. Existence, relatedness, and growth: Human needs in organizational settings.[J]. Contemporary Sociology, 1974, 3(6): 511-520.

（二）薪酬保障的影响因素分析

1. 学历、职称与平均年收入的关系

如图 2-1 所示，学历方面，年轻教工主要集中在硕士和博士，以博士学历为主。根据目前高校的招聘要求，引入青年教师基本要求为博士学历，因此学历集中于博士。大专及以下、本科和硕士学历的平均年收入区别并不大，集中在 7.8 万～9.0 万元/年区间。

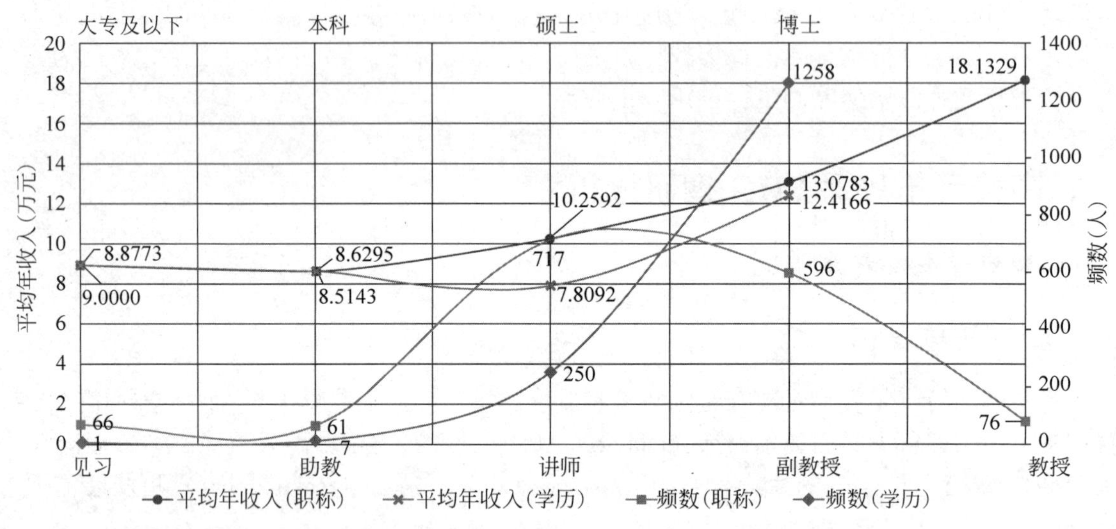

图 2-1　学历、职称与平均年收入关系

能拉开平均年收入差距的是博士学历，达到 12.4 万元/每年。由此可见，是否博士对高校青年教师的收入影响比较大。

从职称角度出发，高校青年教师职称水平主要集中在讲师与副教授，见习、助教和教授的比例较低。与高校的人才引入政策和职称评审政策相符合，博士引入时青年教师为讲师职称，而讲师到教授的评审不仅需要科研和教学上的表现，还有年限的限制，因此主要集中在讲师和副教授。

据此我们可以看出，职称与收入之间呈现递增关系，随着职称级别升级，收入也出现梯度性增长，与学校的收入分配比例相符合。

2. 教学年数与平均年收入的关系

从图 2-2 中可以看出，青年教师的教学年数基本上集中在 1 到 7 年，而教学年数与平均年收入并不呈现递增现象，基本上在 10 万～12 万元/年的收入水平，说明了青年教师的校龄与实际的收入并没有非常紧密的挂钩。

3. 每天工作小时数与平均年收入的关系

由图 2-3 可知，青年教师的日工作小时数为 8～12 小时，工作时间相对较长，特别是 10 小时/每天工作量的青年教师占到 30%以上，说明了科研和教学的压力相对较大，需要

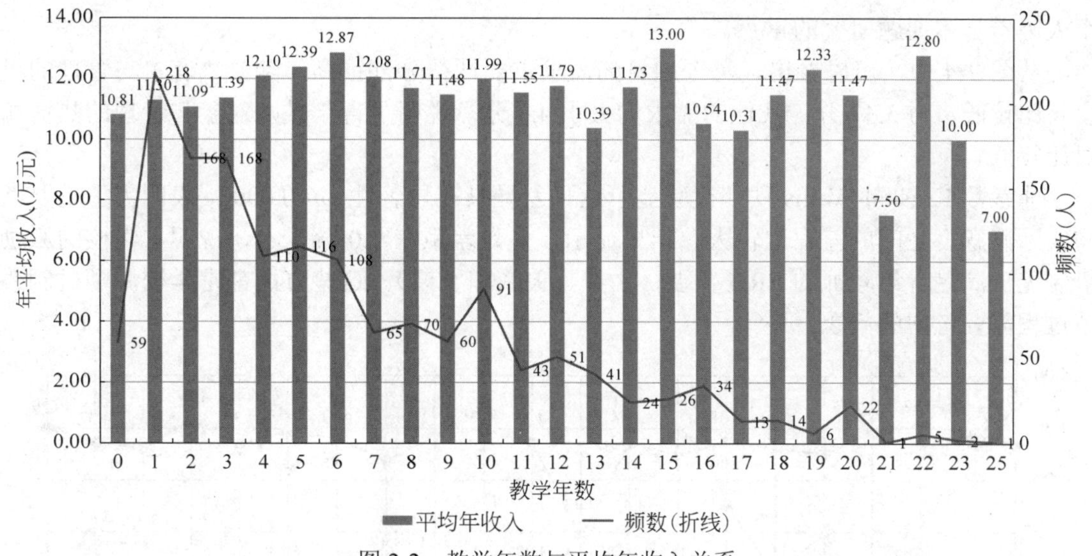

图 2-2　教学年数与平均年收入关系

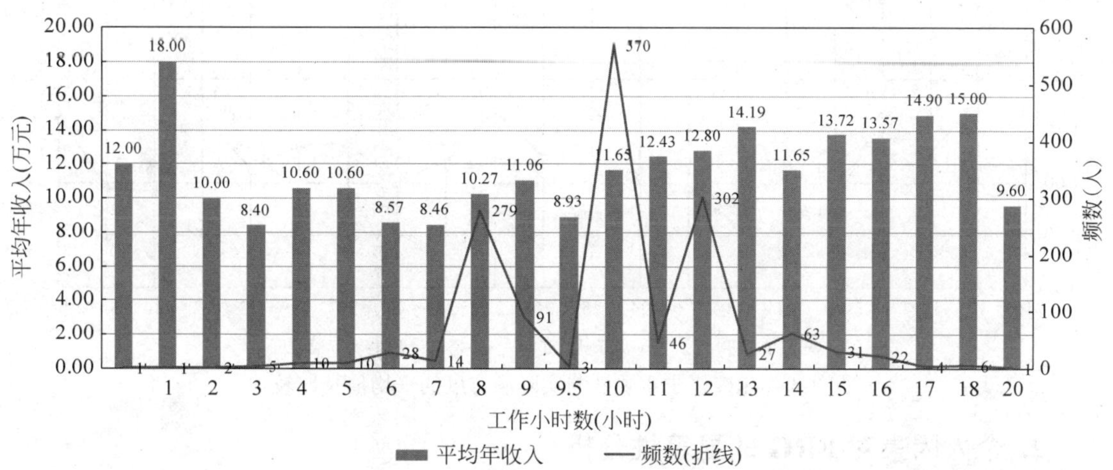

图 2-3　工作小时数与平均年收入关系

投入较多的工作时间。而从收入角度来看，每天工作的小时数与平均年收入关系并不大，可能原因是年轻教师需要投入大量的时间到科研与教学，而随着投入精力的累积，会转换为职称的提升，进而体现在平均年收入上（图 2-3 的表现）。因此，工作小时数与平均年收入可能存在间接的影响关系。

（三）影响需求的个人因素分析

1. 个人对 ERG 的期待与实际情况的差异

高校青年教工对 ERG 三个维度 23 个指标的需求重要性和实际满意度，是青年教师对其工作感受的反映。同样的工作条件、环境或状况，由于教师的个人因素不同，其需求侧面不同，对不同的项目的实际满意度也不同。因此，分析影响需求重要性和实际满意度的个人因素是本课题研究的重点。

从图 2-4 中，可以看出，每个题目的需求重要性得分都很高，除了“有参与管理的机会”比较低，为 3.47 分，其他的需求均大于 4.3 分。说明了青年教师对参与管理的热情相对比较低。

非参数 Kruskal-Wallis 秩和检验显示这种差异具有显著性（p=0.000），表明需求重要性与实际满意度之间的差距比较大。结果显示，多数差距在 1.0 分以上，说明了学校的激励机制无法满足青年教师的 ERG 需要（生存、关系和发展）。这些方面都是学校激励机制改革过程需要考虑的问题。

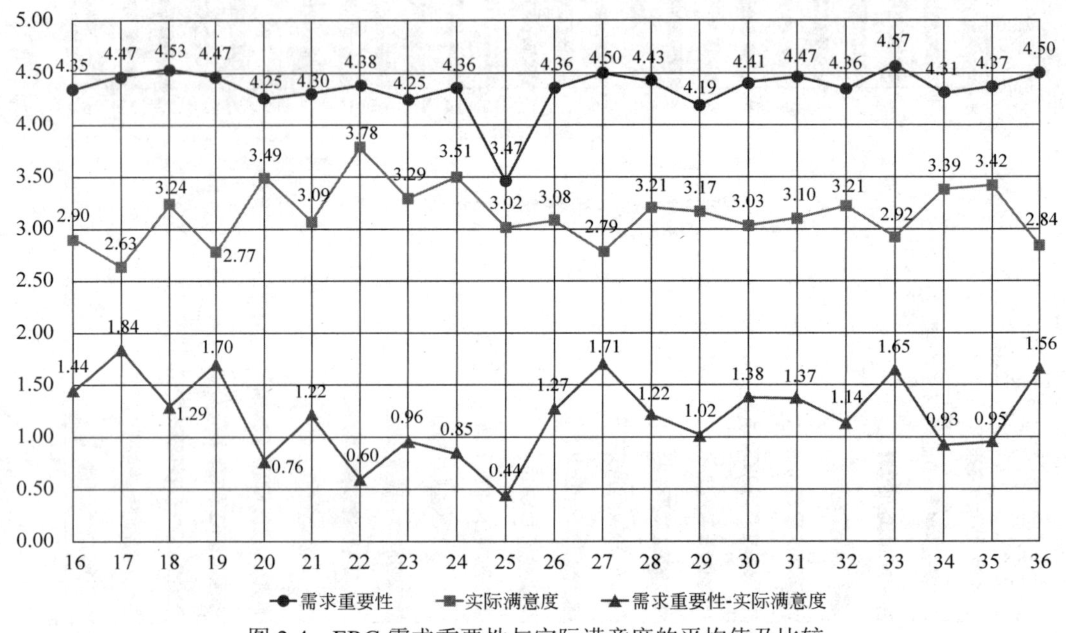

图 2-4　ERG 需求重要性与实际满意度的平均值及比较

2. 个人因素对 ERG 的显著性分析

（1）住房情况

住房情况各选项在 ERG 三个指标的平均得分如表 2-1 所示。可以看出，租房的青年教师，对生存需求方面和成长发展需要的需求重要性得分比较高，分别为 4.40 和 4.46，也就是期望比较高，而实际与期望的差别比较大，因此导致实际满意度比较低。住学校福利房的青年教师对成长发展需求的实际满意度也比较低，仅为 2.88。

同时，不同住房条件的青年教师对 ERG 重要性的感知大于对 ERG 的实际满意度，且显著。同时，Kruskal-Wallis 秩和检验显示，不同住房条件的青年教师对 ERG 的重要性认知和满意度均存在显著的差异。说明住房条件是影响青年教师成长的一个重要因素。

（2）年龄

从表 2-2 可以看出，ERG 重要性感知与实际满意度在不同年龄段均存在显著差异，即实际激励滞后于青年教师的需求。其次，不同年龄段对 ERG 需求重要性和满意度的平均分数均存在明显的差别。

表 2-1 住房情况对 ERG 的影响

住房情况	生存的需要			相互关系需要			成长发展需要			Kruskal-Wallis 秩和检验	
	重要性	满意度	显著性	重要性	满意度	显著性	重要性	满意度	显著性	重要性	满意度
租房	4.40	2.93	***	4.21	3.36	***	4.46	3.12	***		
已购商品房	4.35	3.02	***	4.18	3.30	***	4.37	3.08	***		
学校福利房	4.39	2.96	***	4.15	3.11	***	4.33	2.88	***	**	**
学校周转房	4.38	3.09	***	4.22	3.42	***	4.46	3.26	***		
住父母房子	4.45	3.12	***	4.25	3.46	***	4.51	3.22	***		

注：$*p<0.05$；$**p<0.01$；$***p<0.001$

表 2-2 年龄对 ERG 的影响

年龄段	生存的需要			相互关系需要			成长发展需要			Kruskal-Wallis 秩和检验	
	重要性	满意度	显著性	重要性	满意度	显著性	重要性	满意度	显著性	重要性	满意度
20～30	4.48	3.06	***	4.28	3.48	***	4.48	3.26	***		
30～40	4.37	2.98	***	4.19	3.30	***	4.42	3.09	***	*	*
40～50	4.29	3.07	***	4.10	3.26	***	4.29	3.01	***		

注：$*p<0.05$；$**p<0.01$；$***p<0.001$

可以看出，随着年龄增长，实际满意度呈现逐渐下降的趋势。一般情况下，年龄越长工作的时间越长，对学校的激励方法比较熟悉，当实际与自己心理的预期存在差异，并随着时间日积月累，容易造成更大不满。这与心理学上的累积定律相符合，是一种积累的效应。

（3）职称

表 2-3 中表明，讲师职称对生存需求和成长发展的需求比较强烈。由于博士进入高校的职称一般为讲师，对于年轻的博士毕业生，需要重点考虑自身的生存与发展，因此在这些选项上的平均分都比较高。副教授对成长发展的需求高于两个选项，可能是副教授向教授职称上升的难度更大，竞争更激烈，特别是教授评审对科研水平的要求，导致他们更重视成长发展。

表 2-3 职称对 ERG 的影响

职称	生存的需要			相互关系需要			成长发展需要			Kruskal-Wallis 秩和检验	
	重要性	满意度	显著性	重要性	满意度	显著性	重要性	满意度	显著性	重要性	满意度
实习期	4.40	3.21	***	4.21	3.57	***	4.43	3.43	***		
助教	4.33	3.12	***	4.20	3.35	***	4.35	3.30	***		
讲师	4.41	3.02	***	4.19	3.34	***	4.44	3.09	***	**	**
副教授	4.35	2.93	***	4.20	3.26	***	4.39	3.05	***		
教授	4.32	3.23	***	4.18	3.48	***	4.34	3.31	***		
Asymp. sig	**	ns	—	ns	ns	—	**	**	—		

注：$*p<0.05$；$**p<0.01$；$***p<0.001$

副教授级别的青年教师对 ERG 三个方面的实际满意度都比较低，特别是与教授职称对比，更可以看出教授职称对教师的重要性。

（4）从事工作

从表 2-4 可以看出，青年教师所从事的工作对 ERG 的平均分差异并不大，没有明显的差距。但同时看出，双肩挑青年教师对生存需求和成长发展的满意度最低，可能原因是双肩挑需要投入更多的时间兼顾教学、科研和管理工作，导致工作压力比较大，因此对生存需要的满意度最低。同样，由于需要投入工作到管理工作中，没有更多的时间可以投入到教学和科研，而高校较难制定专门的晋升渠道，导致双肩挑的青年教师对自己的成长发展比较不满意。

表 2-4　从事工作对 ERG 的影响

从事工作	生存的需要			相互关系需要			成长发展需要			Kruskal-Wallis 秩和检验	
	重要性	满意度	显著性	重要性	满意度	显著性	重要性	满意度	显著性	重要性	满意度
教学科研并重	4.35	3.00	***	4.19	3.32	***	4.39	3.11	***	**	**
教学为主	4.48	3.10	***	4.29	3.23	***	4.44	3.03	***		
科研为主	4.36	3.13	***	4.13	3.36	***	4.43	3.24	***		
双肩挑	4.47	2.79	***	4.29	3.37	***	4.46	2.97	***		
Asymp.sig	ns	ns	—	*	ns	—	**	**	—		

注：$*p<0.05$；$**p<0.01$；$***p<0.001$

（5）海外学习经历

从表 2-5 中可以看出，海外学习时间的长短对青年教师在 ERG 三个方面的需求并没有太大影响。

但在实际满意度中，无海外学习经历的青年教工对 ERG 三个方面的满意度是最低的，而根据样本数据量统计情况，有 561 名青年教师没有海外学习经历，占总样本量的 37%，是主流群体。因此可以看出，海外学习经历对青年教师的重要性。特别是很多高校对引入人才或者职称评审，都要求有海外博士学位或者半年以上的海外学习经历。

表 2-5　海外学习经历对 ERG 的影响

海外学习	生存的需要			相互关系需要			成长发展需要			Kruskal-Wallis 秩和检验	
	重要性	满意度	显著性	重要性	满意度	显著性	重要性	满意度	显著性	重要性	满意度
3 年及以上	4.31	3.13	***	4.21	3.45	***	4.39	3.23	***	ns	ns
1～3 年	4.26	2.92	***	4.14	3.30	***	4.32	3.13	***		
6 个月到 1 年	4.44	2.95	***	4.22	3.31	***	4.47	3.05	***		
3 个月及以下到 6 个月	4.47	3.05	***	4.31	3.37	***	4.47	3.20	***		
3 个月及以下	4.46	3.09	***	4.24	3.36	***	4.50	3.19	***		
无	4.40	2.99	***	4.18	3.27	***	4.40	3.04	***		
Asymp.sig	**	ns	—	ns	ns	—	**	ns	—		

注：$*p<0.05$；$**p<0.01$；$***p<0.001$

（6）婚姻状况

根据基本信息，青年教师的婚姻状况主要集中在未婚和已婚状态，占总人数的97.5%。

从表2-6来看，已婚青年教师对ERG需求重要性的平均分普遍高于未婚，可能是由于已婚的压力比未婚的压力更大，需要兼顾家庭和工作等，因此对这些方面的心里期望更高。已婚的压力比较大，相对未婚青年教师而言，对ERG的实际满意度都更低一些。

表2-6　婚姻状况对ERG的影响

婚姻	生存的需要			相互关系需要			成长发展需要			Kruskal-Wallis 秩和检验	
	重要性	满意度	显著性	重要性	满意度	显著性	重要性	满意度	显著性	重要性	满意度
离异	4.46	2.90	***	4.26	3.34	***	4.53	3.10	***	**	**
丧偶	3.56	2.06	***	3.57	2.33	***	3.57	2.40	***		
未婚	4.30	3.08	***	4.18	3.42	***	4.40	3.23	***		
已婚	4.39	3.00	***	4.20	3.31	***	4.41	3.09	***		
Asymp. sig	**	**	—	*	**	—	**	**	—		

注：$*p<0.05$；$**p<0.01$，$***p<0.001$

（7）平均年收入

从表2-7中可以看出，年均收入在“21～25”的青年教工对ERG三个方面的需求重要性平均得分均比较低。随着年均收入上升实际满意度的平均分数呈现上升状态。可能原因是收入增加，降低青年教师在家庭等各方面的压力，所以能表现出更高的实际满意度。

表2-7　平均年收入对ERG的影响

平均年收入段（万元）	生存的需要			相互关系需要			成长发展需要			Kruskal-Wallis 秩和检验	
	重要性	满意度	显著性	重要性	满意度	显著性	重要性	满意度	显著性	重要性	满意度
0～5	4.44	2.66	***	4.19	2.98	***	4.38	2.62	***	**	**
6～10	4.42	2.96	***	4.23	3.28	***	4.45	3.05	***		
11～15	4.43	3.08	***	4.23	3.43	***	4.45	3.22	***		
16～20	4.15	3.13	***	4.01	3.39	***	4.22	3.20	***		
21～25	3.73	2.98	***	3.87	3.21	***	3.92	3.10	***		
25～30	4.11	3.53	***	4.09	3.67	***	4.27	3.75	***		
>30	4.11	3.30	***	4.11	3.62	***	4.17	3.57	***		
Asymp. sig	**	**	—	**	**	—	**	**	—		

注：$*p<0.05$；$**p<0.01$；$***p<0.001$

平均年收入在需求重要性中“生存需求”有显著性差异(p=0.017)。平均年收入在需求重要性中“相互关系”有显著性差异(p=0.013)。平均年收入在需求重要性中“成长发展”有非常显著性差异(p=0.000)。

平均年收入在实际满意度中“相互关系”有非常显著性差异(p=0.000)。Scheffe 事后检验显示，“0～5”与“11～15”这两个平均年收入阶段有显著差异(p=0.018)。在“成长发展”中有非常显著性差异(p=0.000)。Scheffe 事后检验显示，“0～5”和“6～10”这两个平均年收入阶段有显著性差异(p=0.003)，“0～5”和“11～15”这两个平均年收入阶段有非常显著性差异(p=0.000)，“0～5”和“16～20”这两个平均年收入阶段有显著性差异(p=0.001)，“0～5”和“25～30”这两个平均年收入阶段有非常显著性差异(p=0.000)，“0～5”和“>30”这两个平均年收入阶段有显著性差异(p=0.014)。

（四）工作现状评价与愿景分析

由于样本在接受调研时，采用的是根据重要程度对每个选项进行排序，因此，将重要程度进行权重设置，则对每个选项的得分计算，可利用加权求和进行计算，选项 A 得分 S_A 具体的计算方法如下：

$$S_A = C_{1A}*4 + C_{2A}*3 + C_{3A}*2 + C_{4A}$$

其中，C_{1A} 表示在第一选项中选择 A 的频数；C_{2A} 表示在第二选项中选择 A 的频数；C_{3A} 表示在第三选项中选择 A 的频数；C_{4A} 表示在第四选项中选择 A 的频数。以此类推，可得到每个问题中的每个选项的得分：S_A，S_B，S_C 和 S_D。每个选项的重要性采用百分比的方式来表示，则选项 A 的重要度 I_A 计算方法如下：

$$I_A = 100\% * S_A / (S_A + S_B + S_C + S_D)$$

以此类推，可得到每个问题中的每个选项的重要程度：I_A，I_B，I_C 和 I_D。

1. 高校青年教师激励保障体系中存在的主要问题

如图 2-5 所示，根据工作压力大、收入水平低、职称晋升困难和职业发展前景不明的重要程度计算结果，收入水平低的重要程度占到 31%，青年教师认为存在的主要是收入水平低问题，结合当前的物价上涨、房价暴涨等社会现象，让青年教师感受到收入水平是一种核心压力，提高工资水平也是当前激励体制中需要进一步考虑改革的。从分析结果来看，职称晋升重要程度为 28%，也是青年教师比较关心和关注的问题，也是认为需要进一步改革和完善的问题。工作压力比较大的重要程度为 24%。从结果来看，青年教师对自己职业的前景还是比较清晰，职业发展不清晰的重要度最低。

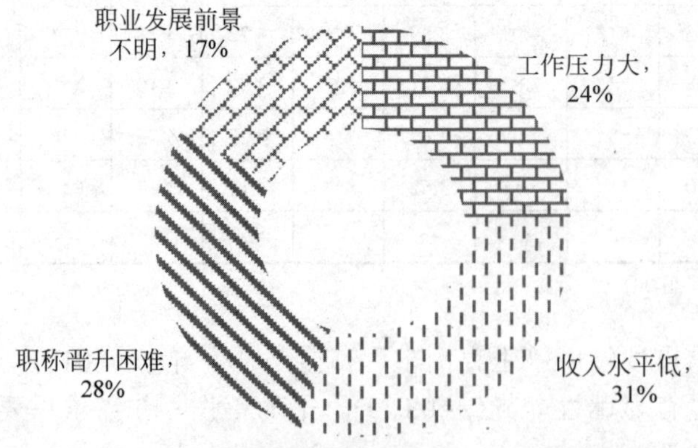

图 2-5　青年教师激励保障体系中存在的主要问题分析

对各个关键的选项进行统计，结果如表 2-8 所示，从最重要的第一选项来看，把收入水平低放在第一位的青年教师达到 665 人次，可见青年教师对收入问题的关注度非常高；第二位的职称晋升困难也达到了 445 人次，都是在激励保障体系改革中需要重点关注的问题。

表 2-8　主要问题各选项频数

内容	第一选项	第二选项	第三选项	第四选项
工作压力大	299	390	517	310
收入水平低	665	452	273	126
职称晋升困难	445	510	385	176
职业发展前景不明	107	164	341	904

2. 工作压力来源

如图 2-6 所示，当前青年教师工作的主要压力来源于争取科研课题，主要原因是多数高校的年度考核、职称评审与立项的科研课题挂钩，特别是要求省部级以上课题的申报要求，课题申报的竞争日趋激烈，成为青年教师的核心压力。

由于科研与教学双方面的压力，导致工作负荷重在主要工作压力中的重要度达到 29%。当前，论文发表困难同样是考核和评审的重要依据，特别是高水平论文的要求，随着世界一流大学建设的新要求，高校对青年教师的要求日益提高，论文发表情况也成了青年教师发展的重要考核要求之一。从分析结果来看，当前高校青年教师之间的关系相对融洽，人际关系在工作压力上的体现比较弱。

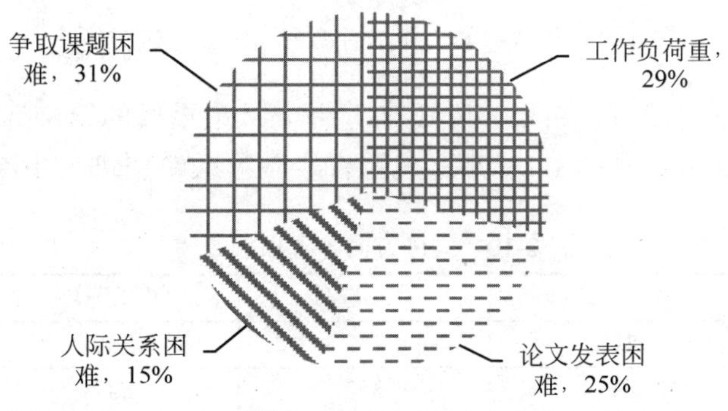

图 2-6　工作上的压力分析

对各个关键的选项进行统计，结果如表 2-9 所示，从最重要的第一选项来看，把争取课题困难和工作负荷重放在第一位的分别为 592 和 577 人次。因此，高校应该思考如何提升教师的科研课题申报能力，如开展传帮带和培训等方式；同时，尽量减轻青年教工花费在行政事务上的时间，如经费报销、行政审批等繁琐手续，需适当组织工会等集体活动减轻工作负荷带来的压力。

表 2-9　工作压力来源各选项频数

内容	第一选项	第二选项	第三选项	第四选项
工作负荷重	577	387	414	138
论文发表困难	297	439	525	255
人际关系困难	50	121	284	1061
争取课题困难	592	569	293	62

3. 青年教师工作的改进方向

如图 2-7 所示，晋升机制在需要改进问题中的重要度最高，达到 32%。说明各个高校在晋升方面仍然有较大的改革空间。比如中级到副高的评审之间限定的年限太长，或者要达到非常高的要求才能破格晋升，使得青年教师在高校需要熬年份才能有晋升机会。学术氛围和组织环境的重要性相当，青年教师认为学术氛围和组织环境也是需要进一步改进的问题。进修机会的重要程度最低，仅为 18%，可能是样本数据青年教师多数为博士学历（83%），对进修的需求比较低。

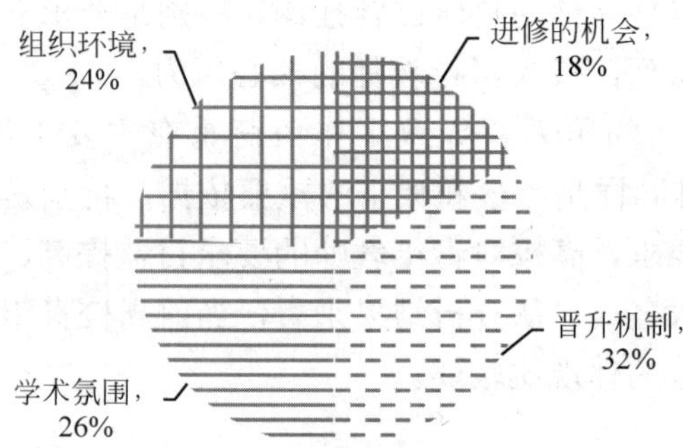

图 2-7　青年教师的工作上有哪方面需要改进分析

对各个关键选项进行统计，结果如表 2-10 所示，从最重要的第一选项来看，基本上以晋升机制为主，选择的人数达到 811 人次。说明青年教师最希望进一步改进的是晋升机制。

表 2-10　改进方向各选项频数

内容	第一选项	第二选项	第三选项	第四选项
进修的机会	104	252	367	793
晋升机制	811	352	247	106
学术氛围	326	479	465	246
组织环境	275	433	437	371

4. 青年教师最看重的问题

如图 2-8 所示，提高工资是青年教师最看重和最期望解决的问题，与本研究前面的分析结果一致。希望解决争取课题的问题，与前面分析的主要压力来源一致。青年教师希望解决的重点问题集中在收入和科研课题。由于房价的上升，解决住房也是青年教师非常看

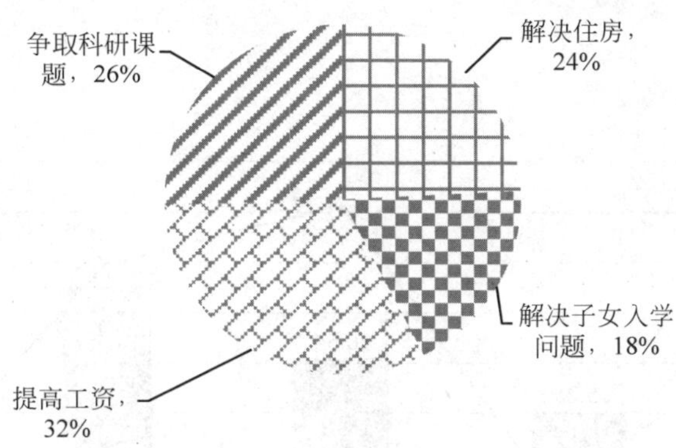

图 2-8 更看重解决哪些方面的问题分析

重的问题，重要程度达到 24.22%。由于多数高校带有附属学校，可解决子女入学问题，因此子女入学问题的重要程度最低。

对各个关键的选项进行统计，结果如表 2-11 所示，从最重要的第一选项来看，选择提高工资达 718 人次，说明工资收入是最直接、实际和迫切的问题。

表 2-11 解决问题各选项频数

内容	第一选项	第二选项	第三选项	第四选项
解决住房	333	383	390	410
解决子女入学问题	96	221	522	677
提高工资	718	480	225	93
争取科研课题	369	432	379	336

5. 期望的年均收入

针对青年教工期望的年收入，从学科、年龄、学历、职称和从事工作进行分析，相应的期望年均收入如图 2-9～图 2-13 所示。

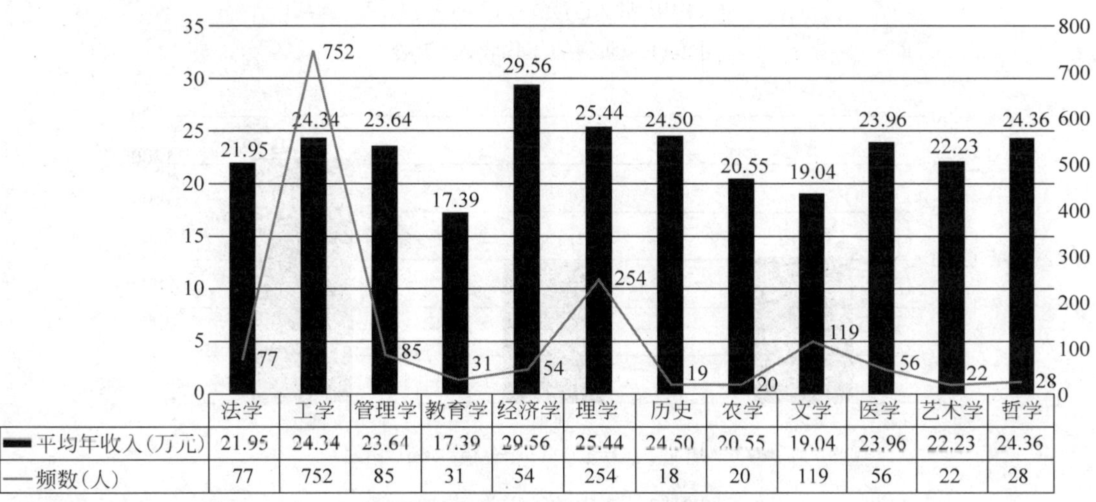

	法学	工学	管理学	教育学	经济学	理学	历史	农学	文学	医学	艺术学	哲学
平均年收入(万元)	21.95	24.34	23.64	17.39	29.56	25.44	24.50	20.55	19.04	23.96	22.23	24.36
频数(人)	77	752	85	31	54	254	18	20	119	56	22	28

图 2-9 期望的年均收入*学科

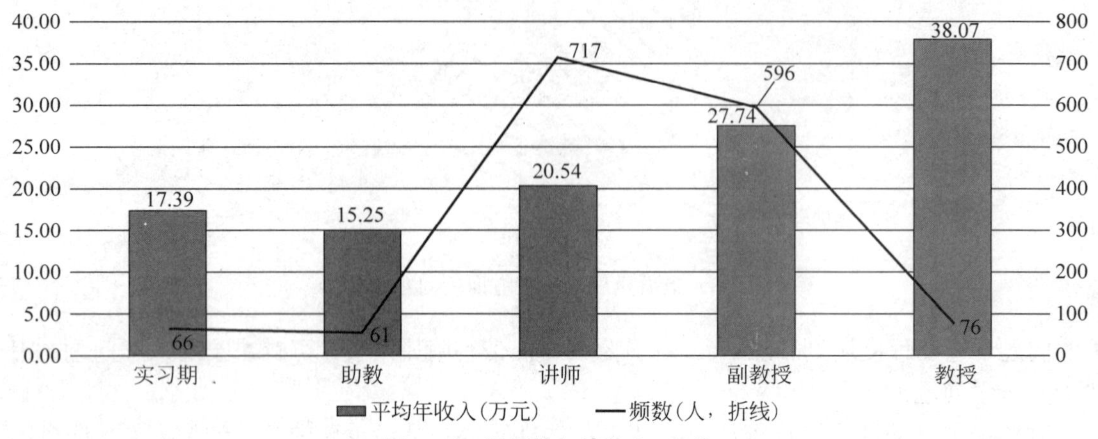

图 2-10　期望的年均收入*职称

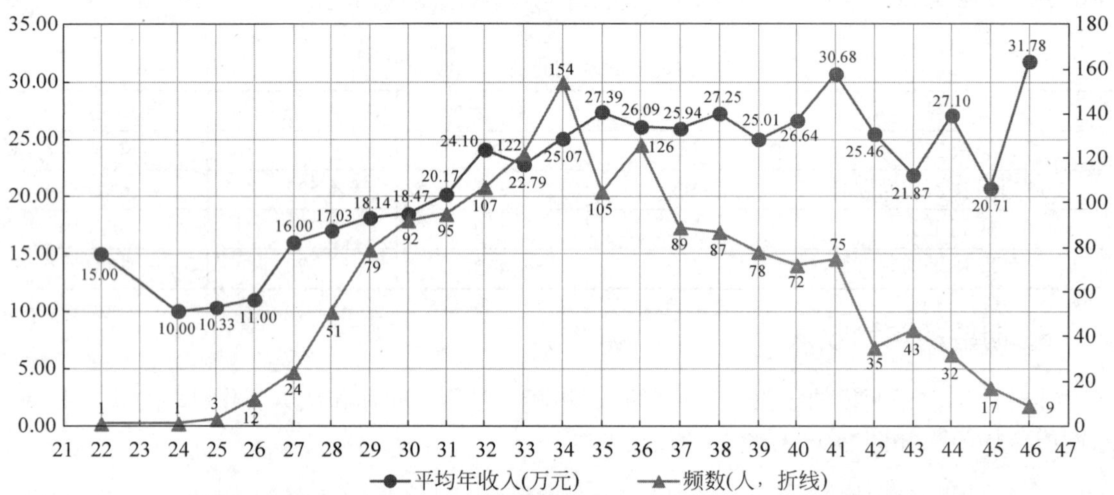

图 2-11　期望的年均收入*年龄

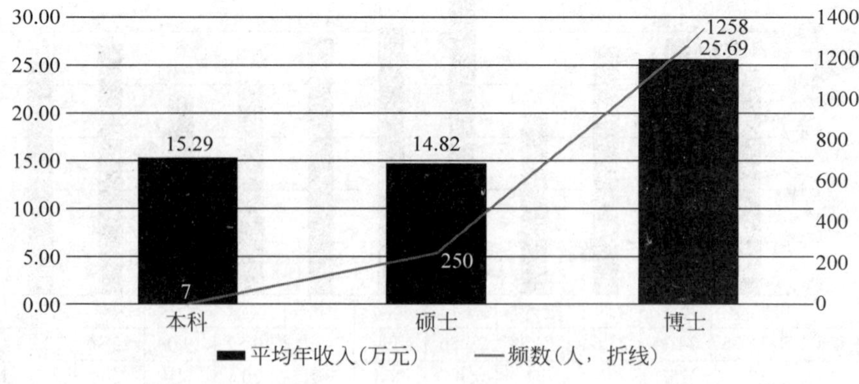

图 2-12　期望的年均收入*学历

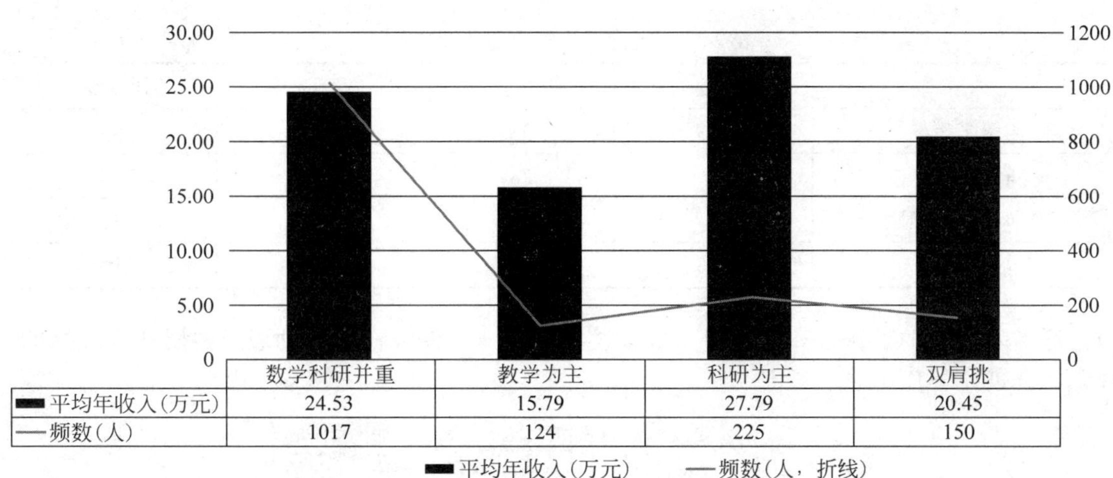

	数学科研并重	教学为主	科研为主	双肩挑
平均年收入(万元)	24.53	15.79	27.79	20.45
频数(人)	1017	124	225	150

图 2-13　期望的年均收入*从事工作

6. 学校应在哪些方面重点支持青年教师的教学工作

如图 2-14 所示，青年教师认为学校支持教学工作的重要程度排序分别是教学认同与激励、传帮带、培训学习和教学评价。说明高校应注重研究教学工作量的量化方法，对教学工作进行有效的认同，同时提供相应的激励，包括荣誉激励和收入激励等措施。传帮带主要是青年教工需要老一辈的教授指导，才能更好地做好教学工作；培训学习也是学校需要关注的，研究如何提高培训效果的培训方法，对青年教师的教学工作可能有较好的促进作用。而教学评价的重要程度比较低。

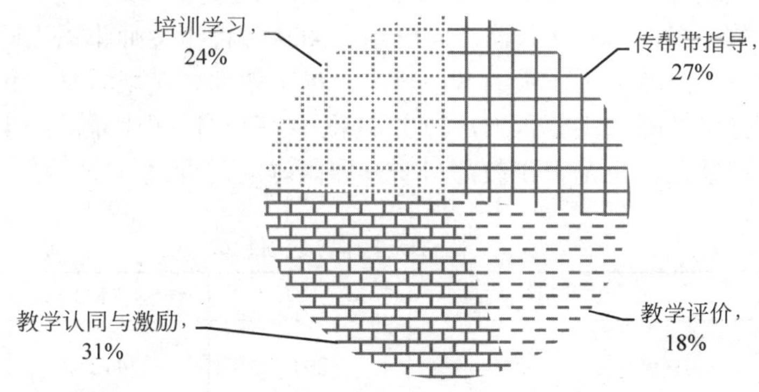

图 2-14　哪些方面重点支持青年教师的教学工作分析

对各个关键选项进行统计，结果如表 2-12 所示，从最重要的第一选项来看，教学认同与激励排在第一位的青年教师达到 737 人次，占了总样本量的 48.6%。传帮带指导也达到 479 人次，占的比例为 31.6%。说明了这两项是高校促进教学质量改革，提升教师教学水平的重要途径。可通过建立教师发展中心或者培训基地，通过总体的统筹、协调等，促进有经验的老教授或者引入校外专家，实现知识的有效传承，达到传帮带的实际效果。

7. 学校应在哪些方面重点支持青年教师的科研工作

如图 2-15 所示，青年教师认为学校支持科研工作最重要的是增加科研启动经费。同

表 2-12　支持教学工作各选项频数

内容	第一选项	第二选项	第三选项	第四选项
传帮带指导	479	383	365	289
教学评价	67	287	392	770
教学认同与激励	737	355	283	141
培训学习	233	491	476	316

时，适当降低教学工作量和增加科研成果奖励，进一步保障青年教师通过科研获得较好的收入，降低主要压力。

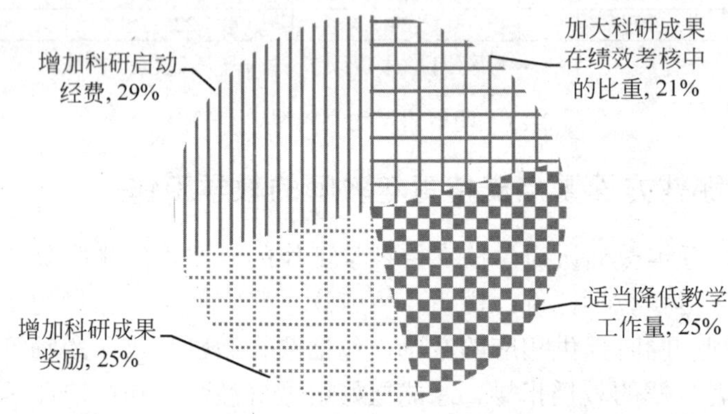

图 2-15　哪些方面重点支持青年教师的科研工作分析

对各个关键选项进行统计，结果如表 2-13 所示，从最重要的第一选项来看，选择增加科研启动经费的人数最多，为 614 人次。同时也有 409 名青年教师将适当降低教学工作量放在第一位，说明了当前教学工作量的考核较重，青年教师要实现教学和科研兼顾的压力比较大。经费也是青年教师的主要压力，与主要压力中争取课题困难的结果一致，课题申报困难导致科研经费缺乏，也是青年教师科研开展困难的问题之一。

表 2-13　支持科研工作各选项频数

支持方式	第一选项	第二选项	第三选项	第四选项
加大科研成果在绩效考核中的比重	235	291	412	578
适当降低教学工作量	409	315	346	446
增加科研成果奖励	258	537	460	261
增加科研启动经费	614	373	298	231

8. 关于改进青年教师激励保障和职业发展的建议分析

对采集的 502 条文本建议进行分析，主要问题集中在科研、教学、职称晋升和收入等方面，较多青年教师希望提供更公平、公开和公正的机会；提高薪酬水平和住房保障等。对所有的建议进行词频统计，部分高频词词汇如图 2-16 所示。

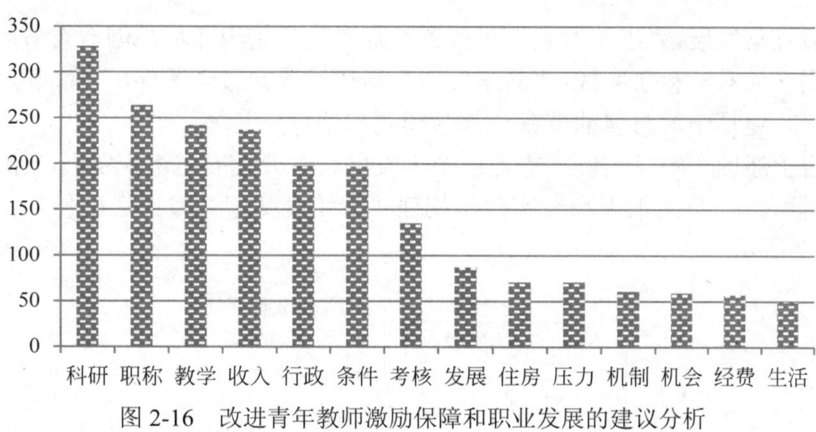

图 2-16　改进青年教师激励保障和职业发展的建议分析

通过 ERG 需求调研，显示高校青年教师在生存需要、人际关系需要和成长发展需要都存在一定的差距，特别是在收入方面、学校激励与奖惩机制、职称晋升机会和公平竞争机会等方面满意度更低。较大的生存压力和职业发展压力，影响了青年教师的职业满意度，在一定程度上影响教师队伍整体工作积极性和创造性。

通过分析教师的建议，发现高校青年教师群体普遍呈现出不同程度的弱势心理，表现为阶层地位的认同偏低、强烈的无助感、相对剥夺感和不公平感。高校教师弱势心理的出现与蔓延，与当下社会贫富差距悬殊、普通教师经济地位偏低、高校管理体制的行政化和不透明等有着密切的关系。

二、高校青年教师职业发展激励保障现状及关键问题分析

通过 ERG 调研显示高校青年教师激励保障机制存在一系列问题，导致高校青年教师遇到一定的生存压力和职业发展压力，影响了职业满意度。加强青年教师职业激励保障，促进青年教师职业发展，是加强高校青年教师队伍建设的重要课题。我们通过分析目前高校青年教师职业发展激励保障体系现状，探索部属高校、地方高校在青年教师职业发展激励保障工作中的重点、难点问题，以进一步完善青年教师职业发展激励保障体系。

（一）高校青年教师职业发展激励保障体系现状分析

在高等教育大众化时代，“高校教师发展”成为国际社会日益关注的主题。1991 年，美国教育联合会（NEA）发表了《大学教师发展：国力的提升》①，对“教师发展”提出了系统性的定义，指出教师发展的内涵包括四个维度：个人发展、专业发展、组织发展和教学发展。可以看出，美国高等教育的发达与美国十分重视大学教师发展的理论研究息息相关，这份报告认为大学教师发展不仅要重视教学的改进，还要注重教师个人综合素养（专业能力、个人能力等）的提高及组织环境的改善，这样大学教师的质量才能得以提升。

各维度定义如下：“个人发展”指提高教师人际交往能力、改善健康、促进职业发展等活动；“专业发展”指获得或提高与专业工作相关的知识、技能与意识，促进教师在学

① National Education Association of the United States. Faculty development in higher education: Enhancing a national resource[M]. National Education Association of the United States, 1991.

科领域中的成长与发展；“组织发展”指改善教师所处的组织环境，创造有效的学术氛围，便于教师采用新的教学科研实践；“教学发展”指通过改善教学条件、提高教师教学技能、丰富学习材料，包括学习材料的准备、教学模式与课程更新等。

我们整合上述四个定义维度，重点以个人发展、专业发展与组织发展三个方面开展，结合青年教师特点，总结国内高校实践，构建“青年教师职业发展激励保障体系”，整体框架如图 2-17 所示：

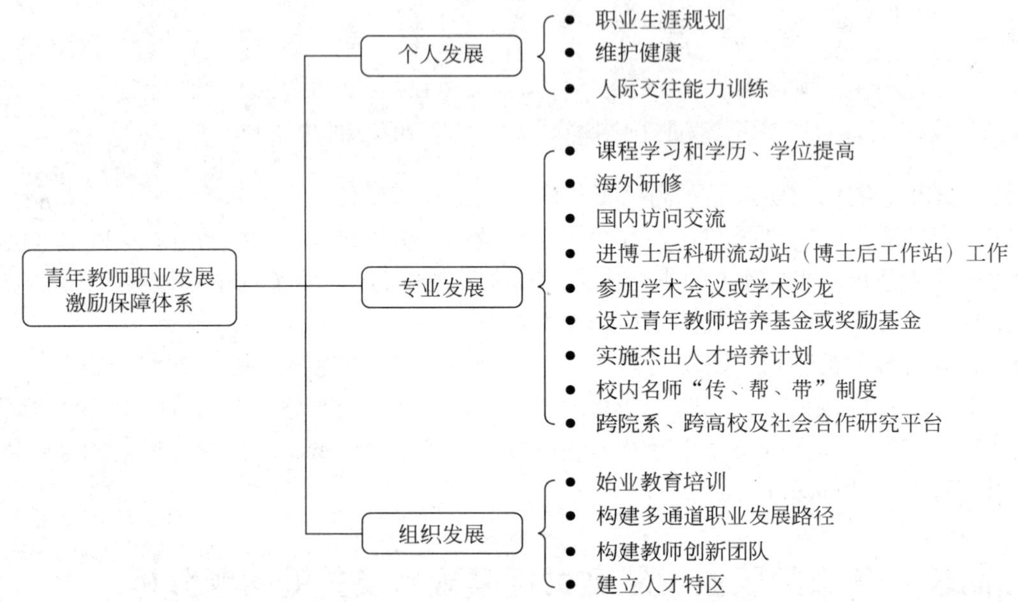

图 2-17　青年教师职业发展激励保障体系

1. 个人发展

高校青年教师个人发展主要是帮助教师明晰职业生涯，做好规划，维护教师身心健康，加强人际交往能力的训练。

职业生涯规划。职业生涯规划是指一个人对其一生中所承担职务相继历程的预期和计划，包括一个人的学习，对一项职业或组织的生产性贡献和最终退休。2006 年 3 月首都经贸大学成立了教师促进中心，是国内首个开展教师职业生涯规划与教师职业促进的教师互助组织。根据本次调查，在“高校青年教师激励保障体系中存在的主要问题”一问中，职业发展前景不明排序较后，表明青年教师对自己的职业前景比较清晰。

维护健康。本次调查显示，青年教师的日工作小时数为 8～12 小时，工作负荷相对较大，表明青年教师的科研和教学压力相对加大。此外，高校青年教师面对着家庭、住房等生活压力，较大的心理压力将影响青年教师的身体健康，关注和维护教师的健康状况日益重要。目前大多数高校为教师提供定期的体检，但在体检项目的多元化方面有待进一步完善。此外，部分高校开设“压力管理”等课程，帮助青年教师合理应对压力。

人际交往能力训练。良好的人际交往能力有助于青年教师逾越诸多工作、生活问题。目前，青年教师的人际交往能力没有得到高校的重视，通常被认为是教师自己的事，没有普遍开展人际交往能力的有效训练。

2. 专业发展

高校青年教师专业发展主要通过校内名师“传、帮、带”、学历进修、专项培训、合作研究、访问、学术交流、校内人才计划培养等方式进行。

校内名师“传、帮、带”制度。高校内的中老年教师经过多年的教学、科研工作，积累了丰富的经验，是高校内部的宝贵资源。在高校内挖掘优秀教师作为青年教师的职业导师，发挥老教师“传、帮、带”作用，加强青年教师职业发展能力培养。

课程学习和学历、学位提高。青年教师在学校教育时期获得的知识并不能完全满足教学、科研要求，且当今各学科知识更新速度快，这就需要青年教师根据教学科研需要参加相关课程的学习，或参加更高水平学历、学位的进修。例如，华中科技大学计算机学院推进“博士化工程”，鼓励青年教师获得博士学位。

海外研修。调查显示，在满意度评价中，无海外学习经历的青年教师在 ERG 三个方面的满意度最低。青年教师出国研修，可以完善高校学缘结构，拓宽青年教师的国际视野，促进学术交流，提升教学科研水平，扩大国际影响力，并建立与国外高等学校、学术机构交流合作的渠道。国家教育部留学基金管理委员会每年资助 4000～7000 名专业技术人才出国访问学习或攻读硕士、博士学位，开展博士后研究。浙江大学开展新星计划，为 35 岁以下的青年教师提供海外研修 1～2 年的机会，并于 2011 年起新增双语教学、后续国际交流专项计划。

国内访问交流。选派青年教师赴国内重点高校、国家重点实验室、工程研究中心做国内访问学者，是依靠国内现有条件和力量培养学术带头人和学术骨干的重要形式。教育部实施青年骨干教师国内访问学者计划，每年选派 1000 人到“211 工程”重点大学、国家重点实验室、工程中心进修学习。

博士后科研流动站（博士后工作站）工作。博士后科研流动站（博士后工作站）为刚毕业的博士生提供继续从事科研的平台。高等学校选派已取得博士学位的青年教师到相关博士后工作站进行两年的研究工作，以培养优秀专业人才。有些高校如武汉大学则采取师资博士后的办法，对期望来校从事教学科研工作的，须进本校博士后流动站从事两年的博士后研究。

参加学术会议或学术沙龙。参加学术会议，特别是国际学术会议，青年教师能获取本学科领域最前沿的研究动态和发展趋势，了解、探讨研究思想与理念，促进与著名同行专家进行交流合作。大连理工大学鼓励青年教师参加国际会议，所有费用由学校支付。

设立青年教师培养基金或奖励基金。对于刚参加工作的青年教师，开展教学科研及学术交流的经济压力较大，为使青年教师能尽快成长为教学、科研一线的主力军，许多高校采取了相关支持措施。浙江大学设有基础研究人才支持计划，设立专项津贴并实行长聘期，为从事基础研究工作的中青年教师潜心工作提供保障。

实施杰出人才培养计划。20 世纪 90 年代中期，科技部、教育部、人事部等部门联合开展了“长江学者计划”、“国家杰出青年科学基金”、“百千万人才工程”、“跨世纪（新世纪）优秀人才”等高层次优秀青年人才资助计划，为优秀的青年教师提供科研经费、发放奖金和津贴，保证优秀青年教师能专心开展科学研究，出高水平研究成果。各省市也实施了省级学科带头人、优秀青年骨干教师等资助计划。各高校也采取一些激励措施培养优秀青年教师，如浙江大学设置专项津贴、研究生导师资格及科研经费，为优秀青年教师独立开展科研工作提供保障。

跨院系、跨高校及社会合作研究平台。新时代的知识结构多元化，科研工作往往需要多学科的交叉、融合，因此高校可搭建跨院系交流平台，与其他高校优势学科交流、合作，可完善知识结构，促进交叉研究。同时，为促进科技成果转化，应大力搭建与社会各界的合作平台，利于科技成果落地实施。

3. 组织发展

高校青年教师组织发展制度和环境的建设主要采取始业教育培训，提供多通道职业发展路径，进行团队建设和人才特区建设等方式。

始业教育培训。开展针对性的入职培训有助于青年教师尽快融入新集体，了解高校文化与价值观，缓解进入新环境时紧张、焦虑心情。培训内容可涉及校史、师德、政策及规定、名师专题讲座、教学技能实训、素质拓展训练等。

构建多通道职业发展路径。教师职业通道是教师职业晋升和职业发展的路线，是实现职业理想，增强工作满意度，达到职业目标的路径。高校肩负着教学、科研、社会服务及文化传承的组织特性决定了教师的多重身份和发展方向，因此，根据学校战略目标的实现，结合青年教师成长特点，除传统的“助教-讲师-副教授-教授”发展阶梯外，应为青年教师构建多重发展通道：一是建立和完善分类管理，实行分类培养和分类评价；二是素质提升，由单一素质向综合素质的发展；三是人才目标式发展，建立层次清晰、结构完备的人才发展体系；四是采取灵活的聘任和管理模式，实行年薪制、终身聘用制和 PI 等方式。同时，对发展过程中不适应从事教师岗位的青年教师留有一定的转岗空间。构建教师创新团队。高校教师创新团队是以学术问题为纽带，围绕国家重大应用基础研究和预先研究、重大工程项目以及重点学科、专业、课程而组建的一种紧密型的教师基层学术组织。构建教师创新团队利于培养各类拔尖人才，为青年教师提供机会。

建立人才特区。人才特区是近几年在国内少数高校参照国外高校和研究机构建立的学术机构，其“特区政策”包括资金投入和运行机制两方面。一方面给予充足的资金支持，并提供优厚的生活待遇；另一方面给人才特区完全独立的人事权、经费使用权，享有较高的学术自由。南京大学着眼国际前沿领域，创建了模式动物研究所等六个学科特区，这些研究所先后承担了国际爱自然科学基金重点基金、国家杰出青年基金、科技攻关重点项目等十项科研任务，取得了大量的创新性成果，培养了一大批优秀青年教师。

（二）高校青年教师职业发展激励保障现状及关键问题分析

青年教师职业发展激励保障体系为国内高校提供了一个较为全面的参考框架，具体到实践应用环节，不同的高校由于所处阶段、定位及特点的不同，面对青年教师职业发展激励保障工作的重点、难点也不同，本部分将高校按照部属高校、地方高校进行区分，探讨在开展青年教师职业发展激励保障工作的实践过程中两类高校工作的侧重点及工作难点。

1. 部属高校

与美国相比，我国在高校青年教师的激励上还缺乏系统性，然而经过多年的发展和改进，目前国内部属高校在师资管理上也在逐渐向世界高水平大学靠拢。在青年教师职业发展激励保障工作中，部属高校面对的重点及难点工作如下。

（1）青年教师职业发展激励保障的重点工作

在个人发展方面，高校青年教师作为高校教育的主力军理应提升个人素质，借助高校教育平台实现人际交往能力的提升，实现自身健康的维护和改善，建构起适合职业发展的长远规划。部属高校青年教师教学任务较重且科研压力大，因此做好部属高校青年教师职业发展激励保障体系的重点在于教师个人发展层面需求与现状的明确。部属高校人才济济，青年教师教学经验不足，自我发展能力较弱，因此其获得教学资源的机会也相对较少，加上部属高校教学的压力与教学环境的复杂性，部属高校青年教师通常难以适应高校教育教学的现实环境，他们工作在教学科研第一线，承担大量的教学任务，如何做好自身职业定位、个人发展与家庭工作的平衡是摆在他们面前的难题，也是部属高校青年教师职业发展激励的重中之重。

在专业发展方面，专业发展是基于教师教书育人层面的发展需求，青年教师专业素质的高低直接影响到高校教学质量。促进专业发展理应贯彻到高校青年教师发展的全过程，支持青年教师掌握专业工作相关的知识、技能与意识，促进其在学科领域中的成长与发展。部属高校青年教师专业发展方面的激励重点在于教学技能训练的贯彻落实及科研热情的激发。部属高校部分青年教师缺乏教学技能，备课、授课及课堂管理能力不足，降低了教学实效。而且部属高校青年教师科研意识虽然很强，但存在单纯追求科研数量和任务的达成、科研参与意识和参与热情下降等问题。这两方面也成为制约部属高校青年教师专业发展的主要障碍。

在组织发展方面，有效的教学实施得益于良好的教学环境与氛围，对于部属高校青年教师来说，环境激励保障尤其重要。先天潜能必须在后天环境中才能正常发挥。因此高校青年教师职业发展激励保障离不开良好的环境引导与熏陶。大多数部属高校都有创建高水平大学的宏观发展目标，因此对于部属青年教师来说，其职业的复杂性与群体的特殊性使得环境建设必须体现支持性、鼓励性及援助性。这是部属高校青年教师职业发展实现的组织前提，也是部属高校青年教师组织发展的重点。此外，高校青年教师特别是人文社科青年教师面临教学设施陈旧、教学实验条件差、难以与国际先进水平相比的考验。部属高校青年教师作为新生代教师群体，尤其是近年来部属高校引进的青年教师大多具有海外学历或交流背景，更倾向于新的教学理念、教学模式的创新和尝试，部属高校青年教师的教学发展诉求与当前部属高校教学配套的矛盾化解成为部属高校青年教师职业发展保障体系建构的重点。教学发展是综合性的概念，既涉及教学条件的改善，又牵涉到教师学习材料的准备、教学模式及课程安排等，在全球信息化时代背景下如果完全沿袭传统的教学模式或者以原有的教学配套为依托，将难以实现真正意义上的教学创新与改革。

（2）青年教师职业发展激励保障的难点工作

在个人发展方面，要想实现青年教师职业发展激励保障体系的建构必须做好个人发展需求的满足，让青年教师基于自身需求主动投入到个人职业发展规划之中，而青年教师职业发展意识的强化则是部属高校青年教师保障体系建构的难点。引导部属高校青年教师提升自我发展意识，按照时间纬度建构来自过去现在及未来的三阶段发展规划，明确过去发展意识，了解当前自我意识发展状态，合理规划未来职业发展，通过三个维度的自我激发与暗示，提升部属高校青年教师的职业认同感，将教书育人的岗位职业与个人发展紧密结合，让教学真正成为个人发展的一部分，带动自身人际交往能力的提升，主动解决各种复杂问题，面对社会、家庭及学校带来的多重挑战，对职业发展有着更清晰的定位，有着更有效的职业发展规划，从而让教学融入个人发展与生活中，积极协调好教学与家庭、个人发展的矛盾冲突，得到自我发展的满足。变被动为主动，借助教学平台实现个人发展需求的合理满足。

在专业发展方面，从专业发展角度解读部属高校青年教师的激励体系建构，其难点在于如何实现教学技能的贯彻落实，让青年教师建立专业发展的自觉意识。更在于其科研热情的调动，让科研真正为高校教学所用。专业发展自觉意识的觉醒与培养本质上必须从理念的转变开始，青年教师应自觉地博览群书，参与教学技能培训与实践，借助互联网教学优势开展远程学习，继续教育，不断获得新的课程资源，提升教学实战技能。青年教师应虚心请教，基于自身性格明确教学优劣点，摸索出适合自身的教学方法。此外更应该将教学与科研结合起来，发现教学不足，不断创新尝试，积极参与高水平教学科研项目，在科研参与中提升专业发展能力，将最新的教学理论与教学技能运用到自身教学中，理论与实践结合，实现教学质量的提升。专业发展与激励挂钩，最大限度提升部属高校青年教师专业发展意识是长期性的过程。

在组织发展方面，难点在于对社会不利因素的负面影响规避及有利因素积极效益的最大发挥。对于部属高校青年教师来说，只有在良好的氛围熏陶下才能实现教学自觉性的唤醒。信息化时代的发展带来信息的泛滥，其中信息化的负面影响也备受关注。青年教师阅历少，缺乏应对经验，因此很难面对繁复的信息取其精华，去其糟粕。这是部属高校青年教师职业发展组织层面激励保障的难点。

2. 地方高校

地方高校相比于部委属高校，受办学经费不足、管理理念相对落后、学生生源较差等因素的制约，想要在激烈的高校竞争中赢得优势，实现持续发展，就必须打造一支高素质的师资队伍。与部属高校青年教师相比，地方高校青年教师的规模更大，但是地方高校青年教师的学术平台较低，学术职业发展面临更多的困境。因此，地方高校应加强对青年教师的激励管理，有效的激励能够激发教师专业发展的动机，能使教师产生内在的专业发展动力，能够激发教师参加专业活动的积极性。

（1）青年教师职业发展激励保障的重点工作

地方高校青年教师职业发展激励保障的重点工作包括青年教师提供良好的职业生涯规划，关注校内导师指导、研修培训及研究能力培养与研究参与，关注并探索建立科学合理的教师绩效评价体系。

个人发展方面，目前学校青年教师的职业生涯管理还没有切实开展起来，仅有的职业生涯规划课程是为学生开设的，无法为教师提供个性化的指导与帮助。在某地方高校关于“高校青年教师激励保障机制研究”的问卷调查中，有63.2%的青年教师认为学校没有给自己制定详细的职业发展规划，同时他们呼吁学校能给予明确的职业发展方向。因此对地方高校青年教师提供良好的职业生涯规划是工作重点。

在专业发展方面，地方高校青年教师的成长更多依赖于经验丰富的老教师的指导与带领，但是教育教学能力的培养是一个长期的过程，仅仅在制度层面规定导师面授的次数还不足以提高青年教师的教育教学技能。由于教学任务重，青年教师疲于应付繁重的日常教学工作，青年教师的进修、培训和学术交流相对较少，据问卷调查显示，在有关改进青年教师激励保障和职业发展的建议时，大多数青年教师提到要增加外出培训和学习的机会。此外，由于入职时间较短以及教学科研工作经验不足、社会资本较少等因素，青年教师申报成功的科研项目数仍不够多。因此，地方高校需重点关注校内导师、外出研修培训及科研项目等方面。

在组织发展方面，教师考核评价体系还相对滞后。每年年终的考核仅以合格、不合格、优秀等作为区分，并且考评结果一般都为合格，考评排优也出现轮流做庄或论资排辈的现象。各学院出台了听课制度，同行评分等制度，但基本也流于形式，考评并没有真正反应出实际情况，未充分反映人才成长的基本规律和不同学科之间的差异。因此地方高校需重点关注并探索建立科学合理的教师绩效评价体系。

（2）青年教师职业发展激励保障的难点工作

地方高校青年教师职业发展激励保障的难点工作在于解决工作量不平衡、人才梯队结构不合理等问题。

工作量不平衡问题。工作量分配不均现象是各院系和部门之间成长历史、发展特点以及工作重心不同而导致的不均衡，这既是学校内部各单位分工不同的反映，又是教师队伍建设与学科发展规划没有完全契合的表现。此现象在有内部分工的各种组织中均有存在，在新成立高校的起步阶段表现得尤为突出。图 2-18 为贵州理工学院 2015—2016 学年第一学期各教学单位人员教学工作量分段统计情况，从该表中可以看出体育教学部、大学外语教学部、机械工程学院、电气工程学院、马列主义教学部、理学院的周 8 学时达标率较高，超过了 50%；其中理学院最高，人均周学时达 15.5。其余排名靠后的教学单位或部门，由于尚未招生或者尚未开设专业课等原因，平均学时偏低。如航空航天工程学院、轻工工程学院、采矿工程学院、材料与冶金工程学院、经济管理学院的周 8 学时达标率偏低，不足 20%。

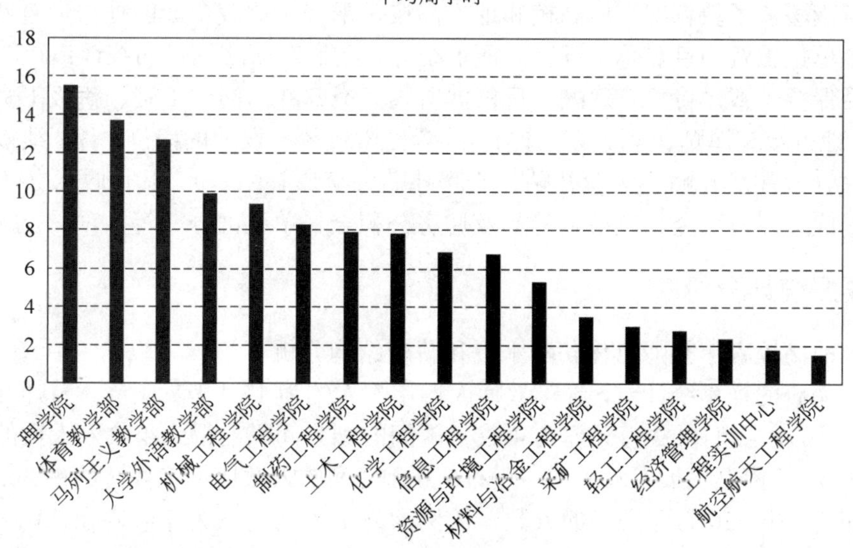

图 2-18　贵州理工学院 2015—2016 学年第一学期各教学单位人员教学工作量统计图

人才梯队建设问题。在地方高校教师队伍的结构方面，中青年教师占大多数，尤其是随着近年来人才引进的力度不断加大，新进教师数量增多，新进青年教师的年龄结构以及职称结构相对集中，使得地方高校人才梯队不尽合理。以贵州理工学院为例，按照贵州省事业单位岗位设置规定，学校总编制数为 1000 人，其中专业技术 750 人，专业技术人员中，高级职称占比为 38%，中级为 47%，从现有的职称结构看，已有高级职称 266 人（其中正高职称 49 人），占 38.89%，中级职称 241 人，占 35.23%，高级职称职数已超出，现有中级职称的 241 人基本上是新进的硕士研究生，届时职称评聘将会出现井喷现象。因此，人才梯队建设刻不容缓。

三、高校青年教师薪酬激励保障关键问题分析

（一）高校青年教师薪酬激励保障现状调研

通过对高校青年教师需求及满意度分析显示，青年教师生存满意度低，高度关注收入，希望提高薪酬水平和住房保障。我们通过高等教育学会薪酬研究分会对薪酬状况进行了调研，分析了薪酬激励保障关键问题。

1. 数据来源和统计口径

为了准确把握当前高校青年教师的收入水平、薪酬结构，明确当前青年教师的薪酬结构的保障性和激励性作用的差异，了解当前决定青年教师薪酬水平提升的因素，我们借助 2016 年中国高等教育学会薪酬分会的高校薪酬调查系统，对 2015 年数据进行系统分析。

薪酬调研数据来自薪酬研究分会的调研，课题组对数据进行了分类整理并筛选有效数据，抽取了来自全国各地区的年龄在 45 周岁以下的岗位绩效工资制的教师（未包含年薪制人员）数据样本共计 22549 个，地区范围包含华北、东北、华东、华南、西南、华中地区，高校范围覆盖了教育部直属高校和地方高校，形成了比较全面的抽样调查数据。

由于各单位工资项目名称不同，为便于统计，我们对薪酬项目的统计口径与薪酬学会的统计口径保持一致，将所有薪酬项目根据所属大类归并为岗位工资、薪级工资、国家政策津补贴、地方政策津贴、学校政策津补贴（含由学校统一发放的岗位津贴、绩效奖励等）、改革性补贴（含住房补贴、物业补贴、取暖补贴、交通补贴等）、其他收入（含院系奖酬金、科研提成、课时酬金、过节费等）及住房公积金（单位部分）等八项。

2. 数据统计分析

（1）当前高校青年教师总体薪酬水平和薪酬结构分析

从本次调研的样本统计看，青年教师人均年收入约为 17.4 万元（全体教师样本人均年收入 20.7 万元），我们以 2 万元作为年收入区间的划分间隔，得到年收入人数的分布情况如图 2-19 所示，其中，年收入在 10 万～16 万元之间的人数比例最高，约占 46.5%，其次为年收入在 16 万～20 万元之间的人数，比例约为 20%，再次为年收入在 20 万～30 万元的人数，约占 15.6%，年收入在 30 万元以上和 4 万～10 万元的两类人群分别占 7.3%和 10.5%，收入分布上呈“花瓶型”，低收入人群占主体，高收入人群相对分散，但由于少数

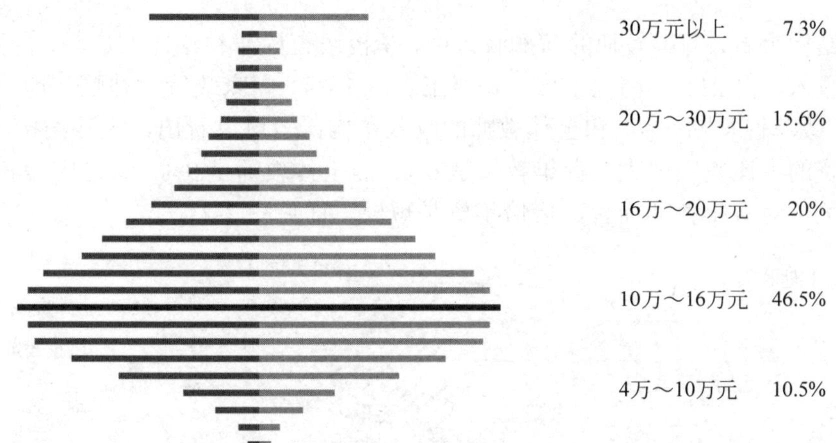

图 2-19 不同薪酬水平的人员比例分布情况

教师收入过高，使得人均年收入明显高于中位值（15 万元），说明在青年教师这一群体内部依然存在收入差距过大的问题。

上述统计显示，青年教师在全体教师中属于低收入人群，其他教师（不含青年教师）的人均年收入达到了 24.1 万，比青年教师的人均年收入高出 38.5%。青年教师和其他行业和部门的同等教育程度、同年龄人群收入状况比较如何呢？原中山大学校长黄达人教授在《教育部直属高校教师收入结构调查分析与政策建议》中对七个省市的 16 所高等学校近 5 年的博士毕业生年收入进行了分区间统计调查，将博士青年教师收入与同年龄段博士毕业、从事非教育行业的人群收入进行比较分析。文中通过样本分析，获得不同行业的收入情况，收入的比值如图 2-20 所示。通过青年教师收入调查分析以及近五年毕业博士收入情况调查，我们发现青年教师收入水平偏低，缺乏竞争力，收入结构不合理，保障严重不足。各高校在收入分配时向青年教师倾斜的政策不是特别有效。如何提高青年教师收入，增强教师岗位的吸引力，调动青年教师工作积极性，还要从整体薪酬的概念角度衡量青年教师的实际收入水平，需要从薪酬体系设计的整体布局出发，多角度改革教师的薪酬分配方式[①]。

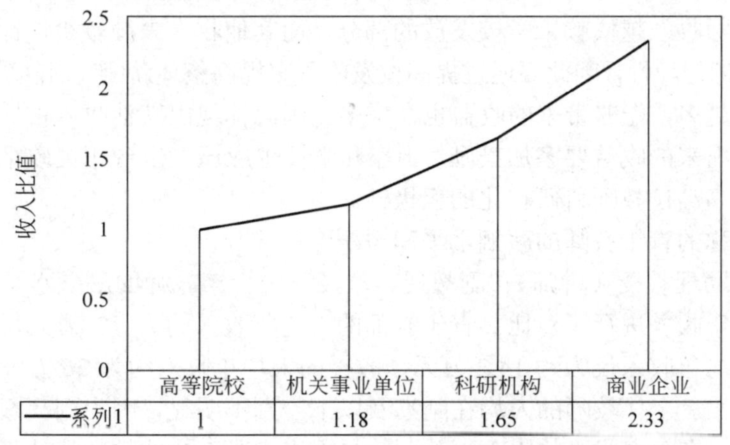

图 2-20 不同行业博士毕业五年人员收入情况对比

① 黄达人. 教育部直属高校教师收入结构调查分析与政策建议. 2012 年 5 月

从薪酬结构来看，青年教师的薪酬收入中，学校政策性津补贴比例最高，占到了 47%，其次是其他收入，占 21%，岗位工资、薪级工资占 18%，国家政策津补贴和地方政策津补贴仅为 8%，改革性补贴 6%，和全体教师的收入结构比较可以看出，大致结构比例接近，只有薪级工资的占比差别较大，青年教师是 6%，而全体教师是 9%，这是因为薪级工资和年资直接相关，对青年教师而言，恰恰年资是短板。详见图 2-21。

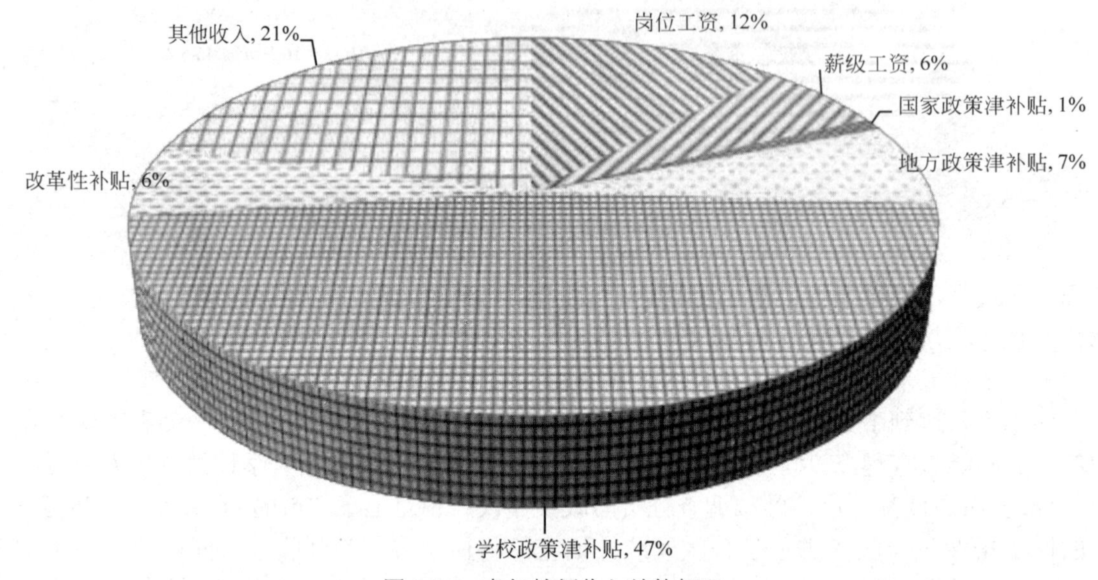

图 2-21　青年教师收入结构概况

将薪酬收入划分为校发收入和其他收入两部分，并按照年龄分段来统计，如图 2-22 所示，35 岁以下教师校发部分占总收入的 81%，35～40 岁教师校发收入占总收入的 79%，40～45 岁教师校发收入占总收入的 78%，可以看出年龄越小的教师校发收入占比越高，随着年龄增长其他收入的占比逐步提高，和全体教师的收入结构相比，全体教师的收入结构中其他收入占 22%，而 35 岁以下的青年教师的其他收入只占总收入的 19%，差别比较大，说明越年轻的教师收入越依赖于学校发放的部分，而其他收入来源较少，针对这部分教师薪酬要体现更好的保障性，因此要通过提高校发收入来提高整体薪酬；而随着年龄增长，科研成果积累越来越多，能够带来的收益也在增多，因此体现出其他收入占比越来越高，对于这种科研转化而来的收益要多加鼓励，国家和学校也应该多出台相关政策增大科研转化的收益比例，提高高校教师科研转化的积极性。

（2）不同职称的青年教师的薪酬水平和薪酬结构的分析

我们统计了助理教授（讲师）、副教授、教授三类青年教师的薪酬水平，并与全体教师按职称的人均年收入进行了对比。青年教师的人均年收入约为 17 万元，但是，助理教授（讲师）的人均年收入仅为约 14.2 万元，教授的人均年收入约为 26 万元，职称不同产生的收入差距很大。全体教师的人均在副高及以下差别不明显，因为副高级以下群体就是以青年教师为主，在正高职称的收入上差距就显现出来了，全体教师统计正高人均收入为 29.3 万，比青年教师高出了 12.7%（见图 2-23），说明青年教师即使在职称上晋升到了正高级，收入仍然存在明显差距。

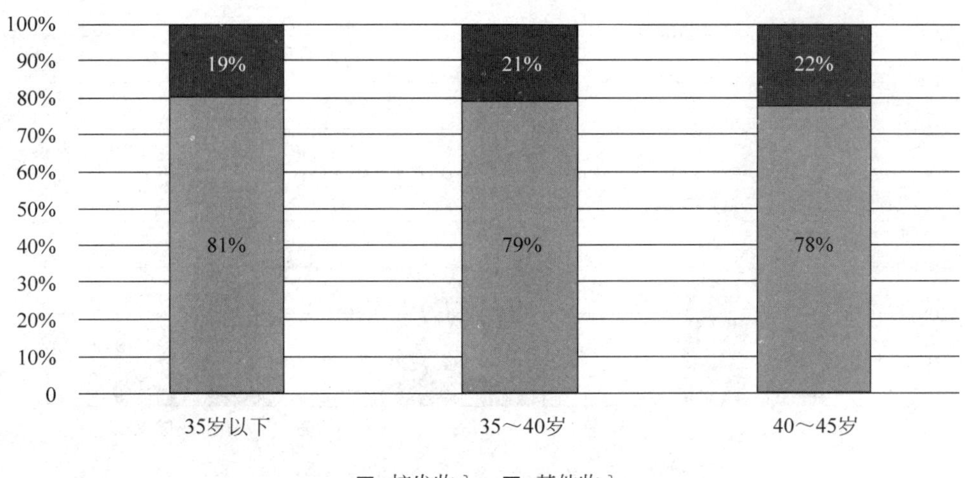

图 2-22 不同年龄青年教师收入结构情况

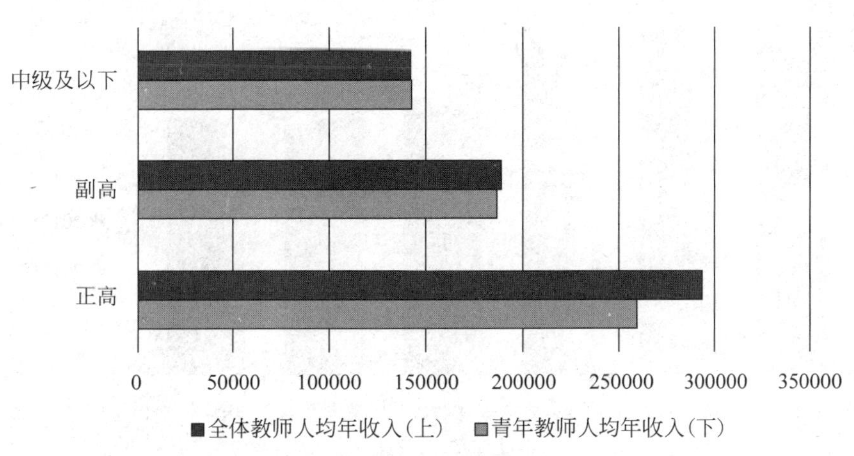

图 2-23 各类职称的青年教师人均年收入比较

通过对比薪酬结构，我们发现，随着从讲师到教授的职称的升高，薪酬结构中的校发工资比例在下降，其他收入的比例合计在升高（见图 2-24）。说明随着职称的晋升，教师的科研积累越多，有科研项目和成果等带来的收入比例也随之攀升，这样的薪酬结构对鼓励教师科研以及自身发展有着积极意义，但同时对于科研积累相对较少的青年教师就会带来更多的压力，需要加强薪酬的基本保障性。

通过研究各个职称之间收入的级差，发现国内高校正高与副高的收入级差与美国高校比较相近，在 1.5 倍左右，国内高校副高与中级的级差大于美国高校，如图 2-25 所示。说明国内中级及以下的教师收入与高级职称收入差距较大，而中级及以下职称是以青年教师群体为主，所以职称间收入差距过大的矛盾就集中体现在青年教师这个群体上，因此需要提高青年教师的薪酬水平，缩小职称之间的级差，构建更合理的薪酬体系。

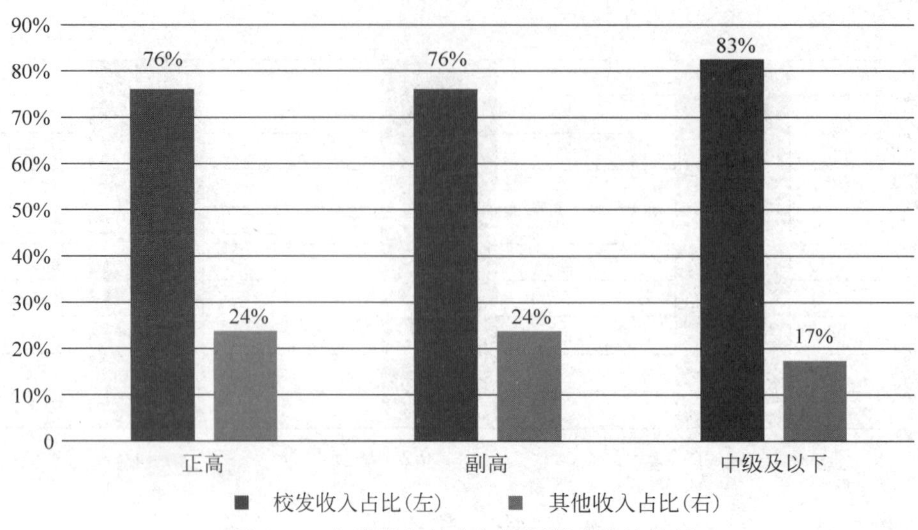

图 2-24　各类职称的青年教师薪酬结构分析

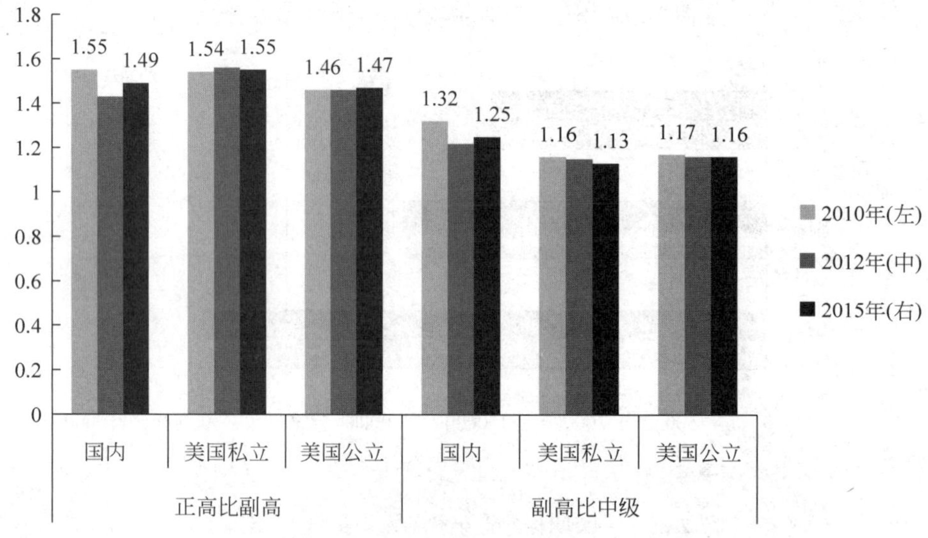

图 2-25　国内高校不同职称收入差距与美国高校对比

（3）不同学科的教师之间薪酬水平和薪酬结构分析

从图 2-26 可以看到，当前各学科青年教师的人均年收入约为 17.4 万元，其中，经济学和管理学的青年教师人均年收入最高，约 29 万元，其次为法学和医学，分别为 18.4 万元和 17.1 万元，工学青年教师的收入，人均每年约 16.6 万元，文史哲、理学、艺术学和教育学差异不大，基本都集中在 15 万～16 万元之间，而农学的青年教师的人均年收入最低，约为 13.6 万元。排在最高的经济学和管理学，人均年收入遥遥领先于其他专业，和最低相比差距更在两倍以上，这也反映出不同学科带来的收入差距在青年教师群体中尤为突出，这种现象会造成一种导向，人才向热门学科集中，而基础学科将面临人才匮乏的局面，这种社会上的由于学科造成的收入差距不应在高校中表现的如此突出，高校的首要任务是教书育人，培养人才，高校教师的收入由学科带来的差异不应过大。从人才培养的角度，学科收入差距需要采取适当的方式予以调整。

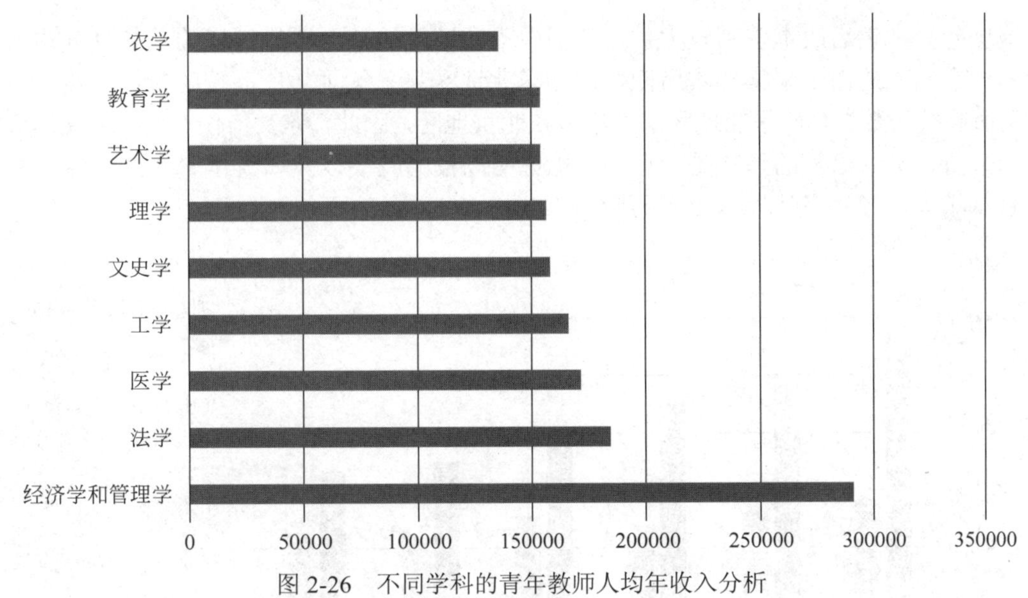

图 2-26　不同学科的青年教师人均年收入分析

从薪酬结构来看，各学科青年教师的各项薪酬所占比例也有所不同，除了经济学、管理学和工学，其他学科的校发部分占比均在 80%以上。经济学和管理学的校发部分占比为 76%，而工学的校发部分占比仅为 54%，充分反映出应用学科和基础学科薪酬结构的不同，应用学科中其他收入的部分占比比较大，特别是工学达到了 46%，占总收入近一半，现有的薪酬结构能够激励教师将科研应用于实际，并带来个人收益上的提高，但是是否有利于高校进行前沿性和探索性研究的定位，还有待商榷，详见图 2-27。

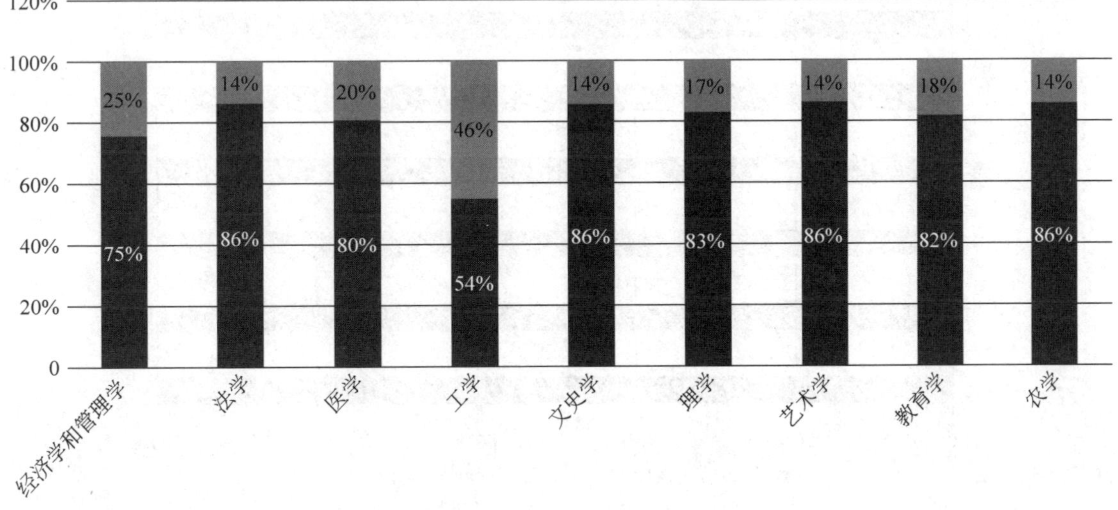

图 2-27　不同学科的青年教师薪酬结构分析

（4）不同地域的教师薪酬水平和薪酬结构分析

地区收入水平比较来看，华北地区青年教师平均收入最高，为 23.8 万元，西南和东北地区青年教师收入较低，分别为 11.7 万元和 12.5 万元，见图 2-28。形成这一结论的原因，一是地域差异，生活成本差别较大，这从图中不同地区的社会平均工资的差异也可看出趋势基本一致；二是由于采集样本所限，比如东北地区只采集了一所高校的数据，西南地区只有两所高校的数据，而华北地区基本集中在北京地区，因此，该数值仅有参考意义。从数据显示来看，呈现出来的趋势是合理的，也说明高校的发展以及研究水平和区域经济发展状况息息相关，经济发达地区更容易吸引人才。

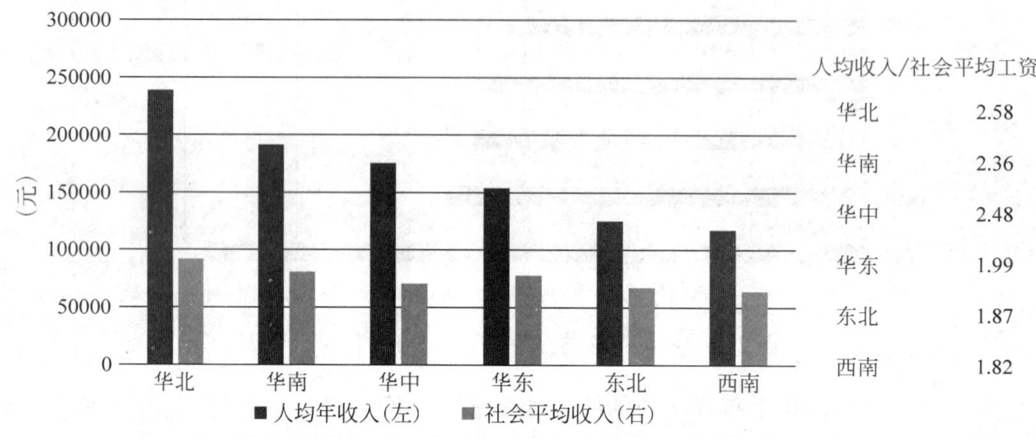

图 2-28　不同地区青年教师人均年收入与社平工资比较

薪酬结构按地域分布如图 2-29 所示，薪酬结构依地域不同有较大的差异，在收入水平较高的区域，薪酬结构中校发的比例越低，其他收入的占比越高，说明这些区域高校教师的自身的科研成果带来的收入比例较高。

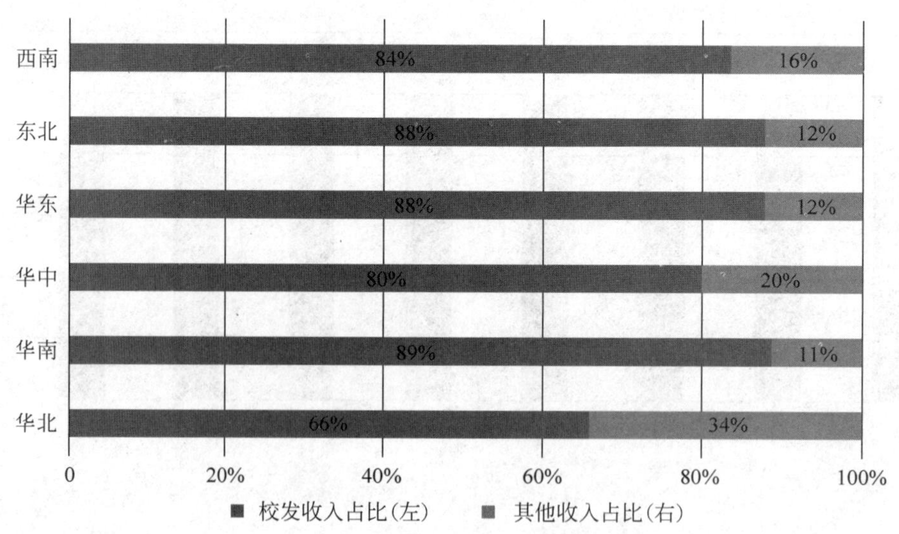

图 2-29　青年教师薪酬结构按地域分布情况

根据 2016 年 11 月中国房地产业协会在中国房价行情平台公布的各地区平均房价，选取了几个城市来计算青年教师收入对于住房的购买力，图 2-30 显示，上海和北京等发达地区青年教师购房压力大，以其现有收入购买 100 平方米的房屋，在不考虑生活消费以及贷款利息等因素的条件下，需要 30 年和 22 年的时间才能支付住房价格；东北部和西北部分地区青年教师收入水平不高，但平均房价低，住房购买力强，以他们现在的收入水平购买住房，只需要 4 至 8 年就能完成支付（见表 2-14）。总的来说，虽然经济发达地区的青年教师收入比欠发达地区要高，可是考虑所属地区的消费水平，反而是经济发达地区的青年教师购买力更弱，生活压力更大，幸福感更低。

表 2-14　青年教师收入与所在地区房价情况对比

城市	年均收入（元）	房价（元）	房价/收入（年）
上海	153208	4650000	30
北京	238877	5370000	22
南京	136548	2350000	17
广州	191308	2220000	12
武汉	184832	1420000	8
重庆	121822	730000	6
长春	125167	660000	5
长沙	169449	760000	4

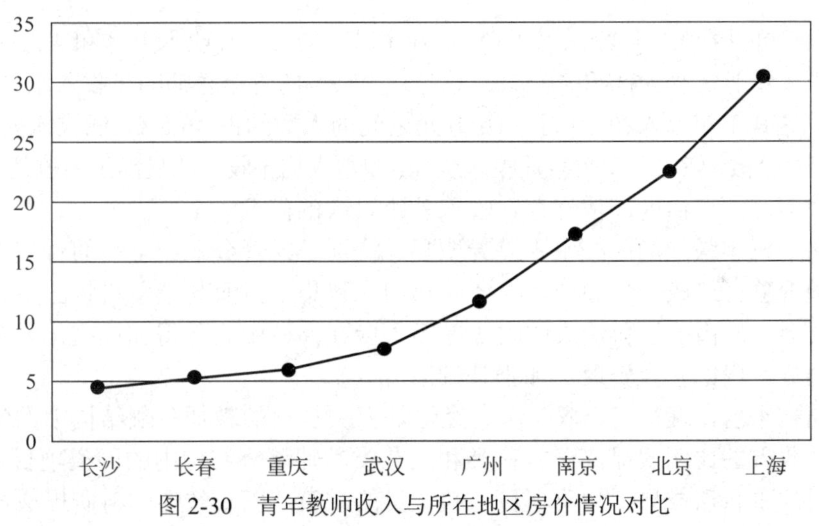

图 2-30　青年教师收入与所在地区房价情况对比

（二）高校青年教师薪酬激励保障关键问题分析

1. 薪酬水平低，缺乏竞争力

青年教师总体收入水平不高，缺乏国际竞争力，从国内看也缺乏行业竞争力，与教师薪酬期望存在较大差距。我国高校青年教师平均年收入为 17.4 万元，与美国研究型大学助理教授相比，青年教师平均年收入仅达到其 1/3。从整体上看，青年教师收入缺乏外部竞争力，即使青年人才的年收入与美国助理教授相比，也还存在一定的差距。

对不同行业博士毕业五年收入水平比较，高等院校收入比机关事业单位、科研机构和商业企业都低，科研机构收入为其 1.65 倍，商业企业收入为其 2.33 倍，青年教师薪酬行业竞争力弱。

根据对高校青年教师激励保障体系中存在的主要问题的调查，收入水平的重要程度占到 31%。青年教师认为收入水平低，收入水平问题在所有问题中居首位。结合当前的物价上涨、房价暴涨等社会现象，让青年教师感受到收入水平是一种核心压力。因此，提高青年教师工资水平是当前激励体制中需要进一步考虑的。

2. 薪酬结构不合理

当前青年教师的薪酬结构中，岗位工资、薪级工资、国家政策津补贴和地方政策津补贴等政策保障性薪酬项目的比例仅占 27%，而学校政策津补贴和其他收入则合计占到了 73%。这表明，当前决定青年教师薪酬水平高低的是学校政策津补贴和其他收入。但是，学校政策津补贴和其他收入的提高与科研和教学工作量、科研项目、工作成果密切相关，对于还在科研起步期的青年教师，无法获得更多的科研项目带来的货币转化情况下，现有的薪酬结构很难满足保障性的要求，无法创造一个让青年教师安心“坐冷板凳”，潜心科研的环境，从而使得青年教师在科研创造力最鼎盛的时期，却在不得不将大部分精力用于解决温饱，不利于青年教师的长期发展。

3. 薪酬内部差距大

从上述研究可以看出，年收入水平在 30 万元以上的相对高收入群体和 4 万～10 万元的相对低收入群体分别只占 7.3%和 10.5%，总计达 82.2%的青年教师的年收入水平在 10 万～30 万元之间，这其中年收入在 10 万～16 万元之间的人数约占 46.5%，低收入人群占主体，高收入人群相对分散，但由于少数教师收入过高，使得人均年收入明显高于中位值（15 万元），说明在青年教师这一群体内部依然存在收入差距过大的问题。

不同学科的青年教师的薪酬水平差异明显，特别是经管金融类学科的青年教师薪酬水平偏高。这种现象会造成一种导向，人才向热门学科集中，而基础学科将面临人才匮乏的局面，这种社会上的由于学科造成的收入差距不应在高校中表现得如此突出。对于一些基础学科，应设立专门的基金资助，加强基础研究。

从薪酬结构来看，理、工、农、医、经管等五类学科的教师薪酬结构中的学校政策性津补贴和其他收入的比例明显高于文科类和文艺类教师薪酬结构中的同类项目，这与学校在绩效分配时注重科研成果、科研项目、教学量的政策，以及教师的科研提成和课时收入密切相关。

4. 薪酬调整机制有待完善

薪酬调整机制未与青年教师职业发展有机结合。研究表明，青年教师具有独特的成长路径和发展规律。青年教师在完成求学阶段的博士阶段学术训练后，会有一个适应学术职业化的短暂时期。此时，青年教师产出速度减慢，成长速度趋于平缓。但此时，青年教师内心对于成功与成就及其向往，也是最需要认可的阶段；在参加工作的最初阶段，是青年教师形成正确教育思想与良好心理素质的关键时期，一些有潜力的青年教师在这个阶段初露头角；在适应初期生涯阶段后，青年教师进入快速发展期，其创造力与贡献率持续上升，对外部支持的要求也不断提高。进入职业生涯的“高原”期，青年教师大多拥有丰富的学术成果与科研资源，学术水平达到高峰，同时也承担了更多的学术压力与工作负荷，在科研创造方面可能进入瓶颈期；直到进行合理有效的过渡后，青年教师进入新一阶段的成长期。而现行的薪酬调整机制尚未与青年教师特有的成长阶段与发展规律相结合，不能提供有效的激励保障需求。

薪酬调整机制未与国民经济发展和物价水平相结合。教师薪酬调整没有规律，没有与国民经济发展相结合，也没有随着物价水平的提高而得到相应的调整，因此，工资水平不能反映社会生活水平的提高速度，反而降低了实际购买力，对于处于压力逐渐增大的青年教师极其不利。

第三章　高校青年教师激励保障体系的比较研究

一、国际与国内青年教师激励保障制度比较分析

随着高等教育的发展，教师的薪酬福利激励与职业发展建设成为各国教师队伍建设的重要内容。通过对比分析主要国家青年教师的激励保障制度，有利于拓宽视野，开拓思路，借鉴先进经验，使得激励保障体系构建更为科学、合理。

（一）职业激励保障制度比较分析

1. 聘用和晋升

在国际上，高校一般采取公开招聘、择优汰劣、非升即走的职业激励和保障制度，常任轨制度择优汰劣，终身制提供职业保障。以美国高校为例，从制度设计看，一般给予刚走出校门独立开展研究的博士5～7年的考察期，叫做常任轨。在这期间，学校专门成立评定委员会，每二年评定一次，依据明确的标准和程序决定是否给予副教授职位和终身教职。如果不能在通常的两个合约聘期之后晋升，则要离开大学，即实行“非升即走”政策。对副教授和教授实行基于试用期的“终身教职”聘用制度。大学对外招聘的岗位一般是讲师或助理教授，特殊岗位需要时，也会招聘教授，直接签订终身聘约。这种“公开招聘，严格遴选，逐级晋升，非升即走”的选人用人政策和机制，既保证了入口的严格把关和晋升过程的择优汰劣，也为获得终身教职的教师提供了不受失去工作的威胁和自由探索的保障，是一种理性的职业保障制度。

从国内的实践来看，我国也正在建立类似国际通行的“公开招聘、非升即走”的聘用制度，但是在不同的高校，其制度的完善性不同。有的高校对与青年教师的激励措施缺乏有效的机制和方法，在岗位聘用和职务晋升的时候，缺乏明确的评价指标，评价体系不科学，存在比较普遍的“论资排辈”现象。不少高校的考核评价工作仍停留在凭印象打分阶段，评价结果难以应用，最终影响教师的职业发展。在职业激励保障制度方面，应更加重视经济欠发达地区。这些地区的高校在考核制度、人事制度等方面，比东部较为发达的省份更加不完善，对青年教师的职业激励效果有限。

2. 专业培训

从国际上来看，高校非常重视年轻教师在聘用后的职业发展。以美国大学为例，大学教师发展的理论模型指出大学教师发展是在态度、过程和结构三个层次上展开的，认为“大学教师发展”是“提高能力、扩展兴趣、胜任工作、从而促进教师专业与个人发展的过程”。[①]因此国际上对大学教师职业发展非常重视，通过鼓励青年教师参加有关教学和学术科研的探讨会（Seminar）、工作坊（Workshop）、学术会议（Academic Conference），不断加强青年

① 林杰，李玲. 美国大学教师发展的三种理论模型[J]. 现代大学教育，2007，(1): 62-66.

教师的学术能力和教学水平。

从国内来看，各高校也开始重视进修培训，但是培训进修与青年教师年终考核、评优、薪资、晋级关联不大，有的培训内容缺乏系统性、专业性，吸引力和效果有限。从青年教师自身的角度看，由于教育实践不足，职业体验不够，学术能力还有待提高，对培训有内在需要，但同时青年教师在教学和科研方面职业压力与角色压力都很大，有的缺乏时间参加系统的职业培训。

3. 荣誉激励

从国际上来看，各校都很重视教师荣誉体系的设立。以美国为例，为了稳定教授队伍，一般大学特别是名牌大学，都试图聘请那些在学术上极有影响的教授为终身教授，终身教授一般也称作某大学的讲座教授。在一般的讲座教授以外，还有以某人名字命名的讲座教授或教授。这也是西方共同的特点。以某人命名的教授知名度更高，如哥伦比亚的杜威讲座教授、牛津大学的齐切里道德——政治讲座教授、剑桥大学坦纳宪法讲座教授等。美国大学还设立有杰出教授（Distinguished Professor）或者大学教授（Univeristy Professor）。在学术和教学方面各高校和学术期刊，或者学术团体也会设立各类奖励和荣誉，奖励那些在学术和教学领域突出的学者。

从国内情况看，荣誉体系的设立能起到激励教师进行创造性劳动的作用，更好发挥骨干教师的专业引领作用。政府和各个高校也在不断地尝试，如设立各类教学奖、学术奖，以及评选学科带头人、国家优秀青年科学基金、国家杰出青年科学基金获得者、长江学者、千人计划、青年千人计划等等。我国已经初步具备了针对教师，包括青年教师国家荣誉体系，但是在各个高校自身还未系统地设计教师，特别是青年教师的荣誉体系。荣誉体系是把奖赏从外部调控转化为个人自我调控的重要手段，荣誉对个体内驱力的激发起着重要的作用，也对整个组织产生激励和象征意义，应该重视和不断加强。

（二）薪酬福利制度比较分析

1. 薪酬基础

国际上通常实行基于学术职务的管理体制，教师职务及晋升、薪酬福利和评价等共同构成教师人力管理体系的要素。教师的学术职务及其承担的相应职责和完成情况是薪酬福利等相关制度的基础。

国内在这方面一般是以学历和学术职务及工作年限为基础，刚毕业的学生还没有获得学术职务，主要参考学历情况。近年来，随着海外引进人才增多，越来越接近国际上的通行做法，青年教师的薪酬福利主要以职称为基础，较多考虑工作贡献、学术经历和未来发展潜力，而较少考虑工作年限。职称的提升对于提高青年教师的薪酬水平的决定性较强，职称越高，薪酬水平也越高，体现了学术职务为导向的薪酬福利制度。

2. 薪酬结构

国际上教师（包括青年教师）的收入结构主要由基本工资、绩效工资(或奖金)和福利三部分构成。通常，基本工资占教师总收入的55%～60%，福利占30%～35%，绩效工资占 5%～15%。绩效工资比重较低是国外高校教师工资制度的普遍特点，反映了高校教师职业特点与工资收入稳定性之间的内在联系。

从国内情况来看，青年教师的薪酬结构更加多元，其中岗位工资、薪级工资、国家政策津补贴和地方政策津补贴等政策保障性薪酬项目的比例较高，约占 79%，而具有激励作用的学校政策津补贴和其他收入则较低，约占 21%。这表明，青年教师由于其职称较低、学术声望还未建立，主要还是依靠岗位工资、薪级工资等保障性收入，而与科研和学术相挂钩的激励性收入则比较低。在福利制度方面，原来的低工资高福利模式有所改变，高校教师作为事业编制人员纳入养老保险体系、取消了原来的住房政策，有的高校解决周转房和少量的政策性住房，开始引入职业年金、商业医疗保险等福利方式，促进福利多元化。

3. 薪酬水平

国际上高校教师的平均工资收入处于社会中上水平。高校教师实行公务员制度的国家，收入比较稳定，平均工资水平在全社会中处于中等偏上，其中高层次职务人员（教授、副教授）的工资水平处于较高位次，有的国家（如新加坡、香港地区）高校教师总体收入处于上等水平。高校教师为非公务员的国家，总体水平也处于社会中等偏上。同时，由于教师工资制度的运行机制比较灵活，与劳动力市场联系密切，教师工资水平因学校类别、学科领域甚至所处地域而产生的差异比实行公务员制度的大。

从国内来看，青年教师总体收入水平不高，与国际高水平大学相比较差距较大，缺乏国际竞争力。尤其是青年教师的职务职级往往相对较低，学术成果较少，社会知名度较低，因此，低收入群体占主体。

4. 工资增长机制

国际上，高校教师工资增长有两种方式：一是根据高校自身薪酬体系所决定的工资定期增长，通过对教学、科研和社会服务的评估，决定教师职务的晋升和薪级的增长，包括晋升职务增加工资、晋升工资档次，这是工资结构内部增长机制。二是与消费指数（物价上涨）挂钩所引起的工资增长，这种增长通常具有社会普遍性，即社会各行业普遍采取的薪酬增长。

从国内来看，青年教师基本工资（岗位工资、薪级工资）的变动一般与岗位分级、专业技术职务和行政职务晋升、考核以及学历、工龄等因素挂钩，且原则上只能逐级滚动。但是基本工资的调整缺乏固定的机制，往往是依据不定期的国家政策来进行调整，与消费指数也没有明确的挂钩。

5. 经费来源

从国际上看，高校经费来源总体上是多元化的格局，包括政府拨款（含科研基金和资助）、学费收入、企业研究合同与资助、私人捐赠及投资、教育性销售和服务收入、高校附属企业收入、教学医院收入以及学校独立经营性收入等。值得注意的是国外高校中，社会捐赠是一个重要来源。

从国内来看，高校的主要收入还是以政府拨款和科研经费为主，而地方院校科研经费更少，主要是依靠政府拨款。国内高校经费中，社会捐赠的比例仍然很低（参见表 3-1）。

表 3-1　2014 年各省高等教育经费支出　　千元

地区	总计	国家财政性教育经费	民办学校中举办者投入	社会捐赠经费	事业收入	其他收入
合计	817861475	493339068	3403222	4359056	274632264	42127865
北京	87720231	58397295		992439	23381116	4949381
天津	20973064	14162176		81142	6055618	674128
河北	24629004	14370365	186268	7144	9508049	557178
山西	16034610	9989149	178221	18	5011303	855919
内蒙古	11120344	7851368	1000	15965	2979756	272255
辽宁	32310325	19997943	82101	98083	11313684	818514
吉林	20717370	13812662	260000	25023	6000340	619345
黑龙江	22438687	12340044		22575	8441005	1635063
上海	51869686	35963164		233359	13049525	2623638
江苏	61811501	34491600	59000	912545	21037977	5310379
浙江	38676045	20196556		262586	14403646	3813257
安徽	23306845	14541020	44836	55323	7769509	896157
福建	20385847	10207254	518033	296912	8555137	808511
江西	18654759	11279010	87000	4677	6690298	593774
山东	40958991	25409303	195548	111059	14157751	1085330
河南	32594833	19521172	217151	33794	10793428	2029288
湖北	44311705	25516117	577787	92848	16458429	1666524
湖南	30322094	18147521	52652	61889	10206560	1853472
广东	55300682	29934306	345830	554491	22270791	2195264
广西	15297872	8720196	19031	25299	6131151	402195
海南	4264938	2563097		4434	1560345	137062
重庆	20343566	10750869	114736	41314	7835381	1601266
四川	37207042	21022645	327496	141445	14443670	1271786
贵州	10231702	6706683	3710	30390	2835527	655392
云南	15294531	8788657	132822	75031	4928057	1369964
西藏	1563150	1413687			142387	7076
陕西	35105012	20493296		133094	12552342	1926280
甘肃	10709843	6890095		25410	3374123	420215
青海	1534320	1120055		873	277677	135715
宁夏	3189356	2247527		1368	760849	179612
新疆	8983520	6494236		18526	1706833	763925

二、高校青年人才与普通青年教师激励保障比较分析

（一）青年人才和普通青年教师职业发展比较分析

青年教师在“双一流”（即一流大学，一流学科）的建设中发挥着越来越重要的作用，因此高校在人才争夺方面势必有更高的内驱力。青年人才具有扎实的学术背景，较高的创新创造能力，同时国际化程度高，相对于资深的传统人才，青年人才的学习环境基本同步于当下最新的科技发展，对新技术、新知识的学习能力更强，发展潜力更具空间性。

为了更好地刻画高校青年高层次人才的特征和成长规律，深入研究青年人才和普通青年教师之间的差异，我们在前期调研的基础上，专门针对这类群体做了第二次问卷调查。共有 417 名青年人才有效样本纳入本次调研。其中，青年人才中年龄最小为 28 岁，最大为 45 岁，平均值为 38 岁。教学年数最少为 1 年，最多为 25 年，平均教龄为 7.72 年；天平均工作小时数最少为 8 小时，最多为 16 小时，平均值为 12.67 小时，年平均收入最低为 12 万元，最高为 66 万元，平均收入为 22.63 万元。

1. 青年人才和普通青年教师生存状态、归属感和发展需求的对比

我们运用独立样本的 *T* 检验，比较了青年人才与普通青年教师在生存状态、归属感和发展需求上的差异，具体如表 3-2 所示。

表 3-2　青年人才与普通青年教师需求与实际满意度差异的独立样本 *T* 检验

自变量	类别	个案数	平均值	显著性（双尾）
生存需要	青年人才	417	4.3301	0.293
	普通青年教师	1516	4.3774	
生存需要满足	青年人才	417	3.3082	0.000
	普通青年教师	1516	3.0060	
归属需求	青年人才	417	4.3579	0.000
	普通青年教师	1516	4.1964	
归属需求满足	青年人才	417	3.6325	0.000
	普通青年教师	1516	3.3253	
成长发展需求	青年人才	417	4.3698	0.366
	普通青年教师	1516	4.4100	
成长发展需求满足	青年人才	417	3.4532	0.000
	普通青年教师	1516	3.1077	
住房	青年人才	417	2.3789	0.997
	普通青年教师	1516	2.3786	
性别	青年人才	417	0.1871	0.000
	普通青年教师	1516	0.3760	
年龄	青年人才	417	38.2182	0.000
	普通青年教师	1516	36.0660	
学历	青年人才	414	4.0000	0.000
	普通青年教师	1516	3.8239	
职称	青年人才	417	4.7314	0.000
	普通青年教师	1516	3.3661	
教学年数	青年人才	417	7.7218	0.000
	普通青年教师	1516	6.1398	
日平均工作小时数	青年人才	417	10.7218	0.000
	普通青年教师	1516	10.2451	
年平均收入	青年人才	417	22.6038	0.000
	普通青年教师	1516	11.4286	

以上结果说明：

① 青年人才在归属需求方面，比普通青年教师有更高的要求；

② 现有激励体系在满足青年人才生存需要、归属需求以及个人发展需求方面做的比普通青年教师好；

③ 青年人才在职称、学历、待遇方面更优；

④ 青年人才在男性比例方面更高；
⑤ 青年人才在工作中投入的时间较普通青年教师要多；
⑥ 在物质需求（生存需求）和住房方面，二者没有显著的差异；
⑦ 在成长需求方面，二者没有显著的差异。

2. 现有激励保障体系对青年人才需求的满足

通过上述对比研究发现，青年人才无论是在职称、学历还是待遇方面都比普通青年教师更优，现有激励体系在满足青年人才生存需要、归属需求以及个人发展需求方面做的也比普通青年教师要好得多。下面我们针对青年人才的生存、归属和发展需求与其满足程度的情况进行研究。

青年人才的生存需要与其满足程度的对比，如图 3-1 所示。

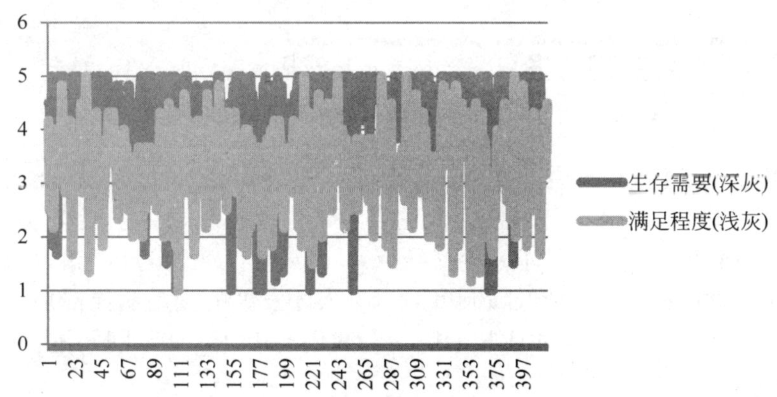

图 3-1　青年人才的生存需要与其满足程度的对比

结合配对样本的 T 检验生存需要的满足落后于生存需要 1.021，且显著。运用 Wilcoxon 符号秩检验做了更进一步分析，仅有 34 个调查者认为现有激励体系能够满足他们的生存需要（即正秩），35 个样本认为供求平衡（结点），高达 348 名认为自己的生存需求没有得到满足（即负秩）。可见现有激励保障制度对青年人才生存状况的满足滞后于需求。

青年人才的归属需要与其满足程度的对比，见图 3-2 所示。

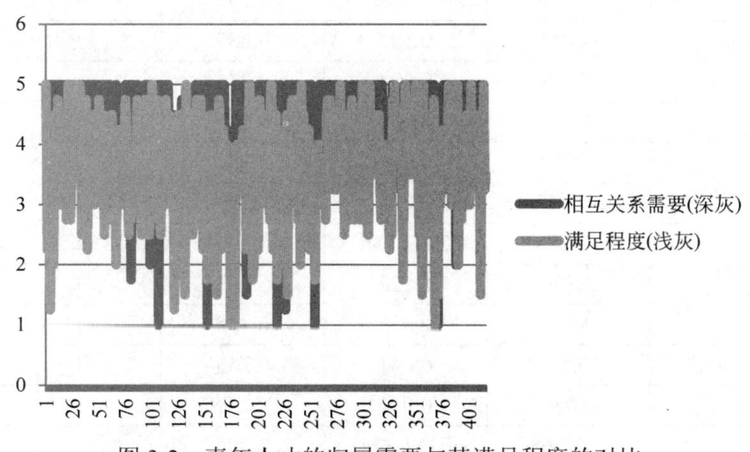

图 3-2　青年人才的归属需要与其满足程度的对比

结合配对样本的 T 检验，归属需要的满足落后于归属需要 0.725，且显著。用 Wilcoxon 符号秩检验做了更进一步分析，仅有 34 个调查者认为现有激励体系能够满足他们的归属需要（即正秩），81 个样本认为供求平衡（结点），高达 302 名认为自己的归属需求没有得到满足（即负秩）。可见现有激励保障制度对青年人才归属的满足滞后于需求。

青年人才的发展需要与其满足程度的对比，如图 3-3 所示。

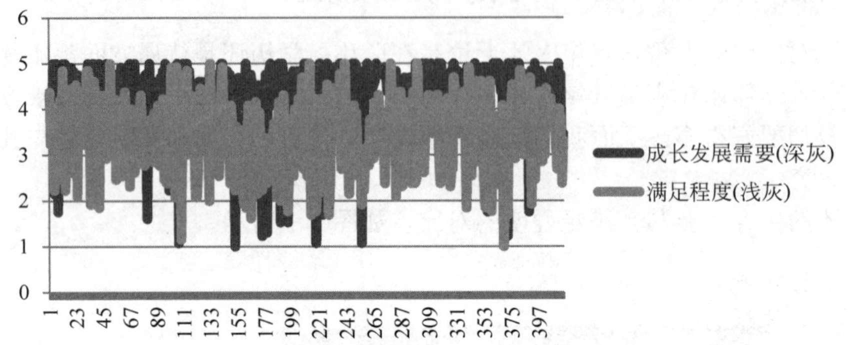

图 3-3　青年人才的发展需要与实际满意度的对比

结合配对样本的 T 检验，发展需要的满足落后于发展需要 1.021，且显著。运用 Wilcoxon 符号秩检验做了更进一步分析，仅有 54 个调查者认为现有激励体系能够满足他们的发展需要（即正秩），14 个样本认为供求平衡（结点），高达 349 名认为自己的发展需求没有得到满足（即负秩）。可见现有激励保障制度对青年人才发展的满足明显滞后于需求。

为了进一步考察影响青年人才成长的因素，我们运用 logistic 回归进行分析，结果如表 3-3 所示。

表 3-3　二元 logistics 回归分析

自变量	B	标准误差	Wald	自由度	显著性
生存需要	–0.194	0.208	0.868	1	0.352
生存需要满足	0.021	0.165	0.016	1	0.899
归属需求	1.140	0.250	20.761	1	0.000
归属需求满足	–0.085	0.188	0.206	1	0.650
发展需求	–0.738	0.242	9.291	1	0.002
发展需求满足	0.153	0.192	0.635	1	0.426
学科	–0.006	0.034	0.035	1	0.851
住房	0.054	0.082	0.435	1	0.509
性别	0.050	0.209	0.057	1	0.812
年龄	–0.162	0.034	22.224	1	0.000
学历	17.708	2037.836	0.000	1	0.993
职称	2.796	0.176	253.637	1	0.000
教学年数	0.070	0.027	6.790	1	0.009
一天平均工作小时数	–0.036	0.041	0.753	1	0.385
年平均收入	0.056	0.011	25.178	1	0.000
常量	–79.768	8151.344	0.000	1	0.992

可以看出，相互关系需求的 Wald 值为 20.761、显著性为 0.000（小于 0.001），达到显著水平；成长发展需求的 Wald 值为 9.291、显著性为 0.002（小于 0.05），达到显著水平；同样地，年龄、职称、教学年数、年平均收入均显著，因此，相互关系需求水平、成长发展需求水平、年龄、职称、教学年数、年平均收入可以合理地解释（及预测）人才层次的高低。

从结果可以看出：

① 物质条件对于青年教师成长为高层次人才的影响力不显著，如生存需要，住房等；

② 现有的薪酬保障体系满足高层次青年教师与否，对他们的个人成长影响不显著；

③ 自身的归属需求（即主动融入学术共同体的内需求）、发展需求对青年教师成长为高层次人才的影响是显著的；

④ 年龄是影响青年教师成长为高层次人才的重要因素；

⑤ 职称、教学年数、年平均收入与高层次人才是相关的。

（二）青年人才和普通青年教师薪酬待遇比较分析

1. 青年人才和普通青年教师的薪酬和福利待遇对比研究

青年人才是高校中坚和可持续发展的重要资源，分析青年人才的收入情况，并与海外高校进行国际比较，寻找差距，非常有意义。

本次研究涉及全口径 45 岁及以下的青年人才共 659 人（占青年教师的 2.9%），其中实施年薪制的有 70 人，平均年薪为 31.75 万元，实施岗位绩效工资的有 589 人，平均年收入为 36.54 万元。因年薪制人员样本数量较少，不具代表性，后面的数据分析都是以岗位绩效工资 589 人作为样本进行的。

人才分布和收入对比的情况见图 3-4，从数据可以看出，青年人才中，院士和千人的样本数相对较少，仅供参考。千人的整体年收入水平相对是最高的，依次是长江、杰青、青年千人，青年长江，青拔和优青。青年人才的收入比普通青年教师高 1.7～3.1 倍，比普通教师高 1.4～2.7 倍。

青年人才和普通青年教师收入比较，如图 3-4 所示。

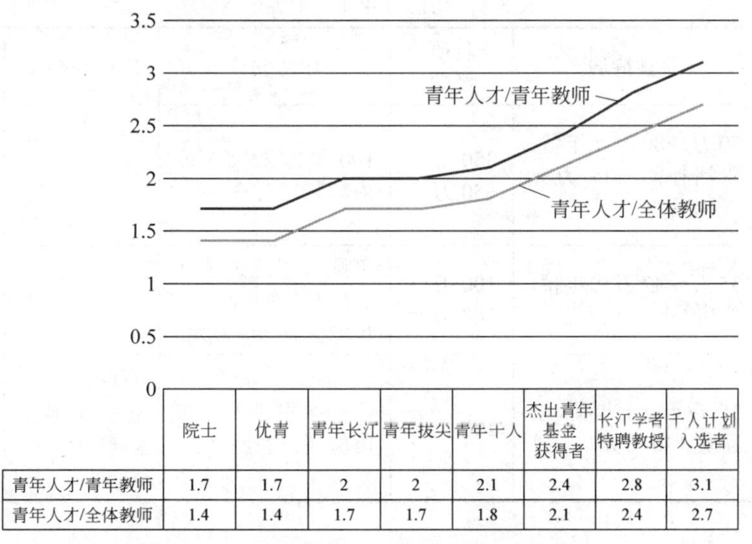

	院士	优青	青年长江	青年拔尖	青年千人	杰出青年基金获得者	长江学者特聘教授	千人计划入选者
青年人才/青年教师	1.7	1.7	2	2	2.1	2.4	2.8	3.1
青年人才/全体教师	1.4	1.4	1.7	1.7	1.8	2.1	2.4	2.7

图 3-4　青年人才和普通青年教师以及全体教师的收入对比

可以看出青年人才的收入要远远高于青年教师的收入均值，其中差异最大的是千人计划入选者，收入达到青年教师人均收入的 3.1 倍，即使是和全体教师对比，不同类型的青年人才的收入也高于教师的平均收入，从 1.4～2.7 倍不等。

青年人才提供了学科门类的大约有 300 个样本，各个学科的样本数参见图 3-5，艺术学只有 1 个样本，不具代表性。其他学科年收入由高到低分别是经济学和管理学、医学、法学、工学、力学、农学和文史哲。经济学和管理学、医学都缩小了与国际上教授收入水平的差距，以 AAUP 全美研究型大学年均收入教授的收入（11.73 万美元/年，2014—2015 年）为参考，工学、理学、农学、文史哲年均收入基本上是国际上相关学科教授收入水平的一半。

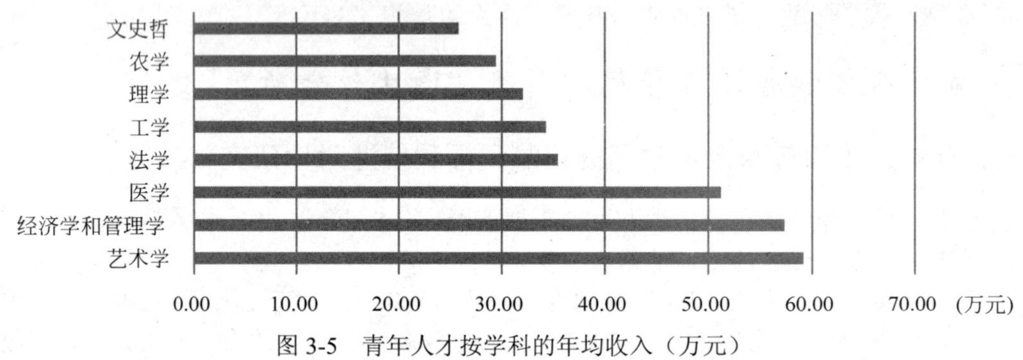

图 3-5　青年人才按学科的年均收入（万元）

目前国内高校在引进人才方面，非常看重青年人才，对这部分人才资源的竞争也愈演愈烈，各个高校出台了很多具体的政策措施来吸引青年人才。以青年千人为例，国家对青年千人入选者一次性补助 50 万元，并根据实际情况提供 100 万～300 万元科研经费，在此基础上各个高校都给出了非常优厚的政策，选取几所高校的具体待遇情况显示如下（详见表 3-4）。

表 3-4　高校青年千人待遇一览

高校名称	薪酬待遇	科研经费	住房安排	岗位与招生	其他支持
南方科技大学	70 万～80 万元年薪，生活补贴 225 万元（税后）	350 万～650 万元	100 平方米以上校内精装修公寓	独立 PI	舒适办公条件，一流实验设备，子女入学等
北京理工大学	35 万～42 万元年薪，住房补贴 50 万元	100 万～300 万元	可购“引进人才住房”（两居室，按市场价优惠 100 万元）	教授，博导	落户北京，子女入学等
西安电子科技大学	35 万元以上年薪，安家费 140 万元	200 万元	可购买引进人才预留房（三室两厅）	教授 保证 1 博士 1 硕士招生名额	30 平方米办公房，配偶工作，子女入学

2. 青年人才与普通青年教师收入结构对比研究

对比青年人才与普通青年教师按职称划分的收入结构分布（见图 3-6），普通青年教师的校发收入占比明显高于青年人才收入结构中校发收入的占比。说明除了学校发放的薪酬外，青年人才在参与科研项目，争取科研经费方面更具有竞争力，其他收入的占比更高，这也提高了他们的收入水平。

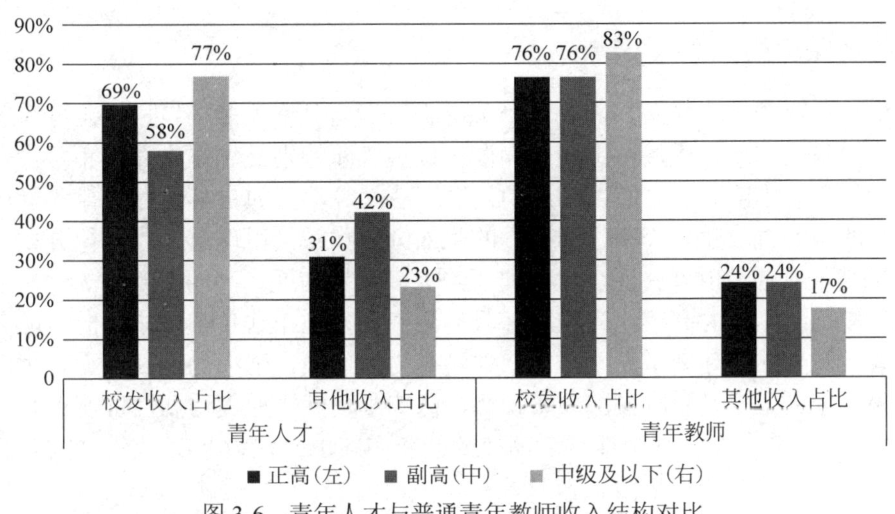

图 3-6　青年人才与普通青年教师收入结构对比

（三）青年人才和普通青年教师激励保障需求差异分析

1. 职业发展需求满足度不够

通过研究发现，在职业发展方面，不管是青年人才还是普通青年教师都存在需求满足度不够的问题，但同时两者之间在生存需要满足、相互关系需要、相互关系需求满足、成长发展需要满足、学科、性别、年龄、学历、职称、教学年数、一天平均工作小时数和年平均收入上也存在显著差异。其中，青年人才在生存需要满足、相互关系需要、相互关系需求满足、成长发展需要满足、年龄、学历、职称、教学年数、一天平均工作小时数和年平均收入上，均高于青年教师。因此需要针对青年人才和普通青年教师提供不同的职业发展环境和条件，才能适应青年人才的发展需要，也相对满足普通青年教师的职业发展需求。但是，在生存需要和住房情况方面，青年人才与普通青年教师的差异不明显，表明这些方面是基本需求，且满足度不高。

2. 薪酬和福利待遇差距问题突出

无论是在国家还是在学校层面上都有很多针对青年人才的激励政策和条件，这就使得青年人才在自身发展和薪酬收入方面均比普通青年教师获得更高的满意度，对于青年人才而言，在激励保障方面也的确更能和国际接轨，为个人提供了很好的发展条件和空间，有利于青年人才在短时间内取得很好的成果。但是从另一个角度来看，在整个青年教师群体中，青年人才毕竟还是占极少数（本次样本中只占比 2.9%），而对于整个高校而言，发展的中坚力量还是青年教师这个大群体，如果高校把大部分精力都放在人才引进上，顾此失彼，会忽视高校青年人才的成长与专业发展，是否符合学校的发展战略和学科建设要求？重点引进和激励有头衔的人才特别是海外高层次青年人才，会不会产生“精英激励困局”效应，即激励一个（群）人，麻木一群（类）人？因此完善和提升青年教师整体的激励保障体系，引导高校青年教师这一个群体自主地进行专业发展，让他们有更多的时间和精力从事科研和创造性活动才是重中之重。

3. 激励保障模式急需调整

激励机制设计的价值导向，需要从“关键少数”向“绝大多数”拓展。毋庸置疑，向高层次人才倾斜的制度安排，对于培养和催生拔尖人才特别是领军人才功不可没，但也存在资源过度堆积、拔苗助长等不可回避的问题。从高等教育的自身运行规律和青年教师成长发展规律的角度看，建立“高位均衡”的收入分配体系，由现有的“幂律分布”向“正态分布”转变，或者说由“关键少数”向“绝大多数”拓展。

作为高校创新主体的高层次青年人才具有较高的内在工作价值需求，但是现有过度强调绩效或者效率导向的陡峭型激励结构，并没有为他们提供强大的创新动力，相反激励错位严重抑制其创造力；我们应该深刻意识到，传统激励模式加剧功利性价值观和实用主义思维，侵蚀内在工作价值；从全球著名高校的创新实践以及建设“双一流”的客观要求看，变革现有激励结构已经刻不容缓。

三、“双肩挑”青年教师与普通青年教师激励保障比较分析

高校“双肩挑”青年教师既从事管理又参加教学科研工作，是高校青年教师中较为特殊的一个群体，他们在我国高校教学科研中发挥了重要的作用，成为高校管理干部队伍中一支重要力量，但是在激励保障方面，他们比普通青年教师更需要关注薪酬激励、职业发展保障、评价机制及荣誉激励等方面的问题。

（一）“双肩挑”青年教师职业发展主要问题

与普通青年教师相比，“双肩挑”青年教师在职业发展方面也遇到了一些问题，在实际操作中面临的困难主要有以下几个方面。

（1）工作负荷重，不同工作内容时间分配冲突。“双肩挑”青年教师在高校里既担任重要的领导职务又担任教师职务，要做好这两种岗位的工作均需要全身心的投入。一些“双肩挑”干部走上领导岗位之后，需要参加各种会议，应接不暇，还要反复制订修改各类文件，各项工作需要投入大量的时间和精力，而现有的学术竞争规则对“双肩挑”干部形成很大的压力，导致在学术和管理两方面时间难以协调，许多人的工作重心在管理与学术两者之间不停地摇摆，繁忙的工作导致严重的休息时间不足使他们感到焦虑不安、疲惫不堪。双肩挑教师和教学科研并重青年教师相比，工作负荷重是其更加突出的工作压力，见图 3-7。

（2）管理能力需要与时俱进而产生的压力。当前社会环境日益复杂，社会发展变化迅速，高校管理工作日益繁杂，新形势下对“双肩挑”的能力要求更高。不管是学生思想政治工

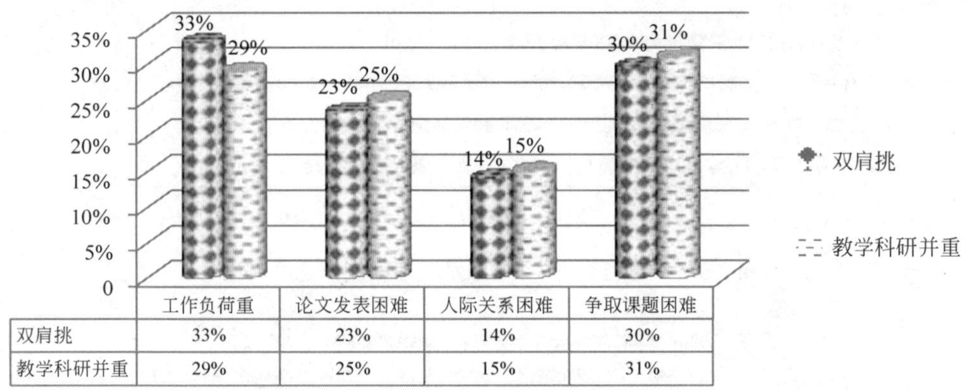

	工作负荷重	论文发表困难	人际关系困难	争取课题困难
双肩挑	33%	23%	14%	30%
教学科研并重	29%	25%	15%	31%

图 3-7 “双肩挑”干部工作压力问题对比

作还是学校管理工作，问题交织错综复杂，很多事情没有规律可循，需要有较丰富的工作经验、更强的全局把握能力和创新思维能力。因此，需要“双肩挑”干部在教学科研之外，加强思想政治理论和管理科学理论的学习，提高素养，需要教师与时俱进，投入精力，自觉提高，还需要学校提供平台，加强培训，提供更多的职业发展保障，如图 3-8 所示。

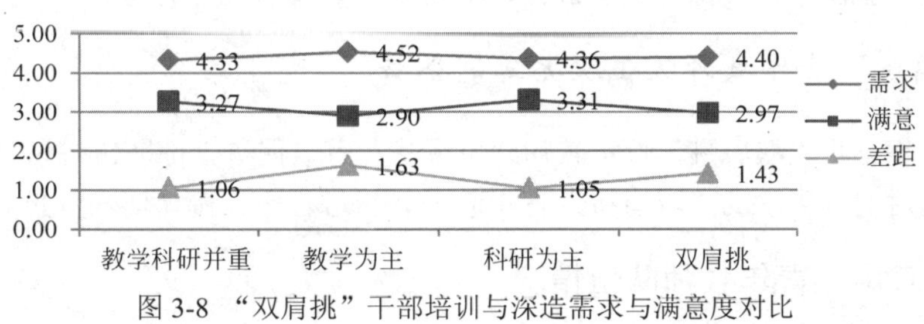

图 3-8 “双肩挑”干部培训与深造需求与满意度对比

（3）评价指标更为复杂。“双肩挑”干部首要的职责应当定位明确，不同的岗位性质和兼职模式决定了教师在其管理岗位上的时间和精力投入力度，进而要对他们的管理业绩进行考核。但由于管理岗位与教师岗位的比较利益问题，许多“双肩挑”干部仍选择按教师系列进行岗位等级评聘。教师岗位的评聘往往是“硬指标”，教学与科研产出均有明确的要求，而管理岗位的考核却是“软指标”，管理绩效期望的界定并不明确，因此很难对他们实际完成的管理工作业绩与预期完成的工作进行对比。双重角色给工作考核带来许多困难，评价机制的不完善造成了职责不清，对学校的激励奖惩机制满意度低，参见图 3-9 和图 3-10。在实践上，“双肩挑”干部的管理工作投入程度和管理绩效高低，主要取决其自身的觉悟，而非制度的约束和保障。

（4）职业发展前景不明确。原人事部颁布的《事业单位岗位设置管理试行办法》（国人部发[2006]70 号）明确规定：“事业单位人员原则上不得同时在两类岗位上任职，因行业特点确需兼任的，须按人事管理权限审批”。在具体执行中，严格控制同时聘任在管理岗位和专业技术岗位的“双肩挑”对象，对范围、条件和程序等方面做出规定。高校“双肩挑”队伍的发展和建设受到了一定的影响，各单位逐渐减少“双肩挑”的岗位，高校“双肩挑”队伍逐渐缩小。一些高校进行的教师聘任制改革，提高了学术标准，采取分类评价和“非升即走”、多元分配等措施，对“双肩挑”教师的实际影响很大，也使得教

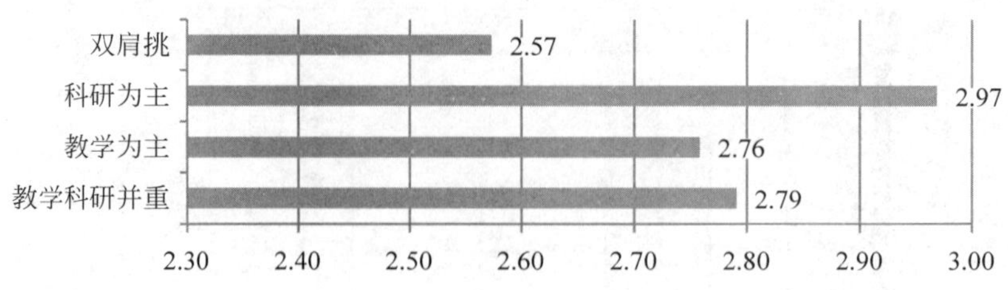

图 3-9 “双肩挑”干部对激励奖惩机制满意度对比

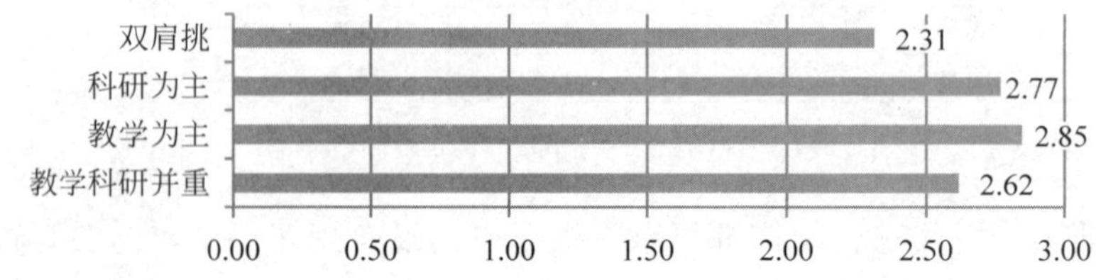

图 3-10 “双肩挑”干部对个人付出与收入紧密挂钩满意度对比

师从自身学术发展考虑，不太愿意承担兼职管理岗位。如何充分发挥“双肩挑”教师的最大效能，采取措施激励这一部分教师群体，值得我们认真研究和思考。

（二）“双肩挑”青年教师队伍状况实例分析

为了进一步分析“双肩挑”青年教师队伍现状，有效促进干部队伍建设和青年教师发展，我们专门对清华大学的“双肩挑”青年教师队伍进行了案例调研和分析。

1.“双肩挑”青年教师队伍情况

“双肩挑”青年教师队伍主要包括院系和校机关中层干部队伍，如院长（系主任）、副院长（副系主任）、院系党委正、副书记、学校机关正、副部（处）长等，还有一部分基层干部队伍，主要构成是负责学生工作的学生组组长、研工组组长、班主任等。

清华大学中层干部队伍中，45 岁以下“双肩挑”青年教师 120 余人，主要分布在院系，少部分在校机关，其中正职干部约占 20%。校机关的“双肩挑”干部队伍一般把人事关系转到校机关，但执行的是专业技术岗位等级以及教师工资标准，他们一般以管理工作为主，主要履行管理岗位职责。这部分干部来源广泛（如图 3-11 所示），主要来自国内外高校，他们具有丰富的教学和研究经验。随着近几年引进海外人才的增多，这支队伍中的应届毕业生来源途径减少，海外归国人员增加。

68%的“双肩挑”干部来校前单位为清华大学，说明了“双肩挑”干部有其岗位的特殊性，选拔经验丰富的教师，例如从学生时代在各类辅导员岗位锻炼的教师，更加充分熟悉工作，在工作能力和工作经验上具备优势。他们的工龄分布在 6～20 年之间，从侧面反映出在选拔“双肩挑”队伍时比较注重教师的工作经验，在学术方面要有一定的基础，取得一定的成绩，又要有相当的经验积累和人生体验。他们基本上是高级职称，以副高和正高为主；大部分“双肩挑”干部队伍在专业学术领域取得了良好的进展，在学校教师队伍改革中，他们多数进入了教研系列，占总人数的 66%；60%以上获得人才称号或人才计划

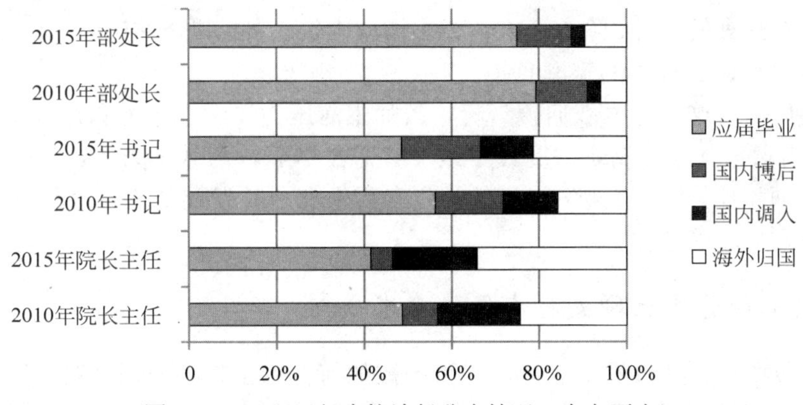

图 3-11　正职干部来校途径分布情况（自左至右）

支持，近 50%获得了国家和部委的人才计划如长江特聘教授、杰青、中青年领军人才、青年千人、青年拔尖人才、青年长江、优青等，未获得国家人才计划支持的青年教师，大约有 14%获得校内人才计划的支持。他们在学术和管理方面都取得了较好的成绩，但是学术成就的进一步发展，需要付出更多的精力，需要相应的政策保障，以期在职业高原期获得更大的突破。

基层干部队伍的主要构成为负责学生工作的学生组组长、研工组组长、班主任等，这支队伍也是压力最大、矛盾最为集中的群体。他们的工作以教学科研为主，管理工作为辅。对 30 余位研工组长（其中有 8 位是女教师）的情况进行了统计分析。他们平均年龄为 36 岁，平均上岗时间 2 年多，有 4 位上岗时间超过 5 年，职称以中级和初级为主，是“双肩挑”教师队伍中相对年轻的一批，他们工作经验较少，研究基础较弱，整体反映工作压力较大。

2. 对“双肩挑”干部队伍的压力调研分析

学校专门对研工组长进行了相关的调研，包括教学、科研和管理工作时间投入、睡眠时间、经济压力、职称等情况，结果反映了这部分群体经济压力和工作压力都很大。

工作投入方面，在教学、科研和管理工作中，按照每天 8 小时计算，他们投入的管理工作时间占一半以上，平均为 4.1 小时。但是，时间分配个体差异相当大，有的投入管理工作时间达到 75%，个别教师投入时间达到 80%以上，但有的投入时间少于 20%，仅与非“双肩挑”教师所要求的公共服务工作量相当。一些教师在管理工作上占用掉的时间，以牺牲休息时间的方式把减少的教学科研时间补回来，因此，他们多数在夜间和周末等休息时间从事科研工作；他们的平均睡眠时间大约 6 个小时，个别教师的平均睡眠时间仅 5 个小时。

这些研工组长都有教学任务，其中 32 学时以上占 80%，64 学时以上占 40%，有的教师教学工作时间达 100 多个学时；平均承担科研项目 3.4 项。

在职称方面，大部分研工组长属于新教研系列，目前只有 1 位已经评上高级职称，多数教师处于准聘阶段，面临未来申请长聘的压力。

88%的青年教师认为工作压力很大，其中 58%的青年教师认为工作压力非常大。

70%以上的青年教师认为经济压力很大，其中 33%的青年教师认为经济压力非常大。

认为经济压力非常大的教师，除1个人认为工作压力很大外，其余都认为工作压力非常大，他们73%已婚已育，有较重的家庭负担。

调研结果显示，这部分“双肩挑”青年教师生活压力、学术压力和晋升压力都较大，与前述ERG需求与满意度调研情况较一致（参见表2-4），与教学为主、科研为主和教学科研并重的教师相比，“双肩挑”青年教师生存需求和成长发展的满意度最低，是职业激励保障最为需要关注的群体。

（三）“双肩挑”青年教师支持与保障需求分析

根据调研数据统计（参见表3-5），对于高校如何为青年教师做好“双肩挑”工作提供政策支持，青年教师主要认为“双肩挑”教师需要花较多的时间完成管理岗位上的工作，在一定程度上影响了科研工作的开展，希望设立专门的职称晋升通道，为青年教师提供更好的发展环境；此外，也认可减免教学工作量，以及提供额外的管理津贴，切实将收入与个人付出相挂钩。

表3-5　青年教师担任“双肩挑”工作的激励保障条件选择（频数）

内容	第一选项	第二选项	第三选项	第四选项
减免教学工作量	421	401	408	286
设立专门的职称晋升通道	594	341	296	285
提供额外的管理津贴	320	448	396	352
延长准聘期	181	326	416	593

不同工作侧重点的教师需求不完全一样，例如从事教学、科研或教学科研并重的普通教师或者入选人才称号的青年教师，对于“双肩挑”支持条件的需求也有差别（参见图3-12），中级及以下的青年教师希望设立专门职称晋升通道支持“双肩挑”工作，而中级以上职称的青年教师希望通过减免教学工作量、提供额外管理津贴给予支持，相对来说，延长准聘期限的支持不太有吸引力。

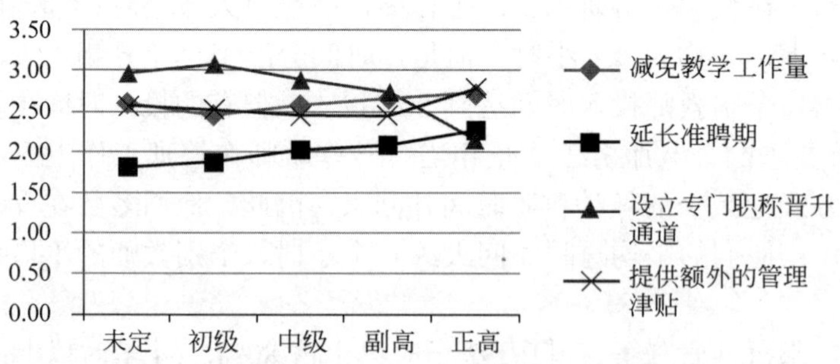

图3-12　不同职称青年教师对于“双肩挑”支持措施的选择

“双肩挑”青年教师压力大，但是目前学校激励保障措施不足。随着高校教师学术标准提高，人才资本发挥着越来越重要的作用，从事“双肩挑”管理期间对于学术发展具有一定的影响，学校对青年教师的培养降低，个人奉献的成分增加，因此，青年教师从事“双肩挑”工作，承担了学术科研和行政管理的双重压力，两者之间的矛盾较为突出。青年教师平衡和处理好业务与管理工作的关系较以往困难，一定程度上出现承担管理工作积极性不高、管理工作投入不足、回归学术比较困难等问题。各个高校文化建设和发展阶段不一样，青年教师所希望提供的支持与保障也有差别，从实行准聘-长聘制度的高校看，“双肩挑”教师面临的教学研究工作和行政管理双重的压力，学校层面需要自上而下地从制度、政策和规划等各方面建立有效的保障机制，提供切实的支持。

第四章　完善高校青年教师激励保障体系的政策建议

一、完善高校青年教师激励保障体系的总体思路

按照习近平总书记提出的“来得了、待得住、用得好、流得动”的总体要求，深刻把握高校青年教师成长规律，聚焦激励保障重点环节。

坚持分层、分类、分阶段原则，破除束缚高校青年人才发展的思想观念和体制机制障碍，构建薪酬保障、生活保障、政策保障和跨部门协同保障的“四位一体”激励格局。

以高校实施“双一流”建设和深化综合改革为契机，进一步优化高校青年教师的成长环境，健全高校青年教师激励保障的政策机制；拓展高校青年教师的事业平台；提升高校青年教师创新能力与职业发展的服务能级；使高校成为高层次青年人才的汇聚之地、培养之地、事业发展之地和价值实现之地。

二、完善高校青年教师职业发展激励保障体系

本研究数据分析显示，职业发展追求是高校青年教师成长的重要动力。因而完善青年教师职业发展激励保障具有重要的意义。针对在宏观上存在的一些共性问题，要加强职业发展方向的框架设计，遵循青年教师职业发展规律建立相应的激励机制，营造良好的职业发展平台，促进外在激励与内在价值协同驱动。同时，由于不同的高校所处阶段、定位及特点的不同，面对青年教师职业发展激励保障工作的重点难点有所不同，需要结合不同高校特点采取促进职业发展的措施。

（一）遵循职业发展规律，完善职业发展体系

从职业生涯发展规律看，教师进入高校必须经历严格的博士训练和高额的人力资本投资，一般要经过适应期、加速成长期、高原平台整理期、退出或后高速发展期等阶段，人力资本的折损和再投资是一个关键问题。为此，组织激励机制设计应坚持三个原则。一是动态演进原则，即不同阶段应有不同的激励触发点；二是心理痛点原则，即满足员工心理需要是激活内在动机的前提；三是协同激励原则，即外在激励要蕴涵着能够指导员工更好地完成任务的信息。

具体而言，青年教师进入高校后，会有一个适应学术职业化的短暂时期；高校除薪酬福利等保障制度外，应在凝聚方向、进入团队等方面加大柔性激励强度。在高校青年教师适应学术职业化的阶段后，会进入一个快速发展的时期，学校应在专业发展和职称晋升等方面加大支持力度。随后，青年教师会进入职业发展的“高原期”，此时，高校应实现动力切换，将青年教师的专业发展锻炼培训落到实训及竞技比拼中，通过教学技能考核及教学实战大赛等形式建构起实践性的激励机制。鼓励青年教师积极申请或参与各类科研项目，通过在科研项目引导下参与课题调研讨论，以及组织科研实施过程中的成就感，保障他们顺利度过“高原期”，实现再发展。

（二）发挥学术共同体作用，搭建职业发展平台

研究表明，个体天然具有内在的伦理动机，他们试图通过对组织规范的遵从和实施亲组织行为，来寻求共同体身份认同。高校应积极发挥学术共同体的作用，帮助青年教师打造良好的职业发展平台。

第一，建立透明可预期的、有助于引导青年教师自主发展的考核职称晋升体系。首先，对教学科研评价体系指标要达成共识，比如发表在什么期刊上的论文水平较高，哪些学术会议是重要的，学生对哪些教学项目的评价权重应该较大，等等；其次，假定有能力并且努力的青年教师经过若干年之后应该可以达到这些标准，而一旦达到，就有资格晋升更高级别的职称；再次，因为标准的绝对性，每个教师都可以自己掌握自己的命运，而不需要通过与别人进行比较或竞争才能晋升；最后，教师应该有决定自己职业升迁的主动权，不需要被动等待别人来发现自己，得到提拔。

第二，绩效评价重在对发展潜力的预测和对绩效改进的指导。这就需要完善同行评议。完善定性与定量评价方法相结合的教学和学术评价方案，把可量化的业绩加以量化，在此基础上，由同行专家着重考察其“质”，并予等级评定，评价结论主要就成果的质量而得出。这一规则导向，会引导教师注重对有学术价值和创新意义的科技问题的研究，鼓励教师不盲目追求成果的数量，而是精于打磨、锤炼每一项成果的质量，从而促进原创性、高质量科研成果的产出。

为回归学术的本来面目，高校须进行去行政化改革。在科研评价方面，它有两重含义：一是不允许用行政部门的指标代替学术标准；二是不允许以行政权削弱学术权，建立以学术权为主导的科研评价机制。细言之，就是行政部门只参与评价方案设计工作，具体评价业务，应完全交给各院系学术委员会，并由其根据本学科和工作领域的特征自主设定指标体系和评价方法，负责实施。须强化同行、用户和市场的参与机制。

（三）扭转外在激励导向，加强职业内在驱动

要推动外在激励与内在激励的“手牵手”。激励主要包含外在激励与内在激励两种手段。外在激励（如奖励、晋升、声誉等）以满足个体生存和彰显个人独特价值的外在需求为本，若过度使用，难免会拉低高校的格局和品位，导致内部实用主义和功利化泛滥，偏离立德树人的本源。

内在激励是直通心灵的艺术，以满足员工的内在成长需求为本，但往往无固定和客观的标准与内容，因此，除了强调事业感召、愿景引导、文化自觉、自我主导之外，还要通过有效的激励促进青年教师自主发展。要内外激励协同，推动他们从对工作的外在追求转化内在的自我驱动。

内外激励协同并非是内在激励与外在激励简单地按比例配置。那些承载了能够帮助个体更好地完成任务的信息的外在激励，才对个体内在激励产生积极的促进作用，这就是内外激励协同的核心要义。反之，非协同的外在激励，会使得个体感到内在动机被挟持，不得已去做事情。

为此，要创新柔性激励手段，健全学术（教学）荣誉表彰制度。全方位建立以政府奖励为导向、高校和社会力量奖励为主体的分层次多样化柔性人才奖励体系。加强和改进高

校学术、教学成果奖评选工作，积极推动完善国家级-省市级奖励体系，对做出特殊贡献的高层次人才给与增量奖励，在内部营造一种“比学赶超”和“创先争优”的风气，从而带动存量员工的积极性。

（四）分层分类分阶段支持，建立精准激励体系

其一，纵向分层——微化幂律分布。根据幂律分布的尺度不变性特征（即强中自有强中手，优秀者中仍可区分更优秀者），对幂律分布进行切割后，每一部分仍呈幂律分布，我们就可以把“大幂律”切成若干“小幂律”，在每个小幂律分布中也树立一些“高层次”青年人才。换言之，我们在考虑高原、高峰、尖峰时，也要考虑洼地和平原，没有洼地的蓄水，和平原衬托海平面，就不会有高原和尖峰的突兀。

事实上，由于自然界特有的统计回归效应，组织中的“关键少数”在多数情况下都难以取得与其身价相符的业绩，这更加剧了组织摩擦成本，组织网络内部互动恶化。唯有提升组织的整体平均水平，才能有效抑制统计回归效应，发挥少数“精英”人才的引领和示范作用。因此，我们应纵向分层，在每个小幂律分布中也树立一些“明星”员工，让诸多有潜力的准“关键少数”青年教师能够成长为真正的“关键少数”青年人才，同时，这也为承担责任重负和社会代价的他们进行了制度松绑，避免被过度开发而失去成长潜力，造成“泯然众人也”的“仲永之伤”。

其二，横向分类——推动分类评价。淘汰那些逼着员工“顺杆爬”的人才评价机制；建立不拘一格，多样化的评价模式，抑制必须帽子加身才能“自信”的学术导向，评价重在引导青年教师人文精神的养成。

其三，时间递延——追踪能级跃迁。激励制度在时间层面的设计包括两个方面，一是递进性，二是延续性。递进性是指当青年教师通过努力实现层级跃迁时要给予奖励和职称晋升机会，实现下一次跃迁时要给予更高等级的奖励和机会。延续性是指之前评奖评优的影响会延续到下一期的评奖评优，一个随时间更新的动态激励制度，能够见证青年教师一点一滴的成长，使得他们的成长可视化，同时也有助于打破部分精英人才“昙花一现”（评选之前成绩斐然，评上之后水平不升反降）的怪圈，从而实现小步快跑式的持续激励。

尽管成长路径多样，但从普通青年教师成长为高层次青年人才，有一定规律可循。它是个体内驱力，个体特质与学科发展规律契合，以及制度设计推动二者更好融合这三重因素叠加的结果。我们应遵循学科发展规律和青年教师职业发展规律，以满足青年教师内在成长需求为本，引导高校青年教师从强制性价值认同（绩效导向）转向生成性价值认同（价值自觉），从源头上激活他们的创造活力。

（五）结合高校层次特点，促进青年教师职业发展

青年教师职业发展激励保障体系为国内高校提供了一个较为全面的参考框架。相关部门出台了一系列激励保障制度，提高青年教师教学能力、科研水平和社会服务能力，促进青年教师身心健康的发展。各个高校相继成立了教师发展中心，引入各种培训制度促进教师职业发展。目前，高校相继成立了党委教师工作部，加强教师思想政治工作，并且采取措施改善青年教师工作生活条件，搭建职业发展平台，提升职业发展能力。面对青年教师职业发展激励保障工作的重点难点也不同。具体需要高校结合实际情况采取相应的举措，

例如部属高校在青年教师的激励机制上应强化系统性设计，加强职业生涯规划，明确个人职业发展路径，加强原始性创新性研究，注重专业发展自主性，加强组织环境建设。对于地方高校而言，青年教师学术职业发展面临更多的困难，高校需要建立有效的保障和激励机制，创造条件，提供专业研修培训，加强研究能力培养，提升科研能力，为人才成长提供更多的发展空间和发展机会，合理规划人才梯队。

（六）关注“双肩挑”队伍，加强职业激励保障

高校管理干部职业化、专业化发展趋势与“双肩挑”管理模式需求同时存在，高校“双肩挑”干部是教师队伍中不可分割的一部分，发挥着学术和管理两方面的重要职能，起着良好的桥梁沟通作用，促进高校科学民主治理，也是教师职业发展渠道的一个重要补充。在管理队伍职业化，多数管理岗位“专业化”的发展进程中，“双肩挑”管理制度也是高校需要长期坚持的干部制度之一。不同类型的高校，不同的发展特色和发展阶段，对“双肩挑”干部管理制度的建设有所侧重，应该允许不同的高校发挥自主管理的权力，采取适合实际情况的管理模式。针对“双肩挑”干部面临的科研学术和行政管理双重的压力，在高校进行教师聘用制改革的过程中，学校层面根据建设目标，结合学校特色和实际需要进行统筹考虑，自上而下地从规划、制度和政策等方面着手，建立有效的激励保障机制，提供切实的支持，激励有管理能力的教师承担“双肩挑”工作，把管理干部培养、学科带头人成长与人才培养结合起来。目前具体来看，有以下几个方面可以重点考虑。

（1）完善干部队伍制度建设。从岗位设置、干部选拔和培养等方面加强管理。整体上，建立专职干部为主、“双肩挑”为辅的管理制度，吸引教师参与学术性事务管理；在院系层面，则以院系领导“双肩挑”为主、专职干部为辅的管理制度；管理工作人员专职化。

合理规划，科学设置“双肩挑”岗位。院系适当加强专职干部岗位，院系干部以双肩挑为主、专职岗位为辅，根据师生规模和工作需要，对于部分党委副书记岗位，可设置为专职岗位，承担较多的事务管理工作，全方位抓好师生思想政治工作，为普通教师在日常的教学科研工作中对学生的价值观的正确引导提供政策措施支持，配合并支持其他管理岗位的“双肩挑”干部履行与学术相关的管理和决策等；对机关部处做好岗位分析，与学术相关的管理岗位主要由“双肩挑”干部担任，建议主要安排在正职岗位，结合教学科研经验，发挥科学决策作用，将其他多数岗位设置为专职管理岗位，由专职管理干部担任。

科学选拔“双肩挑”干部：根据“双肩挑”干部生存需要、相互关系需要和成长发展需要较高的特点科学选拔安排，满足其对相互关系需求动机较高的特点，创造条件发挥其专长，发挥“又红又专”的榜样作用，并在可能的条件下成长为学术带头人或者各级重要部门管理干部。

加强“双肩挑”干部培养：高校青年教师肩负着培养高层次人才的重任，高校青年教师的思想政治水平对人才培养的质量有根本性影响。习近平总书记在全国高校思想政治工作会议上深刻地指出，“要坚持把立德树人作为中心环节，把思想政治工作贯穿教育教学全过程，实现全程育人、全方位育人”。大量的“双肩挑”干部来源于高校青年教师，除了业务突出外，在思想政治水平和管理水平的要求更高，需要全方位加强他们思想政治培养和管理能力的训练。

（2）分类分阶段支持和保障。根据青年教师职业发展不同阶段需求提高保障水平和激励力度。

青年教师在职业的发展不同阶段，需求有所区别。在职业适应期，对于职业需求和兴趣不太确定，学术压力大，应该避免增加管理工作负担。在职业快速发展期和职业高原期，根据担任岗位的不同性质和需求，采取适当的形式"双肩挑"，给予不同的保障和激励措施。对于教学和科研并重、以学术发展为职业发展目标的"双肩挑"干部，适当减少已进入长期聘任的"双肩挑"干部的教学工作量；根据"双肩挑"干部准聘期承担的管理工作时间，按比例延长准聘期，对于职责任务较重的岗位，适当减少教学工作量；对于研究系列的"双肩挑"干部，其承担管理工作所付出的劳动，可以按比例折算科研工作量，所取得的管理方面的成绩，应予以认可和奖励；对于主要从事学生思想政治工作的"双肩挑"教师，加强理论学习和培训，为其配备工作助理或采取其他方式，减少事务性工作的干扰。

统筹考虑"双肩挑"教师学术业务和管理工作，提供发展条件。通过学术休假、出国进修、科研经费支持等适当方式支持"双肩挑"教师开展工作、特别要为年轻干部回归学术业务、提升学术水平创造条件，例如根据实际情况安排出国学术研究，简化自主科研课题申请，延长准聘期限等。

根据教师职业发展的不同阶段的需要，采取相应的支持措施，不搞"一刀切"，设计多样化、套餐式的支持方式，由青年教师自主选择，使得岗位类型多样、支持方式明确具体，从而充分发挥"双肩挑"管理模式在去行政化、加强学术话语权、科学有效治理的效用。

（3）设计符合"双肩挑"特点的评价激励机制。以科学合理的岗位设置为基础，明确具体岗位职责、学术工作与管理工作的比例安排，明确岗位考核和评价的标准，确定考核评价的主体和要求，形成较完善的绩效评价和管理制度。在具体管理中，不能以学术工作量和学术成就替代管理岗位的要求。同理，对于能力强，在完成教学科研任务之外，花费较多的时间和精力完成管理岗位职责，应该有相应的措施确保公正的评价，以实现在各种岗位上都能充分体现知识劳动的价值。

（4）采取精神激励和物质激励相结合的措施。

在相关环节认可教师担任"双肩挑"工作期间的管理性质的贡献。教师转到专职教学科研岗位或专职管理岗位后，在职称晋升和续聘等环节上考虑其曾经承担"双肩挑"工作的实际情况。设立专项奖励制度，发放奖励证书。对于取得管理方面成绩的，重点宣传，重点培养，促使其全面发展。对于管理才能特别突出的青年教师安排重要管理岗位，充分发挥其管理才能。

根据"双肩挑"岗位实际特点，设置岗位工资、绩效工资和管理津贴，按照行业、区域特点，参考市场工资水平，给予有竞争力的物质保障。精神激励与物质激励相结合，通过不同岗位、不同任务职责的不同激励举措，承认不同领域的贡献，使得青年教师各自获得相应的成就认可和价值实现。

（5）对于省属高校，给予高校选拔任用"双肩挑"干部自主权。一些地方部门"官本位"和"行政化"思想较重，对高校干部管理岗位职数严格限制，对于教师参与管理工作不予支持。因此，有的单位不鼓励教师"双肩挑"，明确规定从事管理岗位的教师不能从事教学科研工作，限制了管理岗位干部来源，影响了教学科研和管理能力俱佳的优秀教师参与管理的积极性。这样既不利于教师学术权利的发挥，还加强了高校行政化趋势，影响了高校的科学治理和健康发展。如果对高校放宽“双肩挑”干部职数，扩大高校自主权的同时，主管部门通过加强指导和监督，有利于高校依据发展和工作需要进行合理的人事安排，提高治理能力，淡化行政色彩，加强服务能力，促进管理科学发展。

三、完善高校青年教师薪酬激励保障体系

（一）基于发展战略，完善顶层设计

完善高校青年教师薪酬激励保障体系，不是高校和教育主管部门单独能够完成的事情，需要从国家战略高度，多部门协同，完善顶层设计。

1. 薪酬福利激励体系的决策机制

薪酬福利激励体系应在决策机制的运行下建立和完善，决策机制在运行体系中处于主要地位，不仅是设计其他机制或体系的基础，而且又贯穿于其他各机制体系运行的始终。健全的决策机制是有效决策的必要条件，其衡量标准就是看其是否与决策的运行规律相符。

决策机制是由权力结构、责权利关系和组织保证体系组成。有效的决策必然有明确的决策主体，也要懂得权利均衡以保证决策的民主性；为了保证决策行为合理化，要建立起与权利结构相适应的利益结构，正确处理责权利关系；决策主体要行使其职能，除了要有权力保证外，还要依托组织保证。高校薪酬福利激励体系需在决策机制的运行下不断地发展，做到公开、公平、公正。高校薪酬福利激励体系要充分做到统筹兼顾，效率与公平兼顾，群体需求与社会认同相统一，使薪酬水平市场化。高校青年教师是高校中最有潜力和活力的群体，也是收入低负担重的群体，为了优化青年教师成长环境，要重视青年教师收入的激励保障机制建设，尤其要重视青年拔尖人才的激励机制建设，促进优秀青年教师脱颖而出，这就需要决策机制在运行过程中发挥其导向性作用，从根本上促进青年教师激励保障体系的建设。

总体而言，我国高校的薪酬制度设计主要涉及人力资源和社会保障部门（简称人社部门）、财政部门、教育部门、高校等部门。高校教师的收入分配机制如图 4-1 所示。

可以看出，影响高校薪酬分配制度设计有效性的关键因素和重要监控点主要有以下方面：

① 人社部门如何合理核定高校教师的收入水平线？

② 教育主管部门和高校如何确定二次分配的原则和绩效工资分配方案？

③ 用于科研的各类人才激励计划和科研课题中用于计提劳务费用的标准如何定？换言之，科研作为高智力密集型、高知识密集型的劳动，教师在科研课题中的额外付出如何计量价值？

④ 遵循知识型劳动价值分配导向，如何权衡教学与科研的关系？如何平衡科研与技术转移的关系？如何在教师、团队和部门进行价值分割？

⑤ 用于教师特殊贡献的奖励部分如何计税？

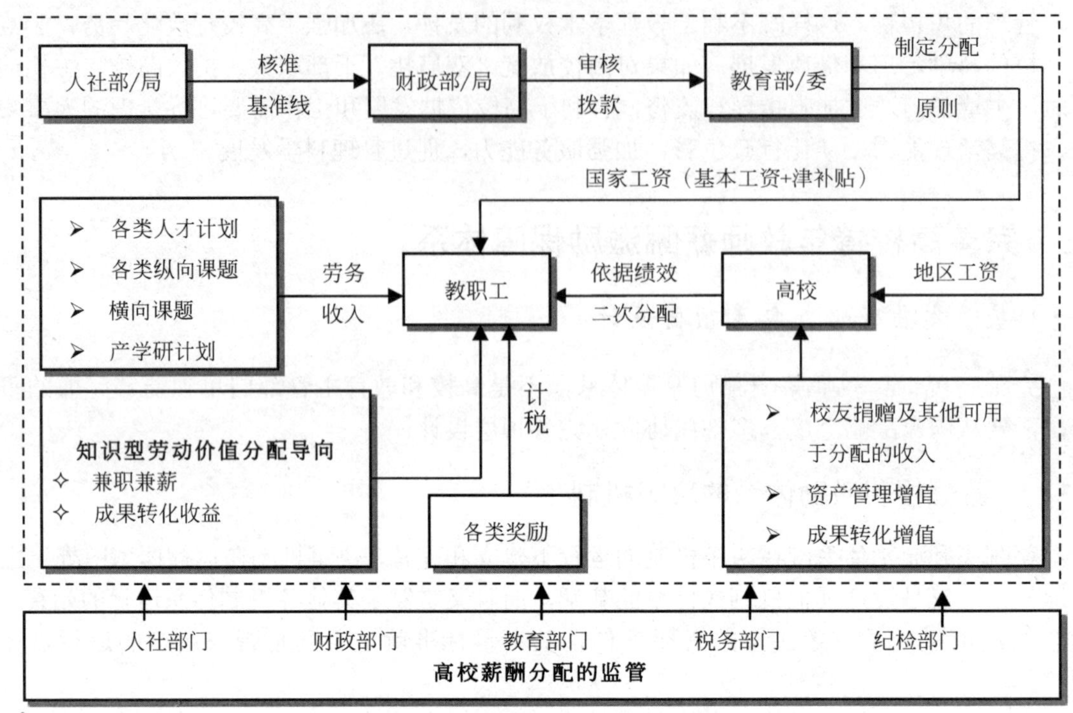

图 4-1　我国高校教师收入分配机制

资料参考：山鸣峰. 教育综合改革与高校薪酬制度创新[M]. 上海：上海大学出版社，2017.

⑥ 如何扩大正向激励措施，体现高校教师的劳动价值和学术贡献，突出尊重知识和人才、鼓励创新的导向性作用，破除阻碍教学科研人员创造力的显性障碍和隐性障碍？

完善高校青年教师薪酬激励保障制度，就要将上述难题纳入制度设计的轨道，统筹考虑。

2. 薪酬福利激励体系的反馈机制

高校的激励职能从本质上说，就是要将组织目标与教师的需要结合起来，在使教师需要获得满足的同时实现组织目标。要实现薪酬福利的激励性，就要建立相关的反馈机制，根据薪酬福利的激励体系，针对高校中不同的教师群体，通过意见反馈机制，及时、有效的收集到教师的意见和最新动向，为教师的管理、提高教师满意度、消除职业倦怠感提供有效的参考。现阶段对教师的物质激励依然占据主要的地位，约有 82%的教师认为工资奖金对其激励最大。同时教师对物质方面的需求在短期内还难以得到满足。青年教师这个群体面临着压力大和待遇低的现状，对于物质需要会相对迫切，恰恰是最需要激励和保障的群体。

反馈机制可以将薪酬福利激励体系的实施情况进行定期反馈，可以通过面谈反馈，各部门定期收集反馈意见表，运用网络交流平台，召开民主工作会等方式，让每个教师尤其是青年教师发表自己的意见和建议，将所有有效的信息记录下来作为改善和完善薪酬福利激励体系的有效依据。

3. 薪酬福利激励体系的评价体系

高校薪酬福利激励体系的评价体系是双面性的，一方面是对薪酬福利激励体系的评价，另一方面是对教师工作绩效的评价。高校薪酬福利激励体系与每位教师的职级职称、岗位和工作绩效是挂钩的，薪酬福利激励体系越有效越会调动教师（尤其是青年教师）工作的积极性，提高其工作效率，这就说明对薪酬福利激励体系的评价是有效的，二者呈现正相关；反之，若该激励体系不会提高教师工作效率和积极性，那就说明评价是无效的，二者呈负相关。在这里我们可以用 KPI（关键绩效指标）来衡量教师的工作效率，薪酬福利激励体系不仅有奖励，还有惩罚。KPI 与工作效率正相关，完成的 KPI 多则工作效率高，由此会得到奖励性的薪酬福利激励；反之则得到惩罚性的薪酬福利激励。

高校薪酬福利激励体系的评价机制不仅可以从奖励和惩罚来调动教师的工作积极性，提高其工作效率，而且也是不断完善高校薪酬福利激励体系的一个重要指标。

（二）提高保障定位，完善薪酬体系

高校教师人力资本独特性和岗位价值属性决定其收入水平应高于一般社会阶层。提高高校薪酬水平一方面有利于发挥薪酬的“分选效应”，集聚海内外优秀人才；另一方面也有利于降低薪酬激励对内在动机的“挤出效应”。因为只有满足教师的基本物质保障，才能抑制内在动机转化为外在动机。很多教师热衷参加各种与专业无关的评审、鉴定、咨询等活动，挤占学术资源，更有甚者把学术资源转化为商业资源，这很大程度上是由薪酬水平低造成。鉴于此，把高校薪酬水平提高到社会平均收入的 3～4 倍，不仅符合国际惯例，也能够体现出高校教师的社会地位和职业发展特点，尊重高校教师的职业尊严与教学价值。

如图 4-2 所示，依据大学的特殊社会价值、高校教职岗位的属性、高校教师人力资本形成的独特机制，以及青年教师独特的成长路径和发展规律，明确高校教师的社会角色定位，并在此基础上参照平衡比较原则，分析高校教师收入分配的现状、问题及根源，最后制定工资水平调控线、核定工资分配总量、确定工资增长率。建议依托高教协会薪酬研究分会，通过大数据、互联网+等先进手段，进行持续性薪酬市场调查分析，结合问卷调研青年教师需求，探索建立教师薪酬定价机制，提出薪酬指导意见。

（三）强化基础绩效，破除结构倒挂

应该说在高校薪酬设计中引入绩效工资制有助于克服发达国家“单一薪金制”或“资历工资制”激励不力的弊端。但也正如本文仿真结果揭示的一样，绩效工资制是把“双刃剑”，合理分割薪酬构成中固定部分与绩效部分的比例、在绩效工资的“激励效应”与“挤出效应”间寻求平衡至关重要。基础性绩效工资在绩效工资体系中扮演着平衡器的作用。它 方面实现着绩效工资的激励功能，另一方面因其差异小起到缩小薪酬差距的作用。因此强化基础性绩效工资的功能和占比对于完善绩效工资制度非常重要。可供选择的做法包括，提高国家工资份额，稀释弹性工资比例；提高基础性绩效工资占比，使固定工资与弹性绩效工资的比例趋向 7/3 左右。

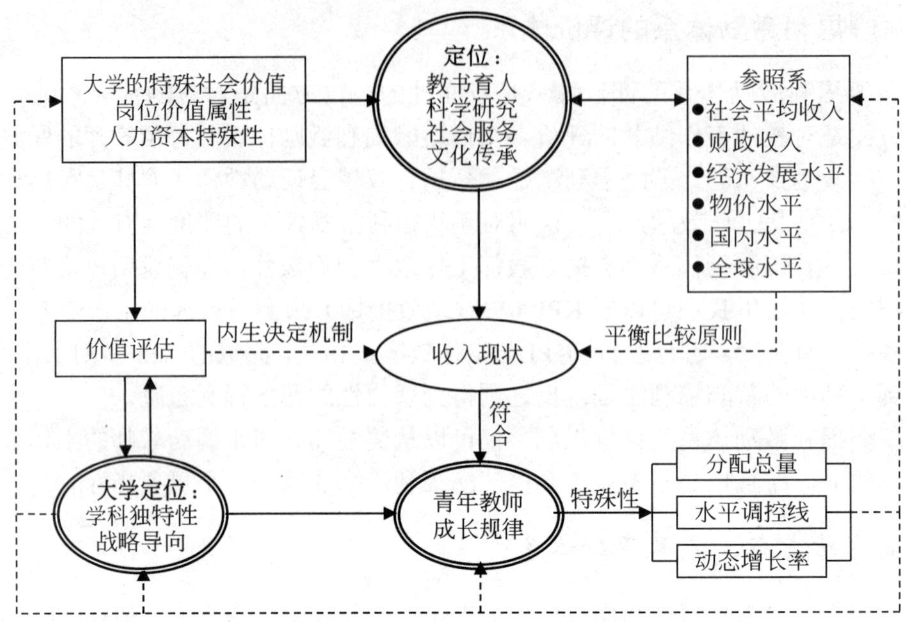

图 4-2　高校青年教师工资水平的确定机制

（四）遵循成长规律，完善调整机制

高校青年教师成长遵循一定的规律。如图 4-3 所示，在青年教师完成求学阶段的博士阶段学术训练后，会有一个适应学术职业化的短暂时期①；高校除薪酬福利等保障制度外，应在凝聚方向、进入团队等方面加大柔性激励强度。

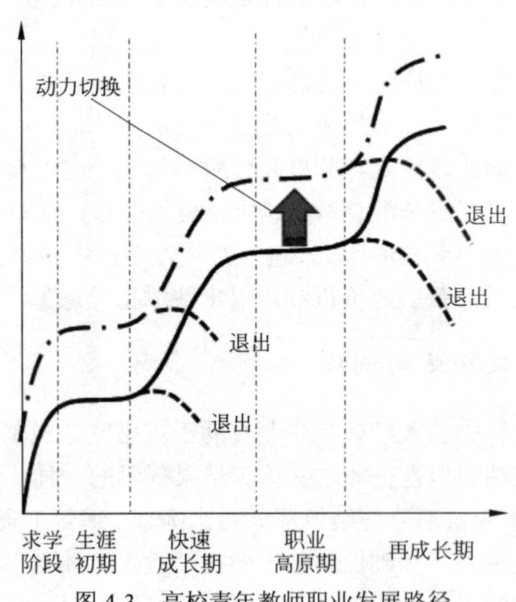

图 4-3　高校青年教师职业发展路径

① Ester A Höhle, Ulrich Teichler. The Academic Profession in Asia: Common and Diverse Features in Comparative Perspective[A]. In Daigaku Kyoiku (Eds). The Changing Academic Profession in Asia: Contexts, Realities and Trends[C]. Higashi-Hiroshima: RIHE, 2011: 27-49.

1. 分层：青年教师发展过程中，随着自身能力的提升，在不同的能力水平层次有不同的需求，与此相对应，对于薪酬水平的预期也随其能力水平的上升提出不同的要求。根据青年教师发展的不同层次，明确相对应的薪酬制度，保证薪酬与其劳动价值和知识贡献相匹配。

2. 分类：青年教师广泛的分布在各个学科领域。由于学科特色的差异，采用统一的衡量标准会产生较大的收入差距，给青年教师带来巨大的不平衡感知。对于不同学科的青年教师的薪酬水平存在的显著差异，应及时出台相关政策，结合学科特色在不同学科领域应制定不同的考核标准，使得薪酬能在最大程度上体现青年教师价值，从而缩小学科所带来的收入差距，避免人才过度向热门学科集中。

3. 分阶段：青年教师在完成求学阶段的博士阶段学术训练后，会有一个适应学术职业化的短暂时期。高校除薪酬福利等保障制度外，应在凝聚方向、进入团队等方面加大柔性激励强度。在高校青年教师适应学术职业化的阶段后，会进入一个快速发展的时期，学校应在专业发展和职称晋升等方面加大支持力度。随后，青年教师会进入职业发展的“高原期”，此时，高校应实现动力切换，保障他们顺利度过“高原期”，实现再发展。

根据青年教师发展的不同能力水平层次、不同学科范围、不同时间阶段，建立结合青年教师发展规律的动态薪酬调整机制，能够见证青年教师一点一滴的成长，使得他们的成长可视化，实现薪酬的调整机制与青年教师的发展相同步，这种薪酬制度在很大程度上保证了青年教师的心理需求，在一定意义上，也会作为一种激励手段，激励青年教师不断成长，不断进步。

（五）综合整体推进，突出正向激励

不仅需要从水平、结构和动态调整机制三个方面完善制度本身；还需要内外部整体推进，完善各项配套措施。从内部说，彻底改变“先抬轿子再坐轿子”的制度初衷，让青年教师们将精力最充沛、科研想象力最旺盛、创造力最强的“学术青春期”聚焦在最前沿的科研和教学领域；要把薪酬制度改革纳入高校人事制度改革的整体轨道中，包括建立“能进能出”的用人机制；积极推进教授终身制改革；完善鼓励自主治学、从容治学、潜心治学的柔性绩效评价体系，而建立柔性的科研评价体系关键在于去行政化，强化学术共同体的作用和话语权。从外部看，要健全科研经费使用的稽核制度以及体制外收入的监管机制，确保基础性绩效工资在整个工资体系中的主导作用。

绩效考核与薪酬体系的设计不仅要遵循青年教师的成长发展规律，对人才分层分类分阶段进行激励，而且还要体现大学的独特定位，形成差异化竞争优势，要充分反映不同学科特征的差异，反映不同教师主体创新领域的差异，突出正向激励的特征，体现知识工作者的劳动价值。

基于此，结合深化教育领域综合改革，建议构建多层次的绩效工资结构和激励结构。

1. 提高从事基础研究岗位教师的奖励性绩效工资水平，使之占比扩大到 60%；

2. 对专职从事教学的人员适当提高基础性绩效工资水平，使之占比扩大到 60%；

3. 加大对教学名师的岗位激励力度；

4. 对应用型和推广性研究岗位教师，可以根据实际情况实施股权、期权和分红激励等成果转化措施；

5. 强化以学校为主体的财务监督制度，对技术转移和股权激励实行备案制，自主决定分配结构和分配方式。

（六）满足不同需求，完善福利体系

高薪虽能吸引年轻人才来校工作，但高校福利体系是留住青年教师的重要手段，因此学校应重视福利政策对青年教师的影响，不断完善薪酬福利制度中的福利计划，提升青年教师对学校的归属感和满意度，以此激发其工作热情。

福利激励可以分为基本福利和菜单式福利。基本福利主要包括五险一金、住房补贴等保障性项目，是青年教师权益的重要组成部分。而菜单式福利则指高校鉴于青年教师的独立性和差别性设计出的一系列福利项目，允许青年教师在一定金额和时间内自主选择所需的福利组合，满足其多样化的需求。平衡好整体经费，由青年教师根据自己的需求进行选择，增加青年教师的自主选择权会使其体会到学校的尊重进而相应增加其个人满足感，有利于强化福利的激励功能。菜单式福利可以涵盖非工作时间的报酬（包括节日、事假以及探亲假等）、培训、出国提升机会、体检和人文关怀等。

（七）创新激励手段，内外激励协同

发挥各级党组织（特别是教工支部的战斗堡垒作用）的思想政治工作优势，创新柔性激励手段。如引入学术声誉制度，通过使命感召、愿景引导、文化熏陶、自我主导、行为自律等方式进行激励。既不能只强调金钱激励，忽略青年教师对精神层面的追求，也不能完全使用精神激励，忽略员工对自我身份的认同，在教师与高校间建立互惠持久的心理契约，形成内外激励协同的激励格局。

总之，高校青年教师激励保障体系的建立和健全是所有高校必须完成的一项重要工作任务，这也是一项与时俱进的工作。从内部说，要把青年教师激励保障体系改革纳入高校人事制度改革的整体轨道中，包括建立“能进能出”的用人机制；完善鼓励自主治学、从容治学、潜心治学的柔性绩效评价体系，而建立柔性的科研评价体系关键在于去行政化，强化学术共同体的作用和话语权。从外部看，要健全科研经费使用的稽核制度以及体制外收入的监管机制，确保基础性绩效工资在整个工资体系中的主导作用；同时要从立法和制度层面保护高校教师的合理收入，调节过高收入。最后，高校要创新柔性激励手段，如引入学术声誉制度，通过使命感召、愿景引导、文化熏陶、自我主导、行为自律，在青年教师与高校间建立互惠持久的心理契约。

附件：调研问卷

编号：□□□□

高校青年教师激励保障机制研究问卷

尊敬的老师：

您好！为了促进高校青年教师队伍的发展，构建有利于激发青年教师活力和创造力的政策和制度环境，烦请您花费一些时间填写这份问卷，以提供我们改进的方向。您所填写的问卷将为《高校青年教师激励保障体系关键问题研究》前期调研活动提供真实可靠的数据上的支持，问卷的填写采用不记名方式进行，对于您的个人观点与信息绝对保密。

谢谢您的合作！

愿您事业顺利，家庭幸福！

《高校青年教师激励保障体系关键问题研究》课题组

2016 年 10 月

……………………………………………………………………………………

第一部分　基本信息

1. 您任教的学校：____________________（**设置下拉选项**）
2. 您所从事专业所属学科：____________________（**设置下拉选项**）
3. 您的住房情况（**设置下拉选项**）
   A. 租房　B. 已购商品房　C. 学校福利房　D. 学校周转房　E. 与父母同住
4. 您的性别：A. 男　B. 女（**设置下拉选项**）
5. 您出生于________年（请填写具体出生年份，如 1970）
6. 您的最高学历（**设置下拉选项**）
   A. 大专及以下　B. 本科　C. 硕士　D. 博士
7. 您的职称（**设置下拉选项**）
   A. 实习期（未评职称）　B. 助教　C. 讲师　D. 副教授　E. 教授
8. 您目前从事的工作（**设置下拉选项**）
   A. 教学为主　B. 科研为主　C. 教学科研并重　D. 双肩挑

（注："双肩挑"指的是在教学科研之外承担管理工作）

9. 您是否具有海外学习经历（**设置下拉选项**）
   A. 3 个月及以下（含 3 个月）　B. 3 个月到 6 个月（含 6 个月）
   C. 6 个月到 1 年（含 1 年）　D. 1 年到 3 年（含 3 年）
   E. 3 年及以上　F. 无

10. 您的婚姻状况（**设置下拉选项**）

A. 未婚　B. 已婚　C. 离异　D. 丧偶　E. 其他

11. 您从事教学工作__________年

12. 您一天平均工作__________小时

13. 您的年平均收入约__________万元

第二部分　ERG 调查

请您根据自己的实际情况，选择合适的分值，在相应的方框“□”上打“√”；1：很不强烈（很不重要），2：不强烈（不重要），3：一般，4：强烈（重要），5：很强烈（很重要）

14～19 题：生存需要-Existence

指标	需求重要性	实际满意度
14. 校内组织环境和谐	□1 □2 □3 □4 □5	□1 □2 □3 □4 □5
15. 工作时间规律	□1 □2 □3 □4 □5	□1 □2 □3 □4 □5
16. 工作压力适当	□1 □2 □3 □4 □5	□1 □2 □3 □4 □5
17. 个人付出与收入紧密挂钩	□1 □2 □3 □4 □5	□1 □2 □3 □4 □5
18. 子女能够获得良好的教育	□1 □2 □3 □4 □5	□1 □2 □3 □4 □5
19. 能够有能力照顾父母	□1 □2 □3 □4 □5	□1 □2 □3 □4 □5

20～26 题：相互关系的需要-Relatedness

指标	需求重要性	实际满意度
20. 与所在院系领导沟通顺畅	□1 □2 □3 □4 □5	□1 □2 □3 □4 □5
21. 教师与行政管理部门沟通顺畅	□1 □2 □3 □4 □5	□1 □2 □3 □4 □5
22. 同事之间相互帮助、关系和谐	□1 □2 □3 □4 □5	□1 □2 □3 □4 □5
23. 与校外同行联系密切	□1 □2 □3 □4 □5	□1 □2 □3 □4 □5
24. 学生能够配合老师开展工作	□1 □2 □3 □4 □5	□1 □2 □3 □4 □5
25. 有参与管理的机会	□1 □2 □3 □4 □5	□1 □2 □3 □4 □5
26. 有归属感	□1 □2 □3 □4 □5	□1 □2 □3 □4 □5

27～36 题：成长发展的需要-Growth

指标	需求重要性	实际满意度
27. 学校激励与奖惩机制合理	□1 □2 □3 □4 □5	□1 □2 □3 □4 □5
28. 教学设施和科研设施配备	□1 □2 □3 □4 □5	□1 □2 □3 □4 □5

续表

指标	需求重要性	实际满意度
29. 重视教学评价，引导教学能力提升	□1 □2 □3 □4 □5	□1 □2 □3 □4 □5
30. 重视科研经费投入，提高科研奖励	□1 □2 □3 □4 □5	□1 □2 □3 □4 □5
31. 重视学术交流，有充足的经费保障	□1 □2 □3 □4 □5	□1 □2 □3 □4 □5
32. 提供足够的培训和深造的机会	□1 □2 □3 □4 □5	□1 □2 □3 □4 □5
33. 有职称晋升的机会	□1 □2 □3 □4 □5	□1 □2 □3 □4 □5
34. 工作具有挑战性，能获得成就感	□1 □2 □3 □4 □5	□1 □2 □3 □4 □5
35. 能在工作中体现能力	□1 □2 □3 □4 □5	□1 □2 □3 □4 □5
36. 公平的竞争机会	□1 □2 □3 □4 □5	□1 □2 □3 □4 □5

第三部分 工作现状评价与愿景

37. 您认为当前高校青年教师激励保障体系中存在的主要问题是什么？（**按重要性排序**）

A. 工作压力大　B. 职称晋升困难　C. 收入水平低
D. 职业发展前景不明　E. 无　其他：

38. 您在工作上的压力主要来自哪方面？（**按重要性排序**）

A. 工作负荷重　B. 争取课题困难　C. 论文发表困难　D. 人际关系困难　其他：

39. 您认为贵校在青年教师的工作上有哪方面需要改进？（**按重要性排序**）

A. 组织环境　B. 学术氛围　C. 晋升机制　D. 进修的机会　其他：

40. 您更看重解决以下哪些方面的问题？（**按重要性排序**）

A. 提高工资　B. 解决住房　C. 解决子女入学问题　D. 争取科研课题
其他：

41. 您所期望的年均收入约__________万元

42. 您认为学校应在哪些方面重点支持青年教师的教学工作？（**按重要性排序**）

A. 传帮带指导　B. 培训学习　C. 教学评价　D. 教学认同与激励
其他：

43. 您认为学校应在哪些方面重点支持青年教师的科研工作？（**按重要性排序**）

A. 加大科研成果在绩效考核中的比重　B. 适当降低教学工作量
C. 增加科研启动经费　D. 增加科研成果奖励
其他：

44. 您认为学校应如何为青年教师做好双肩挑创造条件（**按重要性排序**）

A. 减免教学工作量　B. 延长准聘期
C. 设立专门的职称晋升通道　D. 提供额外的管理津贴
其他：

45. 您对青年教师激励保障及职业发展有什么建议？

参考文献

[1] Aiken L. S., West S. G. Multiple Regression: Testing and Interpreting Interactions[M]. Newbury Park, CA: Sage Publications, 1991.

[2] Alderfer C P. Existence, relatedness, and growth: Human needs in organizational settings.[J]. Contemporary Sociology, 1974, 3(6): 511-520.

[3] Amabile T. M. Beyond Talent: John Irving and the Passionate Craft of Creativity[J]. American Psychologist, 2001, 56(4): 333-36.

[4] Amabile T. M. Motivational Synergy: Toward New Conceptualizations of Intrinsic and Extrinsic Motivation in the Workplace[J]. Human Resource Management Review, 1993, 3(3): 185-201.

[5] Amabile T. M., Pillemer J. Perspectives on the Social Psychology of Creativity[J]. Journal of Creative Behavior, 2012, 46(1): 3-15.

[6] Baas M., De Dreu C. K., Nijstad B. A. A Meta-analysis of 25 Years of Mood-creativity Research: Hedonic Tone, Activation, or Regulatory Focus?[J]. Psychological Bulletin, 2008, 134(6): 779-806.

[7] Baas M., Roskesm M., Sligte D., Nijstad B. A., De Dreu C. K. W. Personality and Creativity: The Dual Pathway to Creativity Model and a Research Agenda[J]. Social and Personality Psychology Compass, 2013, 7(10): 732-748.

[8] Brown M. P., Sturman M. C., Simmering M. J. Compensation Policy and Organizational Performance: The Efficiency, Operational, and Financial Implications of Pay Levels and Pay Structure[J]. Academy of Management Journal, 2003, 46(6): 752-762.

[9] Bunderson J. S., Sutcliffe K. M. Management Team Learning Orientation and Business Unit Performance[J]. Journal of Applied Psychology, 2003, 88(3): 552-560.

[10] Byron K., Khazanchi S. Rewards and Creative Performance: a Meta-analytic Test of Theoretically Derived Hypotheses[J]. Psychological Bulletin, 2012, 138(4): 809-830.

[11] Cerasoli C. P., Nicklin J. M., Ford M. T. Intrinsic Motivation and Extrinsic Incentives Jointly Predict Performance: A 40-Year Meta-Analysis[J]. Psychological Bulletin, 2014, 140(4): 980-1008.

[12] Cheung G. W., Rensvold R. B. Evaluating Goodness-of-Fit Indexes for Testing Measurement Invariance[J]. Structural Equation Modeling, 2002, 9(2): 235-55.

[13] Cohen A., Nahum-Shanim I., Doveh E. Further Insight and Additional Inference Methods for Polynomial Regression Applied to the Analysis of Congruence[J]. Multivariate Behavioral Research, 2010, 45(5): 828-852.

[14] De Dreu C. K. W., Nijstad B. A., Baas M. Behavioral Activation Links to Creativity Because of Increased Cognitive Flexibility[J]. Social Psychological and Personality Science, 2011, 2(1): 72-80.

[15] De Dreu C. K. W., Nijstad B. A., Bechtoldt M. N., Baas M. Group Creativity and Innovation: A Motivated Information Processing Perspective[J]. Psychology of Aesthetics Creativity and the Arts, 2011, 5(1): 81-89.

[16] Deci E L, Ryan R M. The “what” and “why” of goal pursuits: Human needs and the self-determination of behavior[J]. Psychological inquiry, 2000, 11(4): 227-268.

[17] Deci E. L., Koestner R., Ryan R. M. A Meta-analytic Review of Experiments Examining the Effects of Extrinsic Rewards on Intrinsic Motivation[J]. Psychological Bulletin, 1999, 125(6): 627-668.

[18] Deci E. L., Ryan R. M. The General Causality Orientations Scale: Self-determination in Personality[J]. Journal of Research in Personality, 1985, 19(2): 109-134.

[19] Deci E. L., Ryan R. M. The Support of Autonomy and the Control of Behavior[J]. Journal of Personality and Social Psychology, 1987, 53(6): 1024-1037.

[20] Diener E., Chan M. Y. Happy People Live Longer: Subjective Well-being Contributes to Health and Longevity[J]. Applied Psychology: Health and Well-Being, 2011, 3(1): 1-43.

[21] Drazin R., Glynn M. A., Kazanjian R. K. Multilevel Theorizing about Creativity in Organizations: A Sensemaking Perspective[J]. Academy of Management Review, 1999, 24(2): 286-307.

[22] Drucker P. The Age of Discontinuity; Guidelines to Our Changing Society[M]. New York: Harper and Row, 1969.

[23] Dweck C. S., Leggett E. L. A Social-cognitive Approach to Motivation and Personality[J]. Psychological Review, 1988,95(2):256-273

[24] Ederer F., Manso G. Is Pay for Performance Detrimental to Innovation?[J]. Management Science, 2013, 59(7): 1496-1513.

[25] Edwards J. R. Latent Variable Modeling in Congruence Research[J]. Organizational Research Methods, 2009, 12(1): 34-62.

[26] Edwards J. R. Problems with the Use of Profile Similarity Indices in the Study of Congruence in Organizational Research[J]. Personnel Psychology, 1993, 46(3): 641-665.

[27] Eisenberger R., Aselage J. Incremental Effects of Reward on Experienced Performance Pressure: Positive Outcomes for Intrinsic Interest and Creativity[J]. Journal of Organizational Behavior, 2009, 30(1): 95-117.

[28] Eisenberger R., Pierce W. D., Cameron J. Effects of Reward on Intrinsic Motivation: Negative, Neutral, and Positive[J]. Psychological Bulletin, 1999, 125(6): 677-691.

[29] Eisenberger R., Selbst M. Does Reward Increase or Decrease Creativity?[J]. Journal of Personality and Social Psychology, 1994, 66(6): 1116-1127.

[30] Ester A Hö hle, Ulrich Teichler. The Academic Profession in Asia: Common and Diverse Features in Comparative Perspective[A]. In Daigaku Kyoiku (Eds). The Changing Academic Profession in Asia: Contexts, Realities and Trends[C]. Higashi-Hiroshima: RIHE, 2011: 27-49.

[31] Etkin A., Prater K. E., Hoeft F., Menon V., Schatzberg F. A. Failure of Anterior Cingulate Activation and Connectivity With the Amygdala during Implicit Regulation of Emotional Processing in Generalized Anxiety Disorder[J]. American Journal of Psychiatry, 2010, 167(5): 545-554.

[32] Fang M., Gerhart B. Does Pay for Performance Diminish Intrinsic Interest?[J]. International Journal of Human Resource Management, 2012, 23(6): 1176-1196.

[33] Frey B. S., Oberholzer-Gee F. The Cost of Price Incentives: An Empirical Analysis of Motivation Crowding-out[J]. American Economic Review, 1997, 87(4): 746-755.

[34] Friedman R. S. Reinvestigating the Effects of Promised Reward on Creativity[J]. Creativity Research Journal, 2009, 21(2): 258-264.

[35] Gagné M., Deci E. L. Self-determination Theory and Work Motivation[J]. Journal of Organizational Behavior, 2005,26(4):331-362

[36] Gerhart B., Fang M. Pay for (Individual) Performance: Issues, Claims, Evidence and the Role of Sorting Effects[J]. Human Resource Management Review, 2014, 24(1): 41-52.

[37] Grant A. M. The Significance of Task Significance: Job Performance Effects, Relational Mechanisms, and Boundary Conditions[J]. Journal of Applied Psychology, 2008, 93(1): 108-124.

[38] Gutnick D., Walter F., Nijstad B. A., De Dreu C. K. W. Creative Performance under Pressure an Integrative Conceptual Framework[J]. Organizational Psychology Review, 2012, 2(3): 189-207.

[39] Hirst G., Van Knippenberg D., Chen C., Sacramento A. C. How Does Bureaucracy Impact Individual Creativity? A Cross-Level Investigation of Team Contextual Influences on Goal Orientation-Creativity Relationships[J]. Academy of Management Journal, 2011, 54(3): 624-641.

[40] Hirst G., Van Knippenberg D., Zhou J. A Cross-level Perspective on Employee Creativity: Goal Orientation, Team Learning Behavior, and Individual Creativity[J]. Academy of Management Journal, 2009, 52(2): 280-293.

[41] Kazanjian R. K., Drazin R., Glynn M. A. Creativity and Technological Learning: the Roles of Organization Architecture and Crisis in Large-scale Projects[J]. Journal of Engineering and Technology Management, 2000, 17(3): 273-298.

[42] Kerr S. On the Folly of Rewarding A, While Hoping for B[J]. Academy of Management Journal. 1975, 18(4): 769-783.

[43] Loomes G., Starmer C., Sugden R. Preference Reversals and Disparities between Willingness to Pay and Willingness to Accept in Repeated Markets[J]. Journal of Economic Psychology, 2010, 31(3): 374-387.

[44] Ma Q., Meng L., Wang L., Shen Q. I Endeavor to Make It: Effort Increases Valuation of Subsequent Monetary Reward[J]. Behavioural Brain Research, 2014, 261(4): 1-7.

[45] Mani A., Mullainathan S., Shafir E., Zhao J. Poverty Impedes Cognitive Function[J]. Science, 2013, 341(8): 976-980.

[46] National Education Association of the United States. Faculty development in higher education: Enhancing a national resource[M]. National Education Association of the United States, 1991.

[47] Porfeli E. J., Mortimer J. T. Intrinsic Work Value-reward Dissonance and Work Satisfaction during Young Adulthood[J]. Journal of Vocational Behavior, 2010, 73(1): 143-158.

[48] Ryan R. M., Deci E. L. Intrinsic and Extrinsic Motivations: Classic Definitions and New Directions[J]. Contemporary Educational Psychology, 2000, 25(1): 54-67.

[49] Ryan R. M., Deci E. L. Self-determination Theory and the Facilitation of Intrinsic Motivation, Social Development, and Well-being[J]. American Psychologist, 2000, 55(1): 68-78.

[50] Shanock L. R., Baran B. E., Gentry W. A., Pattison S. C., Heggestad E. D. Polynomial Regression with Response Surface Analysis: A Powerful Approach for Examining Moderation and Overcoming Limitations of Difference Scores[J]. Journal of Business and Psychology, 2010, 25(4): 543-554.

[51] Stephen P. Robbins.Organization Behavior:controversies and applications（7th ed）. Prentice Hall Inc，1966, 66-69.

[52]Weber E. U., Johnson E. J. Mindful Judgment and Decision Making[J].Annual Review of Psychology, 2008, 60(1): 53-85.

[53] Zhou J., George J. M. When Job Dissatisfaction Leads to Creativity: Encouraging the Expression of Voice[J]. Academy of Management Journal, 2001, 44(4): 682-686.

[54] 艾洪德，张淑敏，吕炜，等. 基于公共财政框架下大学教育公共财政制度变革研究[J]. 现代教育管理, 2006(8): 1-5.

[55] 安慧林. 观点搜索[J]. 理论与当代, 2006(1): 39-43.

[56] 巴玺维. 日本大学的教师任期制[M]. 北京：华夏出版社, 2007.

[57] 伯顿•克拉克. 大学的持续变革：创业型大学新案例和新概念[M]. 王承绪，译. 北京：人民教育出版社, 2008: 6.

[58] 蔡敏. 美国著名大学教学评价的内容特征[J]. 外国教育研究, 2006(6): 25-28.

[59] 曹青林. 协同创新与高水平大学建设[D]. 武汉：华中师范大学, 2014.

[60] 曹昭乐. 华威大学“弯道超车”发展分析[J]. 大学：研究版, 2014(12): 56-63.

[61] 陈斌岚，李跃军. 地方高校青年教师职业高原现象及应对措施[J]. 黑龙江高教研究, 2016(1): 56-58.

[62] 陈继军. CL独立学院薪酬体系设计[D]. 成都：西南交通大学, 2009.

[63] 陈凯. 高校协同创新中心建设探索[J]. 现代商贸工业, 2014, 26(16): 114-115.

[64] 陈爽. 以政府为主渠道的我国高等教育投入问题研究[D]. 天津：天津工业大学, 2007.

[65] 陈水生. 知识经济时代高校教师创新团队的激励探索[J]. 中国高校师资研究, 2007(5): 38-42.

[66] 陈霞玲，马陆亭. MIT 与沃里克大学:创业型大学运行模式的比较与启示[J]. 高等工程教育研究, 2012(2): 113-120.

[67] 陈晓清, 詹启伟, 姜田. 我国大学协同创新中心发展要素分析[J]. 研究与发展管理, 2015, 27(4): 93-99.

[68] 戴者华, 师淑云. 加拿大高校教师绩效评估和激励制度简介[J]. 南通大学学报: 教育科学版, 2007, 23(3): 44-46.

[69] 邓博. 高校教师绩效评价体系的和谐性研究[D]. 镇江: 江苏大学, 2010.

[70] 段从宇, 迟景明. 中国高等教育资源配置的历史态势及未来进路——兼论地方新建本科院校转型发展[J]. 教育科学, 2015, 31(3): 50-54.

[71] 樊亚明. 英国华威大学走向卓越的内因分析[D]. 沈阳: 沈阳师范大学, 2014.

[72] 方华, 李辉. 对高校岗位设置中“双肩挑”模式的理性思考[J].长江师范学院学报, 2011, 27(1): 89-93.

[73] 丰捷. “双肩挑”的生命力——清华大学坚持和发展“双肩挑”政治辅导员制度的实践与思考[N]. 光明日报，2003.12.4.

[74] 冯惠玲, 胡娟, 惠新宇. 高等教育国际化: 内涵、挑战与取向[J]. 中国高等教育, 2011(11): 30-31.

[75] 凤翔一草芥. 教育部关于全面提高高等教育质量的若干意见[EB/OL]. http://blog.sina.com, 2011.

[76] 付八军. 华威大学:教学型迈向创业型的成功典范[J]. 绍兴文理学院学报, 2015(2): 3-5.

[77] 伏军, 汤远, 贺婧雯, 等. 协同创新中心质量监管机制与评价体系的构建[J]. 现代教育科学, 2015(1): 103-105.

[78] 高向峰, 王成胜. 利用信贷资金发展地方高校的探讨[J]. 黄冈师范学院学报, 2004, 24(1): 82-85.

[79] 葛岩. 美国教授为什么是终身制?[J]. 读书, 2006(1): 115-119.

[80] 龚俊朋. 基于“ERG理论”的高校青年教师激励策略探究[J]. 河南科技学院学报, 2011(4): 42-44.

[81] 马君. 新常态与企业激励模式变革：从绩效导向到价值自觉[M].北京：经济科学出版社，2016.

[82] 郭梅, 刘珏琏, 郭英英. 高校教师激励机制初探[J]. 集团经济研究, 2005(16).

[83] 国务院. 关于印发统筹推进世界一流大学和一流学科建设总体方案的通知国发[2015]64号［EB/OL]. http://www.gov.cn/zhengce/content/2015-11/05/content_10269.htm, 2016-12-10.

[84] 韩军. 高校青年教师职业生涯规划管理研究[J]. 长春工业大学学报 (高教研究版), 2014(2): 68-70.

[85] 贺伟, 龙立荣. 内外在薪酬组合激励模型研究[J]. 管理评论, 2011, 23(9): 93-101.

[86] 洪成文. 企业家精神与沃里克大学的崛起[J]. 比较教育研究, 2001, 22(2): 45-50.

[87] 胡锦涛. 在庆祝清华大学建校100周年大会上的讲话[EB/OL]. http://www. /www.gov.cn /ldhd/2011-04/24/content_1851436.htm, 2016-11-23.

[88] 胡敏. 青年价值取向与社会价值取向[N]. 中国青年报, 2014年05月28日.

[89] 胡瑞文. 教育经费缺口分析[EB/OL]. http://www.china.com.cn/xxsb/txt/ 2007-10/29/content_9142342.htm, 2016-12-25.

[90] 黄海楠. 英国华威大学内部管理模式研究[D]. 兰州: 兰州大学, 2012.

[91] 黄明东, 武陈金莲, 黄俊. 美国高校教师参加学校管理的制度保障探析[J]. 中国高教研究, 2014(1): 45-50.

[92] 黄姗姗. 基于高校青年教师薪酬激励制度的研究[J]. 文教资料, 2010(11): 163-164.

[93] 黄文妍, 谢玉华. 电信企业员工职业发展规划激励机制及其运用[J]. 湖南邮电职业技术学院学报, 2006, 5(2): 1-4.

[94] 姜海珊. 香港公立高校教师薪酬制度与激励机制及启示[J]. 高教探索, 2012(3): 57-61.

[95] 蒋龙飞. 基于协同的科研组织管理模式创新[J]. 经营管理者, 2015(8Z): 228.

[96] 江涛. 基于DEA的农业高校科研绩效评价研究[D]. 雅安: 四川农业大学, 2009.

[97] 焦伟. 论高校教师薪酬制度的改革[D]. 南京: 河海大学, 2006.

[98] 靳晓熙. 养老金“并轨”改单后,高校绩效导向型薪酬结构的影响及优化研究[J]. 人力资源管理, 2015(12): 168-170.

[99] 赖亚曼. 美国高校教师薪酬调整机制探析[J]. 中国高校师资研究, 2009(4): 43-49.

[100] 蓝静. 我国公立高校董事会发展现状分析及政策建议[J]. 科技信息, 2011(27): 143-144.

[101] 李成立. 高等教育财政的国际比较与我国的改革构想[D]. 长春: 东北师范大学, 2006.
[102] 李金龙，张淑林，裴旭，等. 协同创新环境下的研究生联合培养机制改革[J]. 学位与研究生教育, 2014(9): 30-34.
[103] 李兰兰，王建虹. 高校青年教师职业生涯发展的特点及激励[J]. 中国成人教育, 2008(9): 80-81.
[104] 李茂群. 十七大以来中国文化发展战略研究[D]. 福州: 福建师范大学, 2012.
[105] 李萍. 优化我国高等教育投资资源配置的思考[J]. 高等教育研究, 2006(10): 54-57.
[106] 李新建. 企业薪酬管理[M]. 天津: 南开大学出版社，2007：137-165.
[107] 李阳成，陈志强，朱永得. 福建省属科研机构发展现状及其问题分析[J]. 海峡科学, 2007(2): 3-7.
[108] 李瑛. 中国高等教育财政投入问题研究[D]. 广州: 暨南大学, 2008.
[109] 林辉，张磊. 创新型大学发展模式研究——以英国沃里克大学为例[J]. 现代教育管理，2004(6): 52-55.
[110] 林建华. 大学综合改革面临的困惑和机遇[J]. 大学(学术版), 2013(6): 34-37.
[111] 林珏. 从Warwick 看英国公立大学研究生培养的基本思路[J]. 学位与研究生教育, 2000(4): 57-60.
[112] 刘明. 从财政视角看我国高等教育经费问题及其应对策略[J]. 华中师范大学学报(人文社会科学版), 2012, 51(3): 154-159.
[113] 刘亚琴. 我国高等教育财政投入的现状及效率研究[D]. 昆明: 云南财经大学, 2013.
[114] 刘瑶. 四川TY民办高校教师薪酬体系研究[D]. 成都: 电子科技大学, 2007.
[115] 刘野. 基于综合DEA评价模型的我国“985”高校科研绩效评价研究[D]. 哈尔滨: 哈尔滨工程大学, 2013.
[116] 刘叶. 创业型大学的发展之道: 以沃里克大学为例[J]. 高教发展与评估, 2010, 26(5): 85-92.
[117] 卢伟，褚宏启. 高等教育发展方式转变的内在机制与可行路径——一种要素分析的范式[J]. 现代教育管理, 2014(12): 14-20.
[118] 卢小青. 我国高校教师薪酬管理激励机制的研究[D]. 北京: 北京交通大学, 2009.
[119] 罗丹. 教学质量内部保证体系述评——以英国华威大学为例[J]. 宁波大学学报(教育科学版), 2005, 27(2): 18-21.
[120] 罗占收，陶益. 协同创新背景下高校科技评价机制探析[J]. 中国高校科技, 2015(7): 50-52.
[121] 马君. 绩效工资的非线性影响效应及其结构优化——前景理论的视角[J]. 财经研究，2013(4): 1-11.（人大复印资料《劳动经济与人力资源》收录）
[122] 马君. 奖励能否激活员工创造力：不同成就动机氛围下的研究[J]. 系统工程理论与实践，2016, 36(4): 945-957.
[123] 马君. 企业绩效考评系统内在设计机理研究[D]. 成都: 西南财经大学, 2008.
[124] 马君. 权变激励与有效绩效评价系统设计研究[J]. 科研管理, 2009, 30(2): 184-192.
[125] 马君，胡佳，杨涛. 打开奖励的 “薛定谔黑箱”：认知学派与行为 学派的理论分野与整合[J]. 外国经济与管理, 2015, 37(3): 27-39.
[126] 马君，刘婷. 重赏之下必有勇夫？研发人员的工作价值需求与激励错位对创造力的抑制[J]. 管理评论, 2015, 27 (7): 94-104.
[127] 马君，刘源. 在高绩效中淬炼有使命感的人[J]. (待发表).
[128] 马君，山鸣峰. 科研导向下绩效工资的“倒U”效应——高校陡峭型薪酬结构的影响及优化[J]. 上海大学学报(社会科学版), 2013, 30(1): 111-124.
[129] 马君，Van Dijk Dina. 绩效工资的非线性影响效应及其结构优化——基于前景理论的视角[J]. 财经研究, 2013(4): 111-122.
[130] 马君，王迪. 内外激励协同影响创造力：一个被中介调节模型[J]. 管理科学，2015, 28(3): 29-42.
[131] 马君，王雎. 差序格局下绩效评价公平与员工绩效关系研究[J]. 管理科学, 2012(4): 56-68.
[132] 马君，易梦晨. 索尼绩效主义之殇及再启示[J]. 企业管理, 2015(2): 38-41.
[133] 马君，赵红丹. 任务意义与奖励对创造力的影响——创造力角色认同 的中介作用与心理框架的调

节作用[J]. 南开管理评论，2015(6): 46-59.

[134] 马君，张昊民，杨涛. 成就目标导向、团队绩效控制对员工创造力的跨层次影响[J]. 心理学报，2015(1): 79-92.

[135] 马君，张昊民，杨涛. 绩效评价、成就目标导向对团队成员工作创新行为的跨层次影响[J]. 管理工程学报，2015(3): 62-71.

[136] 马顺彬, 陈志华, 蔡永东. 高职院校科技协同创新长效机制新模式——以先进纺织工程技术中心为例[J]. 纺织科技进展, 2015(7): 53-58.

[137] 马媛. 高校协同创新中心的发展现状及对策分析[J]. 中国轻工教育, 2015(4): 16-19.

[138] 孟中媛. 高校教师专业化发展的国际比较与思考[J]. 教育探索, 2007(3): 121-122.

[139] 牛长松. 英国高校创业教育研究[M]. 上海: 学林出版社, 2009: 116.

[140] 潘锡杨. 协同创新中心管理体制机制探究[A]. 中国科学学与科技政策研究会. 第九届中国科技政策与管理学术年会论文集[C]. 中国科学学与科技政策研究会: 2013: 8.

[141] 庞国斌. 我国公共高等教育资源配置的公平性研究[D]. 大连: 辽宁师范大学, 2008.

[142] 庞鹤峰. 我国高校教师绩效评价指标体系研究[D]. 南京: 南京理工大学, 2006.

[143] 彭勃. 高等教育资源的生态化配置与培植[D]. 北京: 中国矿业大学, 2008.

[144] 皮特·斯科特. 高等教育全球化理论与政策[M]. 北京: 北京大学出版社, 2009.

[145] 钱芳莉. 关于高校"双肩挑"管理干部问题的若干思考[J]. 国家高 级教育行政学院学报，1999,（3）: 16-18.

[146] 曲德峰. D高校员工薪酬管理模式研究[D]. 大连: 大连海事大学, 2012.

[147] 山鸣峰. 教育综合改革与高校薪酬制度创新[M]. 上海: 上海大学出版社, 2017.

[148] 山鸣峰，李灵莉. 基于本体价值构筑大学精神: 大学内涵式发展的核心议题[J]. 教育发展研究，2014(9): 52-57.

[149] 山鸣峰，马君. 高校协同创新的有效运行机制和驱动力研究[J]. 复旦教育论坛, 2013, 11(4): 64-68.

[150] 山鸣峰，张英姿，朱明原等. 高校实施绩效工资的理性思考[J]. 上海大学学报(社会科学版)，2007, 14(6): 136-140.

[151] 上海市人力资源社会保障网.关于服务具有全球影响力的科技创新中心建设实施更加开放的国内人才引进政策的实施办法[EB/OL]. http://www.shanghai.gov.cn, 2017-01-15.

[152] 邵争艳. 中国区域高等教育资源优化配置评价与对策研究[D]. 哈尔滨: 哈尔滨工程大学, 2006.

[153] 申亮. 高校传统体育文化教育与通识教育的融合及其实现途径[J]. 武术研究, 2016, 1(3): 20-25.

[154] 史秋衡，吴雪. 英国高校科研质量管理的路径选择: 从院校竞争走向国家整体协调[J]. 高等教育研究, 2009(6): 87-95.

[155] 施迎春. 国外高校薪酬制度解析及对我国高校薪酬管理的启示[J]. 人力资源管理, 2010(1): 7-8.

[156] 石云龙. 我国高校师资激励机制研究[J]. 继续教育, 2013, 27(11): 56-57.

[157] 宋晓晴. 高校教师专业化发展的认识与对策——以河套学院为例[J]. 河套学院学报, 2013(2): 44-47.

[158] 苏东水. 东方管理学[M]. 上海: 复旦大学出版社, 2005.

[159] 谭冠中. 美国高校教师管理对我国高校教师岗位设置及聘用制的启示[J]. 高教论坛，2012(5): 136-137.

[160] 汤静. 基于DEA模型的江苏各区域科研机构绩效评价研究[D]. 南京: 南京理工大学, 2013.

[161] 王崇锋，徐强，刘连博,等. 有千金尚须一"诺": 组织承诺视角下的高校教师激励[J]. 中国人力资源开发, 2014(19): 74-78.

[162] 王凤玉，王宏月等. 卓越的背后:英国华威大学科研实力提升策略探析[J]. 沈阳师范大学学报(社会科学版), 2016, 40(1): 6-10.

[163] 王光彦. 美、加高校教师评价制度研究[J]. 教育发展研究, 2007, 29(20): 48-53.

[164] 王丽丽. 公办高职院校分配制度改革研究[D]. 天津: 天津大学, 2006.

[165] 王建虹. 关于高校青年教师职业生涯发展的指导及其激励研究[D]. 上海: 华东师范大学, 2008
[166] 王建猛. 关于高校管理中“双肩挑”问题的探讨[J]. 河北科技师范学院学报（社会科学版），2009,(6): 37-39.
[167] 王瑞永, 周鸿. 管理学:原理与方法[M]. 北京: 人民邮电出版社, 2006.
[168] 王晓慧. 事业单位分类改革逾期1年无果, 专家：严重影响后续改革[N]. 华夏时报, 2016-11-19.
[169] 王晓阳. 自主创新型大学的可持续性变革——以英国华威大学为例[J]. 临沂大学学报, 2005, 27(4): 9-12.
[170] 王晓宇. 牛津大学国际化之路探析[J]. 比较教育研究, 2013(7): 11-14.
[171] 王秀翠. 浅谈2011协同创新中心[J]. 科技风, 2013(16): 252-253.
[172] 王一美. 我国高校薪酬制度的研究[D]. 合肥: 安徽大学, 2012.
[173] 王志伟. SY集团薪酬结构对中层和基层员工激励的影响研究[D]. 天津: 河北工业大学, 2014.
[174] 魏斌. 基于DEA的高校科研绩效评价[J]. 合作经济与科技, 2012(5): 30-32.
[175] 危怀安, 疏腊林, 聂卓. 我国“2011协同创新中心”的组建分析[J]. 科技管理研究, 2014(18): 70-73.
[176] 武清信息网. 关于落实《天津市引进人才“绿卡”管理暂行办法》的通知[EB/OL]. http://www.tjwq.gov.cn/tjwqzf/rcjlzc/201508/4db0aaf6ede244439 16c86dea2ea12f2.shtml, 2017-01-05.
[177] 伍如昕. 绩效薪酬的心理成本:公平偏好和过度自信[J]. 中国人力资源开发, 2014(1): 22-28.
[178] 习近平：把思想政治工作贯穿教育教学全过程[EB/OL], 新华网, http://news.xinhuanet.com/politics/2016-12/08/c_1120082577.htm.
[179] 习近平. 切实把思想统一到党的十八届三中全会精神上来[J]. 求是, 2014(1): 4-6.
[180] 夏莉. 以提高质量为核心的高校内涵式发展之路的思考[J]. 长沙铁道学院学报(社会科学版), 2012, 13(2): 266-268.
[181] 谢仁业. 中国高等教育内涵发展: 价值、问题及趋势[J]. 教育发展研究, 2006, 26(13): 7-10.
[182] 熊超. 高等教育内涵式发展的现实依据及战略重点[D]. 长沙: 湖南大学, 2008.
[183] 许慧. 欧盟“地平线2020计划”及对我国“2011计划”的启示[D]. 杭州: 浙江大学, 2014.
[184] 薛天祥. 高等教育学[M]. 桂林: 广西师范大学出版社, 2001.
[185] 闫威，邓鸿. 内在激励对企业外在激励供给策略的影响研究[J]. 管理评论, 2011, 23(5): 89-95.
[186] 阎光才. 斯坦福的硅谷与硅谷中的斯坦福[J]. 教育发展研究, 2003, 23(9): 87-91.
[187] 杨春华. 中外知识型员工激励因素比较分析[J]. 科技进步与对策, 2004, 21(6): 168-170.
[188] 姚丽华. 高校青年教师激励机制研究[D]. 天津: 天津大学, 2010.
[189] 姚琳琳, 龙汉武. 在教学过程中培养大学生的创造性思维能力探析[J]. 南阳理工学院学报, 2013, 5(5): 105-107.
[190] 姚秀颖, 王森. 浅议专业学位研究生教育质量保障体系——基于新公共管理理论的视角[J]. 陕西教育: 高教, 2012(4): 10-12.
[191] 叶彩凤, 周岱. 从斯坦福大学的创新发展看我国创新型大学的建设[J]. 现代教育科学, 2006(11): 67-69.
[192] 佚名. 教育部财政部启动高等学校2011计划提升创新能力[J]. 中国科技产业, 2012(5): 50-52.
[193] 俞姝. 基于胜任力模型的S高校中层干部培训项目设计[D]. 杭州: 浙江工业大学, 2012.
[194] 袁永红, 王金萍. 中国研究型大学建设刍议[J]. 中国石油大学学报 (社会科学版), 2013, 29(3): 95-99.
[195] 臧兴兵. 大学教师绩效薪酬之谜与破解之道[J]. 高等教育评论, 2014(1): 107-122.
[196] 张德祥, 林杰.“高等教育内涵式发展”本质的历史变迁与当代意蕴[J]. 国家教育行政学院学报, 2014(11): 3-8.
[197] 张慧. 香港科技大学崛起要素解析及启示[D]. 曲阜: 曲阜师范大学, 2013.

[198] 张建新. 国家宏观经济政策对高等教育发展的影响[D]. 西安: 西北工业大学, 2004.
[199] 张荆. 日本高校体制及薪酬制度的研究与思考[J]. 北京联合大学学报人文社会科学版, 2014, 12(1): 104-114.
[200] 张侃. 转型期我国高等教育资源配置制度的变迁[J]. 当代教育科学, 2013(11): 25-27.
[201] 张玲召, 杨海光, 邓龙江等. 行业特色型高校协同创新中心组建模式探析——以电子科技大学组建面向行业的协同创新中心为例[J]. 中国高校科技, 2013(6): 22-23.
[202] 张琴, 朱少英, 齐二石等. 基于DEA方法的地方高校科研绩效评价[J]. 山西.
[203] 张望军, 彭剑锋. 中国企业知识型员工激励机制实证分析[J]. 科研管理, 2001(6): 91-92.
[204] 张选国. "双肩挑"是高校培养选拔干部的好途径[J]. 高校阵线, 1983, (3): 27-28.
[205] 张朝意. 立足国家亟需汇聚外语资源建设文化"走出去"智库[A]. 全国外语院校科研管理协作会. 第五届外语院校繁荣发展哲学社会科学高层论坛暨全国外语院校科研管理协会年会会议论文集[C]. 全国外语院校科研管理协作会: 2013: 6.
[206] 张忠迪. 地方高校协同创新中心建设路径探索[J]. 中国高校科技, 2015(1): 33-36.
[207] 赵丹龄, 杨鸿, 王磊等. 英法大学人事制度考察报告[J]. 国家教育行政学院学报, 2013(11): 83-90.
[208] 赵丹龄, 张岩峰, 汪雯. 高校教师薪酬制度的国际比较研究[J]. 中国高教研究, 2004(s1): 32-40.
[209] 赵晓阳, 刘金兰. 基于DEA和Malmquist指数的985高校科研投入产出效率评价研究[J]. 电子科技大学学报(社会科学版), 2013(3): 94-100.
[210] 赵映川. 基于需要理论的大学教师薪酬差距研究[J]. 黑龙江高教研究, 2015(1): 99-102.
[211] 浙江省人民政府网.浙江省人民政府办公厅关于加快推进技能人才队伍建设的意见 [EB/OL]. http://www.zJ.gov.cn/art/2015/3/24/art_32432_198481.html, 2016-12-20.
[212] 郑超, 黄攸立. 国有企业知识型员工激励机制的现状调查及改进策略[J]. 华东经济管理, 2001(s1): 30-33.
[213] 郑艳玉. 教师如何走出"职业高原"?[J]. 心理与健康, 2015(1): 54-55.
[214] 中共中央办公厅. 国务院办公厅. 关于实行以增加知识价值为导向分配政策的若干意见[EB/OL], http://news.xinhuanet.com /2016-11/07/c_1119867550.htm, 2016-12-26.
[215] 中国教育报. 透视高校教师收入分配现状[EB/OL]. http://paper.jyb.cn/zgjyb/html/2014-06/09/, 2016-12-28.
[216] 中国政府网.国务院关于进一步做好新形势下就业创业工作的意见[EB/OL]. http://www.gov.cn/zhengce/content/2015-05/01/content_9688.htm, 2016-12-16.
[217] 中青报网. 做一名大学青年教师到底有多难？很难！[EB/OL]. http://edu.cyol.com/content/2016-06/07/content_12749890. htm.
[218] 仲昱雯. 国外一流大学人才选聘制度[J]. 经营管理者, 2014(11): 131-134.
[219] 周春燕. 复杂性视阈中的高校教师绩效评价研究[D]. 镇江: 江苏大学, 2009.
[220] 周江林. 英国华威大学成功的内在"基因"及启示[J]. 井冈山大学学报(社会科学版), 2011, 32(3): 70-75.
[221] 周小情. 美国高校教师薪酬制度研究[D]. 武汉: 华中师范大学, 2009.
[222] 朱洁义. 我国高等教育经费结构现状与高校社会捐赠[J]. 高教研究与实践, 2011(1): 30-36.
[223] 朱帅. 高校薪酬结构及其影响效应[J]. 江苏商论, 2013(30): 173-173.
[224] 朱艳. 香港科技大学的国际化办学理念及启示[J]. 现代教育管理, 2012(5): 54-57.
[225] 朱艳, 王晓玲. 华威大学的办学理念及其启示[J]. 煤炭高等教育, 2011, 29(3): 43-46.

高校青年教师激励保障体系关键问题研究报告 课题组负责人及主要成员

负责人：姜胜耀　　　　　　　　　　　　　　　　清华大学

成　员：刘婉华　许庆红　林秀华　唐腊梅　　　　清华大学

徐　鹏　郭　硕　赵永庆　赵　洋　于　岫

骆　琪　志　伟　　　　　　　　　　　　　　北京工业大学

杨　静　王智鹏　张　桔　赵萌萌　　　　　　北京理工大学

王金友　龙　婕　魏伊乔　　　　　　　　　　四川大学

谢文新　孙远雷　林江豪　　　　　　　　　　广东外语外贸大学

龙奋杰　徐　焱　田　瑶　黎安茹　　　　　　贵州理工学院

马　君　张英姿　　　　　　　　　　　　　　上海大学

文云冬　张元杰　龚　婧　　　　　　　　　　武汉大学

张　立　李　歌　　　　　　　　　　　　　　西南科技大学

钟鸣文　蔡　娥　来郁兰　　　　　　　　　　浙江大学

劳楚华　郑仕勇　魏　武　　　　　　　　　　中山大学

创新高校编制管理制度研究报告

一、绪论

（一）创新编制管理制度的现实意义

当今世界正处在大发展大变革大调整时期，世界多极化、经济全球化深入发展，科技进步日新月异，人才竞争日趋激烈。我国的改革发展也到了关键阶段，经济建设、政治建设、文化建设、社会建设以及生态文明建设全面推进。

高等教育承担着培养高级专门人才、发展科学技术文化、促进社会主义现代化建设的重大任务。高等教育进入大众化阶段，我国已经实现了从人口大国向人力资源大国的转变。根据《国家中长期教育改革和发展规划纲要（2010—2020年）》，到2020年，我国的战略目标是基本实现教育现代化，基本形成学习型社会，进入人力资源强国行列。建设人力资源强国的重要性和紧迫性，对高等教育发展提出更高的要求。

随着教育改革的逐步深化，高校人事制度改革的进程不断推进，聘用制改革、收入分配制度改革、职称改革逐渐深入。面对前所未有的机遇和挑战，必须清醒地认识到，我们的教育体制机制还不完善，学校办学活力不足。作为资源配置龙头和人事制度基础的编制管理一直没有大的突破和创新，远远滞后于高校人事改革的发展，成为制约高等教育发展的重要因素。高等学校编制管理制度的改革和创新势在必行，具有重要的现实意义，并将对政府管理体制的变革、社会经济的发展、高等学校的建设产生重大影响。

1. 创新编制管理制度，是推动政府管理创新，实现体制机制变革的重要内容

机构改革、机构编制管理改革，都属于政权建设的范畴，是上层建筑的重要组成部分，机构编制管理制度在党和国家事业发展中发挥着重要的体制和机制保障作用。因此，编制管理制度的改革在改革总体布局中具有重要位置。

在计划经济时期，政府通过编制管理的行政手段实现调控和资源配置。随着我国社会主义市场经济的深入发展，与经济社会变革相适应，政府的管理方向也要从计划经济体制下的政府直接行政调控模式向社会主义市场经济体制要求的发挥市场配置作用转型。政府职能向着简政放权发展，体制机制的改革和创新是政府管理休制变革的重要内容。政府管理的创新包括管理方式、管理体制、管理机构、管理理念、管理职能的创新。政府管理创新是转变政府职能的重要途径，要以服务社会为重心的政府管理职能取代以推行政令为重心的政府管理职能，使政府的职能切实转变到宏观调控、社会管理和公共服务上来。编制

管理制度的改革，是政府推动管理创新的主动作为，是政府不断深化管理体制变革的需要，是提高政府治理能力和水平的展现。

2. 创新编制管理制度，是推进事业单位改革，促进社会主义市场经济建设的客观需要

改革开放 30 多年来，我国成功实现了从高度集中的计划经济体制转向充满活力的社会主义市场经济体制的伟大变革，极大地解放和发展了社会生产力。我国社会主义市场经济体制不断完善，取得了前所未有的巨大成就。根据国家发展和改革委员会报告，中国经济体制改革在 2014 年取得重大进展：一些关系全局的重要改革取得突破；围绕让市场在资源配置中发挥决定性作用的重要改革取得突破；一些影响深远的改革领域先行先试取得了突破。

事业单位是经济社会发展中提供公益服务的主要载体，是我国社会主义现代化建设的重要力量。面对新形势新要求，我国事业单位发展相对滞后，影响了公益事业的健康发展，必须从改革开放和社会主义市场经济建设全局的高度，充分认识到事业单位改革的重大意义，认识到我国事业单位改革的任务还很重。机构编制管理制度的变革是关系到改革全局的重要创新，在推进事业单位改革、保障经济社会发展中大有作为。我们必须摆脱传统思想观念的束缚，大胆进行理论和实践创新，破除体制机制障碍，以编制改革带动人事管理制度改革，坚定不移地把事业单位分类改革推向深入。

3. 创新编制管理制度，是促进教育事业发展，加快从教育大国向教育强国转变的必然要求

随着社会主义市场经济的蓬勃发展，高等教育已经逐渐从“精英教育”演变为“大众教育”，中国的高等教育事业取得了令人瞩目的快速发展。提高质量是高等教育发展的核心任务，是建设高等教育强国的基本要求。国家中长期教育改革和发展规划纲要（2010—2020 年）指出，“到 2020 年，高等教育结构更加合理，特色更加鲜明，人才培养、科学研究和社会服务整体水平全面提升，建成一批国际知名、有特色、高水平的高等学校，若干所大学达到或接近世界一流大学水平，高等教育国际竞争力显著增强。”

教育要发展，根本靠改革，改革创新是教育发展的强大动力。为了适应高等学校改革和发展的需要，改善宏观管理，保证和优化资源配置，提高办学效益，要以体制机制改革为重点，加快重要领域和关键环节改革步伐。高校编制管理制度的改革，正是为了解决增强教育活力与体制机制约束的矛盾，为教育事业持续健康发展提供强大动力。高校编制管理是国家对高校宏观控制目标的体现，是发挥政策指导和资源配置的作用，真正落实高校办学自主权、增强高校办学活力的制度保障。创新高校编制管理制度，促进高等教育在新的历史起点上的快速发展，是加快从教育大国向教育强国、从人力资源大国向人力资源强国迈进的必然要求。

（二）高校编制管理研究课题的目标和思路

1. 研究课题的建立

在改革发展的大背景下，高校反映编制改革的呼声越来越强烈，也得到了国家有关部门的高度重视。创新高校的编制管理制度，成为新形势下一项当务之急的工作，是一项事

关改革进程的基础保障工程。

为了更加科学地决策，更加科学、周密地推进编制管理体制的创新，中央编办采取科学决策的方法，委托专门的学术部门对高校机构编制管理进行立项研究，尊重和倾听专家学者的意见，认真了解和听取高等学校的实际情况和诉求，以期提高决策的准确性、科学性和可行性。

中国高等教育学会薪酬管理研究分会是高校机构编制管理研究课题的承办单位，受中央编办、教育部委托，研究分会专门组建了《创新高校机构编制管理》课题组，开展高校编制管理的研究工作。中央编办事业单位改革司、教育部人事司对课题组的工作直接给予指导，中国高等教育学会薪酬管理研究分会理事长、副理事长担任课题组的总指挥，清华大学、北京工业大学、中国农业大学、电子科技大学、哈尔滨工业大学、兰州大学、山东大学、上海交通大学、上海理工大学、中山大学、合肥工业大学等 11 所高校以及上海市教委参与课题研究工作。

2. 研究课题的目标和思路

编制管理体制的改革已成为进一步全面深化改革的关键所在，编制管理体制的改革方向必须与社会经济发展需求相适应，与国家改革发展方向相适应，与现代大学制度建设相适应。高校编制管理研究的最终目标，是创建一个与社会主义市场经济相适应的高校编制管理制度，遵循高等学校的办学规律，加强落实高校办学自主权，提高我国高等教育的质量和办学效益，促进我国高等教育事业的发展。中央编办提出的“高等学校不纳入编制管理”，正是课题研究的方向，是具有突破性的、革命性的制度创新。

高校编制管理课题研究的内容，是对我国高校机构编制管理的发展历程进行梳理和分析，研究高校编制管理的现状和存在的问题，比较分析国际上先进国家和地区高等教育的改革发展方向和进程，总结国内部分地区在高校机构编制管理方面的改革探索经验，从而对创新高校机构编制管理提出具体的、可操作的改革措施和建议，为国家进行编制管理体制的改革创新提供建设性的意见。

二、我国高校编制管理的历史、现状和问题

（一）我国高校编制管理历史沿革

新中国成立以来，我国经济体制实现了从计划经济、有计划的商品经济到社会主义市场经济的重大历史变革，高校编制管理也相应经历了从萌芽、发展到改革的历史过程。

我国高校编制管理历史可分为五个阶段：**（1）中华人民共和国成立初期**。1950 年成立了全国各级编制管理委员会，对机构、编制实行统一管理，编制管理的重要原则是“统一领导、分级管理”以及“编制就是法规”。**（2）国家经济调整时期**。1961 年以来，为扭转国民经济严重混乱和比例失调、生产力受到极大破坏的局面，对教师编制进行了大规模的精简，许多教师被精简回乡务农。**（3）“文革”时期**。学校的教职工编制管理遭到严重破坏，大多数高等学校处于停办状况。**（4）改革开放初期**。党的十一届三中全会以来，党的工作中心转移到经济建设上来，进行了经济体制、政治体制的改革。国家出台了一系列有

关高校编制管理的政策制度，其中 1985 年出台的《普通高等学校人员编制的试行办法》对高校编制管理作了较为系统的规范指导，为今后的高校编制管理搭建了基本框架。**（5）高校扩招及部分高校合并时期**。1999 年扩招以来，全国普通高校普通本专科、研究生人数增加了约 6 倍，高等教育事业发展迅速，高校人才培养、科学研究等任务量成倍增长。编制日渐捉襟见肘，而编制管理制度一直未有重大变化，严重滞后于高校改革进程。为缓解编制紧缺和用人需求旺盛的矛盾，高校不断在用人机制上进行创新，采取更灵活的多种用人方式。

正在进行的事业单位改革，将高校划为公益二类事业单位。随着社会主义市场经济的逐渐完善，十八大以来加快政府职能转变的改革思路日益清晰，高校人事制度改革进一步深化，期盼政府简政放权、扩大高校办学自主权的呼声越来越强烈，编制管理制度必将迎来有重大突破的创新变革。

（二）我国高校编制管理的现状

1. 现行的高校编制管理模式

“统一领导，分级管理”是我国机构编制管理的基本特征，统一领导是指党中央、国务院统一领导全国各级事业机构编制管理工作，由中央机构编制管理部门负责组织实施；分级管理是指地方各级党委、政府在党中央、国务院的统一领导下，具体负责本地区的事业机构编制管理工作。高校的机构编制管理工作是由国家编制主管部门会同教育行政部门制定出具有宏观指导意义的法规或规章，统一管理。

2. 高校编制管理的具体执行情况

（1） 教育部直属高校：1985 年，根据中央关于精简机构的指示，原国家教委颁发了《全国普通高等学校人员编制的试行办法》（教计字[85]090 号）。1990 年，人事部在批复原国家教委《报送国家教育委员会直属事业单位编制审批申请表》的函件中，下达各直属单位的编制数。1998 年，国务院、中共中央各部门及其他国家机关陆续展开机构改革，中编办、教育部和财政部于 1999 年 9 月发布《普通高等学校编制管理规程（草案）》，根据高等教育发展的实际情况在机构设置管理及人员编制管理方面做了标准修订，但该草案并未正式下发执行。2000 年，教育部、国家计委、财政部发布《关于调整国务院部门（单位）所属学校管理体制和布局结构的实施意见》，列出了 27 所划转教育部管理的学校名单和 40 所由教育部负责调整的高等学校名单。根据教育部直属高校调整情况，经中编办批复，教育部于 2003 年向直属高校下发编制规模①，将调整前机构编制数累加得到合并后的高校编制数。因此，教育部直属高校使用的编制数仍为 1990 年批复的编制数，20 多年来没再重新核算。

（2）地方高校：进入 21 世纪后，我国高等教育管理体制进行了向地方（主要是省级政府）分权、向高校放权的改革，省级政府开始承担大部分对地方高校的管理职责，高校的机构编制管理开始实行“分级、分层、分类管理，政府宏观调控、高等学校自主管理”的新体制。江苏、广东、福建等省相继出台了本地的高校机构编制管理办法或暂行规定。

① 《教育部关于下达部属高等学院机构编制的通知》（教人[2003] 4 号）

地方高校的编制管理工作逐渐进入中央宏观调控、地方监督管理的新阶段。

（三）我国高校编制管理存在的问题

1. 计划经济思维下的编制管理体制与高等教育发展需求不相适应

在计划经济时代，政府可支配的资源比较有限，政府通过行政命令主导资源配置，在一定程度上为各项事业的发展提供了保障。现在，在市场经济大发展的背景下，高等教育取得了突飞猛进的发展，基于计划经济思维的编制管理方式难以引导高校走向更合理、更利于其发展的人力资源分配及管理的道路，严重阻碍了高等教育的发展。

（1）计划经济下的编制管理体制呈现集权化，管理严格，缺乏市场调节的指导性。计划经济的特点是依赖于指令性计划，因此计划经济下的编制管理也具有了指令性和法规性的特征。“编制即法规”，编制作为政府的指令和法规，受到严格控制，是不可随意突破和更改的刚性约束。计划经济下的编制管理体制是高度集中统一的行政体制，行政权力支撑着整个计划经济体制的运转，靠行政命令配置资源，市场因素在严格的行政管理体制中无法发挥调节和导向作用。在不同办学层次和办学水平的高等学校中，具有同样职称或同样行政级别的人员，虽然其学术水平或管理水平高低不同，但其获得的资源以及社会地位和认可度却并无明显差别，市场的导向作用不明显。在同一所高校之中，也是如此。

随着社会主义市场经济的建立，中国经济不可逆转地走向改革，走向开放，走向市场经济。市场经济是实现优化配置的一种有效形式，市场在国家宏观调控下要逐步对资源配置起决定性作用。编制管理体制也不可避免地要走向市场，运用价值规律，发挥市场机制的调节作用，建立起充满生机和活力的管理体制。

（2）计划经济下的编制管理体制呈现静态化，管理僵化，缺乏动态调整的灵活性。计划经济下的编制管理体制由政府主导统筹，由政府统一制定编制的标准、规模、数量等，并对编制的数量规模以及比例严格控制，高校必须在政府指令下严格执行。

目前，教育部所属高校仍然执行的是 1985 年制定的编制计算标准和管理办法，高校的人员编制规模是 1990 年制定下达的编制数，20 多年来没有变化。然而，随着社会主义市场经济的建立，人力资源市场已经发生了巨大的变化，原有的编制标准早已变得陈旧，原有的管理体制愈显僵化，与市场经济建设和高等教育发展严重脱节。高等学校是汇聚人才的高地，人才队伍建设是高等学校事业发展的核心任务。与 20 多年前相比，高等学校的办学规模和用人规模都有了成倍的增长，而现行的编制管理制度仍然按照几十年前的标准和数量，严格控制高等学校的人员规模和队伍结构，从而导致高校事业发展带来的用人需求得不到满足，超编用人的合法性得不到承认，队伍结构的调整也无法突破编制的限制，高等学校的事业发展和人才队伍建设已经受到了编制管理体制的极大阻碍。

（3）计划经济下的编制管理体制呈现微观化，管理具体，缺乏高校用人的自主性。计划经济下的编制管理体制是统一管理的行政管理体制，编制管理部门不仅要建立机构编制的标准和规范，对高等学校的规模和发展进行主导和统筹，还要按照严格的行政审批制度对涉及编制的人员变动、职称评审、资源配置等具体工作进行审批和管理。因此，高等学校在人才引进、职称评聘等方面大多是缺乏自主权的，相关事项必须报经教育主管部门和编制主管部门逐一审批。由于行政审批制度具有非常严格的标准和规范，审批过程一般比较繁琐、周期漫长，不利于高等学校吸引人才、稳定人才。

在当前人才争夺空前激烈的形势下，高校的发展急需一定的办学自主权，而不是被编制管理束缚住了发展的手脚。国家中长期教育改革和发展规划纲要（2010—2020年）提出，“建立高校分类体系，实行分类管理”“落实和扩大学校办学自主权”。计划经济下的编制管理模式不利于高校根据队伍现状、学科特点和发展目标对岗位结构做出科学合理、实时有效的规划和设置，不利于高校充分发挥人力资源效能，更加不利于高校办学自主权的落实。因此，为实现国家教育改革和发展的目标，编制管理制度必须向着与高等教育发展需求相适应的方向进行变革。

2. 单一的编制管理模式与高校多元化的用人现状不相适应

（1）单一的编制管理模式导致事业编制“空编”状态与实际超规模用人同时并存的怪现象。高校现有编制基本上是20世纪八九十年代核定的，一直没有大的变化。随着高等教育的发展，高校实际用人需求快速增长，高校实际用人总量与编制之间存在严重落差，超编用人的矛盾非常突出。另一方面，在用人总规模不断增长的情况下，绝大多数高校却同时存在着“空编”的怪现象，事业编制并未用足、用满。这是因为数量紧缺、管理严格的编制管理模式使得编制成为非常稀缺、宝贵的资源，为了给教师队伍建设预留足够的发展空间，高校不敢用足编制，不得不维持“空编”状态，将宝贵的编制资源保留下来用于专任教师的引进和培养。表1列出了七所教育部直属高校定编数情况、2014年事编教职工数量及教职工总量。“空编”与超规模用人并存成为高等学校的普遍现象，单一的事业编制管理模式已经严重阻碍了高校事业发展的步伐。

表1　七所教育部直属高校定编数、2014年事编教职工总量及教职工总量

项目	清华大学	兰州大学	山东大学	中国农大	中山大学	电子科大	合肥工大
定编数/人	8996	4469	8385	5388	6113	3496	4512
事编总量/人	5985	4172	7559	2819	4479	3704	3694
教职工总量/人	11735	4855	10065	4454	6600	6782	4068

（2）单一的编制管理模式导致传统的事业编制管理体制与多元化用人现状的矛盾凸显。分析这几年来高校的人力资源状况，高校将宝贵的编制资源主要用于专任教师的引进和培养，其他用人需求则不得不通过编制外用人补充。在单一、严格的事业编制模式之外，高校不得不寻求适应高校事业发展的突破，大胆地进行用人制度的创新。因此，高校用人模式呈现多元化状态，除了传统的事业编制以外，还存在着博士后、劳动合同制、劳务协议、劳务派遣、特殊聘用等多种用人形式。

随着我国教育国际化水平的提升，国际的交流与合作愈加频繁，高校吸引了更多世界一流的专家学者来华从事教学、科研和管理工作。外籍教师具有特殊性，无法简单按照事业编制管理模式进行管理和资源分配。以某教育部直属高校为例，表2列出了2014年底某高校各类聘用人员的规模及所占比例，用人模式多样，其中事业编制聘用仅占总体人力资源的37.47%，而全时在岗工作的外籍及港澳台教师达到了146人。

表 2　某高校 2014 年各类人员聘用规模及占全校总体人力资源比例

聘用类型	人员规模/人	所占比例
事业编制聘用	5802	37.47%
外籍及港澳台人员	146	0.94%
全时特殊聘用	37	0.24%
非全时特殊聘用	10	0.07%
在站博士后	1451	9.37%
非事业编制聘用	7831	50.57%
其中：劳动合同聘用	*4252*	*27.46%*
劳务协议聘用	*1474*	*9.52%*
劳务派遣聘用	*1572*	*10.15%*
特殊情况聘用	*533*	*3.44%*
农转工聘用	207	1.34%
全校总体人力资源	15484	100.00%

单一的事业编制身份属性绑定了资源分配政策，是否在编成为能否享受有关福利待遇的唯一标准。编制的身份属性以及与之关联的资源分配政策，导致了编内编外人员“双轨制”的突出矛盾。

表 3 分别列出了事业编制和非事业编制两类人员的管理办法和部分资源、待遇的对比情况。

表 3　事业编制人员、非事业编制人员管理办法及待遇对比

项目	事业编制人员	非事业编制人员
人事管理依据	《事业单位人事管理条例》	《劳动法》《劳动合同法》
档案管理	高校自主管理	人才市场管理
户籍管理	事业编制的身份属性可办理户籍手续	无
公派出国交流	公派出国交流限制事业编制人员参加	无
薪酬收入	财政承担、统一核拨、政策保障	高校承担、欠缺保障
社会保障	单位退休、公费医疗	基本养老保险 基本医疗保险
学校内部管理	在职务晋升、子女入学、办公用房、住房补贴、取暖补贴等方面有章可循，享有福利	无

从管理办法看，《事业单位人事管理条例》是事业单位人员管理的基础和依据，高校对事业编制人员的管理是相对比较规范和完备的。然而，编制的身份属性将人员人为地分成了编内编外两类，造成编外人员的管理缺乏有针对性的法律依据，面临一定的法律模糊

性。正是由于缺乏国家统一的政策指导和管理依据，各高校都是根据自身情况自行制定编外人员管理办法，这也就使得高校编外人员的管理往往存在着不规范的现象，编外人员的薪酬福利待遇得不到有效保障。从资源和待遇分配看，编制身份属性引发的“双轨制”导致了在同一组织中不同人群的权利差异，产生“同工不同酬”的不公平现象，既影响到高校教职工队伍积极性的发挥，又影响到社会的公平和稳定。而且，由于编制外用人成本由高校自行负担，这已经成为高校经费开支的一块重担。

（3）单一的编制管理模式导致高校岗位聘用的管理制度不能真正建立起来。岗位管理不仅是事业单位人事管理的基本管理制度，也是实行聘用制度的内在要求。岗位管理制度内在要求是按需设岗，按岗聘用，以岗定薪，以绩定效。而单一的事业编制管理体制却是以身份属性为特征，其人员管理的直接弊端就是“人员能进不能出，岗位能上不能下，分配吃大锅饭，搞平均主义”。单一的事业编制管理体制下，人员的薪酬水平、福利待遇由其职称职级、行政级别等决定，与人员的岗位职责、水平高低、工作业绩关联不大。虽然学术水平存在差异，但只要同为教授，职称等级相同，享受的工资收入、福利待遇以及学术待遇就是同样的等级。相反，如果职称为副教授，那么即使具有超过教授的学术水平，仍然无法享受与教授同样的待遇，包括不能作为项目负责人领衔国家重大项目的研究。而人员如果没有事业编制身份，那就是“一票否决”，与所在的岗位没有关系，也无法获得相应岗位的福利待遇和学术待遇。

在这种单一的编制管理体制下，岗位和绩效都无法发挥人力资源调节的重要作用，与高校岗位管理方式不相适应，高校岗位聘用的管理制度不能真正建立起来，制约了高校人力资源的有效配置，高校的办学自主权也得不到真正落实。高校的学科建设、事业发展日新月异，办学目标各具特色。只有解放“事业编制”的约束，真正打破编制管理的制约，建立有效的岗位管理体制，责权利统一，才能将人力资源的效能充分发挥出来，实现人尽其才，才尽其用。

3. 小结

总之，随着高等教育的发展，单一滞后的编制管理方式已经不能满足高等教育发展的需求，与高校岗位聘用制度和多元化的用人机制不相适应，在一定程度上阻碍和制约了高等教育的发展。为进一步落实高校办学自主权，必须改革目前的编制管理及相关的资源分配政策，为高校放开束缚，建立符合高等教育发展规律的现代大学制度。高校的编制管理制度，必须与事业单位的整体改革相适应，必须与内部的用人制度、收入分配制度以及运行机制改革相促进，构建起一个有效的体制和机制，这将是最终检验改革是否成功的根本标志。只有编制管理等带有根本性的问题得到改革，高校以及事业单位改革才有可能真正取得实质性进展。

三、境外公立高校管理制度的状况

本课题调研了美国、新加坡、日本和中国香港四个国家（地区）政府对公立大学管理制度以及公立大学管理体制变革方面的情况，以期对我国编制管理制度的变革提供借鉴。

（一）美国公立大学管理模式

1. 美国公立大学管理体制及基本治理模式

公立高等教育是美国高等教育系统的基础，同时也是美国高等教育的重要组成部分。在美国，联邦政府不干涉宪法以外的教育事务，教育行政权归属于各州。美国各州政府对本州高等教育拥有广泛的权力，是公立高等学校的办学主体和实际管理者，对高等教育施加直接影响。法律的保障使美国各州大学的自治权合理化、长久化。

在这种法律体制下，美国公立高等教育的治理模式和具体实施多种多样。没有统一模式是美国公立高等教育最主要的特点。总体来说，美国公立大学的办学自主权是在联邦政府和州政府共同的宏观管理和社会中介机构的监督协调下，以及在高校自身微观管理基础之上的办学活动中实现的。在人事制度方面，依据联邦法律的规定，教师的聘用不得受人种、肤色、宗教、性别、原国籍、性取向、血统、年龄、婚姻状况、身心残疾或服务状况的影响。在该原则下大学与教师的权力与义务通过合约体现，人事制度通过大学内部细则来规范，高校人事自主权较大，基本不受州法规和具体规定的限制。

2. 美国政府对公立大学财政拨款特点

美国是联邦制国家，属于典型的分权制的国家，联邦政府下设的教育部也只是对高等教育提供宏观指导和一定的经费支持，直接的财政权和管理权掌握在州政府手里。

联邦政府的拨款主要是科研拨款以及对学生的资助，联邦政府的拨款不区分公立私立高校，目的在于为高校的建设和发展创造良好的大环境，激励高校的改革创新活动，并为学生提供经济援助。

与联邦政府不同，州政府的高等教育财政拨款具有较强的针对性，大都流向本州的公立高等教育机构，主要用于公立高等学校的学校事业费用，关注如何保持公立高校的低学费问题。州政府在进行高等教育财政拨款前，高等教育管理委员会或教育协调委员会等类似的组织机构会对拨款额度进行预算，拨款额度往往会根据预算结果，而不是根据大学的实际需求进行决策。

3. 小结

美国高校人事管理中没有编制的概念，美国高等学校的办学规模是由政府调控和市场导向所决定的。政府通过经费预算制来实现对高等学校规模的宏观调控，而人力资源市场中的人力成本直接决定了高等学校用人规模的大小。美国高校办学质量的提升，则是通过生源的竞争来解决。

（二）新加坡高校自治改革

1. 新加坡大学改革历程

新加坡现有包括新加坡国立大学(NUS)和南洋理工大学(NTU)在内的五所公立大学、一所私立大学和七所专科学院。

1965 年新加坡建国以来，高等教育是严格的政府威权管理模式，大学几乎没有自主权，财产归政府所有，教职员属于政府公务员，行政人员由政府任命，经费来源完全依靠政府。随着学校规模的不断扩大，这种管理模式越来越限制大学在世界高等教育中的竞争和发展。

20 世纪 80 年代起，为使新加坡大学进入世界一流大学的行列，新加坡政府一面增加教育经费投入，一面减少对大学内部事务的直接干预，例如逐渐放开人员的聘用和管理，放开对新学科的设置等。这一阶段，以 NUS 和 NTU 为代表的高校先后进入世界一流大学竞争行列，一批精英人才脱颖而出为国家效力。

进入 21 世纪后，政府发现大学内部事务审批程序烦琐，学校的发展寄望于政府管理部门，教师和学生缺乏主人公意识和创新精神。政府认识到，只有通过大学自治使高等教育国际化和市场化才能实现大学持续发展并保持竞争的优势。于是，以颁布《大学自主：迈向卓越巅峰》改革报告为标志，从 2006 年 4 月起，新加坡政府对公立大学实施大学自治及企业化改革，重新定义了政府与大学的新型治理关系。这对 NUS 和 NTU 来说，是迈向世界级大学发展的重要里程碑。

2. 大学自治与政府宏观管理

大学全面自治改革，其核心是通过将大学的法定机构地位转变为非营利型企业（有限公司），法定机构的管理模式和各项规定不再适用于大学。政府从大学的管理者和经费提供者转变为主要投资者，对大学从过程干预调整为目标管理。对大学而言，办学自主权在改革后得到充分保证。

扩大办学自主权绝不意味着政府对大学撒手不管，而是政府通过与大学签订“战略政策性协议”“绩效协议”为事前约束以及实施“大学质量保障体系”为事后问责的机制来强化大学的责任意识，从而实现自治与控制的平衡，以确保政府意图的实现和落实。新加坡大学改革，使得政府对大学的行政管理转变为更加符合市场机制的契约管理。

3. 小结

新加坡公立大学自治改革既反映了世界高等教育改革的一大趋势，同时也集中体现出新加坡政府对大学发展的强烈忧患意识和战略性前瞻。大学自治改革的主要目的在于增强大学的市场需求和应变力，调适政府干预机制和强化大学自治权，避免政府因直接控制或者过度干预而衍生出烦琐的行政管理体系。在国际教育市场咨询公司 Quacquarelli Symonds 最新公布的“2015 年度亚洲大学排名”中，新加坡国立大学位居第一，南洋理工大学位居第四。新加坡高等教育的崛起以及大学的腾飞，与其推行的大学自治改革密不可分，同时也进一步推进了大学由政府强力控制向大学自主的良性转变。

（三）日本国立大学法人化改革

1. 日本国立大学改革历程

日本国立大学是日本高等教育发展的龙头。在过去 130 多年的发展历程中，日本的国立大学大体经历了旧制、新制和法人化改革几个阶段。近代之初，国立大学作为实现强兵富国、争取民族独立的大业由国家创办管控，是国家附属行政机构；“二战”后，经过教育民主化改革，新制国立大学作为探究、传授高深知识的“学术中心”“文教研修设施”，其独立学术组织属性有了法律依据和保障；21 世纪初开始实施的法人化改革中，国立大学拥有了行政法人资格和经营权，成为自主法人实体。日本国立大学“身份”的演变，是国内政治制度、经济形势等的发展，国际环境和世界高等教育发展趋势的变化，以及大学与政府之间的关系发生转变的结果。

2. 日本国立大学法人化改革目的及核心变化

日本国立大学法人化改革，主要通过管理体制、机构设置、财务制度、人事制度等多项减政放权政策，扩大国立大学的自主权限，发挥法人化优势，建立自主性、自律性、战略性的大学管理体制。其主要目的是为了改变官位十足的国立大学，将其改制为独立运营、办学自主的大学法人，从而创造出更多具有国际竞争力的充满活力与个性的新型大学。

法人化改革前，政府承担了国立大学运作所需的所有经费支出，而大学的所有收入，诸如学生缴纳的学费、附属医院的诊疗收入以及来自研究工作等大学的外部创收收入都必须作为政府的财政收入统一上缴国库。文部科学省（日本教育最高管理部门）掌握着国立大学的经费、人事以及其他重要事项的决定权，对大学的日常事务进行直接管理和干预。国立大学教职员实行公务员制度，教职员数量、职位类型、薪酬标准等都由文部科学省管理，国立大学没有人事任免的权利。

2004 年 4 月 1 日，日本颁布《国立大学法人法》，开始实施国立大学法人化改革。国立大学具有了法人资格，办学自主权得到扩大，不仅享有学术自主权，还获得了经营自主权。教职员由国家公务员转变为非政府雇员，并且取消了终身制聘用关系，国立大学可以采取灵活多样的雇佣形式和薪酬体系，自主决定教职员的聘期。文部科学省则拥有极大的管理监督权，建立了相应的问责机制，通过第三方评价，结合竞争性拨款、奖励性拨款等资源的竞争性调配对大学进行宏观调控。政府以一定的预算整体拨款给国立大学，由大学自己分配；国立大学在预算分配、经费使用、开拓财源、学费制定等方面有自主权，通过提高质量来获得政府更多的教育经费。政府从大学具体办学的主体转变为办学的监督者，从具体的办学过程管理转变为宏观政策制定和经费拨付的监管，通过实行竞争性、倾斜式的拨款，引导和促进各大学形成自身优势、个性和特色，创建具有国际竞争力的、特色鲜明的世界高水平大学。

3. 小结

国立大学法人化改革是日本进入 21 世纪后依据其国内的形势和发展需要对大学管理体制和运行机制的重新构建，从而实现大学身份的重新确认和政府、市场、大学三个要素体系达到新的平衡，在一定程度上也符合当今世界教育行政体制改革均权化、民主化、市场化的趋势。政府从直接的办学者和管理者的角色中脱离出来，通过建立有效的评估机制和拨款机制，实施对国立大学的监管。而国立大学成为独立行政法人后，在预算、组织等方面享有极大自主权，可根据自身特点，确定发展方向和办学特色，主动适应社会需求，逐步提升大学人才培养和知识创新的能力。

（四）香港高校管理模式和政府管理机制

1. 香港高校的自主管理模式

由于香港 100 多年的高等教育发展历史及其特殊的地理位置、文化环境和政治体制，其高等教育主要继承了英国的传统，同时又具有浓厚的中西交融特色。

香港高校具有高度自主权，法律体系和管理制度比较完善，学术自由受到高度重视。香港高校自主管理主要体现在两个方面。一是普遍实行董事会领导下的校长负责制。二是实行学者自治制，师生通过不同的委员会广泛参与学校管理。这种管理体现了香港高校内部管理的民主性和科学性，保证了高校自主管理的健康运作。

2. 香港特区政府与高等教育的关系

从 2001 年开始，政府与高校的管理脱钩，香港政府不直接干预高校的行政事务，主要通过法规、政策、拨款和监督等方式对高等教育进行调控。政府预算高等教育经费通过中间机构，根据各大学的教育发展计划及政府核准的学生人数、大学的研究成果以及定期评审的结果核拨经费到相关大学。大学则按法定条例运作，高校教职员不再按照政府公务员管理，由学校自行决定人员的薪酬待遇和福利。

香港各大学总开支的约 70%来源于政府投入。香港政府委托教育统筹委员、大学教育资助委员会等中间机构，独立承担政府和大学之间的有关事务性工作，负责政府对各大学教育经费的核定和划拨，以及定期对各大学进行评审。香港高校实行以学生人数为基点的拨款方式，秉持用资源来规划学校发展的理念。这种制度明确了各个学校的定位，引导高校走小而精的差异化发展道路，避免重复建设和资源浪费。总体来说，香港已经形成了比较协调发展的高等教育体系。

3. 小结

改革后香港高等教育进入突飞猛进的发展阶段，数所大学跻身于亚洲一流，香港大学等甚至步入世界最好大学行列。据伦敦高等教育研究机构 QS 公司于 2015 年 6 月公布的“2015 亚洲大学排名”调查，香港有 4 所名列前 10 名，包括排名第 2 的香港大学、排名第 5 的香港科技大学、排名第 6 的香港中文大学和排名第 9 的香港城市大学。2014 年泰晤士高等教育排名中香港大学排名世界第 43，香港科技大学排名第 51。香港高等教育的发展，由多方面原因促成，相对发达的高等教育对香港经济发展起着重要作用，学习和借鉴香港高等教育的发展对内地发展高等教育事业有一定的意义。

（五）研究启示

新加坡（2006 年）、日本（2004 年）、香港（2001 年）通过改革，实现了政府对高校的逐步放权，公立大学的人事管理都经历了从按公务员管理转为按社会人管理的过程，逐步与美国公立大学用人模式趋同。这三个国家（地区）大学—政府关系的调适经验对于我国政府与大学之间良性关系的构建具有十分重要的指导意义。

境外高校用人规模改革的总方向是让高校拥有更多的自主权，提升高校的竞争力。政府对高校拨款方式从编制管理向预算管理转变已是各国高等教育发展到一定阶段的改革共识，是政府转变管理方式的最直接体现。这一转变，让大学不但是行政管理机构的大学，更是能够积极融入社会、积极关注社会、积极响应社会需求的独立学术主体，从而更好地实现大学核心价值，更好地为公众服务。因此，完善现代大学制度，首先要求政府转变职能，改变对高等教育的全面控制，减少强制性的行政干预，转而对大学以服务监管为主，高校办学自主权得到真正落实。政府应主要运用立法、规划、拨款和法律规定等行政手段来调控管理的目标、发展的规模和速度、教育的质量和效益。实际上，政府转变角色和监管方式，给大学更多的办学自主权，既符合大学作为独立学术组织的发展逻辑，也符合政府通过竞争机制激励大学提高办学效益的目标要求。这样政府就可以较好地避免直接干预高校的办学，从而维护高校的自主办学的地位，保障高校的办学符合教育的发展规律和自身的组织特性。

四、国内部分地方高校编制管理改革探索

为解决现实问题和突出矛盾，地方政府和院校对编制管理改革进行了有价值的探索和创新。

（一）上海市高校编制管理改革的探索

为实现高校教师编制与学校办学定位挂钩、与人才培养任务挂钩、与社会评价挂钩，实现对编制进行分类管理、分类指导，上海市借助目前正在进行的教育综合改革，进行了高校编制管理改革的探索。

根据上海市教育综合改革方案的文件精神，改革的一项重要内容就是："制定实施高校教师配置标准（或编制标准），根据高校的办学类型、结构和学科确定相应的师生比，科学设置高校岗位结构和比例，建立相应的动态调整机制。"

本次改革的总体设想是通过对比国内外高校教师配置数据样本，通过分析样本的统计规律、差异性及与高等教育发达程度的关系，结合上海地方高校人才培养主体功能、学科设置集中度分类指标，在完成本地区高校二维分类的基础之上，研究找出较为符合上海市教育综合改革方案精神、符合上海地方高校教师队伍建设实际需要的教师配置比，进而提出科学有效的上海市地方高校教师配置的基本思路和架构。

新拟定的上海市地方高校教师编制标准中确定了生师比 1∶16 的标准，符合上海高校的基本实际，具有可操作性。新编制标准目前还未正式实行，在实行中要考虑到拨款机制、上海市事编总量以及各高校之间发展均衡等方面的问题。

上海市的改革探索，其本质上是政府部门根据师生配比重新定编，并且以编制确定相应的财政支持。这一改革探索并没有解决目前存在的编内编外福利待遇差别问题，另外如何建立动态调整机制、保证调整的科学性合理性也是其编制改革需要进一步解决的问题。

（二）北京市高校编制管理改革的探索

2012 年为缓解北京市各高校由于编制"富余"与"紧缺"制约学校发展的突出问题，北京市开展了市属高校编制管理改革探索。北京市编制委员会办公室和北京市教委掌握已

核定下达的各高校编制之和，以不突破此合计数量为宏观调控的基础，北京市教育委员会根据各高校发展情况和编制需求提出调节建议，由编制部门审批确定。

2015 年 5 月 14 日，北京市委办公厅、北京市人民政府印发《关于创新事业单位管理加快分类推进事业单位改革的意见》。北京市要求增强事业单位法人自主权，减少微观管理和直接管理，转变为管总量、管标准。北京市拟根据不同类别事业单位的特点和运行方式，分别实行编制审批管理、备案制管理或不纳入编制管理。本文件是北京市创新事业单位机构编制管理方式的重要举措。

对于高等学校等公益二类事业单位，该文件一方面指出实行备案制管理，另一方面却又表示要探索不再纳入编制管理。这其中存在着矛盾。不纳入编制管理是取消编制管理模式，不再有编制的概念，而实行编制备案制管理，仍然是一种编制管理模式。另外，在涉及到与编制管理相关的财政经费、养老保险、户籍管理等配套政策方面，该文件没有提出配套改革的指导意见和要求，距离真正开始实施改革还有一段差距。

（三）安徽省高校试行编制备案制管理的探索

为解决地方院校和公立医院编制紧缺、岗位设置矛盾突出的问题，探索不同类型事业单位实行差别化管理的办法，安徽省 2014 年决定在公益二类事业单位中开展编制备案制管理试点工作。首批确定了四所高校作为试点单位。

参加改革的试点单位根据国家和省有关编制标准，结合本单位实际情况，提出备案编制需求方案，按程序上报。省编办按照严格控制、逐步到位的原则，综合高校 2012 年、2013 年在校标准生数、现行编制标准和核编系数等确定备案编制数，实行动态管理。备案编制纳入单位岗位设置的基数。批准的备案制编制名额原则上只能用于教师。试点单位原核定的编制和在编在岗人员现行管理方式暂保持不变。纳入备案编制体系管理的人员参加基本养老保险，在职称评聘、工资福利、进修培训、考核奖励等方面与原核定编制的在编在岗人员享有同等待遇。

实施备案制后，有效地缓解了试点单位编制紧张和岗位设置方面的矛盾。但其备案制改革实际上是在原编制不变情况下的增量，基本上还是在原有编制管理制度的框架中进行，只解决了现有人员职称问题，无法从根本上解决现行编制管理方法带来的问题。

上海市、北京市和安徽省的编制制度改革，都是在编制引发的矛盾日益突出的情况下，不得不将编制制度改革提上议程。在中央政策尚未清晰的情况下，各地主动进行改革尝试，寻求解决途径，也确实缓解了编制控制带来的现实问题。然而，由于编制关联的问题不同，省属高校和部属高校各自的矛盾焦点不同，各地改革的关注点和政策着力点也不同，地方政府和高校的改革探索缺乏全局性和系统性，高校编制管理制度的改革需要更加有突破性的创新。

五、创新高校编制管理制度

本课题希望结合当前高校综合改革的推进，在前述所做研究的基础上，探索编制管理制度的发展趋势，理清各方面关系，研究编制管理创新体系的建立以及政策导向，以编制管理制度的创新来促进人事制度改革的深化，以科学发展观统领全局，探索深化改革、促进发展的举措。

（一）改革的必然性

我国高校编制管理制度在计划经济体制下曾经起到了规模控制和宏观调控的积极作用，但是随着社会主义市场经济的建立和事业单位改革的深入推进，原有的编制管理模式已经越来越不适应高校事业的发展和新型用人制度的建立。创新高校编制管理制度，是我国高校编制管理制度改革的必然选择。

1. 创新高校编制管理制度是创新高校人力资源管理体制的必然

改革的首要任务就是创新，高校编制管理体制的改革成为进一步全面深化改革的关键。高校的编制管理制度需要创新，要用发展的眼光、全新的视野、创新的思维，重新定位政府与高校的关系。政府对高等教育主要是“议大事、谋全局，议长远、谋战略”，高校通过建立现代大学治理结构来提升自身的治理能力和内部质量监控保障体系，落实办学自主权。高等学校是科学技术的重要载体，是国家创新体系的动力源。高校人力资源管理必须实现创新，更新观念，创新机制，优化资源配置，为高校快速发展提供最佳的人力资源保障。高校的聘用制改革和收入分配制度改革已逐步深化，新的人力资源管理机制正在高校逐步形成。编制管理制度影响到人员规模和结构的调控，对人事制度改革起到至关重要的作用，编制管理的创新将成为高校人事制度改革的源头。编制管理制度的创新没有真正实现，人力资源管理创新将难以实现，影响到高校改革的进度与深度。

2. 创新高校编制管理制度是政府扩大高校办学自主权的必然

李克强总理在履职伊始提出“市场能办的，多放给市场。社会可以做好的，就交给社会。政府管住、管好它应该管的事”。政府简政放权，其关键在于激活市场主体地位、激发社会创新能力。大学作为独立的学术机构，为了完成历史使命和时代任务，具有进行自我调适、自我调整的能力。政府转变职能，必须进一步理顺政府与高校的关系，扩大和落实高校的办学自主权。在高度集中的计划经济体制下，高校编制管理制度以微观管理为主，管理方式简单化，政府管得过宽、过细。创新高校编制管理制度，是转变政府职能的必然选择，改变过度管制、全面干预的编制管理模式，政府从微观管理转向政策引导，把办学的空间留给大学。

3. 创新高校编制管理制度是高校人力资源管理向国际化迈进的必然

研究美国、日本等发达国家公立大学的人力资源管理制度，其在用人制度、办学定位以及与政府的关系等方面给我国高等教育的发展提供了可资借鉴的经验。国外大学具有较高的用人自主权限，即大学按办学类型、办学宗旨的不同有自己独立的教职员工配置标准和人力资源管理体系，在有经费保障运行机制下按照岗位需要进行人力资源规划和用人决策。政府对高等教育更多的是宏观调控，通过进行高等教育的战略布局、公共政策的施行以及质量标准的制定和宏观监控等，对高等教育的发展方向进行引导，对大学的办学质量进行监控。当然，我们不能完全照搬西方大学的管理模式。但是扩大高校办学自主权是改革的必然趋势，是国际共识。只有改革目前以编制管理为源头的资源分配和人事管理制度，借鉴国外一流大学的人力资源管理先进经验，让大学具备真正的独立办学主体地位，灵活地根据办学需要选择与自己相适应的人才培养模式及配套的人力资源战略，大学的活力才能迸发出来，才能推动我国高等教育的不断发展。

（二）改革的可行性

随着社会市场环境的变化以及我国高等教育事业的迅猛发展，社会变革和高校自身的改革都在不断深入，创新高校编制管理制度，在我国已经具备较为充分的现实基础。特别是近年来，为了适应社会的多元化需求，各地、各高校都在进行编制管理制度改革的积极探索，为全面改革高校编制管理制度提供了良好的基础。

1. 政策基础

随着事业单位和高校各项改革的深入推进，政府工作职能也在不断转变，高校的人力资源管理权限逐步扩大。在人员聘用制度改革方面，已经由身份管理转向契约管理，尤其是 2014 年《事业单位人事管理条例》的出台，为高校的人事管理制度提供了规范。在薪酬福利制度改革方面，更是在体制机制上实现了重大的创新和突破，计划经济体制下单一的分配模式早已被打破，岗位绩效工资、年薪制、协议工资、项目工资等多元化的收入分配体系已经形成。在福利制度改革方面，住房制度改革已经由实物分配转向货币化分配，特别是 2015 年公布的《关于机关事业单位工作人员养老保险制度改革的决定》，即将打破中华人民共和国成立以来的退休制度，单位养老将转向社会养老。以上高校的重大制度改革的总体思路是市场化、社会化的趋势，编制的概念在高校和教职工之间越来越淡化，为高校不纳入编制管理奠定了良好的政策基础。

2. 社会环境

编制是身份的象征、待遇的标志，谁拥有事业编制，谁就拥有一切保障，但是，随着经济的发展和社会的进步，社会观念不断更新，与编制绑定的待遇、荣誉、经费等越来越少。目前高校的财政支持体系以生均拨款为基础，与人员编制数额直接相关的专项拨款占总拨款比例不到 20%；干部聘用制的推行也逐渐打破了干部身份对编制的依附，选拔任用干部更注重才能和实绩；上海等城市的户籍制度改革也转向对才能和贡献的考评，将落户与编制脱钩。因此，高校不再纳入编制管理制度已经具备了良好的社会环境。

3. 实践探索

中央部门、地方政府以及各高等学校，一直以来对编制管理、人事管理制度积极探索和勇于创新，改进管理手段，创新管理方式，为高校编制管理体制的改革提供了有益的经验。在本课题的调研中，北京、上海、安徽等省市在高校编制管理制度改革中都进行了非常有价值的实践探索，为创新高校编制管理制度积累了经验，提供了现实基础。

（三）创新高校编制管理制度的基本原则

创新高校编制管理制度，其基本目的是着力于解决我国高等教育快速发展和编制管理制度严重滞后的矛盾。改革是为了转变政府职能，改革是为了增强高校的活力，改革是为了促进高等教育上水平。为了平稳推进高校编制管理制度改革创新，促进高等教育稳步发展，必须坚持几项基本原则：

（1）保留事业单位性质

公立大学是由国家出资建立的、从事高等教育活动的社会服务组织。政府是大学的举办者，为了保障国家政治、经济、文化生活的正常进行，保证高等教育的社会服务性质，推动高等教育的良性发展，必须保留公立大学的事业单位性质。

（2）体现高等教育公益性

高等教育是涉及到人民群众公共利益的服务活动，首先追求的是社会效益，不以盈利为目的。大学的经费不论是来自于政府的经费，还是来自于学生的学费，以及来自于社会捐赠，它们都是公众创造财富的积累和使用。因此，高等教育服务是不能完全由市场来提供的，高校的社会功能决定了其公益性。为了满足社会发展和公众的需求，高校管理体制的变革必须考虑到体现高等教育的公益性。

（3）落实高校办学自主权

落实高校办学自主权，完善学校内部治理结构，是政府部门职能转变、简政放权的重要体现，也是编制管理制度改革的根本目的。深化教育领域综合改革，加快推进高等教育管理方式转变，更好地落实高校办学主体地位，必将有力推进高等教育的科学发展。

（四）创新高校编制管理制度的具体方案

课题组对高校编制管理发展历程进行了梳理，分析了目前的实施现状和存在的问题，比较了国内外高校编制管理的特点，调研了国内高校编制改革试点的实践情况，根据政府放权内容和监管方式的差别，提出两个建议方案，同时推进财政支持、人事政策、收入分配、养老保险、干部管理等政策的配套改革，以编制管理制度的改革创新促进人事制度改革的深化，使高校的发展充满生机和活力。

方案一：高校不纳入编制管理

通过课题研究和分析论证，课题组得出结论：不纳入编制管理是高等学校编制管理体制改革的最终选择，是社会经济和高等教育发展到一定阶段的必然，是国际上先进的人力资源管理的共识。不纳入编制管理的实质就是取消编制，用预算制代替编制管理，建立与国际接轨的人力资源规划管理体制。取消编制的概念，是对编制管理观念的彻底更新，破除了制约高等学校事业发展的制度障碍，是具有突破性的管理体制改革创新。

（1）改革思想：高校不再纳入编制管理体制，高校保留事业单位性质。政府部门转变职能、简政放权，加强宏观管理，发挥市场配置资源的决定性作用。高校的办学和管理与编制彻底脱钩，高校的教职工都不再具有事业编制的身份属性，高校作为学术机构，落实法人自主权，获得更自由的发展空间。

（2）改革内容

① 高等学校的人员不再纳入事业编制管理，高等学校保留事业单位性质，取消人员编制概念。高等学校正式聘用的工作人员都必须按照《事业单位公开招聘人员暂行规定》公开招聘，签订聘用合同，同工同酬，享受同等的权利和义务。

② 对高等学校原有编内人员实名登记，改革后从事业单位编内人员中新调入的人员，同样进行实名登记，以便于逐步完成原有事业编制人员管理过渡，执行薪酬福利待遇过渡政策。

③ 高等学校建立和完善现代大学制度，完善治理结构，在政府宏观指导和监督下实现自律，依法办学、自主管理、民主监督、社会参与，充分行使办学自主权，激发生机活力。

（3）可行性和风险评估

随着社会主义市场经济的建立和逐步完善，高等教育各项改革不断深入，正在形成充满活力、富有效率、更加开放的教育体制机制。创建世界一流的建设目标也使得高等学校更加自律，努力建设特色鲜明、结构合理、具有国际竞争力的大学。因此，在财政拨款实行预算制的情况下，只要高校现代大学治理制度基本建立，社会配套政策改革到位，实现了待遇及资源分配不与编制挂钩，高等学校不纳入编制管理的改革就具有了现实可行性。

实现高等学校不纳入编制管理，要注意防范两方面的风险：第一，高等学校监管机制不健全导致的管理矛盾和管理腐败。由于各地区的经济发展水平不均衡，地方政府的观念转变和体制改革不够彻底，各高等学校的管理体制改革进程也不一致，如果政府对高校的监管机制不到位，高校自身的自律机制不完善，人为因素就会影响到高校的人力资源管理体制，产生管理矛盾或管理腐败。第二，财政支持不到位对高等学校发展的严重影响。当前，高等学校对于改革处于矛盾的状态，对事业编制又爱又恨，既希望通过改革解开编制的束缚，又担心改革后没有了国家经费的支持和保障，影响到事业的发展。如果政府的财政支持不到位，高校必然向着市场逐利的方向发展，高校的社会公益性将无法保证，严重影响到高等教育的健康发展。

因此，不纳入编制管理并不意味着将高等教育完全交给市场，相反，高等学校要建立完善的人力资源管理体制和严格的自律机制，政府要进一步加强宏观调控和评价监管，继续保持对高等教育的经费支持和政策导向。

方案二：高校实行编制备案制管理

创新高校编制管理制度，关键在于建立能够体现政府监管和高校自主决策的人员规模确定机制。2000 年 6 月，中组部、人事部和教育部联合印发了《关于深化高等学校人事制度改革的实施意见》为高校编制管理提供了新的思路，提出“按总量控制、微观放权、规范合理、精减高效的原则进行高等学校机构编制改革”。2011 年，《国办关于印发分类推进事业单位改革配套文件的通知》明确提出，对公益二类事业单位“在制定和完善相关编制标准的前提下，逐步实行机构编制备案制，建立并规范备案程序”。国家政策为高校编制管理制度改革指出了突破口——编制备案制。编制备案制是一种新型的编制管理模式，是对原有编制管理体制的发展和创新，对于解决目前高校编制管理中存在的突出矛盾有重要的现实意义，是管理体制改革的重大创新。

由于各高校归属的主管部门不同，所在地区不同，机构编制管理现状亦不同，为了保证改革的顺利进行，编制管理部门应分别对所辖高等学校的机构编制信息以及机构编制管理情况进行调研和核查，掌握编制总量和执行情况，对于其中存在的突出问题在内部进行调整和纠正。核查和调整编制现状，是为实现编制备案制的管理目标而做的基础性工作。

（1）改革思想：高等学校实行编制备案制。以总量管理为核心，教育主管部门会同编制部门，制定高等学校备案人员总量控制标准，建立备案总量动态调整机制，加强宏观调控。高等学校在备案总量范围内自主用人，接受教育主管部门的监督和评估。

（2）改革内容

① 高等学校的人员实行总量控制，在规定的总量范围内实行编制备案制。

② 教育主管部门会同编制部门，根据以下标准和原则，确定高等学校的岗位规模和类别，制定高等学校的人员总量控制标准：

- 确定教师规模。参考上海市教育综合改革中提出的高校教师配置思路，综合考虑高校在校标准生数，结合办学规模、办学类型、办学层次和社会评价，按照生师比确定基本满足高校教育教学、学科建设等主体工作需要的教师规模。
- 确定专职科研队伍规模。根据科研机构、任务、经费等因素，确定高校专职科研队伍规模。
- 确定岗位规模总量。根据 2007 年《关于高等学校岗位设置管理的指导意见》的文件精神：“高等学校专业技术岗位一般不低于岗位总量的 70%，其中，教师岗位一般不低于岗位总量的 55%，高水平大学为教学科研服务的辅助性专业技术岗位占岗位总量的比例可适当提高。管理岗位一般不超过岗位总量的 20%。”结合教师基本规模，确定高校岗位规模总量。

③ 高等学校在教育主管部门确定的规模总量范围内自主确定人员规模，向教育主管部门备案。

④ 高等学校在备案规模内自主用人，备案范围内人员与高校签订聘用合同，同工同酬，享受同等的权利和义务。在备案总量范围之外的人员与高校不能建立聘用关系，可以通过劳务派遣、劳务外包等方式用工。

⑤ 教育主管部门和编制部门建立备案规模动态调整机制，定期根据高等学校的绩效考评情况、发展状况以及办学规模、机构调整等因素，动态调整高等学校的备案总量控制标准。

（3）可行性和风险评估

编制备案制是在原有编制管理体制上的发展和创新。通过梳理我国编制制度发展的历史沿革，我国已经拥有多年的编制管理制度基础，有丰富的编制和岗位测算的实践经验，近年来上海等地也在岗位配置、规模测算等方面有具体的探索和实践，因此，实行编制备案制改革已经具有了实践基础和较强的操作性。

实行编制备案制改革要注意两个方面的问题：第一，政府要管好备案总量的监管，备案总量的测算和确定要经过科学的分析论证，要注意备案总量与现有编制总量的关系，严控财政供养人口的增加。第二，要把高校的办学自主权真正落到实处，在备案范围内要给予高校充分的用人自由，编制备案不能管得太死，否则无法解决原来编制管理制度的矛盾和问题，也会失去改革的意义。

（五）推进配套政策的改革

改革是一项系统工程，高等学校进行编制管理改革创新，必须在财政拨款、干部人事制度、户籍管理、人才流动、收入分配和社会保险机制等各方面建立与之配套的政策支撑体系和社会保障环境，为高校不再纳入编制管理扫清一切障碍。

（1）财政拨款制度

2008 年，财政部、教育部建立了以“生均综合定额+专项资金”为主体的中央高校预算拨款制度。编制改革必然牵动财政拨款制度的改变。为了保证编制管理制度改革的稳妥进行，必须解放思想，加强顶层设计，发挥财政拨款机制的政策导向作用，进一步深化财政拨款制度综合改革。通过仔细梳理高校拨款制度和项目，对现行财政管理体系进行改革，对现行拨款模式进行调整。

① 改革和完善高等学校财政拨款制度，财政拨款实行预算控制，与机构编制管理完全脱钩。建立科学化、精细化的预算管理机制，科学编制预算，提高预算执行效率，加强预算对人员规模的调控作用。

② 高等学校坚持和完善“生均经费拨款”的财政拨款基础，根据教育主管部门核定的招生数按照生均拨款。离退休补贴、住房补贴、提租补贴、物业补贴、住房公积金和交通补助等原来与编制挂钩的专项拨款与编制脱钩，转化为生均拨款，统一列入高等学校预算和拨款体系。

③ 加大政府购买服务的实施，新增的与人员编制定额有关的专项拨款，采取政府购买公共服务的形式拨款。

④ 不因编制管理制度改革减少国家财政支持力度，在维持原有经费拨付情况不变的基础上，坚持财政经费保障作用，保障学校办学经费的稳定来源和增长。

（2）社会保险制度

根据《机关事业单位工作人员养老保险制度改革的决定》，从 2014 年 10 月起，按照公务员法管理的单位、参照公务员法管理的机关（单位），事业单位及其编制内的工作人员将逐步建立独立于机关事业单位之外、资金来源多渠道、保障方式多层次、管理服务社会化的养老保险体系，实行社会统筹与个人账户相结合的基本养老保险制度，并在此基础上建立职业年金。这是机关事业单位工作人员退休养老制度的历史性变革，对于建立全社会统一社会养老保障体系，实现社会公平具有重大的现实意义和深远的历史意义，也为高等学校创新编制管理制度，建立与国际接轨的人才流动机制奠定了良好的基础。

但是，按照目前的制度规定，机关事业单位内编内的工作人员才能参加机关事业单位养老保险，编外人员参加企业职工基本养老保险。这仍然在实质上保留了编制的特征，这与高校改革的思路不一致，增加了高等学校编制制度改革的难度和复杂性。

改革需要突破和创新，机关事业单位内部编内和编外养老“双轨制”问题只是一定时期的产物，相信今后一定会并轨的，高校编制管理制度改革不能因为一项配套制度的影响改变创新的方向，希望能较好地适应养老保险制度改革，最理想的是通过高校编制管理制度改革创新解决高校内部编内和编外养老“双轨制”问题。在此，课题组提供两种操作思路。

操作思路一：

为了解决高校内部编内编外人员养老“双轨制”问题，实现高校内部公平性，在高校的财政经费拨款不与编制挂钩的前提下，高校工作人员按照以下程序参加养老保险。

① 现有高校事业编制人员，以及改革后从其他事业单位编内人员中新调入的人员（即实名登记的人员），参加机关事业单位基本养老保险制度，并在此基础上参加机关事业单位建立的职业年金，在 10 年过渡期内实行新老待遇计发办法对比，保低限高。此类人员人数是固定的，不增加财政负担。

② 改革后新参加工作的人员和从非事业单位新调入高校的人员，参加机关事业单位基本养老保险，并在此基础上参加机关事业单位建立的职业年金，但不执行过渡期养老金计发待遇政策。由于此类人员为“新人”，不参加过渡期计发办法，因此不增加财政负担。

③ 对于编外人员，各高校在规范管理后，对于关键岗位、骨干岗位聘用的人员，签订聘用合同，参照相应的转移接续办法，逐步纳入机关事业单位养老保险管理体系，但不执行过渡期养老金计发待遇政策，因此不增加财政负担。

④ 对于辅助性、临时性岗位聘用的人员，实行劳务派遣。

操作思路二：

为了逐步解决高校内部编内编外人员养老“双轨制”问题，最终解决机关事业单位和企业人员养老“双轨制”问题，实现社会公平，在高校的财政经费拨款不与编制挂钩的前提下，高校工作人员按照以下程序参加养老保险。

① 现有高校事业编制人员，以及改革后从其他事业单位编内人员中新调入的人员（即实名登记的人员），参加机关事业单位基本养老保险制度，并在此基础上参加机关事业单位建立的职业年金，在 10 年过渡期内实行新老待遇计发办法对比，保低限高。此类人员人数是固定的，不增加财政负担。

② 改革后新参加工作的人员和从非事业单位新调入高校的人员，直接参加社会基本养老保险（企业参加的社会养老保险），并在此基础上参加机关事业单位建立的职业年金。因此，高校参加机关事业单位基本养老保险制度的人员不再增加，到一定时期以后，高校聘用的所有工作人员均参加统一的社会基本养老保险（企业参加的社会养老保险），真正解决了机关事业单位和企业人员养老“双轨制”问题，实现了社会公平。

③ 对于辅助性、临时性岗位聘用的人员，实行劳务派遣。

（3）干部管理和人事管理制度

改变编制管理附带的身份属性，不再以事业编制身份的有无作为管理的依据，而是从身份管理转向岗位管理。推行岗位管理，要打破编内编外身份的壁垒，按照岗位职责、岗位要求和人员的才能、水平选拔，实施竞聘上岗，完善考核奖惩。人员管理推行社会化，全面实行聘用制，把聘用合同作为高校人事管理的基本依据，增强高校用人自主权，建立符合高等学校办学规律、充满生机与活力的用人制度，打破身份壁垒，人才自由流动。

① 高等学校聘用的人员实行统一的干部管理和人事管理制度，没有编内编外的区别。

② 高等学校实行岗位管理，打破身份限制，实施竞聘上岗。高等学校聘用的人员在干部交流和人员流动时，与原来事业编制人员同等对待，保障干部的培养和发展，促进人才流动。

③ 改革户籍管理制度，与编制脱钩。借鉴上海市积分制等成功管理经验，根据个人贡献和资源状况制定指标审批和落户管理方式。

④ 高等学校可根据事业发展需要，采取劳务派遣、劳务外包等方式在编制备案范围

之外灵活用工。

（4）考评监管机制

① 高等学校建立和完善现代大学制度，完善治理结构，建立自律的管理运行机制和自我监督机制。

② 政府部门建立和完善对高等学校的考评制度和教育问责机制，对高等学校的运行机制、改革成效、存在的问题等进行评估和考量，根据评估检查结果进行人员总量的调节和资源的分配。

③ 建立信息公示和社会监督平台，高等学校主动公开信息，接受社会监督，建立社会约束机制。

（5）实施与试点

① 统筹规划，协同推进。由编制部门进行组织领导，统筹协调，各部门协同配合，密切沟通，共同推进高等学校编制管理制度改革。

② 分级实施，稳妥推进。按照事业单位分级管理的原则，中央和地方分别提出实施方案和具体措施，制定配套政策，并根据实际情况分阶段、分步骤组织实施。

③ 试点先行，分类推进。由于各地区经济发展水平不均衡，高等学校的改革进程也不一致，编制管理体制的改革不能一步到位、必须对高校状况和社会因素等进行分析和评估，根据实际情况在具备条件的地区和高校开展试点，甚至可以制订不同的改革方案，随着社会发展进程和改革的深入再逐步推广。例如，可以先在实行综合改革的“两校一市”进行高校不纳入编制管理的试点，如果条件成熟再推广至中央部属高校；对于经济发展水平和高校改革进程还没有达到一定程度的高校，可以先进行编制备案制的试点，积累经验，为制度的完善和推进奠定基础。

改革是一项综合性的系统工程，机构编制改革更是全方位、大范围的全面改革，随着管理观念的调整创新，制度的健全完善以及社会环境的不断成熟，编制管理改革将获得更为突出的成效，从根本上推动改革的进程。

课题组负责人及主要成员

负责人：王希勤　　清华大学

成　员：刘婉华　王晓莉　　清华大学

骆　琪　　北京工业大学

张　琦　　电子科技大学

于洪波　　哈尔滨工业大学

冷　辉　　合肥工业大学

景金生　　兰州大学

武传刚　　山东大学

林晓棠　　上海交通大学

骆　腾　　中山大学

孟超英　　中国农业大学

高校附属医院不纳入编制管理研究报告

为深入推进高校附属医院人事制度改革，创新编制管理模式，受中编办事业单位改革司和教育部人事司委托，由北京中医药大学牵头，北京大学医学部、复旦大学、上海交通大学医学院、中山大学、中南大学、四川大学华西医院等单位积极参与，联合开展了“高校附属医院不纳入编制管理”课题研究。本研究旨在通过了解高校附属医院编制管理现状和问题，探索高校附属医院创新编制管理改革思路，分析高校附属医院不纳入编制管理的可行性，可能存在的问题，并提出相关政策建议。本研究自 2015 年 4 月初启动，通过结合各单位实际情况开展平行研究、填报调查表并进行数据采集与分析、专题研究与专家研讨等环节，研究工作已经完成。

一、研究背景

（一）研究目标

了解高校附属医院编制管理现状和问题，分析国内外模式及经验，探索高校附属医院创新编制管理的改革思路和模式，在此基础上分析高校附属医院不纳入编制管理的可行性，可能存在的问题以及相关的政策建议。

（二）研究内容

1. 平行研究

（1）高校附属医院编制管理现状及存在的问题

梳理分析高校附属医院编制管理相关政策文件，研究高校附属医院编制管理现状、在编与非在编人员管理中存在的主要问题，现行政策及创新举措等。

（2）高校附属医院附加于编制的各种福利待遇及相关政策

结合高校附属医院的实际情况，以客观数据或事实说明目前捆绑于高校附属医院编制的附加福利及相关政策。

（3）高校附属医院不纳入编制管理的可行性分析及相关政策建议

高校附属医院不纳入编制管理的可行性分析，讨论不纳入编制管理后可能出现的各种问题和潜在风险，并针对上述问题提出可操作的解决办法和政策建议。

2. 调查表填报

各参加单位至少选取 2～3 家附属医院（其中至少包括 1～2 家综合医院，1 家专科医院）填报《高校附属医院基础数据调查表》。该调查表共包括六个部分，分别是医院人员、医院规模、医疗服务、收支情况、教学科研、临床科室等相关情况调查表。

3. 专题研究

（1）高校附属医院管理体制、运行机制、人员配置的特殊性及编制管理改革相关政策专项研究——四川大学华西医院负责。

（2）高校附属医院创新人员编制备案制管理模式与改革实践专项研究——北京中医药大学负责。

（3）国内外高校附属医院编制管理（人员配置）比较专项研究——复旦大学华山医院负责。

（4）高校附属医院不纳入编制管理后财政支持体系和户籍管理制度改革专项研究——北京大学医学部负责。

（5）高校附属医院不纳入编制管理后干部和人事管理制度改革专项研究——中山大学附属第一医院负责。

（6）高校附属医院不纳入编制管理后社会保障体系改革专项研究——上海交通大学医学院负责。

（7）高校附属医院不纳入编制管理后人员流动机制改革专项研究—— 中南大学湘雅医院负责。

（三）时间进度

1. 2015年4月20日前，完成平行研究和调查表数据采集，提交报告《高校附属医院编制管理现状、问题及政策建议研究报告》《高校附属医院基础数据调查表》。
2. 2015年4月26日前，完成专题研究报告初稿。
3. 2015年4月28日，完成总报告第一稿。
4. 2015年4月30日，召开中期汇报研讨会。
5. 2015年5月10日，提交专题报告终稿。
6. 2015年5月20日，完成总报告第二稿。
7. 2015年5月30日，完成并提交总报告摘要版。
8. 2015年6月30日，完成并提交总报告。

二、高校附属医院功能定位及编制管理历史沿革

（一）高校附属医院的功能定位及主要特点

1. 何谓高校附属医院

高校附属医院是指国家普通高等学校所设置的用于临床或实践教学的医院，它是培养高层次医学人才的摇篮，也是我国医疗服务体系极其重要的组成部分。

2. 高校附属医院的功能定位

高校附属医院的功能定位是：医疗、教学、科研三位一体。也就是说高校附属医院除

了要完成医疗、预防保健等基本任务外，还要保证教学和科研任务的完成，并担当一定的诊疗技术指导和解决疑难病症的任务。高校附属医院对于教学和科研的重视与其他医院形成鲜明对比。

众所周知，医学教育由医学院校的前期基础教育与附属医院的后期临床教育、医师毕业后的教育与继续医学教育组成，临床教育的实施离不开高校附属医院。据统计，我国目前有 529 万医学生，其中临床、口腔、中医、护理等专业学生有 60%以上的时间在高校附属医院度过。800 张病床以上的医院中有半数以上是高校附属医院。一大批国家级、省级重点学科、重点实验室建立在高校附属医院，80%以上科研成果来自高校附属医院。

（二）高校附属医院人员编制管理发展历程

1. 何谓医院人员编制

人员编制有狭义和广义之分。**狭义的人员编制**是指一个系统、一个单位按一定原则组织起来的各种人员的比例（包括文化程度、业务水平、年龄、专业等各方面的比例），即按照相应的人员定额、适当的结构组成并结合本部门、本单位的性质、特点和规模加以配置确定；**广义的人员编制**不仅指人员定额和人员结构，还指一个系统、一个单位的组织形式和机构设置。本研究主要针对狭义的编制概念。

医院人员编制是指根据医院功能需要所规定的各工作岗位的员额，以及各类人员的数量、层次及其相互间的比例关系。

2. 高校附属医院编制管理发展历程

建国 60 多年来，我国医院的编制工作随着国家宏观调控的步伐，经历了从粗放管理到科学管理、从静态管理到动态管理、从行政机械管理到注重效能管理等一系列发展和变化。

第一阶段：标准初建阶段

1956 年，国务院编制工作委员会和原卫生部联合颁布试行《医院、门诊部组织编制原则（草案）》，这是新中国成立后医院编制管理方面第一个较全面的法规性文件。对于发展人民医疗卫生事业，明确我国医院工作的性质，恢复和建立医院正常的工作秩序，保护人民身体健康，促进医疗卫生事业发展以服务于国民经济这个总任务起到了很大的作用。然而，该编制标准并未考虑科研、教学等编制，而且规定床位越多，医院总人数比例越小，与现实情况不符，这些编制标准已明显滞后于医疗行业发展要求。

第二阶段：现行标准形成阶段

1978 年，原卫生部在总结建国三十年医院管理经验教训的基础上，重新制定颁布了《综合医院组织编制原则试行草案》，就组织结构、床位比例、人员编制管理等方面作了详细具体的规定，如：根据各医院的规模和担负的任务，综合医院病床与工作人员之比，总体分为三类：300 床位以下的按 1:1.3～1:1.4 计算；300～500 床位的按 1:1.4～1:1.5 计算；500 床位以上的按 1:1.6～1:1.7 计算。各类人员的比例：行政管理和工勤人员占总编制的 28%～30%，其中行政管理人员占总编制的 8%～10%；卫生技术人员占总编制的 70%～72%，在卫生技术人员中，医师、中医师共占 25%，护理人员占 50%，药剂人员占 8%，检验人员占 4.6%，放射人员占 4.4%，其他卫技人员占 8%。对高校附属医院和教学医院中承担科研和教学任务所需要的人员，另增 12%～15%。高校附属医院每名住院医师担当病床工作量各科平均为 8～12 床，每名门诊医师每小时门诊工作量各科平均为 4 名，略低于其他医院平均水平。

1986 年，原卫生部、劳动人事部颁布《全国中医医院组织机构及人员编制标准（试行）》，规定中医医院人员编制按病床与工作人员 1∶1.3～1∶1.7 计算，分为四类，200 床位以下的按 1∶1.3～1∶1.4 计算；200～300 床位的按 1∶1.4～1∶1.5 计算；300～500 床位的按 1∶1.5～1∶1.6 计算；500 床位以上的按 1∶1.6～1∶1.7 计算。病床数与门诊量之比按 1∶3 计算，不符合 1∶3 时，按每增减一百门诊人次增减 6～8 人，增编人员要确保满足医疗、护理和药剂等工作需要。各类人员的比例：行政管理、其他技术人员和工勤人员占总编制的 28%～30%，其中行政管理人员占总编制的 6%～8%，其他技术人员占总编制的 2%；卫生技术人员占总编制的 70%～72%。中医、药人员要逐步达到医药人员的 70%以上。

可见，这些标准主要根据医院床位数对医院人员进行配置，在当时具有一定的现实意义，成为搞好医院的整顿和建设，提高医院管理水平和工作效率的指导性文件。要求按照此编制原则，确定医院编制后，超编的要精简；对于缺额，各地积极创造条件，逐年补充。编制内职工实行身份管理。上述两个标准一直沿用至今。

第三阶段：各地改革探索阶段

部分地区和部门开展了一系列探索和实践，提出了相关人员配置要求。**如 1996 年，国家建设部、国家计委联合颁布《综合医院建设标准》**，对医院人员的规定为：按病床与工作人员之比为基数计算：200～400 床位为 1∶（1.4～1.5）；500～800 床位为 1∶（1.6～1.7）；承担高等医学院校教学任务的综合医院按 12%～15%的比例另外增加编制。对床位规定为：县以上医疗机构 4～7 张/千人口，县及县以下医疗机构 2～5 张/千人口。

1999 年，上海市卫生局颁布《关于调整上海市各级医院组织机构及人员编制比例标准的意见（试行）》，规定医院编制由基本编制、附加编制和机动编制三部分组成。规定承担临床教学任务的单位，大学附属医院增加基本编制的 8%～10%。平均每天门急诊人次每超 100 人，增加基本编制 1%～2%。

2006 年，原卫生部颁布《综合医院分级管理标准（试行草案）》对各类人员比例分配为管理和工勤人员占总编制的 15%～20%，卫生技术人员占总编制的 80%～85%，教学科研人员附加编制参照 1978 年《试行草案》。

可以看出，虽然上述文件对医院人员规模的规定略有不同，但是总体上还是一致的，多在总编制范围内对各类人员的比例进行调整，但并没有从根本上增加人员的配备比例。

（三）高校附属医院人员编制原则及影响因素

1. 基本原则

实施高校附属医院人员编制管理的根本目的，是为了实现医院的医疗、保健、预防、教学、科研等功能，完成医院所担负的各项工作任务，最大限度地满足服务对象的要求，保证医院的常态运行。因此高校附属医院人员编制应遵循以下基本原则。

（1）功能需要原则

医院人员编制要以满足医院的功能和任务需要为依据。各级医院由于其功能、承担的任务、服务对象、拥有的卫生资源不同，人员编制也不同。

（2）能级对应原则

各级人员的配备，必须严格遵循能级对应原则，以确保工作质量和效率，使每个工作人员的素质、能力都与其所在的工作岗位要求的职级相称。

（3）合理结构原则

医院是由多学科、多专业、多部门组成的综合性机构，在确定人员编制工作中，必须坚持合理结构原则，以达到群体组合的最优化，发挥人才群体的最大效能。

（4）精简高效原则

应坚持因事设岗、因岗设人，精简冗员，使岗位与人员编制在配备上达到优化。

（5）动态管理原则

医院人员编制必须根据社会经济的发展、科技进步和医院人力资源的开发程度，因时因地制宜，实施动态管理，以满足医院发展的客观需求。

（6）适度流动原则

在人员编制管理过程中，要赋予医院在人事上的自主权，在医院内部形成能进能出、能上能下的局面，以保证医院人员队伍的活力。

2. 影响因素

要使高校附属医院的人员编制合理、高效，考察影响人员编制的因素非常必要。影响医院人员编制的因素是多种多样的。包括任务轻重、专科特点、人员素质、经常性院外任务、工作条件、管理体制、现行政策、医院外部因素等。

（四）高校附属医院岗位类别及劳动关系形式

1. 岗位类别

根据人事部、卫生部《关于卫生事业单位岗位设置管理的指导意见》，高校附属医院岗位分为管理岗位、专业技术岗位和工勤技能岗位三类。**管理岗位**指担负领导职责或管理任务的工作岗位，其设置要适应增强医院运转效能、提高工作效率、提升管理水平的需要。**专业技术岗位**指从事专业技术工作，具有相应的专业技术水平和能力要求的工作岗位，其设置以医、药、护、技等卫生专业技术岗位为主体，并根据工作需要适当设置医疗器械修配、科研、教学、财会统计、审计、图书及档案等辅助系列专业技术岗位。专业技术岗位比例原则上不低于医院岗位总量的80%，医、药、护、技各职种应当根据实际工作需要科学设置，并符合有关标准和规定。**工勤技能岗位**指承担技能操作和维护、后勤保障、服务等职责的工作岗位，其设置要适应提高操作维护技能，提升服务水平的要求，满足医院业务工作的实际需要。

2. 劳动关系形式

目前高校附属医院劳动关系形式，按编制划分，主要分为**在编人员**和**非在编人员**。在编人员是指在医院编制定额范围内的、由财政拨款确定的医院工作人员；非在编人员则包括建立劳动关系的人事代理人员、建立劳务关系的被派遣人员。

按签订的合同类型划分，主要分为**聘用制人员**和**劳动合同制人员**。**聘用制**是指高校附属医院与工作人员通过签订聘用合同，确定双方聘用关系，明确双方责任、权利、义务的一种人事管理制度。非在编人员一般采用**劳动合同制**，订立合同的方式有两种，一种是高校附属医院与劳动者直接订立劳动合同；另一种是实行人才派遣，人才派遣单位与被派遣人员签订劳动合同，将其派遣到高校附属医院工作。

三、高校附属医院人员编制管理调查基本情况

（一）在岗人员情况

本研究选取来自北京、上海、广东、湖南、四川、安徽 6 省 8 所高校的 18 所附属医院为调查对象，其中综合医院 8 所，分别是上海交通大学医学院附属第三人民医院、中南大学湘雅三医院、中山大学附属第一医院、中山大学附属第二医院、北京大学第一医院、北京大学人民医院、四川大学华西医院、四川大学华西第四医院；西医专科医院 6 所，分别是上海交通大学附属儿童医院、复旦大学附属妇产科医院、中山大学附属第六医院、中山大学附属肿瘤医院、北京大学第三医院、四川大学华西口腔医院；中医综合医院 4 所，分别是北京中医药大学东方医院、北京中医药大学东直门医院、北京中医药大学附属三院、安徽中医药大学第一附属医院。其中两所医院附属于地方。

1. 在岗人员数量

被调查医院在岗人员包括在编人员（编内人员）和非在编人员（编外人员），非在编人员主要包括劳务派遣人员、合同聘用制人员及返聘人员三类，部分医院还存在少量临时用工人员。无论从编制数，还是在岗人员数，均以西医综合医院为多，中医综合医院为少。

2014 年非在编人员数占在岗人员数的比重，西医综合医院最高，达到 58.3%；其次为西医专科医院，为 55.3%；中医综合医院较少，为 45.0%（见图 1）。

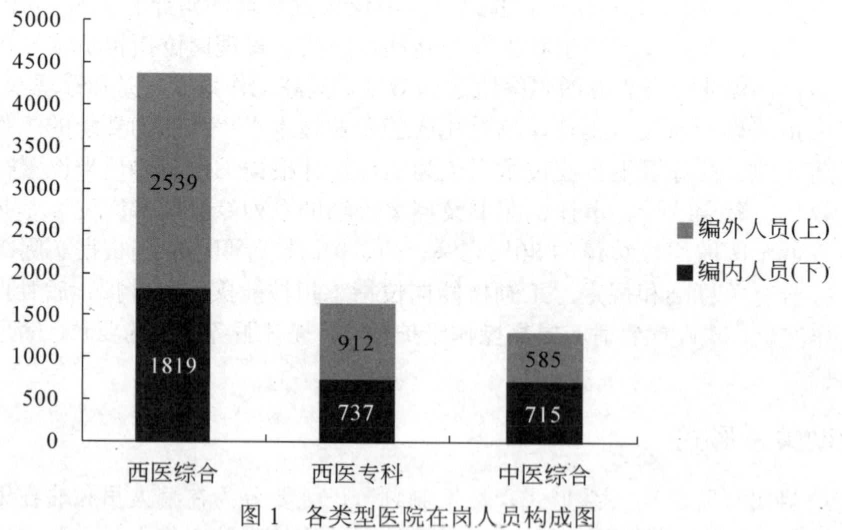

图 1 各类型医院在岗人员构成图

在非在编人员中，最常见的形式为合同聘用制，达到非在编人员总数的 80%～90%；劳务派遣人员占 10%～20%；中医医院返聘人员比例（4%）略高于西医医院（1.9%，见图 2 和图 3）。

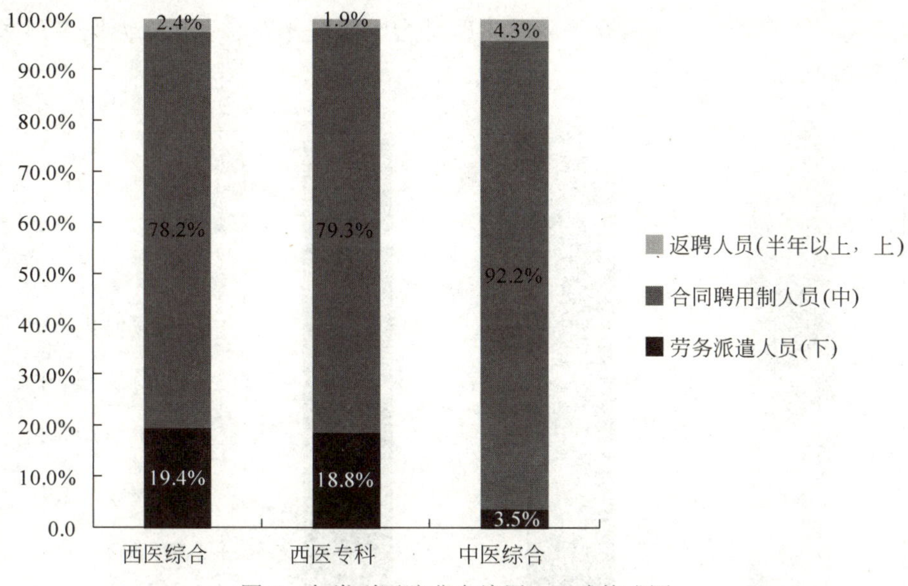

图 2　各类型医院非在编用工形式构成图

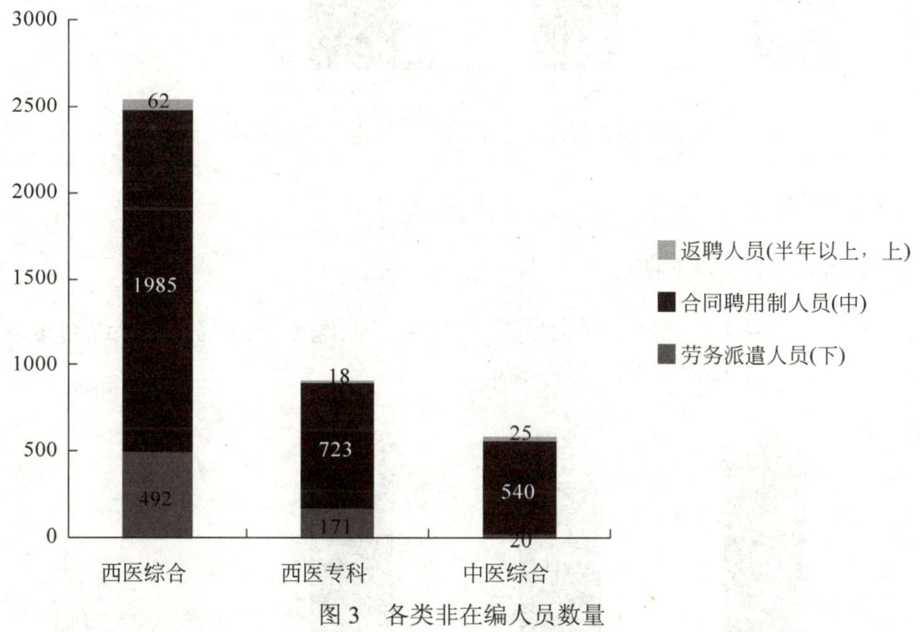

图 3　各类非在编人员数量

2. 在岗人员比例

目前，医院在岗人员比例与 1978 年（中医为 1986 年，下同）编制标准相比，三类医院的卫生技术人员占比在 77.3%～82.9%，高于 1978 年编制标准要求的 70%～72%，管理人员、工勤人员的占比均明显低于该编制标准。

与 1978 年编制标准相比，医师占卫生技术人员比例明显增加，达到 29%～38%；西医医院护理人员占比达到 51%～56%，达到 1978 年编制标准要求，中医医院为 45%左右，尚未达到《标准》要求；药剂人员占比中医医院接近《标准》要求，西医医院尚未达到《标准》要求（见图 4）。

从实际人床比来看，西医综合医院、中医综合医院基本符合要求。西医专科医院明显高于 1978 年编制标准。

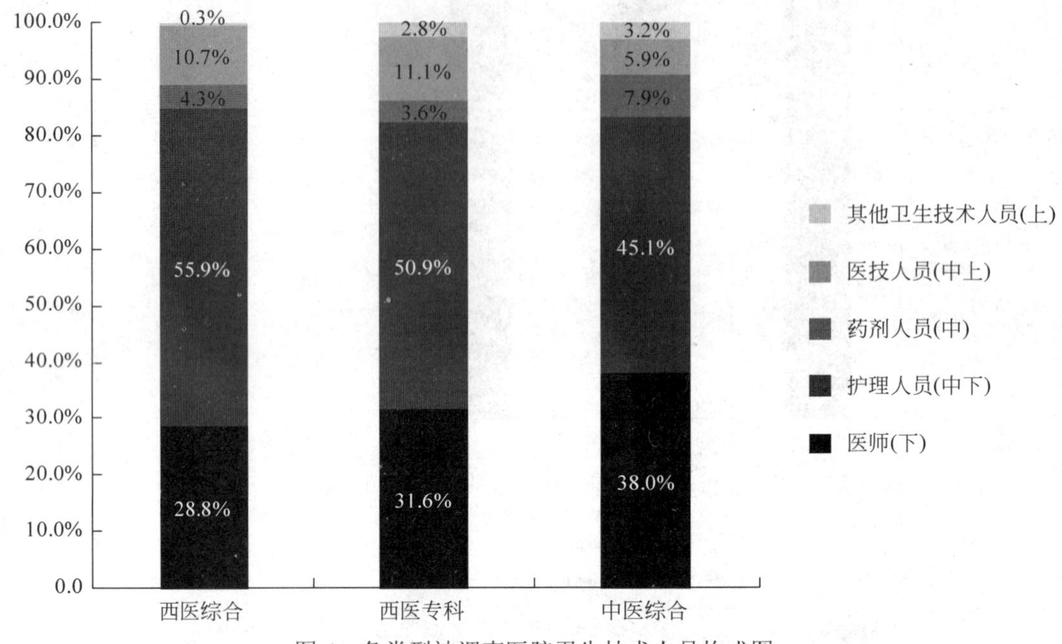

图 4　各类型被调查医院卫生技术人员构成图

（二）在编人员情况

1. 在编人员数量及构成

目前，西医综合医院编制数和在编人员数均高于西医专科医院、中医综合医院，在编人员中 80%以上是卫生技术人员（见图 5）。

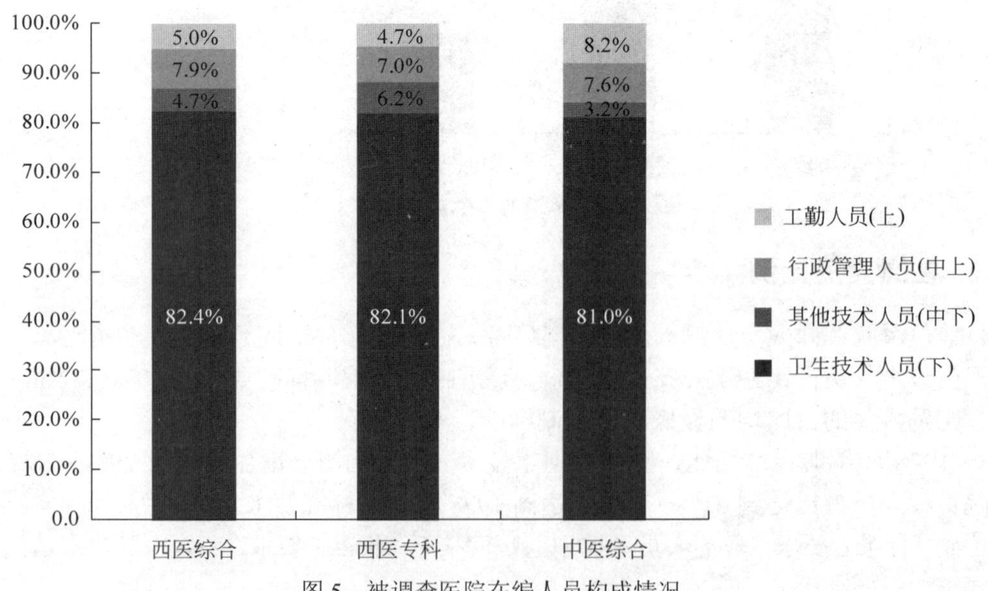

图 5　被调查医院在编人员构成情况

2. 在编卫技人员构成

在编卫生技术人员中，医师占比最高，其次为护理人员。中医医院医师占比是护理人员的三倍以上。中医师和中药师占比基本接近或超过《标准》要求的70%以上（见图6）。

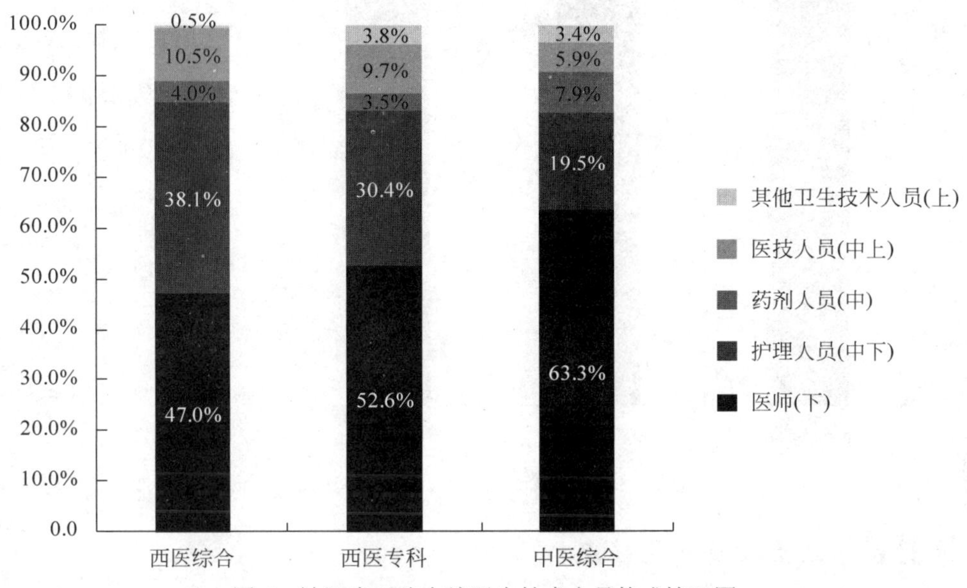

图6　被调查医院在编卫生技术人员构成情况图

（三）非在编人员构成情况

目前，医院的非在编人员已由过去基本以后勤服务为主，逐步扩大到临床、护理、医技、管理等岗位。三类医院中非在编卫生技术人员占比平均在80%左右，其中中医综合医院占比最高，达到85.1%，其次为西医专科医院，达到82.8%，西医综合医院最低，为73.6%。非在编卫技人员中将近3/4为护理人员（见图7和图8）。

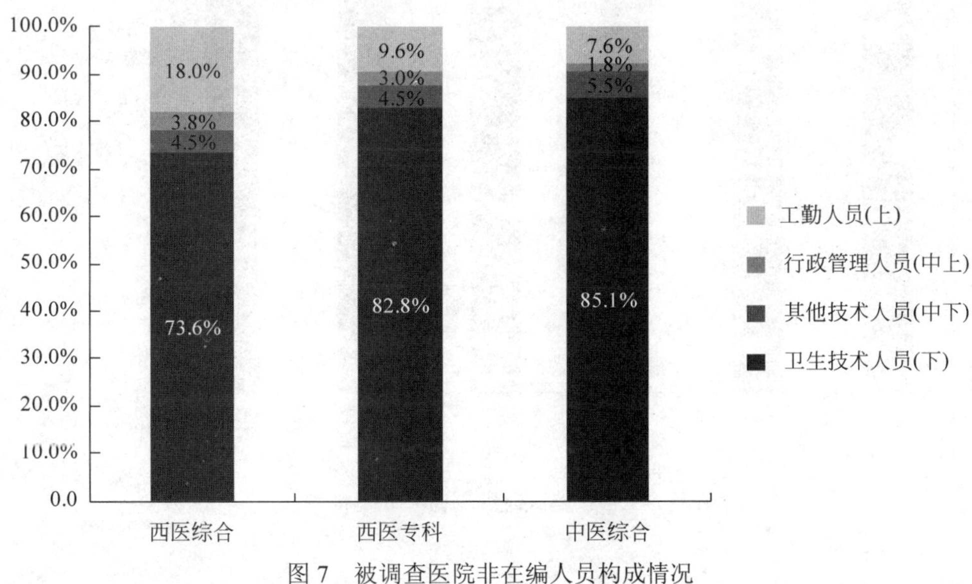

图7　被调查医院非在编人员构成情况

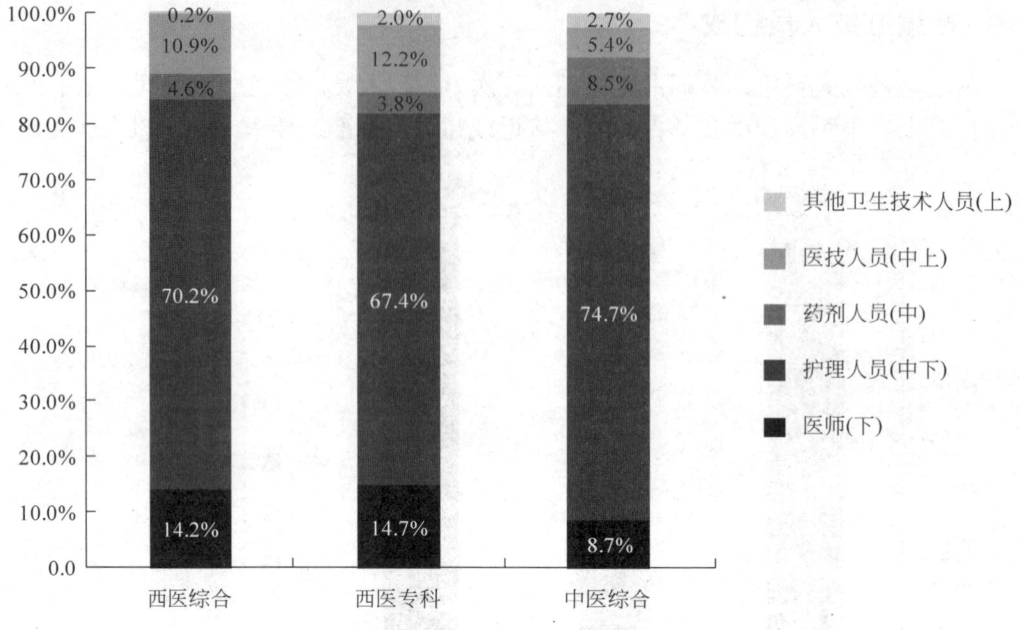

图 8　被调查医院非在编卫技人员构成

（四）编制内外卫生人员对比情况

从图 9 和图 10 中可以看出，三类医院编制内外人员均以卫技人员为主。卫技人员中，在编医师、非在编护理人员占比高。

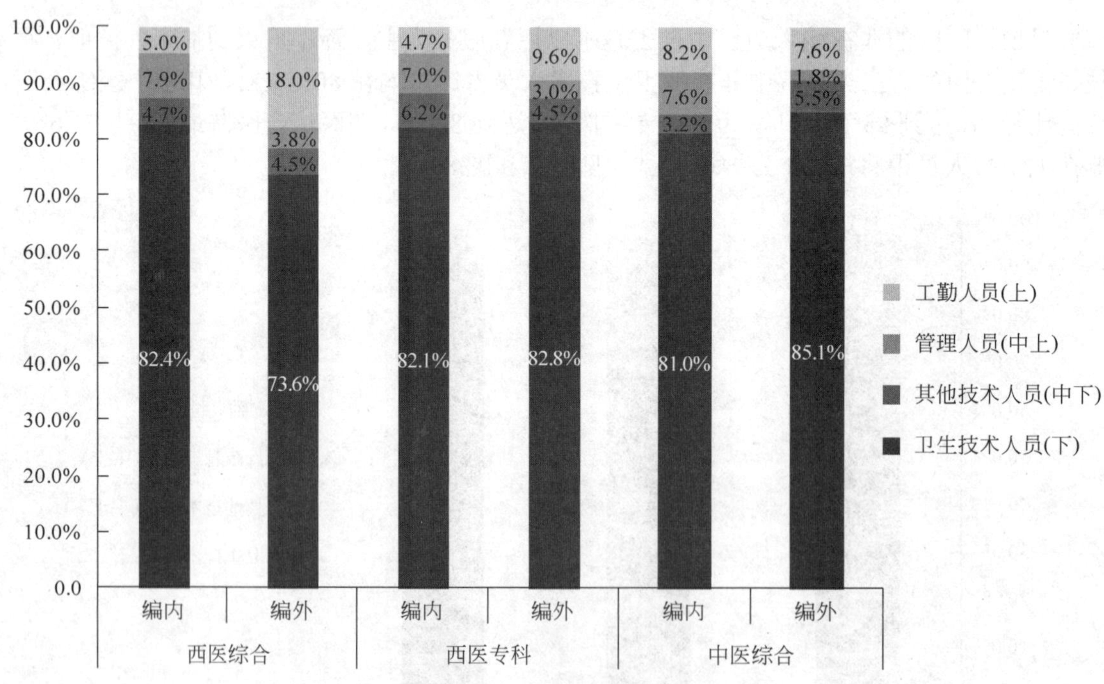

图 9　被调查医院编制内外人员构成

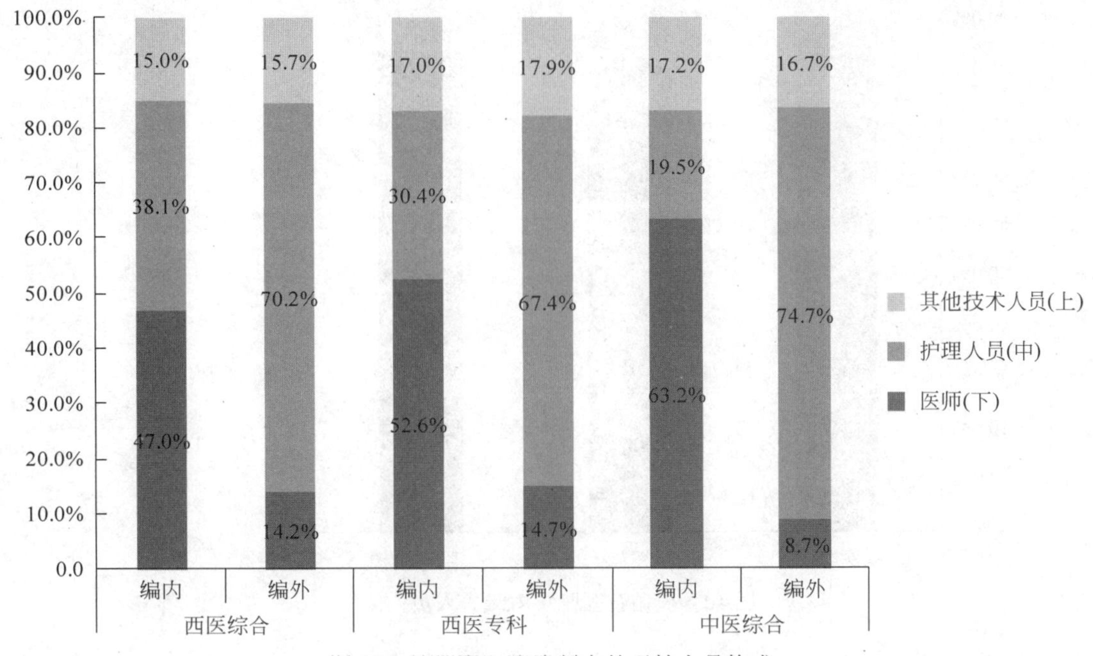

图 10　被调查医院编制内外卫技人员构成

（五）人员流失情况

目前，西医综合医院年内流失人数最多。流失人员主要是护理人员，以非在编人员为主（见图 11 和图 12）。

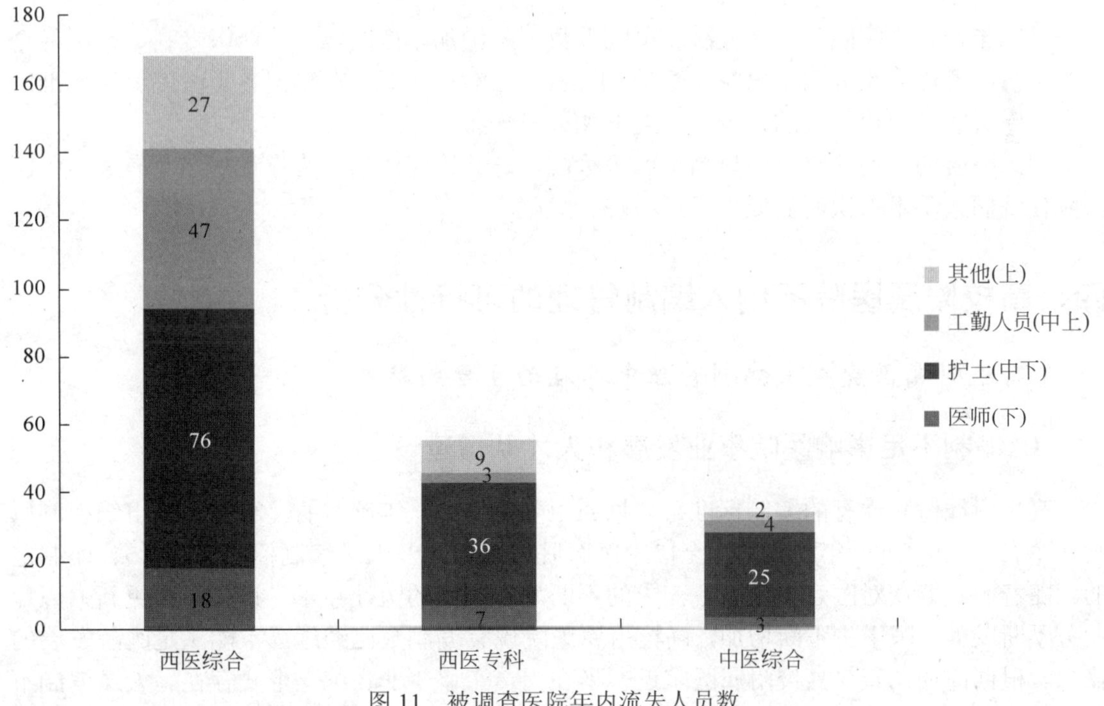

图 11　被调查医院年内流失人员数

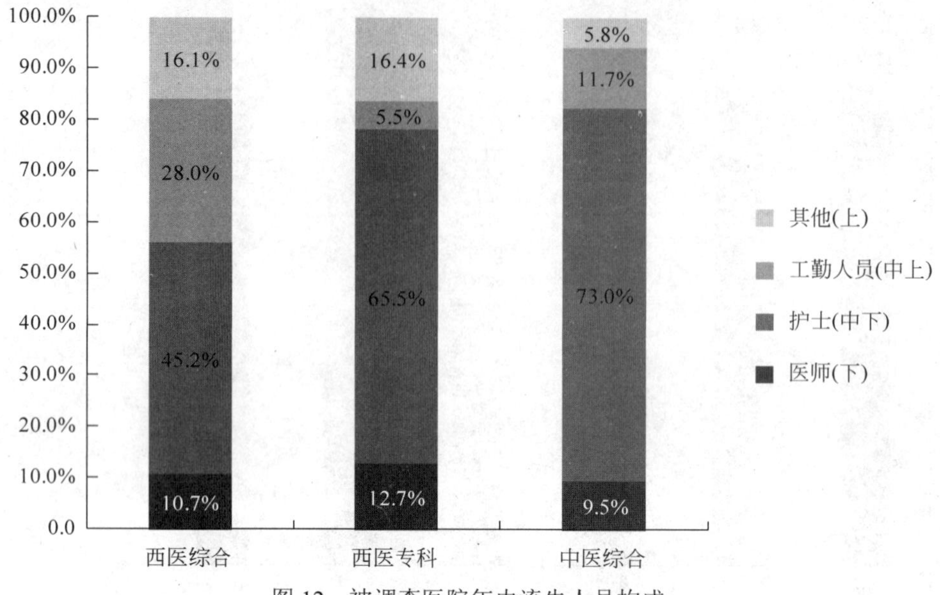

图 12 被调查医院年内流失人员构成

（六）医院收支情况

被调查医院财政补助收入占总收入比重在 4.5%～6.6%，人员经费支出占总支出比重在 21%～45%。

（七）医疗服务情况

近几年，各类医院总诊疗人次、出院人数不断增加，西医综合、西医专科、中医综合三类医院门急诊人次分别是出院人数的 31 倍、51 倍和 75 倍。在制定各类医院编制标准时应考虑中医医院门诊量大的特点，适度增加人员配备。

中医医院的平均住院日明显高于西医医院，与其诊疗对象多为慢性病患者有关。中医医院住院病人手术人次明显低于西医医院。

四、高校附属医院不纳入编制管理的可行性分析

（一）高校附属医院人员编制管理中存在的主要问题

1. 编制不足影响医院事业发展和人才队伍建设

高校附属医院现行的编制标准是依据原卫生部 1978 年颁布的《综合医院组织编制原则（草案）》和 1986 年颁布的《全国中医医院组织机构及人员编制标准（试行）》而制定的。随着人民群众对医疗卫生服务需求的不断增长，新的医疗技术、设备不断更新，医疗业务不断发展，医学生不断增加，高校附属医院现有编制数已经远远不能满足医院发展的需求。根据前期调查，高校附属医院近一半在岗员工以“非在编”形式存在。人员编制不足不仅影响医院人才引进，还影响医院梯队建设。

2. 人员编制管理与其他管理工作脱节

医院增加编制要由医院根据实际情况提出申请，由卫生行政部门审核，再由定编部门批准。多数地区在编人员的管理权利掌握在政府人事部门手中，人事部门对医院业务不尽了解，通过统一考试选拔的人才不一定符合医院的需要，反而因为占用编制而限制了医院的发展。目前的人员配置标准与核定的床位数简单挂钩，容易造成人员结构不合理、各类人员配备不平衡、人力资源浪费与不足并存的局面。

3. 编制内、外差异化的管理方式造成医院内部资源分配不平衡

由于人员编制严重不足，高校附属医院为满足正常运转需要，普遍存在聘用非在编人员的情况，非在编人员管理存在诸多问题。如在与派遣或外包公司发生交易的过程中，职责界限不明，用工主体混乱，互相推诿现象时有发生；不少医院为了规避用工矛盾，法律意识不强，没有与非在编人员签订劳动合同，甚至只是口头协议，极易引发劳动争议。

4. 受编制束缚，医院人才流动渠道不畅通

在传统编制管理模式下，高校附属医院的医生如同准公务员，其收入、晋升、养老等都在体制内，员工因为编制而依附于某个医院，造成医院人才进出渠道不畅通，难以发挥市场在人力资源配置中的基础作用，难以实现由“单位人”向“社会人”的转化。

5. 编制管理手段单一，缺乏积极有效的激励与制约机制

在编制管理中，实行编制预算约束，将人员经费与编制定员直接挂钩，增人不增资，减人不减资，这种自我约束和激励机制往往比行政手段更有效。同时必须运用科学的计算方法，合理的评价手段及最佳实施流程设计等现代化的技术，结合定性研究，使编制管理具有可操作性和可行性。由于长期受计划体制的影响，我国高校附属医院在编制管理中过分强调其行政属性，基本上采取单一的高度集权的行政手段，导致高校附属医院编制管理多局限于行政约束。

6. 人员配置要求政出多门，难以实现协调发展

自 1978 年编制标准出台并执行后，30 余年未曾修订。随着各学科、协会的发展，原卫生厅或卫生部下属各职能部门、行业组织相继出台管辖学科的人员配置规定。由于没有一个部门统一协调，导致各自制定的人员编制标准五花八门，各自为政，管理混乱。

7. 编制核定依据不充分，影响决策的准确性

目前多数医院将护理、行政管理和工勤岗位编制留给临床一线医生，以保持其稳定性。但也导致管理岗位受编制制约而更新缓慢，非在编护理人员数量较多，人员稳定性、积极性受到影响，效率不高，质量难以保证。而且人力统计数据也过于笼统，难以体现不同科别、不同部门对人员数量的需求。数据不准确也影响了卫生主管部门对卫生人力配置决策的准确性。

（二）高校附属医院附加于编制的各种福利待遇政策

分析高校附属医院在编人员与非在编人员管理情况，可知二者在合同管理、人员配置管理、档案管理、社会保险、财政补偿、收入分配、职称评定与职务晋升、户籍管理等方面存在着不小差别，编制之上附加着一系列福利待遇（见表1）。

表1　高校附属医院在编与非在编人员在管理上的主要区别

序号	类别	内容	在编	非在编
1	合同管理	适用法律	事业单位人事管理条例	劳动法、劳动合同法
		合同类型	聘用合同	劳动合同
		合同考核	考核相对宽松	强调对员工的考核，在合同中规定具体的任务要求与考核方式
		合同解除	聘用合同的解除相对较难	劳动合同的解除相对容易
		合同争议处理	聘用合同的聘用双方协商不成的，可以向用人单位主管部门申请调解，强调行政主管部门的调解作用，体现出较强的行政性。聘用合同争议仲裁机构为人事争议仲裁委员会	劳动争议处理中，协商不成的，可以向调解组织申请调解。劳动合同争议的仲裁机构为劳动争议仲裁委员会
2	人员配置与管理	进入途径	应届毕业生、留学回国派遣、博士后出站、调入（京内、京外调干）、军队转业安置	非在编人员招聘条件适当放宽，绝大部分为人才或劳务派遣形式
		学历要求	每年接收人员除护理岗位人员为大专以上学历外，医教研岗位要求为博士学历，管理、医技岗位为硕士学历，工勤岗位除了自然减员，不再增加	大专及以上水平，户口性质、个人档案不限
		审批手续	需上报大学审批并解决落户，通过后才可办理相应入院手续	需要医院内审批，不用上报大学
		人员考核	聘用期满考核、年度考核	年度考核
		人员流动机制	可自然流动。调动需经过院内审批，办理相应离职手续	可自然流动，派遣制员工除院内审批外，还需要到派遣公司办理离职手续
		加入工会	在单位全部或自愿入会，会费由医院从工资中代扣及学校补贴	部分医院在派遣公司入会，大部分医院尚未解决此问题
		党组织建设	在单位申请，党组织关系落在医院	派遣员工党组织关系落在派遣公司；合同制员工党组织关系落在医院
3	人事档案管理	人事档案管理	人事档案由医院保管、整理。对员工的控制程度更高，办理离职、工作调动周期长、程序繁杂	人事档案挂靠在人才市场。弱化了单位对员工的控制权，简化了其办理离职、工作调动的程序。但受代理机构影响较大，可能由于调档不及时影响工资调整、晋升职称、考核定级、函调政审、党团关系等

续表

序号	类别	内容	在编	非在编
3	人事档案管理	工龄计算与工资待遇	所有与计算工龄、套发工资有关的材料、档案均须送国家人事行政管理部门核定审批，用作核定档案工资、退休工资的直接依据	非在编人员工作期间工资待遇决定于用人单位，养老待遇依托于社会保险机构。一些档案材料不作为计算养老金的依据，只为日后的职称晋升和用人单位提供参考
4	养老保险	支付渠道	由国家财政统一支付	从基础养老金账户和个人养老金账户分别进行支出
		缴纳标准	财政全额拨款事业单位个人和职工不缴纳养老保险费，养老金全部由财政承担。差额拨款和自收自支事业单位养老保险费由单位和职工个人缴纳，差额拨款单位缴费部分从财政核拨的事业费中列支，自收自支事业单位从自营费用中列支。缴费比例没有统一标准，单位缴费比例从 2%至 32%，个人缴费从不缴费到 8%不等	用人单位缴纳基本养老保险费，按全部职工缴费工资总和作为缴费基数，缴费比例为 20%，个人缴纳基本养老保险费的比率为本人上一年月平均工资的 8%，由单位代扣
		发放标准	按照退休前月工资和连续工作年份确定退休金。退休费按职工本人退休前岗位工资和薪级工资之和的一定比例计发；其中工作年限满 35 年的，按 90%计发；工作年限满 30 年不满 35 年的，按 85%计发；工作年限满 20 年不满 30 年的，按 80%计发	以缴费年限、缴费基数为计发依据。养老金主要由个人账户养老金和基础养老金组成
		缴费基数		养老保险缴纳基数的下限为本市上一年月平均工资的 60%，上限为本市上一年月平均工资的 300%
	医疗保险	参保类别	目前多数医院实行社会医疗保险（缴纳及报销情况参照非在编人员管理），仍有部分医院实行公费医疗	社会医疗保险
		缴纳标准	公费医疗：国家财政统一拨款的方式进行筹资，个人无需缴纳费用	北京市用人单位缴纳基本医疗保险费的比率为职工上一年月平均工资的 10%，个人缴纳基本医疗保险费（以下简称个人缴费）的比率为本人上一年月平均工资的 2%，另加 3 元大病统筹，由单位代扣
	生育保险	缴纳标准	单位缴纳基本生育保险费的比率为职工个人上一年月平均工资的 0.8%	相同
	工伤保险	缴纳标准	单位缴纳基本工伤保险费实行差别比率，在 0.2%～3%之间，卫生行业费率在 0.4%，个人不缴费	相同

续表

序号	类别	内容	在编	非在编
	工伤保险	缴费基数	2014 年度，工伤保险缴纳基数的下限为本市上一年月平均工资的 60%；上限为本市上一年月平均工资的 300%	相同
4	失业保险	缴纳标准	单位缴纳基本失业保险费的比率为职工个人上一年月平均工资的 1%，个人缴纳基本失业保险费（以下简称个人缴费）的比率为职工个人上一年月平均工资的 0.2%，由单位代扣	相同
		缴费基数	同工伤保险	相同
	住房公积金	缴纳标准	职工本人上一年月平均工资的 12%，用人单位所缴为该职工上一年月平均工资的 12%	相同
			住房公积金无下限，上限为 4170 元	
5	收入分配	工资收入	在编人员前两年工资高于非在编人员，从第三年开始保持一致	
		分配制度	在编职工执行国家事业单位收入分配制度	非在编职工则在《劳动合同法》的大框架内，由单位根据经营情况，自主决定分配办法
6	职称评定与晋升	职称评定单位	在编人员的职称评定直接在高校进行	非在编人员需先在社会上参加相应的考试，考试合格后，再由医院进行职称评审
		职称评审权	部分医院中级职称及以下的评审权在医院，高级职称的评审权在主管高校，单位内部更关注在编职工职称的评定和聘任	非在编职工职称的评定不受重视
		职称晋升资格	在岗位设置、职称晋升、干部选拔等方面，以核定编制数为测算基数。成为在编人员是职称或职位得到晋升的前提	有些医院将进入编制作为晋升后的一种待遇或激励措施
7	财政补助	财政拨款	在职人员经费与编制密切相关	无
		住房公积金拨款、住房补贴、提租补贴	国家提供的住房补贴、住房公积金拨款、提租补贴与编制直接相关	无
8	福利待遇	出国交流	国家留学基金委和大学的许多公派出国留学项目，要求在编人员才能申报	无
		福利住房分配	有资格参与单位福利住房分配、享受住房补贴	无
		伙食补助	有	无
		休假	享受教学假	按劳动合同法享受工休假

续表

序号	类别	内容	在编	非在编
9	户籍管理	北京户籍政策	正式在编人员要求必须为本市户籍，招收的外地生源毕业生通过大学上报教育部及人社部以解决北京市户口	非在编人员不要求本市户口，无解决本市户口途径
			出站博士后通过博管会落实本市户口，回国留学人员通过国家留学生服务中心落实本市户口	
			正式在编职工符合一定的要求，可通过办理两地分居解决配偶的本市户口	
		广东户籍政策	毕业生须报省人社厅批准方可成为在编职工，一旦成为在编职工，户口就可迁入单位所在市区	非在编职工，由于不纳入省人社厅审批范围，个人通过积分计划解决户口问题存在一定难度
		上海户籍政策	上海规定医院内符合条件的外省市户籍专业技术人员可通过直接申办户口或居住证满 7 年转户口等两种方式申办上海户籍	由于医院的非在编人员不是与医院签订聘用合同，而是与派遣公司签订劳动合同，所以不能由医院作为用人单位为其申办户口

（三）高校附属医院不纳入编制管理的可行性分析

“编制”是计划经济时代的产物，曾为医院合理配置人力资源，组织开展医疗卫生服务发挥了积极作用，也为各级卫生行政管理部门及财政部门进行区域卫生规划，开展医院建设，安排各类财政补助提供了重要参考依据。

随着国家人事制度改革不断深入，创新编制管理，落实医院用人自主权，实行岗位管理、全员聘用制等成为当前改革的核心内容。一系列医药卫生改革、人事制度改革、教育体制改革政策的出台，为高校附属医院创新编制管理提供了有利条件，不纳入编制管理具有政策可行性。

国家新医改方案从宏观上明确了公立医院发展的公益性属性，这就决定了财政补助政策将坚持公益性的导向。可见，不纳入编制管理不是要取消财政补助，而是要探索更加科学、合理的补偿形式，转变方式以切断其与人员编制的联系，不纳入编制管理具有经济可行性。

各医院在非在编人员管理上积累的丰富经验、部分地区高校附属医院编制备案制的试点经验以及国有企业人事制度改革的经验等为高校附属医院不纳入编制管理提供了借鉴，不纳入编制管理具有管理可行性。

不纳入编制管理有助于加深社会认同、促进公平，有助于医师多点执业的推行，不纳入编制管理具有社会可行性。

然而，由于诸多隐性福利附加于编制之上，如户籍管理、财政补助、社会保险、职称评定、分配制度、福利待遇、出国交流、组织关系、合同管理等，人员编制管理直接涉及到广大医务人员的切身利益，稍有不慎，不仅影响医务人员群体的稳定，更有可能严重影响医疗机构的医疗服务质量，造成重大的社会不良影响。需要在坚持基本原则，完善顶层政策设计，配套相应保障制度的基础上，认真分析高校附属医院的现存问题和发展瓶颈的前提下，充分总结归纳高校和公立医院体制改革的成功经验和失败教训，学习借鉴国有企业法人治理结构模式的成功做法，探索体制机制创新之路。尤其是在“建机制”方面还面临艰巨的任务，需要不断完善财政支持机制、收入分配机制、养老保险机制、用人机制、监管机制、绩效评价机制、协同服务机制、信息支撑机制、医院补偿机制等。因此，高校附属医院不纳入编制管理需要稳步推进。现阶段高校附属医院需要打破机构与编制壁垒，探索实行人员编制备案制，待条件具备、时机成熟时，不再使用编制的概念。

五、高校附属医院不纳入编制管理可能面临的问题及政策建议

长期以来，高校附属医院作为事业单位实施编制管理，已经形成了一套相对稳定的人力资源管理制度、程序与方法，如不纳入编制管理，在实施过程中可能面临一系列需要解决的问题。

（一）不纳入编制管理后可能面临的问题和潜在风险

1. 财政拨款的核定问题

高校附属医院作为公益性事业单位，部分运行经费是通过国家财政拨款进行补贴的，尤其是人员经费补贴，是按照核定编制数为依据拨付，取消编制管理后，若拨付的依据和渠道不明确，补偿不到位，不仅会增加医院的反对声音，更会对医院的公益性质造成影响。

2. 人员“进、管、出”管理模式问题

医院原有的人力资源管理模式、管理体制是针对编制设定的，原有事业单位的编制管理对人员的“进、管、出”有着严格的制度和流程。不纳入编制管理，需要对人员的进、管、出制订全新的制度与流程以规范医院的用工行为，保障医院和劳动者的合法权益。

3. 社保待遇与统筹渠道问题

原有事业单位在编与非在编人员的社保待遇有所不同，社保缴费渠道也不相同，特别是退休时核定养老金的标准也不相同，实行不纳入编制管理，从保护员工切身利益出发，应明确医院员工退休养老金的核定依据和标准。

4. 行政级别与人员调动等问题

高校附属医院因高层次卫生技术人力资源相对充裕，周边各地区及各医院常向高校附属医院提出派人挂职、下派、请调等需求。如不纳入编制管理，需研究如何与其他公立医院人员管理制度相衔接，如何解决正常的人员流动问题，包括从不纳入编制管理的附属医院调动至纳入编制管理的单位，以及行政级别计算方法等，否则可能因人员在院际间流动而发生身份混乱的现象。

5. 不同身份人员的协调问题

不纳入编制管理后，医院内存在多种劳动形式，主要表现为“老人、中人、新人”之间的矛盾。在改革的同时，首先要保证“老人”的利益，其次要处理好“中人”的身份转变，同时管理好“新人”。但三者间的身份差异短期内仍难以解决，需要出台明确、规范的管理措施，加强医院对不同身份员工的管理，避免矛盾及员工不满情绪的滋生。

6. 人员稳定性和专家资源流失问题

在编人员长期享受相对较高的福利待遇保障，类似“铁饭碗”，不纳入编制管理可能导致医务人员归属感降低，滋生职业倦怠情绪，对工作环境或合同稍有不满，就容易产生辞职、跳槽等消极想法。优秀专家的流失将给高校附属医院的发展和学科建设带来无法估量的损失。因此，应妥善考虑人员的相关福利待遇、补偿机制，否则将会影响人员队伍稳定，甚至引发群体事件。

（二）解决办法和政策建议

高校附属医院不纳入编制管理是公立医院改革中突破原有事业单位僵化的编制管理模式，理顺医院管理体制，盘活医院人力资源的机制创新，绝不是将高校附属医院推向社会，由医院自主经营的改革举措。因此，为顺利实施这一改革方案，提出以下政策建议。

1. 保持高校附属医院公益二类事业单位的属性

高校附属医院作为我国公立医院的重要组成部分，集聚了高水平优质医疗资源，是我国基本医疗服务的重要承担者，在医疗服务、科技创新和人才培养等环节发挥了重要作用。因此，高校附属医院不纳入编制管理后，高校附属医院公益二类事业单位的属性仍应得到明确。一直以来，各界都在强调高校附属医院的公益性，但因财政补偿严重不足，目前仅占医院总收入的不足 6%，医院的公益性很大程度上是在自收自支自养的环境下维持的。高校附属医院既要保障教学科研，又要提供公益服务，还要生存发展，压力巨大。因此，政府必须在财政支持上有所保障，解除其后顾之忧。

2. 在确保财政补助总额不降低的前提下，改革财政拨款模式

目前财政对医院的经常性补助主要是按照编制人数和编制床位数核算，不仅数量极不合理，而且对于人员素质要求、结构配备等未做明确规定，更新速度也不及时，无法与卫生事业发展的速度和规模相匹配。以编制为依据的财政补偿机制显然已经不能满足医院发展，甚至在一定程度上制约了医院发展，亟需调整。

一是规范财政补偿依据。按照高校附属医院的类别、级别以及医疗服务数量、质量、效率、医院规模、费用控制、承担的社会公共卫生责任、运营状况、教学科研情况等因素，科学合理地确定财政补偿依据。特别是对于高校附属医院承担的临床教学、带教实习、支援基层、援外医疗、急诊救援、高干保健、医学科研等任务建议按工作量进行评估，实行财政补偿或购买服务机制。

二是创新财政补偿方式。各级财政对高校附属医院的投入应由按编制补助逐步过渡到

按项目、服务绩效、公益性等因素给予补助。保证财政补助总额不低于现有水平，并按国民经济发展增幅每年保持一定的增量水平，以保证高校附属医院发展的公益性属性。对于人员经费补贴，可以按照科学核定的医院合理用工数按人头进行补贴，也可以实施工资总额预算管理，在前一年工资总额的基础上，考核医院服务质量、规模、效率以及指令性任务完成情况，合理确定增长比例，打包拨款。对于基建、设备购置费用、公共服务、医学人才培养等财政补偿可以实行按项目预算管理。由财政设立专项基金，医院按收入的一定比例预提，以减少公立医院面临的各类风险。

三是建立价格、医保、财政三方联动补偿机制。建立科学合理的医药价格形成机制，通过扩大医疗保险报销范围或提高报销比例来使医疗保险基金承担由于价格调整新增的医疗费用支出。同时，各级财政进一步加大对医保的投入，形成良性循环。

3. 制定科学合理的医院员工规模及结构比例方案

一是取消编制概念，将人员配备标准分为基本标准、附加标准和机动标准三部分。基本标准是根据医院级别、规模、承担的任务、医院技术水平、设备条件、管理水平以及专科特点等，按不同比例核定的人员数。附加标准是充分考虑高校附属医院承担的教学、科研、培训及院外任务、超门诊工作量等情况，按招生规模、学生人数和教学时数、发展规划等核定的教学人员配置标准；按承担的科研课题数量、级别、实验室及研究室等建设情况核定科研人员配置标准；按照与标准门急诊人次数差距核定需增减的人员标准。机动标准是根据经上级主管部门批准的特种病床、添置大型仪器设备、建筑模式分散三处以上、床位周转率及上级指令性任务等情况增设的，但不应超过总配备人数的 3%。

二是合理设定医院各类人员结构比例。卫生技术人员配备比例应达到 80%以上，适度提高护理人员配备比例，实现医护比 1:2 的目标。以后勤服务社会化的方式降低工勤人员配备比例。保证管理人员的合理配备比例。此外，不同级别医师也应保持合理的比例结构。

三是不纳入编制管理后，还应对医院内部机构设置及规格标准、人员素质标准、领导干部限额、职务分配等做出相关规定。

4. 妥善解决相关社保问题，保障员工的合法权益

实行人员分类管理，所有管理人员及专业技术人员与医院签订聘用合同，不再保留编制身份，在工资薪酬、档案管理、养老保险、医疗保险等方面采用同样的管理模式。其他辅助类员工，采用购买社会机构服务的形式，不纳入医院管理范畴。

加快推进高校附属医院养老保险制度改革，打破事业单位与企业单位职工的身份壁垒。对改革后参加工作的“新人”退休后基本养老金由基础养老金和个人账户养老金两部分组成。对改革前参加工作、改革后退休的“中人”，设定 10 年过渡期，在其退休后增发过渡性养老金，通过新老待遇计发办法对比，保低限高，也可以通过提高过渡性养老金计发系数（建议在 1.0%～2.5%之间，由各地测算后决定）、在基本养老金外加发补贴或调剂金等形式，提高养老金替代率，解决新老退休人员待遇水平的衔接问题，逐步拉平与企业的差距。配合养老保险制度改革，将医院管理人员和专业技术人员全部纳入事业单位职业

年金缴纳范围。需要注意的是，高校附属医院不纳入编制管理改革使大量非在编人员纳入医院统一管理范畴，大大增加了医院工资性支出，需适当增加财政补偿。

5. 创新人力资源管理模式，建立和完善人才流动机制

真正落实和扩大医院用人自主权，关键在于合理界定政府行政监管与高校附属医院自主权的边界，最大限度地减少行政干预。应建立合同用人机制、引入公平竞争机制、健全绩效评价机制、改革内部分配激励机制、建立健全监督管理机制、建立人员流动退出机制等，充分发挥"专家治院"作用，保证医院在用人、管人等各环节的科学、客观、公正。

高校附属医院不纳入编制管理后，员工与医院的关系从原来的"体制内人"将逐渐变为"契约关系"，医务人员的流动性必将加大。医院要创新管理方式，创造良好环境，建立优胜劣汰的竞争机制，通过医务人员多点执业等形式，促进优质医疗资源在医院间合理、有序流动，真正实现医院与员工的共赢。

6. 出台合理的人才选留落户政策，实现编制管理与户籍管理分离

不纳入编制管理后，应将户籍与编制分离，出台合理的人才选留落户政策。上海市实施的打分和积分落户制度值得参考。对应届毕业生采取打分制度，评分指标包括最高学位和学历、毕业学校、学习成绩、外语和计算机水平、荣誉称号、科研创新、用人单位要素分等，总分数达到标准分（目前为 72 分），可由医院解决户口。对其他人员采取积分落户制度，若每年积分能够达到 120 分，7 年以后可以转为上海市户口，但有总量限制。

7. 合理解决现有编制存量及其他相关问题

对现有编制存量，建议以某个时间为节点，时间节点之后进入事业单位人员纳入"新人"，节点之前已进入事业单位且属在编人员纳入"老人"。新人不再纳入编制管理，老人可延续执行原有人事制度，直至与人员编制相关制度全部废止，则编制存量自然清零。

将人事档案保管与编制管理相分离。可将人员档案统一由当地人才市场进行管理和统筹分配，保障人事档案的完整性。

出国交流、党组织关系等可依据行政隶属关系，依原有渠道进行管理。

8. 探索实施编制备案制管理，循序渐进推进改革

编制管理在中国已有几十年的历史，不纳入编制管理改革不能急于求成，改革也不可能一步到位，应循序渐进，逐步改革，如目前的编制备案制，就是从编制管理向不纳入编制管理转变的过渡形式之一，可以在试点过程中将其推广。

2011 年 7 月，国务院办公厅《关于印发分类推进事业单位改革配套文件的通知》（国办发[2011]37 号）中的配套文件《关于创新事业单位机构编制管理的意见》，提出对公益二类事业单位，在制定和完善相关编制标准的前提下，逐步实行机构编制备案制，建立并规范备案程序。2011 年 8 月，中共中央办公厅、国务院办公厅印发《关于进一步深化事业单位人事制度改革的意见》（中办发[2011]28 号），提出对公益二类事业单位，在备案编制内设岗，赋予单位灵活的人事管理权。

编制备案是各级机构编制部门对本级机关事业单位人员调整进行动态管理的一种方式。医院可以依据实际开放床位数按照精简、高效、科学、合理的原则，自主确定人员规模并实施动态调整，自行编制本医院的各级各类人员的配置，不再需要上级有关部门批准。

目前，安徽医科大学及其附属医院、安徽中医药大学及其附属医院、暨南大学附属清远市人民医院等高校附属医院已经尝试开展编制备案制改革试点。各试点单位在编制备案制的改革中，积极创新用人机制，灵活人员管理方式，优化人员结构，有力促进了医院的建设与发展，深化了医院人事制度改革的探索实践，在一定程度上缓解了编制紧张问题，有利于人才队伍建设，有利于推动养老社会化，解决了岗位设置及职称结构比例等问题。但同时也存在着财政补偿分配如何核定、人员身份如何转变、编制核定标准如何确定等亟需完善的问题，建议由财政、人社、编办等多部门联动推进改革，细化相关改革措施，使编制备案程序更趋合法化、规范化。

课题组负责人及主要成员

负责人：	徐安龙	北京中医药大学
成　员：	王志伟　丁胜云	北京中医药大学
	朱树梅	北京大学医学院
	金玉善　戴绍兰	中山大学附属第一医院
	邹和建　孙佳复	复旦大学华山医院
	倪卫杰	上海交通大学医学院
	薛　凡	四川大学华西医院
	胡和平	中南大学湘雅三附院

制造业人才吸引、聘用和激励政策研究报告

制造业是国民经济的主体，是立国之本、兴国之器、强国之基。2010 年，我国制造业总产值首次超越美国，成为全球制造业第一大国。当前，新一代信息技术与制造业深度融合，全球制造业格局面临重大调整，各国都在加大科技创新力度，发达国家纷纷实施“再工业化”战略，重塑制造业竞争优势。为贯彻“四个全面”战略布局要求，实施制造强国战略，把我国建设成为引领世界制造业发展的制造强国，2015 年5 月8 日，国务院印发了《中国制造2025》。

事以才立，业以才兴；建设制造强国，人才是关键。因此，“人才为本”被《中国制造2025》确立为 5 项基本指导方针之一。但是，与智能制造发展要求相比，制造业对人才的吸引力不够，高层次创新型科技人才数量不足，战略型企业经营管理人才、专业技术骨干和经验丰富、技艺精湛的高技能人才紧缺，从业人员文化程度普遍较低，人才流动、使用和激励体制机制尚待完善。面对机遇和挑战，必须实施更加积极的人才吸引、聘用和激励政策，加快培养和吸引制造业发展急需的科技创新人才、企业经营管理人才、工程技术人才、技术技能人才、急需紧缺专门人才队伍，走人才引领的发展道路。

建设一支素质优良、结构合理的制造业人才队伍，完善人才吸引、聘用和激励政策是重要基础。根据《制造业人才发展规划（2016—2020）》编制工作要求，教育部人事司联合教育部职业技术教育中心研究所、中国高等教育研究会薪酬分会和清华大学、华中科技大学等，开展了“制造业人才吸引、聘用和激励政策”课题研究。研究主要采用文献法和问卷调查等方法采集数据资料，对制造业人才吸引、聘用和激励工作的现状及存在问题、面临的新形势及挑战进行了梳理，提出了下一步工作思路、政策举措和重大工程实施建议。

一、现状及存在的问题

近年来，伴随全国人才工作蓬勃发展的大好形势，制造业人才吸引、聘用和激励工作取得新的进展。一是高技能人才队伍建设纳入国家人才队伍建设总体规划，人才优先发展的战略布局加快确立；二是“千人计划”“万人计划”“长江学者奖励计划”等国家重大人才工程深入实施，有力地带动了制造业高层次创新创业人才、学科领军人才引进培养工作；三是人才发展体制机制和政策不断改革创新，技能人才职业技能鉴定证书制度、高技能人才薪酬制度和津贴制度初步建立，各级各类技能竞赛和技能人才表彰活动深入开展，制造业人才评价激励体系逐步建立。

但与中央的新要求新部署相比，与制造强国战略的新任务相比，与国际制造业人才激烈竞争的新形势相比，我国目前制造业人才吸引、聘用和激励工作仍有较大差距，存在以下主要问题：

（一）制造业从业人员社会地位不够高，职业吸引力差，长期从业意愿低

我国制造业人力成本长期处于较低水平，在发挥比较优势的同时，也在整个社会中造成了对技术工人价值取向的偏差。1978—2009 年，全国制造业职工平均工资增幅明显低于全国职工平均水平，直到 2010 年增幅才高于全国平均水平。2013 年全国就业人员平均工资 5.1 万元，而制造业就业人员平均工资只有 4.6 万元（见图 1），比全国平均水平低 9.81%。2002—2013 年，全国制造业城镇就业人员平均每周工作时间由 45.2 小时增加到 48.9 小时，2013 年比全国就业人员平均每周工作时间多 2.3 小时①。教育数据咨询和评估机构麦可思公司调查显示，2013 届高职高专制造类专业毕业生就业满意度为 50%，其中机械仪器类和金属加工类仅为 42%；2010 届高职高专制造类专业毕业生三年后就业满意度低至 35%；2013 届制造类专业毕业生毕业半年内离职率高达 43%②。由于制造业从业人员社会经济地位低，发展空间不够，近年来也有一些技术熟练的工人靠着过硬的手艺通过劳务输出到国外从事制造业工作，在人才不足的情况下，又出现人才流失问题。

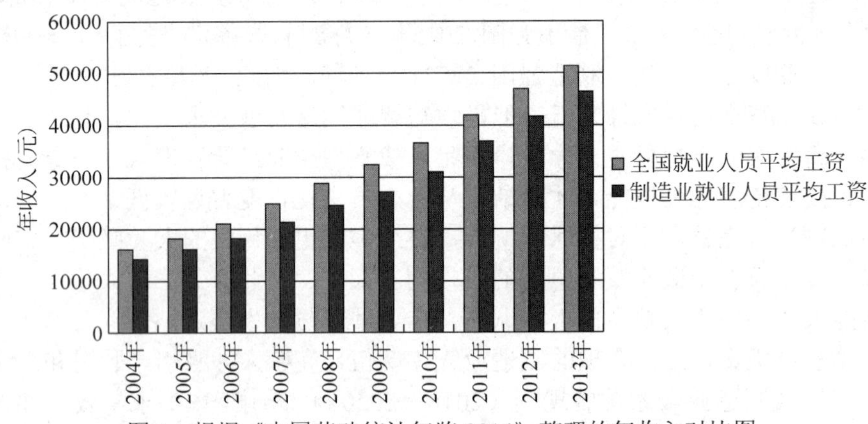

图 1　根据《中国劳动统计年鉴 2014》整理的年收入对比图

（二）人才聘用的政策和方式不够灵活，跨领域的人才流动和使用受限

一是制造业人才统计和人才需求供给预测的基础薄弱。目前，国家年度统计中对制造业人才资源的统计不够，人才市场缺乏权威信息来源。制造业各行业协会先天发育不良，对相关行业人才的需求研究不够。各类研究机构、劳动力市场监测部门与制造业的联系不够紧密，也缺乏对制造业职业和人才的长期跟踪研究和预测。由于缺乏分行业的人才需求目录和结构数量、人才存量等信息，导致人才布局规划存在困难。二是人才公共服务体系建设滞后。地方、行业、部门或单位之间存在体制壁垒，人才市场、劳动力市场、毕业生就业市场条块分割、多头管理，缺少统一或分行业的制造业人才公共服务机构和平台。三是户籍和居住证制度、住房和社会保障制度、人事管理制度改革滞后，中东西部、大中小企业间的协作和产学研合作不够，影响制造业人才共享与人才合理有序流动。海外人才全职回国后，面临配偶就业、社会保险、医疗保险、落户购房等一系列政策性障碍。四是制造类企业科研机构、工程技术中心、研发中心、工作室等高技术含量的人才载体和施展才华的工作

① 根据中国统计出版社出版的《中国劳动统计年鉴 2014》整理。

② 麦克司研究院编著《2014 年中国大学生就业报告》。

平台缺乏，高技术技能人才在技术创新、工艺创新和带徒传艺等方面的带头引领作用发挥不够，技术技能传承与推广的网络覆盖面有待拓展。五是与发达国家相比，我国制造业企业在海外建立国际科技创新中心和技术研发中心比较少，吸引利用全球制造业人才资源不够。

（三）激励机制不完善，不能有效激发人才创新活力

一是劳动价值重视不够，激励政策比较单一。主要通过科研启动经费、安家费、户籍、住房和医疗保障条件、家属就业、子女上学等政策吸引、稳定和激励人才，薪酬激励市场化分配机制不完善，协议工资制、年薪制、技术入股等多种形式的激励机制滞后。二是缺乏合理有效的产学研结合机制，人才用武之地不足。高校和科研院所参与制造类企业技术创新、工艺创新的体制机制不完善，对应用型人才评价套用学术型人才标准，存在“唯学历、唯资历、唯论文”倾向，不利于技术研发、创新设计、产品研制生产、经营管理、生产服务等人才脱颖而出。三是对一线技能人才、工程技术人才和企业经营管理人才缺乏有力的激励措施，社会地位、经济待遇、工作环境和劳动保障条件差。

（四）人才评价体系不合理，缺乏统一的与国际对接的国家资格框架，一线技术技能人才发展空间小

现行职业资格与工程技术职称、专业技术职务、学历学位等资格缺乏对应、等值互认机制，技能人才与工程技术人才职业发展不能贯通，技术技能人才上升通道和发展空间小。职业资格、专业技术职称等资格与国际通行资格不能互认，人才质量评价存在困难，影响人才的正常流动，不利于中国制造走出去。

（五）创新创业环境不佳，影响创业创新热情

一是企业真正作为科技创新的主体地位尚未确立，创新创业的工作环境有待改善。制造业研发人员占就业人员比重的增长幅度较小，尤其对企业研发人员投入强度依然偏低，制造业人均产值仅为美国 1/8①。截至 2013 年底，我国规模以上高技术制造业共有企业 2.7 万家，研发经费与主营业务收入之比为 1.75%。2014 年，累计国家认定企业技术中心 1098 家，占所有申报企业 4.1%②；在各类制造业企业建立博士后科研流动站 1432 个，占 5.3%③。我国的“全球创新指数”长期徘徊在 30 位左右，“创新环境”指标仅列第 113 位。二是创新创业所需配套服务产业如专利交易、会计咨询、融资服务等相对滞后，难以适应人才创新创业需求。三是创新创业的人文环境有待改善。国内创新创业环境僵化保守，一些单位仍把海外人才看作“外来者”加以戒备防范，让人“施展不开”，致使海外人才难以融入国内创新创业环境。

二、面临的新形势及挑战

从国际形势看，当前全球制造业已进入新的发展阶段，发达国家技术创新步伐加快，

① 见李廉水主编，《中国制造业发展研究报告 2014》，北京大学出版社。

② 根据科学技术部网站整理：http://www.most.gov.cn/index.htm

③ 根据中国博士后官网整理 http://res.chinapostdoctor.org.cn/BshWeb/index.shtml

加大了高层次科技领军人才和高技术技能人才的培养和争夺。从国内形势看，我国明确提出实施《中国制造 2025》强国战略。经过多年发展，人才工作蓬勃发展，以高层次、高技能人才为重点的各类人才队伍不断发展壮大，“中国机遇”对全球人才形成强大吸引力，海外人才资源正在释放回归潜能，特别是以“千人计划”为龙头的国家引才体系形成聚才效应。但是，我国虽有庞大的劳动力队伍，但符合智能制造需求的人才比例明显偏低，从业人员普遍受教育程度较低，严重缺乏高层次创新型科技人才和拥有高水平设计开发能力和集成创新能力的工程技术人才；具有战略眼光和全球视野、善于驾驭现代化大企业集团的战略型企业家和一些具有高技术含量和专业性较强工种的高技能人才凤毛麟角。面对机遇和挑战，迫切需要完善制造业人才吸引、聘用和激励政策，加快形成人才比较优势，助推产业转型升级，实现制造业由大变强的历史跨越。

（一）“中国机遇”对全球高层次人才形成强大吸引力

“中国机遇”已成为海外共识。海外人才常说，西方国家是发展完成时，中国是发展进行时。我国经济的快速增长以及较低的生活成本，对全球人才形成强大吸引力，中国开始成为有吸引力的移民目的国，来华逐梦已成为国际移民潮的新趋势。据联合国估计，2013年居住在中国境内的外籍人士为84.85万人，近十年年均增长率为3.9%。英国汇丰集团2014年 10 月公布的《外派人员调查报告 2014》显示，在“最吸引外籍人士居住的国家或地区”排名中，中国总体排名列第三，仅次于瑞士和新加坡。

（二）海外人才资源正在释放回归势能

研究表明，我国拥有世界上最大的海外移民群体，规模达 6000 万人，主要目的地集中在美国、加拿大、澳大利亚、韩国、日本和新加坡等发达国家。1978 年至 2013 年间，我国海外留学总人数达 305.86 万，是全球第一大留学生输出国，目前滞留在外的有 161.38 万。这些国内“尖子生”已逐步成长为国外知名企业、高校和科研机构的中坚力量。他们主要从事新一代电子信息技术、生物医药、高端装备制造和新能源领域的研究，年龄大多在 35～50 岁之间，处于创新活力最强的黄金年龄段。他们与国内科技、教育、产业发展需求耦合度高，是我国制造业人才天然的“蓄水池”。

（三）以“千人计划”为龙头的国家引才体系形成聚才效应

2008 年，国家实施“千人计划”，在国家重点创新项目、学科、实验室以及中央企业和国有商业金融机构等引进战略科学家和科技领军人才。在“千人计划”带动下，各省区市也先后实施地方引才计划。如北京“海聚工程”、江苏“双创计划”、浙江“省级千人计划”等，与教育部“长江学者计划”、中科院“百人计划”等部委引才计划一起，形成多层次、多渠道、相互衔接的引才格局，带动形成了历史上规模最大、领域最多、范围最广的留学热和回国潮，出国留学人员和留学回国人员的数量还在保持快速增长的态势。据统计，从 1978 年到 2014 年底，各类出国留学人员总数达 351.84 万人，已有 51.4%的留学人员学成后选择回国发展；仅 2014 年，我国就有 36.48 万留学人员回国，是 21 世纪初的近 30 倍。

（四）国际制造业人才争夺日趋激烈

当前，我国加强制造业人才队伍建设存在有利条件和良好基础，也面临诸多国际国内挑战。随着经济全球化程度加深，人才跨国流动的趋势已不可逆转，“移民红利”在科技和经济领域的表现也越来越突出，各个国家都更加重视移民人才。以美国为例，移民获得的创新专利量占据了总量的 1/3，创建了占总量 1/4 的高科技公司，近半数的市值前 50 名的上市公司由移民创建或共同创建。特别是金融危机爆发后，美国政府强力推动“制造业回归”，欧洲的多个发达国家和日本也纷纷仿效美国，先后抛出自己的“再工业化”战略。围绕高端制造业、智能制造业和先进制造业，加大科技研发经费投入，加强教育和培训，出台一系列针对高科技人才和高技能人才的留学和移民新政，从全球范围内网罗高端人才，以顶尖人才支撑、争夺和占领现代制造业高地。一些发展中国家也在加快谋划和布局，积极参与全球产业再分工，引进技能人才。我国制造业面临发达国家和其他发展中国家“双向挤压”的严峻挑战。

（五）制造业人才队伍不能适应制造强国需求

我国拥有一支庞大的制造业队伍，但从业人员中生产加工人员多、研发设计人员少，初级技术工人占比过重、中高级技工短缺，由于从业人员普遍受教育程度较低，人力资本存量不足。与发达国家相比，我国制造业科技人力投入强度不高，严重缺乏高层次创新型科技人才和拥有高水平设计开发能力和集成创新能力的工程技术人才。按投入强度指标来衡量，中国每万名劳动力中研发人员数量在有统计数据的 37 个国家中，只位列第 35 位，仅高于墨西哥和南非。具有战略眼光和全球视野、善于驾驭现代化大企业集团的战略型企业家成为人才市场上竞相争夺的目标。一些具有高技术含量和专业性较强的工种，高技能人才凤毛麟角，发达国家高级技工以上的人员占技能劳动者总数的 35%，我国只有 25.2%。目前，我国技能劳动者总需求约为 11577.3 万人，短缺 927.4 万人；高技能人才需求为 3067.1 万人，短缺为 105.8 万人。同时，制造业人才分布不合理，主要集中在第二产业和传统产业，重点突破发展的新一代信息技术产业、高档数控机床和机器人、航空航天设备、海洋工程装备及高技术船舶、先进轨道交通装备、节能与新能源汽车、电力装备、农机装备、新材料、生物医药及高性能医疗器械等十大领域的人才短缺问题日益严重。高技能人才主要集中在大中型企业，小微企业占比不到 15%。企业经营管理人才和专业技术人才主要集中在东部地区，在公有制经济领域，东部十个省市企业经营管理人才平均 2.6 万人、专业技术人才平均 4.3 万人；中部六个省企业经营管理人才平均 1.7 万人、专业技术人才平均 2.8 万人；西部十二个省市区企业经营管理人才平均 1.2 万人、专业技术人才平均 1.7 万人；东北三省企业经营管理人才平均 1.3 万人、专业技术人才平均 2.1 万人[①]。

三、下一步工作思路和政策建议

做好制造业人才吸引、聘用和激励工作，加强制造业人才队伍建设，要求我们全面贯

① 根据中共中央组织部编《中国人才资源统计报告 2012》（中国统计出版社 2014 年出版）整理。

彻党的十八大和十八届二中、三中、四中全会精神，深入学习贯彻习近平总书记系列重要讲话，坚持走中国特色新型工业化道路，紧紧围绕“一带一路”建设和“中国智造”强国战略，突出创新驱动、质量为先、绿色发展、结构优化的现代先进制造要求，大力实施人才强业战略。坚持把人才作为建设制造强国的根本，走人才为本的发展道路。加强制造业人才发展的统筹规划和分类指导，建立健全科学合理的选人、用人机制，为实现制造强国战略提供人才保证和智力支持。

应该加大人才队伍建设力度，发挥人才政策的引导作用，打造一大批现代制造技术创新团队，培养铸就和储备门类齐全、结构合理、技艺精湛、具有良好职业精神的工程技术人才、高技能人才和生产服务人才队伍，创新人才吸引、聘用和激励政策机制，为人才施展才华提供良好工作环境和条件平台，全面激发人才创新活力和提升现代制造能力。到2020 年，新一代信息技术产业、高档数控机床和机器人、航空航天设备、海洋工程装备及高技术船舶、先进轨道交通装备、节能与新能源汽车、电力装备、农机装备、新材料、生物医药及高性能医疗器械的科技创新人才、经营管理人才、工程技术人才、技能人才初具规模。创新型科技人才、急需紧缺专业人才、技术技能人才紧缺等问题得到缓解，有力支撑制造业转型升级和智能制造需要。

坚持制造业人才优先发展，牢固树立人才资源是第一资源的意识。创新人才吸引、聘用和激励体制机制，营造良好用人环境，促进制造业人才资源有序自由流动、高效配置、市场深度融合。

实施人才引领战略，以高端人才引领科技创新，引领现代制造业发展。开创依靠人才促进产业发展，依靠产业发展吸引人才，以人才优势赢得我国制造业创新优势、竞争优势和发展优势的良好局面，推动我国建设世界一流制造业强国。

（一）加强引导，大力吸引海内外制造业优秀人才

1. 在收入分配体系改革中，增加制造人从业人员的收入待遇；充分利用各种媒体宣传制造业在国民经济中的战略地位，宣传党和国家的各项制造业人才政策，宣传优秀人才创新创业的先进事迹，在全社会营造尊重劳动、尊重知识、尊重人才、尊重创造的舆论氛围，引导各类人才向制造业聚集。

2. 大力引进高层次人才和紧缺人才。引进在国际上有较大影响的制造业领军人才，拥有自主知识产权的海内外高层次人才和青年专业人才，特别是在国际一流企业工作掌握核心技术的工程技术人才和技能人才；引进重点领域发展急需的人才，尤其是要引进具有多学科知识、技能和能力，熟悉法律、懂经营、善管理的复合型人才。

3. 采取多种形式，广开引才引智渠道。一是通过人才市场招聘引进人才，将相关人才直接吸纳到制造业相关领域。二是通过项目招标引才引智。根据制造业的发展需要每年由相关部门和相关企业列出某些重大科研和技术开发项目及企业的技术难题进行招标，引进人才和智力。三是通过项目引才。抓住科研成果转化这一关键环节，创造条件，吸引海外华人学者携带国外先进科研成果，回国创业，实施成果转化，在引进科技成果的同时引进人才，提高人才引进的经济和社会效益。

4. 充分发挥各地经济开发区和工业园区作为国家级海外高层次人才创新创业基地功能，进一步引进和鼓励海外高层次人才聚集创新创业。推动对内对外开放相互促进、引进

来和走出去更好结合，加大人才国际交流力度，加快培育参与和引领国际人才合作竞争新优势，形成全方位开放新格局。

大规模地吸引海外制造业人才来华工作、学习和定居，尤其要大力引进高层次国际化人才，打造国际化人才集聚地。完善海外高层次人才联络体系，健全完善海外高层次人才信息库。改革试行技术移民管理办法，简化技术移民审批程序，吸引大批杰出外国制造业人才永久居留我国。建立海外华人绿卡发放制度，扩大发放范围，吸引海外华裔制造业人才来华创新创业和工作。

（二）创新人才聘用机制，促进人才交流发展

完善党管人才统筹作用，把深化改革作为推动我国制造业人才发展的根本动力，构建与我国社会主义市场经济体制相适应、有利于制造业人才聘用的机制。

1. 创新用人机制。一是健全完善人才评价体系，在制造业试点统筹职业资格、技术职称和学历学位制度，推动建立国家资格框架。二是以岗位聘用为核心。制造业人才的聘用，要充分尊重用人单位的自主权，有用即人才，以工作能力与岗位的匹配为聘用原则，以规范合约化管理为手段，以绩效、贡献大小为评价标准，以促进人的全面发展为导向，不唯学历，不唯职称，彻底打破身份界限，让人才在市场的调节下自由择业，合理流动。三是采取灵活的聘用模式。实行全职引进为主体，兼职引进为补充，长期聘用和动态流动相结合，企业和高校、职业院校、科研院所联聘的多种用人方式，灵活聘用各类创新型制造业人才。

2. 坚持市场化取向，发挥行业协会商会重要作用，推动制造业人才资源配置，依据市场规则、市场价格、市场竞争实现效益最大化和效率最优化。加强人才市场体系建设，发挥市场在人才配置过程中的基础性作用。进一步打通人才、科技和经济社会发展之间的通道。尊重市场规律，建立更为灵活的人才管理机制，推进人才资源市场管理体制以及户籍和社会保障制度改革，破除人才流动、使用、发挥作用中的思想观念和体制机制障碍，充分激发制造业人才的创造活力，最大限度支持和帮助产业集聚人才、企业用好人才、人才创新创业。

3. 大力发展现代人才服务业，推动各种形式的高端人才服务产业化。鼓励和规范人才、企业以及各种社会力量承担和开发人才中介服务，形成融公共服务、市场服务、金融服务和社会服务为一体的高端人才服务体系。鼓励各类主体建立多元化的人才集聚创新创业新载体，鼓励支持企业、大学、职业院校、科研院所兴办各种类型的人才园区和孵化器。

（三）完善人才激励制度，鼓励人才创新创造

1. 不断完善评价激励体系，实施分类发展，分类评价，分类激励。对高层次创新型科技人才、工程技术人才、技能人才、经营管理人才和生产性服务人才等采用不同的考核评价标准，进行分类管理、分类评价和分类激励。

2. 建立多元化的分配激励机制。以人才资本价值实现为导向的分配激励机制。逐步建立市场机制调节，企业自主分配、职工民主参与，政府监控指导的企业薪酬制度。坚持按

劳分配与按生产要素分配相结合、短期激励与中长期激励相结合、激励和约束相结合的原则，将企业经营者薪酬与其责任、风险和经营业绩直接挂钩；完善国有企业经营者年薪制，建立健全产权制度，实行期权、股权激励；保护知识产权，建立人力资本及科研成果有偿转移制度。

3. 提升福利待遇，加强制造业人才的基本保障。改善制造业人才的社会地位、经济待遇、工作环境和劳动保障条件，建立健全激励科技创新和智能制造的分配制度和激励机制。提升制造业人才的福利待遇，鼓励各用人单位在提高制造业人才薪酬待遇的同时，为他们提供带薪学习、培训、出国进修、带薪休假等方面的福利待遇。

4. 完善人才奖励制度。坚持精神奖励与物质奖励相结合；完善政府奖励为导向，用人单位和社会力量奖励为主体的人才奖励体系，多层次、多形式奖励人才，充分发挥经济利益和社会荣誉双重激励作用。

（四）营造良好环境，健全人才保障制度

1. 创造良好的创业环境和生活环境。政府对高新技术项目持有人创业，根据项目的高新技术含量、所处行业水平、投资额度大小，给予一定的项目启动费等，支持他们创业，同时，改善各类人才的生活条件，解除后顾之忧，使他们全身心投入工作。

2. 健全人才保护保障制度。加大人才工作立法和执法力度，建立健全以吸引、聘用和激励为主要内容的政策法制环境。研究制定高层次人才保护相关办法，建立人才安全管理制度，对承担国家重点工程、涉及国家秘密和企业核心技术或商业秘密的人才依法实行保护。

四、专项和重大工程设计

为切实做好制造业人才吸引、聘用和激励工作，加快形成一支规模宏大、富有创新精神、敢于承担风险的创新型制造业人才队伍，建议实施以下专项：

（一）海外高层次制造业人才引进工程

在“千人计划”（海外高层次人才引进计划）中，设立国家高层次制造业人才引进专项，建立技术移民制度，引进制造业领军人才和紧缺技术技能人才，特别是瞄准制造业前沿尖端技术的科技创新领军人才，能够突破或掌握核心技术、实现产业技术跨越的技术技能人才，以及高层次、复合型、跨国经营管理人才。

（二）制造业人才集聚工程

整合人才市场、劳动力市场、毕业生就业市场，建立全国统一的人才公共服务平台。加强行业协会商会和行业职业教育教学指导委员会建设，建立产学研合作公共服务平台，定期发布制造业人才供需配置的清单目录、技术技能要求与结构数量。在制造业试点统筹职业资格、工程技术职称、专业技术职务、学历学位制度，推动建立国家资格框架和资格

国际互认。实施奖学金和奖励基金制度，促进优秀学生到国家有战略需求的制造重点行业工作。

加强企业技术中心、企业博士后流动工作站和高技能人才工作室建设。允许高校、职业院校、科研院所设立一定比例流动岗位，吸引有制造实践经验的企业家和企业科技人才兼职。试点将企业任职经历作为高等学校和职业院校新聘工程类教师、制造类专业教师的必要条件，鼓励高校、职业院校和科研机构的科技人才与技术技能人才到企业兼职进行技术开发。

（三）制造业人才职业能力提升工程

着眼于培育具有国际竞争力的大型企业集团，支持中小企业和微型企业健康发展，以培养战略企业家、职业经理人为重点，培养造就一支职业素养好、市场意识强、熟悉国内外经济运行规则的高水平的经营管理人才队伍。

实施专业技术人才境外研修计划、关键岗位人才特聘计划和科技咨询团队建设计划。开展核心技术与共性技术培训、信息化和工业化融合专业知识培训、军民融合专业知识培训、质量专业知识培训、绿色制造和绿色技能培训。

支持建设200所应用技术大学、400所高等职业学校和1000所中等职业学校。实施产学研合作专业综合改革项目。建立1000个职业教育智能制造实训基地和1000个现代学徒制试点基地。实施先进制造卓越工程师培养计划、能工巧匠计划、国内访问学者计划、在职培养和后备人才在校培养计划、挂职锻炼学习计划，选派技术技能人才出国(境)学习。建立教师境内外智能制造企业培训基地，以应用技术大学骨干教师、职业院校“双师型”教师为重点，加强研修培训、出国深造，持续更新专业知识，提升制造技术技能和教学工作水平。

参考文献

[1] 中国制造2025[R]. 国发[2015]28号.

[2] 国家中长期人才发展规划纲要(2010—2020年).

[3] 中华人民共和国工业和信息化部：关于印发装备制造和信息产业人才队伍建设中长期规划的通知[R]. 工信部规[2011]180号.

[4] 中央人才工作协调小组办公室、中共中央组织部人才工作局. 国家人才发展规划专题研究报告[M]. 北京：党建读物出版社，2011年.

[5] 杨进等编著. 职业教育与中国制造业发展研究[M]. 北京：高等教育出版社，2009年.

[6] 国家统计局人口和就业统计司、人力资源和社会保障部规划财务司. 2014中国劳动统计年鉴[M]. 北京：中国统计出版社，2015年.

[7] 中共中央组织部. 2012中国人才资源统计报告[M]. 北京：中国统计出版社，2014年.

[8] 李廉水主编. 中国制造业发展研究报告2014[M]. 北京：北京大学出版社，2015年.

[9] 潘晨光主编. 中国人才发展报告（2014）[M]. 北京：社会科学文献出版社，2014年.

[10] 王辉耀等. 中国留学发展报告（2014）[M]. 北京：社会科学文献出版社，2014年.

课题组成员名单

组　　长：	赵丹龄	教育部人事司副巡视员
主要成员：	方永生	教育部人事司人才与专家处处长
	范贤睿	教育部人事司劳资处处长
	郄平清	教育部人事司人才与专家处主任科员
	刘婉华	中国高等教育学会薪酬管理研究分会副秘书长、清华大学人事处副处长，研究员
	周莉萍	华中科技大学人事处处长，教授
	刘　伟	华中科技大学人事处
	王泽荣	教育部职教所办公室副主任，副研究员

综合改革背景下的薪酬制度建设研究报告

研究摘要

高校薪酬制度改革是我国高等教育综合改革的核心环节，对高校的各项事业的改革发展具有“触一发而动全身”的意义。同时，薪酬制度又是一个复杂、动态的制度体系，涉及面众多并且关系到高校教职工的切身利益因而其改革创新任务极为艰巨。

为了推动高校薪酬制度改革的深化，本课题研究确立了研究的总体思路与原则，即：首先，要从问题分析入手，紧抓薪酬制度的主要矛盾，为找到破除薪酬制度改革的体制机制障碍提供坚实基础；其次，重视人事薪酬制度的顶层设计，自上而下地梳理改革目标，设计改革措施；第三，要重视成功有效的国际经验，提升制度设计的前沿性、创新性。

报告首先分析归纳了我国高校薪酬制度方面存在的主要矛盾。实证研究表明：我国高校的薪酬水平与高校在新时期所承担的历史使命、社会职责不相适应。对照国务院刚刚出台的《统筹推进世界一流大学和一流学科建设总体方案》要求，我国高校的薪酬体系无论是在薪酬水平还是管理机制上还存在诸多需要破除的障碍和解决的问题；此外，薪酬结构中的奖励性效应不显著。现有的薪酬制度对鼓励教师进行高水平、创新性的科学研究研究与人才培养的刺激作用未得到证实；第三，由于高校内部管理体系的协调性存在某些漏洞，抑制了高校薪酬体系的公平性水平。这表明，薪酬制度的改进需要其他方面的体制机制改革的配合才可能达到预期效果。

为使得所提出的薪酬制度改革与创新建议具有前瞻性，报告以美国高校的有关制度措施为标杆进行了对比分析并总结归纳了有关借鉴，并从“高校教师的收入水平和社会地位”等 4 个方面归纳了有关启示。

报告对综合改革背景下我国高校薪酬制度改革提出三个方面的对策建议：首先，应显著提高我国高校薪酬制度的保障功能。实证调查表明：我国高校的薪酬水平在创造保障功能上存在隐患。由于这种保障功能的缺陷，一方面导致了部分教师（特别是中青年教师）的心理压抑，易诱导消极行为。另一方面，也容易滋生部分教师利用制度上的漏洞谋取其他形式收入的行为，不利于高水平成果的创造。为此本研究建议：在人员经费投入上一方面要构建完善以政府投入为主、多渠道筹集高校经费的资金投入体制，大幅增加高校投入。另一方面加强高校人力资本投资，加大人员经费支出占总支出的比重，提高高校教师工资水平。其次，要优化改进我国高校薪酬制度的激励导向。高校是科学研究、技术创新以及高层次人才培养的主要阵地。和国家创新战略、经济发展战略的目标要求相比，我国高校教师所受的激励作用还有待提升，为此本报告建议择时采取 5 个方面的措施：① 建立完善岗位分类管理制度；② 改革现行的绩效工资体系；③ 探索延期薪酬制度；④ 弹性福利制度（自助餐式）；⑤ 高层次人才队伍实施“长聘制”；最后，应关注解决我国高校薪酬制度的公平性问题。具体措施建议包括：① 制定不同学科评价体系和标准；② 加强转移支付力度；③ 调整科研管理政策，支持保障基础学科发展；④ 探索动态劳务提成和税负制度；⑤ 建立科学的考核评估体系。

一、研究背景

2013 年 11 月，党的十八届三中全会对深化收入分配制度改革、高等教育的综合改革提出了明确要求。2014 年 12 月初，随着《北京大学综合改革方案》正式获得国家教育体制改革领导小组办公室批准，备受关注的北京大学、清华大学以及上海市“两校一市”综合改革试验正式启动。至此，我国高等教育进入内涵式发展的关键阶段。全国各大高校深入开展学习贯彻党的十八大、十八届三中、四中全会精神和习近平总书记重要讲话精神，全面落实党的教育方针和国家中长期教育改革和发展规划纲要，全面推进综合改革。而长期困扰高校发展的体制机制性障碍，特别是在人事薪酬制度的瓶颈因素逐步凸显。

高校是人力资源密集型组织，高校教师是实现大学战略发展目标的重要主体。合理的薪酬制度对稳定高校教师队伍、吸引高素质人才，为学校的发展提供持续不断的动力。薪酬体系的改革与完善，是有效推动高等教育改革的关键环节，是推进高水平特色大学建设的重要支撑。一方面，高校综合改革的核心在于激发人才的内驱力，高校的薪酬分配直接影响了教师的工作投入程度和绩效水平，最终影响其竞争力。另一方面，高校薪酬体制改革已经成为高校管理实践改革的难点和社会关注的热点之一。

本课题由东南大学对课题进行总体设计与协调，在清华大学、同济大学、厦门大学、东北大学、西安交通大学、华南理工大学、四川大学、中国科技大学、华中科技大学（排名不分先后）的共同参与和支持下完成。本课题的研究报告主要包括五个主要内容：第一，综合改革对高校人才战略的影响；第二，高校薪酬制度存在的主要矛盾；第三，美国高校薪酬制度研究和分析；第四，对我国高校薪酬制度建设的启示；第五，我国高校薪酬制度的改革方向。

二、研究的总体思路与原则

自国家对综合改革提出明确要求以来，国家和地方政府出台了一系列意见和措施为高等学校综合改革指明了方向。“两校一市”的综合改革方案也为其他高等学校在综改背景下，探索“改什么”以及“怎么改”，“改了以后如何”提供了有益的探索。高校的主体是“人才”。人才战略在高校总体长期战略中具有核心的地位。人才战略的设计思路和着力点为学校既定目标顺利达成具有重要的意义。本课题认为，紧抓主要矛盾，着力解决实现规划目标中的难点和薄弱环节，是深化综合改革的必然选择。综合改革对高校人才战略提出了一些新的要求，具体如下：

（一）从问题分析入手，紧抓薪酬制度的主要矛盾，破除薪酬制度的体制机制障碍

战略思维告诉我们，大局中有重点。把握重点，解决重点，是抓好大局的关键。高校综合改革的重点是什么，事实上，深入分析管理体制、薪酬分配、学术评价、资源分配等方面存在的问题，归结到尚未“以人为本”。对于瞄准世界一流、中国特色而奋斗的大学来说，中国特色首先体现在全校师生员工满意、校友、家长满意，而只有一个高满意度的

高校教师群体才能带来高质量的教学、科研成果，才能让学生满意，校友满意等。人事制度中的薪酬制度又是重中之重。薪酬制度不仅体现了高校对教师当前工作成果的评价，而且也反映了高校对教师价值体现的长期期望。薪酬制度与人事制度中其他制度，如岗位聘任制度、绩效评价制度等是密不可分的。薪酬制度也包括很多方面的内容，如薪酬水平、薪酬结构、收入分配机制等多个方面。本课题认为在高校薪酬制度改革的过程中，必须把握主要矛盾。因此，本课题通过对全国 32 家高校的人事工作者进行调研，从而确定我国高校薪酬制度的主要矛盾。

当前的综合改革已经进入到了“深水区”。薪酬制度改革又是与“人”的利益密切相关的。深化综合改革首先要坚决破除制约学校各项事业科学发展的体制机制障碍，并以法规、制度的形式将改革成果、将好的做法保存下来，做到“破解难题”与“制度建设”相结合，建立学校发展的长效机制。但是在推进高校综合改革的过程中，尤其要注意防止过快、过慢，以及冷热病。特别对于薪酬分配等极为敏感的深层次改革，由于涉及广大教职工的切身利益，绝不可超越我国高校的历史发展阶段，脱离学校实际去随心所欲。必须依照预定的谋划和设计，循序渐进，有组织、有计划、有步骤地推进。否则，就有可能使高校综合改革走上歧途。但另一方面，在现实迫切需要改革、改革时机已经成熟的条件下，若犹豫不决、当断不断、错失机会、违背民意，也会付出沉重代价。

（二）重视人事制度的顶层设计

顶层设计为人事制度的改革提供了方向。只有进行自上而下的顶层设计，综合改革才能获得最佳整体成效，在综合改革的背景下，各个高校都在向“内涵式”和“特色化”的方向发展，建立适合的人才发展战略。人才战略的实施需要依靠各项大学管理制度的系统实施。如，北京大学的综合改革方案提出，为了实现建立世界一流、中国特色、北大特点的现代大学制度，推进学校治理结构和治理能力现代化的总目标，需要深化师资人事制度改革，打造具有国际竞争力的人才队伍。具体的人事制度改革方向包括实施教学科研职位分系列管理和聘任制度；完善收入分配制度，优化结构、确保增长；实施全员合同聘任制，完善合同聘任和管理体系；建立教师联合聘任及考核激励机制；健全高端人才发现、吸引、培养、使用的机制；改革博士后制度。清华大学围绕建立完善中国特色的现代大学制度和治理体系，探索在高等教育大众化阶段创建世界一流大学的发展模式的总体改革目标，指出深化人事制度改革，是学校推进综合改革、健全中国特色现代大学制度和治理体系的关键点和突破口，是持续快速提高老师学校水平和教学能力、建设世界一流教师队伍的根本保证。具体的人事制度改革主要包括建立教师队伍分系列管理制度（教研、教学、研究系列）；实施教师岗位准聘、长聘制度（教研：准聘、长聘）；深化收入分配制度改革（以岗位绩效工资为主体，年薪制、协议工资、项目工资等并存）；研究制定改革过渡期政策；改革和完善人才队伍建设机制（探索与学科特点相适应的人才队伍建设模式；加大海外、高层次人才引进力度）；推进职工队伍人事制度改革（全员分类管理制度；完善流动和优化机制）。东南大学围绕全面建设国际知名高水平研究型大学，和力争跻身世界一流大学行列的中长期目标，在人事制度的改革加大人才引进力度；构筑新型教师培养模式；执行“弹性聘期”制度，试点推行学术休假；积极推进定岗定编，实施岗位分类管理；统筹规划薪酬体系，深化考核激励和分配制度改革；改革职称评聘工作，下放部分职称评审权。人事制度的顶层设计是综合改革背景下人才战略实施的重要基石。

（三）重视成功有效的国际经验，提升制度设计的前沿性、创新性

高校的发展既有由本国国情决定的特殊目标、路径和规律，也有其普遍适用的基本规律。在管理与制度构建上国际先进经验对我国高校的有关制度建设具有有价值的借鉴意义。重视这些经验和做法，对于建设国际一流大学具有不可替代的意义。

三、我国高校薪酬制度存在的主要矛盾分析

为了对高校薪酬制度的现状及改革方向进行深入的了解，本课题组对全国部分“211”、“985”高校进行抽样调研，2015年6月课题组向华南、华东、华中、华北等地高校的人事部门的工作人员发放问卷。截至8月份共回收32所高校213份问卷。表1为调研样本的基本情况。从表1可以看出，被调研样本男女比例基本均衡，平均年龄为36.74岁，教育程度硕士以上的占75.2%，工作年限平均为87.50个月（7年以上）。本课题在客观地描述目前我国高校薪酬制度现状的基础上，借鉴美国薪酬制度的经验，对存在的问题进行剖析，从而为综合改革背景下高校薪酬改革提供未来思路和建议。

表1　调研样本的基本情况

基本情况	类别	频数	有效百分比（%）
性别	男	96	45.1
	女	117	54.9
年龄	36.74岁		
教育程度	大专及以下	5	2.3
	本科	45	22.3
	硕士	132	65.3
	博士	20	9.9
	缺失值	11	
工作年限	87.50个月		

通过调查发现，高校薪酬制度的主要矛盾体现在薪酬的保障性、公平性、激励性三个维度上（见图1）。在薪酬保障性的维度上：有91名人事工作者认为高校员工经费偏低，总体经费保障不到位；在公平性角度来看：213名人事工作者有126名认为教学科研人员与管理、工勤人员的薪酬差距过大；有114名人员认为不同学科的薪酬差距过大；有106位认为本土高层次人才与海外引进高层次人才薪酬差距过大；在薪酬激励性的维度上：102名人事工作者认为校内岗位津贴不能发挥激励功能；有102名认为激励方式单一，以货币薪酬为主，非货币性薪酬较少；有87名人事工作者认为年终绩效平均化倾向严重。同时，调研还发现，不同编制的人员基本实现了同工同酬，薪酬差距不大。另外，退休人员与在职人员的薪酬差距也并不是一个主要矛盾。下面具体对薪酬的保障性、激励性与公平性三个方面进行阐述。

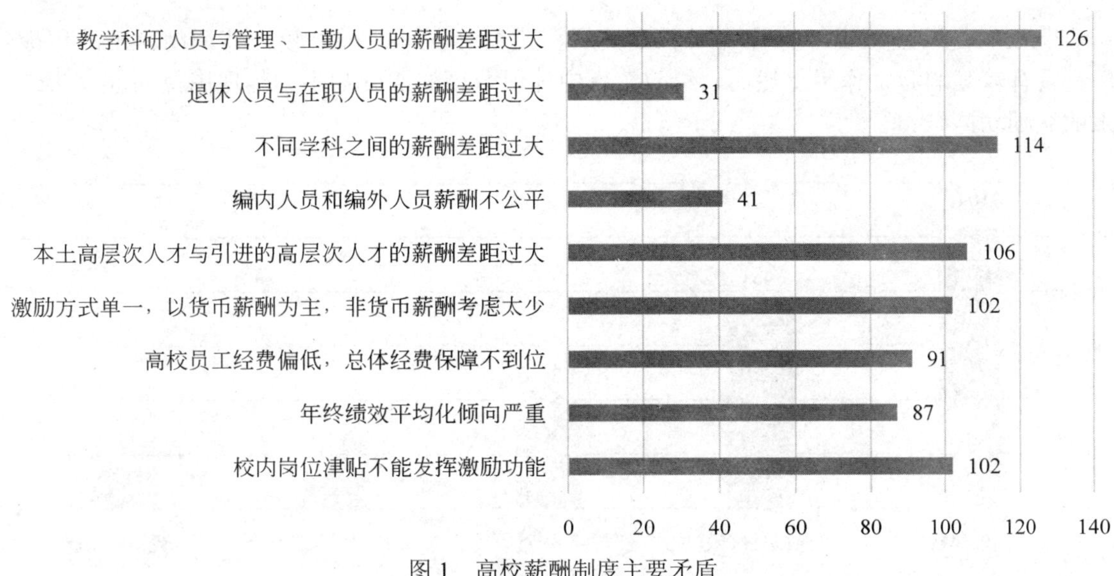

图 1　高校薪酬制度主要矛盾

（一）高校薪酬水平与其承担的社会职责与历史使命不相称

高校教师是从事复杂的脑力劳动者，其人力资本的发挥需要充分发挥自身的主动性和积极性。一个良好的“员工—组织关系”应当是学校期望职工能够做出较高的贡献，同时学校也给予具有竞争力的报酬。建设高水平的大学要求员工做出更高的绩效，然而薪酬水平无论是与国内知识密集型行业的平均水平，还是与国际上其他高校相比，均缺乏竞争性。就我国高校工资水平的现状而言，从纵向看，自 1956 年实施第一次工资改革以来，高校教师工资水平保持稳定增长的态势，但从横向看，高校教师平均工资水平在国民经济各行业中处于相对偏低的水平。2014 年，“高等学校教师薪酬调查”课题组披露调查结果：2013 年，高校教师年工资收入 10 万元以下的占 47.7%，10 万至 15 万元占 38.2%，15 万至 20 万元的占 10.7%，20 万元以上占 3.4%。按职务分析，正高级教师的年平均收入 14.36 万元，副高级为 10.33 万元，中级为 8.3 万元，初级为 7.44 万元。我们课题组的调研也发现，166 份调研样本中，有 108 个样本反映高校教师薪酬过低。因此，在高校中只有少数高级别的职工薪酬可以过体面的生活，而这部分人的薪酬和低级别或者青年教师的薪酬差距过大。教育是国家根本，不能仅仅是部分教师的薪酬收入应该处于中高收入人群。在人才竞争愈加激烈的今天，高校教师的薪酬水平相对偏低的现状将不利于吸收并留住优秀人才，不利于保持高校系统的稳定性和先进性。

（二）高校薪酬结构中奖励性绩效的激励作用不强

绩效工资主要体现工作人员的业绩和贡献，是工资中浮动的部分。绩效工资主要包括校内岗位性津贴、业绩奖励性津贴、额外性工作津贴、福利性津贴等内容。根据调研的结果显示（见图 2），213 份问卷中，除了 10 个缺失值以外，有 104 人反映岗位津贴对高校教师最具有激励性，75 人反映奖励性绩效最具有激励性，41 人反映薪酬中奖金的激励性最强；41 人反映薪酬中奖金的激励性最强；14 人反映科研成果奖励最具有激励性，也有 15 人明确表示目前的薪酬制度中没有体现激励功能的部分。由此可见，与绩效工资改革的初衷一致的是绩效工资部分体现对职工贡献和业绩的认可，可以较好地调动职工的积极性，具有较强的激励作用，然而，绩效工资中体现业绩的部分却不如体现岗位的部分所带来的激励功能强。

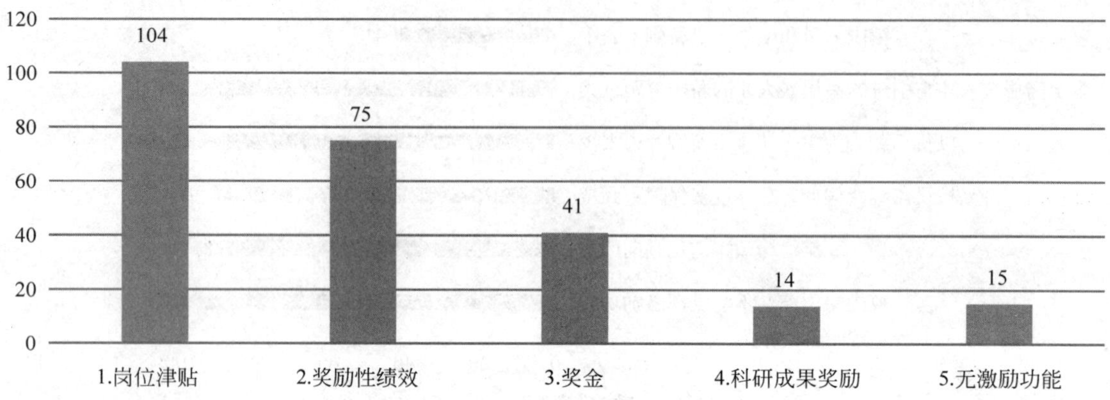

图 2　薪酬结构中最具有激励功能的部分

（三）高校内部管理体系的协调性存在漏洞，抑制了高校薪酬公平性水平

内在公平性是薪酬制度设置的主要原则之一。根据课题组的调研发现，薪酬制度内在公平性的不足主要体现在以下三个方面：

第一，学科之间收入差距过大。我国绝大部分高校不同学科之间在招生规模、科研成果、教学工作量等方面均存在着较大的差异，而高校的收入分配制度，因没有考虑学科之间的差异，学科之间的收入差距比较大，特别是业绩津贴方面，一些基础学科如地理、历史等学科的人均年终业绩奖金都在全校的中下水平。因此，高校应从长远角度考虑，保障一些非优势的基础学科的发展，调动非优势学科教职工的积极性。

第二，本土高层次人才和引进高层次人才的薪酬差距过大。无论是外聘来的还是自己学校培养出来的，今年来的还是往年来的，薪酬制度仍然应该依据统一的绩效考核标准，根据工作能力、工作绩效进行评价。

第三，教学、科研人员与管理、工勤人员的薪酬差距过大。随着科学技术对国家发展推动作用的日益彰显，中国高校，尤其是研究型大学三大基本职能中的科学研究、社会服务职能日益增强，其部分教师的科研创收的量越趋加大，这部分教师的额外收入也就越来越多，即，科研劳务收入在这部分教师收入中所占的比例越来越大，导致这类高校中教师之间收入的差距越来越明显，同时也会加大科研型教师与管理、工勤人员的薪酬差距。

四、国际借鉴：美国高校的人事薪酬制度

本课题组不仅通过调研人事工作者分析了高校薪酬制度的现状，而且对美国高校薪酬的现状进行分析，研究借鉴国外高校薪酬制度及其在引进、稳定和集聚人才上的理念和经验，从国际视角探讨我国高校薪酬制度改革的思路。

（一）高校聘任制度背景简述

1. 美国高校的聘任制度

美国高校中一般分为三个等级：教授（professor）、副教授（associate professor）、助理教授（assistant professor），除此外还有讲师（lecturer）、兼职教师（part-time）。担任助理教授五年左右，经过严格的评审后才能升为副教授，并获得终身聘任；再通过努力，最终成为正教授。教师晋升的主要评审依据是学术成就、教学任务和公共服务。

2. 美国高校薪酬制度的特点

美国高校主要是实行年薪制的薪酬制度，一方面不同职位设置不同级别的薪酬，不同级别之间的工资差别明显；另一方面高校之间存在人才竞争，导致薪酬制度也因人而异。在美国，教授薪酬最主要的决定因素是教师在顶尖杂志发表的文章数量。学术成就、教学任务、引用次数、发表文章以及所出版的书籍，只有在该教师有出众成果的时候，才对其薪酬的分配产生影响。

（二）高校教师平均薪酬情况

2013 年卡耐基对全美所有高校的教师薪酬进行了调研，并分别给出了所有大学和研究型大学各梯队教师的平均年薪水平（卡耐基分类中的研究型大学是指有博士学位授予权的、进行较高研究性活动的大学）。

从图 3 中可以看出，美国高校中教授的平均年薪高于副教授高于助理教授，但是新进助理教授的年薪却比助理教授高，其主要原因是美国高校引进人才制度。一般为了吸引更多更好的优秀教师，新进助理教授的待遇一般都会高于往年聘任的助理教授，而且薪水一般也会依据新进教师在世界顶尖杂志发表文章的数量而做出相应的增加。

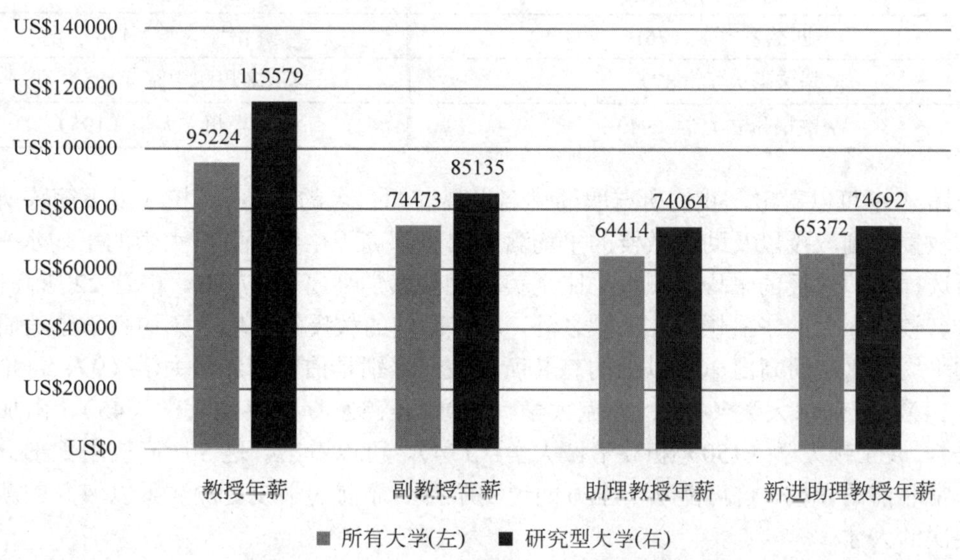

图 3　美国高校教师薪酬平均水平情况

由表2我们可以得知，从美国所有大学的教师平均薪酬水平来看，从教授到新进助理教授各梯度之间的差距呈缩小的趋势，教授的平均年薪显著高于副教授的平均年薪，这一点在研究型大学中尤其明显。

表2　美国高校教师薪酬级差情况　　美元

级差类别	所有大学		研究型大学	
	绝对值	百分比（%）	绝对值	百分比（%）
教授与副教授级差	20751	21.79	30444	26.34
副教授与助理教授级差	10059	13.51	11071	13.00
助理教授与新进助理教授级差	958	1.47	628	0.84

此次调研中选取了22所世界排名前两百位的美国高校（参考泰晤士高等教育世界大学排行）作为分析样本（见表3），对这22所高校不同梯度教师的薪酬平均水平进行分析，并将结果与卡耐基调研中全美高校及研究型高校的薪酬水平进行比较分析。

表3　本研究主要选取的22所大学

伯克利加州大学（9）	罗彻斯特大学（102）
哥伦比亚大学（14）	弗吉尼亚大学（118）
康奈尔大学（18）	佛罗里达大学（123）
杜克大学（23）	犹他大学（134）
伊利诺伊州立大学（香槟）（33）	亚利桑那大学（148）
圣路易斯华盛顿大学（45）	波士顿大学（150）
南加州大学（56）	德拉华大学（165）
宾州州立大学（61）	华盛顿大学（168）
匹兹堡大学（76）	乔治城大学（174）
塔夫斯大学（87）	威廉玛丽学院（185）
密歇根州立大学（94）	爱荷华州立大学（195）

从图4中可以看出，我们所选取的排名世界前两百名的22所高校（以下简称所选样本）的教授、副教授以及助理教授的平均薪酬水平都高于全美研究型大学的平均水平。

所选样本的教授的平均薪酬水平比全美研究型大学高出了17.3%。在这22所高校中，除了排名较为靠后的华盛顿州立大学之外，所有高校的教授的平均薪酬均高于全美研究型大学的平均水平。而高出20%以上的有8所高校，分别是伯克利加州大学（9）、哥伦比亚大学（14）、康奈尔大学（18）、杜克大学（23）、圣路易斯华盛顿大学（45）、南加州大学（56）、波士顿大学（150）和乔治城大学（174）。可以看出，这8所高校中大部分都是排名非常靠前的学校。这可能从一个方面说明了排名靠前的学校更加注重以较高的薪酬吸引高层次的人才。

在副教授的薪酬待遇上，我们所选取样本高出全美研究型大学9.75%，22所高校中排名前11名（世界排名前100）的学校均高于全美研究型大学。

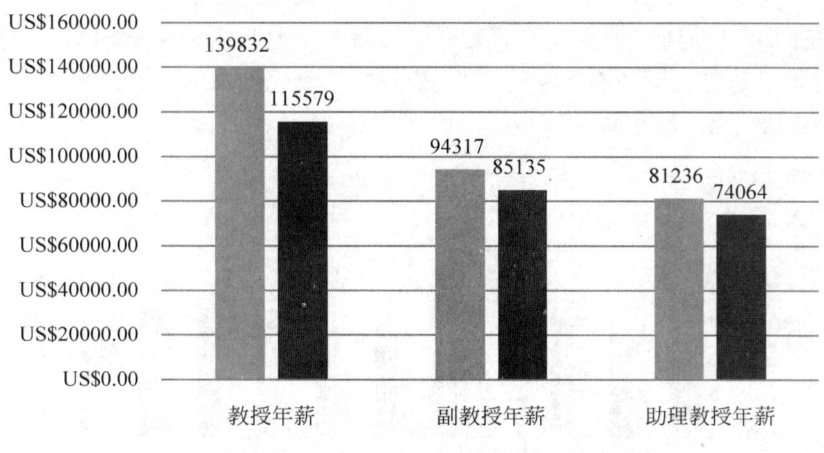

图 4 选取的 22 所大学与全美研究型大学教师薪酬的平均水平情况

在助理教授的薪酬待遇上，我们所选取样本高出全美研究型大学 8.83%，22 所高校中排名前 7 的学校均高于全美研究型大学。

（三）高校各学科教师平均薪酬情况

2013 年卡耐基对全美所有大学以及研究型大学各学科教师的平均薪酬也进行了调研。我们将卡耐基调研数据中的 30 个学科按大理科和大文科进行简单分类。

从图 5 我们可以看到，在所有大学大理科类里面教授年薪水平显著高于副教授，平均年薪为 96741 美元。年薪在 10 万美元以上的学科有建筑学（超过平均值 6%）、计算机与信息科学（超过平均值 10%）、工程学（超过平均值 24%）、医疗保健（超过平均值 4%）。副教授年薪在 8 万美元以上的有计算机与信息科学、工程学，同时工程学的助理教授也超过了 8 万美元。

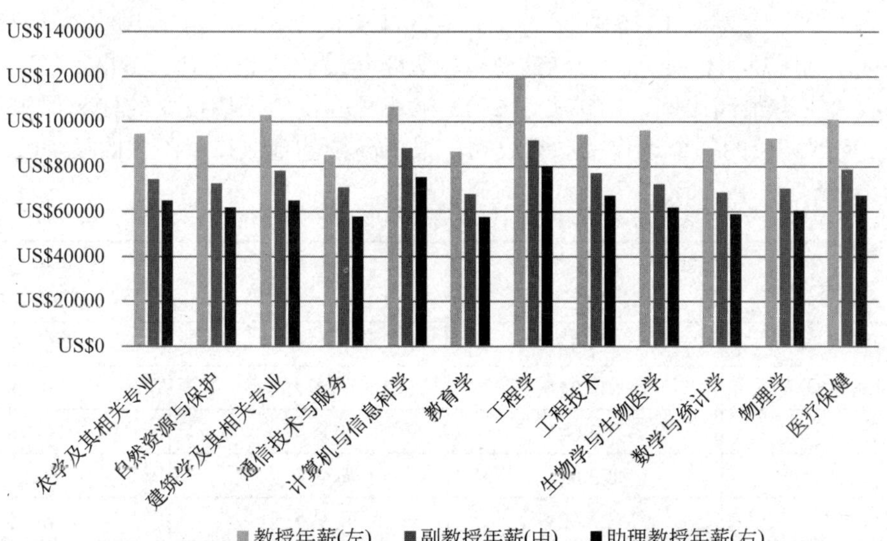

图 5 美国所有大学各学科（大理科类）教师平均薪酬情况

从图 6 我们可以看到，研究型大学大理科类薪酬情况与所有大学相同，教授平均年薪为 113789 美元，超过美国所有大学平均年薪 18%。研究型大学中计算机与信息科学教授年薪超过美国所有大学平均年薪 15%，工程学超过 14%。

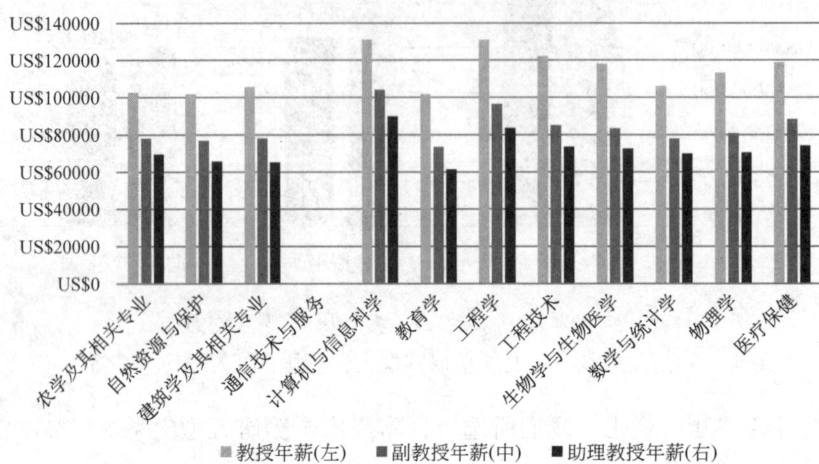

图 6　美国研究型大学各学科（大理科类）教师平均薪酬情况

（四）高校经费收支及其与我国有关情况的比较

1. 高校年度总收入情况及其比较

我国目前高校经费投入以政府拨款（国家财政性教育经费）为主，辅之以社会团体和个人办学、社会捐资和集资、学杂费以及其他教育经费等多渠道经费筹措。美国公立高校经费来源以国家投入为主，包括联邦政府、州政府和地方政府；私立高校的政府财政拨款较少，主要是捐赠、学费和投资收益等。2014 年度我国高校年度收入超过 100 亿人民币的只有清华大学和浙江大学两所高校（123.57 亿、109.08 亿），年度支出超过 100 亿人民币的只有清华大学一所高校（115.97 亿）；而 2013 年美国斯坦福大学年度收入达 73.58 亿美元，年度支出达 67.94 亿美元；公立的密歇根大学年度收入也达到了 69.84 亿美元。美国高校捐赠收入占有很高比例，哈佛大学 2015 年 6 月就收到该校校友约翰·保尔森捐赠的 4 亿美元。美国高校的基金运作也非常成功，很多高校基金取得了不错的投资收益。

表 4　国内外 12 所高校年度总收入比较

国外大学	2012—2013 年总收入（亿美元）	国内大学	2014 年总收入（亿元人民币）
斯坦福大学	73.58	清华大学	123.57
密歇根大学	69.84	浙江大学	109.08
哈佛大学	53.04	北京大学	85.76
伯克利加州大学	23.03	上海交通大学	80.66
剑桥大学	23.62	复旦大学	45.75
爱丁堡大学	12.13	武汉大学	51.11

数据来源：美国高校数据来源于各大学网站；中国高校数据来源于《教育部直属高校 2014 年预算》。

美国联邦政府对公立高校和私立高校的科研给予了较大的投入，一些历史悠久、科研实力极强的一流私立大学也能够争取到很多的联邦资助，他们的科研经费收入在学校总收入中占有很高的比例。美中高校科研经费情况比较如表5所示。排名第一的约翰·霍普金斯大学2013年的总研发支出达到21.69亿美元。我国2013年高校科研经费超过30亿元人民币的只有清华大学、浙江大学和上海交通大学3所大学。

表5　美中高校2013年科研经费情况比较

排名	美国	总研发支出（亿美元）	中国	科研经费（亿元人民币）
1	约翰·霍普金斯大学	21.69	清华大学	39.31
2	密歇根大学（安娜堡）	13.75	浙江大学	36.07
3	华盛顿大学（西雅图）	11.93	上海交通大学	31.09
4	威斯康星大学（麦迪逊）	11.24	北京大学	27.73
5	加利福尼亚大学（圣迭戈）	10.76	复旦大学	25.51
6	加利福尼亚大学（三藩）	10.43	北京航空航天大学	22.19
7	哈佛大学	10.13	华中科技大学	22.19
8	杜克大学	9.93	哈尔滨工业大学	21.45
9	北卡罗来纳大学（教堂山）	9.73	西北工业大学	19.89
10	加利福尼亚大学（洛杉矶）	9.67	四川大学	19.98

数据来源：美国高校数据来源于《美国科学基金会》（NSF）；中国高校数据来源于《2013年度部属本科高校科技经费排名》。

2. 高校人员经费投入占比比较

从支出结构看，国外高校人员经费在高校总支出中所占比例较高，表6所示美、英、中高校2013—2014财年工资福利支出占学校总支出比例平均为56.11%。我国厦门大学、东北大学、山东大学、四川大学2014年工资福利支出占总支出的平均比例在26.55%。

表6　美、英、中高校工资福利支出占总支出比例

大学名称	2013—2014财年工资福利支出占学校总支出比例（%）	中国大学	2014年工资福利支出占总支出比例（%）
哈佛大学	49.26	厦门大学	23
斯坦福大学	61.97	东北大学	21.5
密歇根大学	65.05	山东大学	29.30
剑桥大学	43.00	四川大学	32.38
爱丁堡大学	54.90		

数据来源：美国高校数据来源于AAUP统计美国大学全职教师收入。

3. 高校教师薪酬收入比较

正因为高校投入不足，中国高校教师收入与美国相比，差距较大，缺乏国际竞争力。美国高校教师 2013—2014 年收入和中国 2012 年 82 所高校教师平均收入比较如表 7 所示。

表 7　美国高校教师收入（2013—2014 年，美元/年）和中国 2012 年 82 所高校教师平均收入对比

职称 大学名称	教授	副教授	助理副教授	专职讲师
斯坦福大学	215200	140200	117500	—
哈佛大学	207100	123800	114500	59200
普林斯顿大学	206200	129600	101700	77700
芝加哥大学	210700	118900	105600	62900
麻省理工学院	185900	127200	111100	59300
加利福尼亚理工学院	182100	—	116200	50600
伯克利加州大学	165400	110200	99200	48200
平均薪资（招收博士的高校）	138472	90447	78797	52337
中国 2012 年 82 所高校（人民币）	高层次人才 400000 二级教授 285000	教授 200624	副教授 136913	106222

数据来源：美国高校数据来源于各大学网站；中国高校数据来源于教育部薪酬分会对中国 82 所高校做的调查。

从图 7 我们可以看到在所有大学大文科类中，教授平均年薪为 91985 美元。法学教授年薪水平远超过其他学科，达到了 14 万美元，超过平均年薪 54%，商业管理、市场营销教授年薪水平也达到了 12 万美元，超过平均年薪 29%。

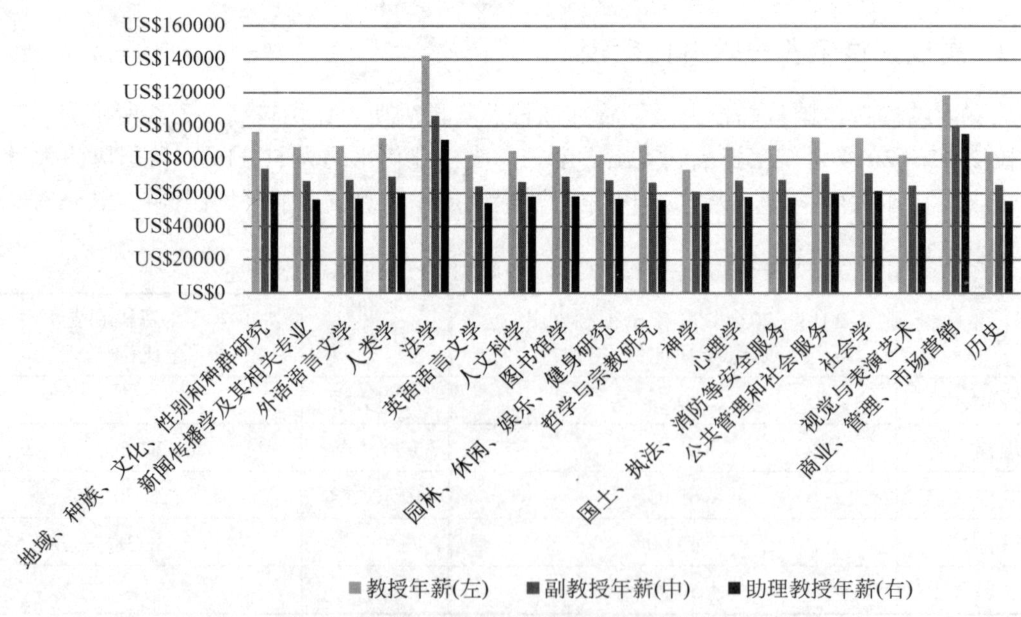

图 7　美国所有大学各学科（大文科类）教师平均薪酬情况

从图 8 我们可以看到，在研究型大学大文科类里面情况与所有大学不尽相同，教授平

均年薪为 109145 美元。法学与商业管理、市场营销学科教授的年薪远超过教授年薪平均水平，分别为 46%和 40%，并且各学科教授年薪均显著高于副教授、助理教授。

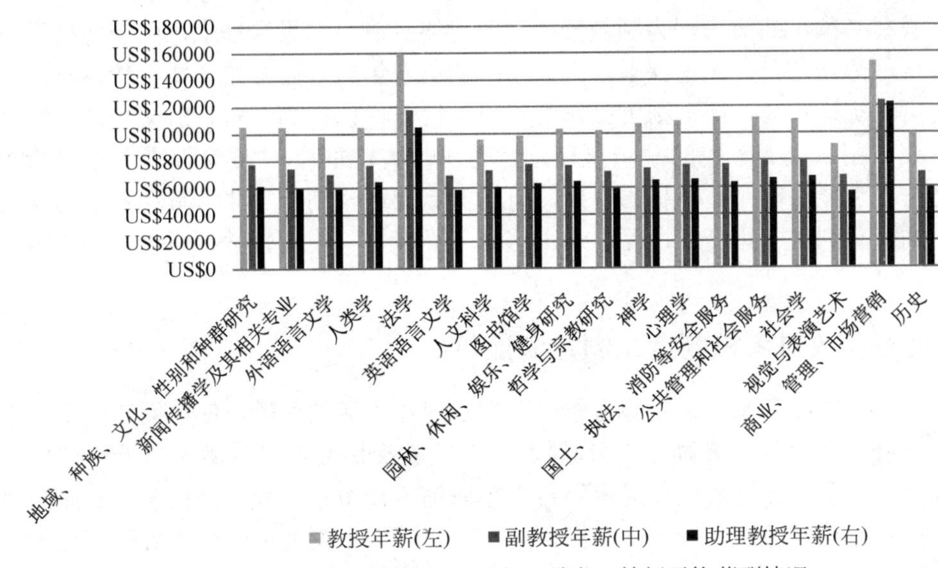

图 8　美国研究型大学各学科（大文科类）教师平均薪酬情况

综上可知，在美国高校尤其是研究型高校中，更加注重高水平人才的引进和留任，重点体现在教授薪酬水平显著高于副教授上（极差 36%）。计算机与信息科学、工程学、法学与商业管理市场营销等几门学科的教授年薪远超过其他大学的平均值，这从一个方面说明了美国高校间在上述学科的人才竞争更加激烈。

（五）国际经验对我国高校薪酬制度改进的启示

综上所述，美国高校教育体制和薪酬制度具有鲜明的市场竞争特色，许多地方值得我国在设计劳务薪酬及聘任制度上进行借鉴。

1. 高校教师的收入水平和社会地位

在国外，高校教师属于中上收入群体，无论收入水平和社会地位，均属于中上阶级，一般助理教授年薪都在六七万美元以上，加上房补福利，基本可以独立承担购买一套学校周边房产（6 万美元左右）。而在我国，高校教师的收入一般，特别是刚毕业的助理教授，收入水平仅能“养家糊口”。

2. 薪酬制度

美国引进适应市场竞争环境的激励性年薪制，薪酬因成果、学科而异。成果以在顶尖杂志发表的文章数量为主，辅之以学术成就、教学任务、引用次数、发表文章以及所出版的书籍，来指导其薪酬分配和人才引进和聘用。我国高校的薪酬激励机制仍待完善，学科薪酬水平区分度不大。应制定更加合理的薪酬激励机制，通过绩效津贴等办法，奖优罚劣。同时应制定相对合理的学科薪酬区分办法，使优秀的人才得到相对高的报酬，让其安心在高校从事学术研究。

3. 聘任制度

“非升即走”是在美国高校中残酷的竞争制度。一般助理教授考核期为五年左右，此期间助理教授必须不断努力评为副教授，并获得终身制。如果未评上，则需要换学校。美国高校多数教师做法是：无论评上与否，考核期第五年的时候开始寻找工作，以备评不上副教授时可以更换工作，评上则可以作为筹码与校方商议提高工资，前文结果表明助理教授到副教授、副教授到教授的薪酬都有显著提升。从表面看，“非升即走”不仅给予助理教授压力，也可能出现人心不稳的现象，但是实际上这一制度是非常有利高校间优秀师资资源流通的，有利于学缘交汇，促进学术交流，平衡各院校间教学科研水平，值得我国高校借鉴。

4. 规范和改进考核制度，制定淘汰机制

美国实行教授终身制，这能够为教授提供心理和生活的保障，使他们专注于学术研究和教学中。同时为了继续激励“终身教授”，全美教授协会对终身教授每五年评估一次，对评估成绩差甚至不合格的教授提出警告直至取消教授资格。我国高校教授、副教授、助理教授和讲师，聘期考核合格即可续签合同，符合国家相关规定以后即可签订无固定期限合同。但在实际执行中，如果考核不合格，也会由于种种原因而影响高校对该教师的转聘、试聘或者辞退，此时高校在用人问题上较为被动。建议应当在法律允许的范围内，设置严厉的淘汰制度，摒弃旧的人事分配制度，规范和改进考核制度，制定和完善淘汰机制。

五、综合改革背景下我国高校薪酬制度改革的对策建议

（一）显著提高我国高校薪酬制度的保障功能

资金投入是高校发展的基础和保障，是增强高校国际竞争力的必要条件。高校教师薪酬受经济发展水平和高校经费投入的影响。和国外高水平大学相比，我国高校经费投入不足且人员经费占总支出比例较少，导致我国高校教师薪酬水平在全球市场缺乏竞争力，在吸引和凝聚国内外优秀人才方面处于不利地位。在人员经费投入上一方面健全以政府投入为主、多渠道筹集高校经费体制，大幅度增加高校投入。另一方面加强高校人力资本投资，加大人员经费支出占总支出的比重，提高高校教师工资水平。另外，需要正确对待科研劳动中的活劳动消耗和补偿问题，研究科研经费使用政策，提高高校科研经费支出中活劳动所占比例。

（二）优化改进我国高校薪酬制度的激励导向

1. 建立完善岗位分类管理制度

岗位的分类是高校薪酬制度的基础，传统的岗位分类包括教学（科研）岗位、教学辅助岗位、党政管理岗位、工勤技能岗位等。传统的岗位分类制度已经暴露出了一些问题，影响绩效考评的公平性与激励性。未来还需要对岗位精细化分类管理。比如，有一些学校把教师岗位分为“教学科研并重岗”“研究为主岗”“教学为主岗”“社会服务与技术推

广岗”和“团队科研/教学岗”。对不同岗位的教师提出不同的岗位职责要求，实行不同的考核评价方式。而这均依赖于科学的工作分析过程。工作分析是指运用科学方法收集与工作有关的信息的过程，主要包括该项工作应该承担的职责以及承担该项工作需要的任职资格等方面的信息。

2. 实施绩效工资改革

以绩效为导向的薪酬制度注重依据教师的工作绩效确定薪酬水平，通过薪酬与业绩挂钩，影响教师的工作态度与行为，引导教师产生高绩效。绩效工资中主要组成部分岗位津贴和业绩奖励性津贴应当具有较强的激励功能，然而，目前绩效工资的激励功能仍然不够明显。未来的薪酬结构中的绩效工资应当在以下两方面着重改革。第一，岗位聘任是高校绩效工资分配的基础，高校在实施绩效工资时，首先应结合收入分配制度改革方案合理设置岗位，实行岗位聘任制度，以岗定薪，岗变薪变。岗位职责的确定需要经过科学的工作分析；第二，在岗位聘任制度的基础上，还需要制定科学合理的岗位考核评价制度。岗位考核评价制度也应当对不同岗位系列采取不同的考核指标和权重，建立基于岗位聘任和岗位分类为基础的考核评价制度。

3. 探索延期薪酬制度

延期分配理论是由美国著名的劳动经济学家爱德华·拉齐尔提出，即雇员将早期应得的收入拿出来交给雇主抵押，以换取晚期更高的报酬。如果雇员因过失被解雇或者主动离职，这些报酬将不予支付。高校薪酬中应当包括当期分配和延期分配，当期分配也就是年内支付的工资、奖金，目的是补偿已经付出的劳动。延期支付则通过社会保险计划、职工福利计划和股权期权计划进行支付，其目的在于补偿风险损失和建立长期激励机制。高校教职工往往被绩效考核指标中的短期目标影响，而追求短期效益倾向于选择短期化的量化工作，而对于需要长期时间精力积累和短期不见绩效的工作明显缺乏动力。

4. 弹性福利制度（自助餐式）

在知识经济时代，柔性化管理代表未来组织的潮流和走向，弹性化福利是针对刚性管理提出来的，以人性化为特征，以人为中心的全新管理模式。柔性化员工福利是在尊重不同员工的需求差异的基础上提出来的。弹性福利制度也被称为自助式福利，正像自助餐一样，可以让员工自由挑选喜欢的物品，由于自主选择的福利能够最佳与内在的潜在需求匹配，因此，激励效果也会最佳。比如针对年轻老师，可以提供除住房补贴外，还可以提供多样化的福利形式，如学习交流、出国培训、学术年假等，提升学习和分享知识的能力，强化业务能力。

5. 高层次人才队伍实施“长聘制”

目前国内部分高校已开始对美国高校教师的“长聘制度”师资队伍建设模式进行了探索与实践。所谓长聘制就是要求预聘教师在经历五六年的考核期后才能成为长聘教师。预聘阶段压力很大，这是在学术潜力最佳年龄段给予较大压力，促使青年教师发挥其最大潜能。经过预聘考核留下来的长聘教师的学术水准和研究能力应该是比较优秀的，其以后从事学术研究也具有较为宽松的环境，有利于开展周期较长、创造性较强的工作。

据调研，目前国内高校所实施的“长聘制”，大致可分为以下 3 类：第一类是以清华大学为代表的激进派，完全实施“长聘制”，原有体系除无固定期限教授通过退休逐渐消化之外，其他人员必须全部纳入新体系或者选择解聘；第二类是以上海交通大学、浙江大学、北京航空航天大学、同济大学为代表的渐进派，实施“长聘制”的同时保留原有体系，通过岗位和薪酬的优化，实现两种体系的并轨；第三类则是以四川大学为代表的改良派，不实施“长聘制”，取而代之的是通过改良现有的岗位设置（13 级岗）及薪酬体系，达到与国际接轨的岗位及薪酬标准，但四川大学对于助理教授也实行了 3～6 年的预聘制。

浙江大学自 2014 年起实施“百人计划”，对具有“青千”水平的优秀青年人才试行教师预聘制。列入计划的教师被聘为研究员（年薪 30 万元）并具有博士生招生资格。根据应聘教师的资历、学术水平、学术潜力，分不同岗位聘任，首聘期为 3 年或 6 年，实行年薪制，其职业发展通道为长聘副教授、长聘教授（年薪 40 万元）。而针对院士、国家千人等国际一流人才，则设置讲席教授岗位（年薪 50 万～80 万元）。此外，对于现有人员中长江、杰青，则可直接进入长聘教授系列。在保留现有的助理教授、副教授（岗贴 13 万元）、教授（岗贴 17 万元）体系的同时，也鼓励这些人员可以申请进入长聘体系。（浙江大学长聘体系见表 8）。

上海交通大学自 2007 年起设计、构建学校自身的人才聘用体系，并逐渐向长聘体系过渡。其人才体系结构如表 9 所示。另外，值得一提的是，相较于其他高校而言，交大的二级院系有较大的自主权，在学校发放年薪的基础上，各学院可以根据岗位及业绩核定年薪的增量（表格中未包括学院提供的年薪部分）。

表 8　浙江大学长聘体系

岗位类型	岗位名称	入选标准	学校年薪	聘任职务	备注
长聘	讲席教授	院士、国家千人等国际一流人才	50 万～80 万元/年	教授	
	长聘正教授	长江、杰青	约 40 万元/年	教授	
	长聘副教授			副教授	
预聘	“百人计划”（具体分不同岗位）	具有国际高水平大学助理教授或副教授相当水平的优秀青年人才（含青年千人）	30 万元/年	研究员	3～6 年非升即走

表 9　上海交通大学长聘体系

岗位类型	岗位名称	入选标准	学校年薪	聘任职务	备注
长聘	讲席教授	国家千人等国际一流人才	约 60 万元/年	教授	
	特聘教授	参照长江、杰青标准	约 40 万元/年	教授	
	长聘正教授		约 35 万元/年	教授	准备实施
	长聘副教授		约 32 万元/年	副教授	准备实施

续表

岗位类型	岗位名称	入选标准	学校年薪	聘任职务	备注
预聘	特别研究员	青年千人，具有3～4年海外工作经历	18万～30万元/年，其中青年千人30万/年	副教授	6年 非升即走
	特别副研究员	刚毕业的海外高水平大学博士		讲师	9年 非升即走

（三）关注解决我国高校薪酬制度的公平性问题

1. 制定不同学科评价体系和标准

目前，高校在资源分配的过程中，对不同学科实施的是统一的评价体系或标准，没有考虑到学科之间的差异。高校应根据不同学科的特点，建立不同学科的评价体系或标准，使学科的发展构建在一个平等的基础上。在此基础上实施的聘用制度改革和岗位津贴制度有望成为一个良好的激励机制，更好地发挥应有的杠杆作用，使高校从事不同学科教学科研的人员，在享受改革带来的收益方面，能够更加均衡。

2. 加强转移支付力度

高校在对校内资源进行配置的过程中，可对参与初次分配能力不足的一些学科(如基础学科、人文社会科学学科等)实施转移支付政策，如在科研立项和科研奖励方面加大对基础学科、人文学科的倾斜，也可建立专门的人文社科基金等，用来奖励本校教师在基础学科、人文社会科学等领域取得的重要成就。

3. 调整科研管理政策，支持保障基础学科发展

目前，多数高校对科研项目进行统一管理，并对到校科研经费收取一定比例的科研管理费。由于学科不同，各院系实际到款科研经费相差甚大，因此，有必要采取差异化的科研管理费提成。对基础学科和人文社会学科，可以适当降低科研管理费用，提高这些院系资金支付能力。

4. 探索动态劳务提成和税负制度

目前，多数高校对科研到款数采取的是固定的劳务费提成比例。为了解决院系科研劳务相差过于悬殊，可以采取分段实施不同提成比例的办法，即超过一定数额后的劳务提成，应适当降低提成比例。

参照美国高校中的教务长税制，对科研等创收收入征收“校长税”，具体可视创收额度的大小按不同的税率进行分段征收。所收税款同样可纳入学校收入分配的蓄水池，作为支持基础科院（系）、人文社会科学学科及校机关等单位或部门进行收入调节的基金。

5. 建立更加科学的考核评估体系

制订一套客观、公平、操作性强的考核评估体系，由于学术工作的特殊性，考核应避免短视、急功近利的思维，考核指标要和学校、学科的中长期发展目标相配套。根据实际

情况，考虑不同学科学术工作的特性；分别针对不同学科、岗位将考核指标进一步细分，避免粗放管理，体现岗位的差异性，实现宏观的公平；增强教学在考核指标中的权重，保护一线教师的授课积极性，避免出现优秀教师不重视教学的情况。

课题组负责人及主要成员

负责人：	王保平	东南大学
成　员：	王希勤　刘婉华　陈　娟	清华大学
	余炳建　林　强	厦门大学
	梁　斌　孙　英	四川大学
	雷利利　王立剑　孙　雷	西安交通大学
	张　皓　宋官东	东北大学
	周莉萍　汪海建　张继红	华中科技大学
	叶志锋　黄　磊　赵　庆	华南理工大学
	刘　明	中国科学技术大学
	黄翔峰　王　飞　聂少鹏	同济大学
	郭小明　刘明芬　费　祎	东南大学
	何　萌　王海萍　丁　滔	
	李　东　周路路	

高等学校多元化用人机制条件下同工同酬理论及实践研究报告

前言

一、研究背景

随着社会主义市场经济体制的逐步建立，事业单位人事管理方式行政化、编制短缺、用人机制不灵活、实际上的身份终身制等问题日益凸显，事业单位开始探索多元化用工机制。高校可谓是这场改革的急先锋和排头兵。

1999 年，教育部出台了《关于当前深化高等学校人事分配制度改革的若干意见》（教人[1999]16 号），要求推行高等学校教师聘任制和全员聘用合同制。2000 年，中共中央组织部、人事部、教育部联合公布了《关于深化高等学校人事制度改革的实施意见》（人发[2000]59 号），要求根据高等学校教学、科研、校办产业、后勤服务各方面的不同职能，实行不同的管理办法。后勤服务逐渐从学校中剥离出来，逐步实现社会化。2002 年，国务院办公厅转发了人事部《关于在事业单位试行人员聘用制度的意见》（国办发[2002]35 号），规定事业单位除按照国家公务员制度进行人事管理的以及转制为企业的以外，都要逐步试行人员聘用制度。其后，各地又陆续制定了规范聘用合同制度的地方性规章，如 2002 年四川省出台了《四川省事业单位人员聘用制管理试行办法》（川办发[2002]40 号），2003 年上海市人民政府出台的《上海市事业单位聘用合同办法》（沪府发[2003]4 号），2005 年吉林省出台了《事业单位人员聘用合同管理暂行办法》（吉人联字[2005]43 号），2006 年陕西省出台了《事业单位聘用合同管理暂行办法》（陕人发[2006]19 号）。一时间，包括高校在内的事业单位全员聘用合同制改革在全国范围内迅速推开，并随着改革的深化，事业单位聘用管理的规范化程度迅速提升。截至 2013 年底，全国事业单位聘用制度推行率、事业单位工作人员合同签订率均超过了 90%[①]。

从全国范围来看，高校在人事制度改革中的步伐更快、范围更广、力度更大。为了进一步激活用工制度、弥补编制不足、降低人工成本、提高管理效率，许多高校从 21 世纪初以来，开始尝试并逐渐引入多种用工方式，包括劳动合同制、劳务派遣制、业务外包制，以及兼职教师、离退休返聘人员等。多元化的用工模式使高校的劳动（人事）关系日益复杂化，教职员工之间的利益差异化，不可避免地增加了高校劳动用工和人事管理的难度和风险，劳动争议不断增加，对和谐劳动（人事）关系的构建提出了新的挑战。

---

① 2013 年度人力资源和社会保障事业发展统计公报[EB/OL]. http://politics.people.com.cn/n/2014/0528/c1001-25077562.html

二、研究目的和意义

本课题研究将通过调研全国高校多元化用工机制及薪酬现状，分析存在问题和成因，在此基础上，在“人力资本混合雇佣理论”的指导下探索高校战略性人力资源管理下的科学、合理的用工形式，及相关管理办法。

三、研究内容和方法

本课题主要采用了以下研究方法：

（1）系统分析法：本课题以劳务派遣制度下的同工同酬权利为核心，阐述了同工同酬的含义，对劳务派遣制度进行了概括的介绍，就劳务派遣制度下的同工同酬原则进行了全面的分析。

（2）比较分析法：从横向上，本课题比较分析了企事业单位改革过程中用人机制的变化，从纵向上，本课题以历史分析方法，阐述了高校人事制度改革历程。

（3）调查法：本课题通过问卷、电话访谈等形式调查了全国各类高校多元化用工条件下的用工机制、人员情况和薪酬福利状况。

（4）案例分析法：本课题根据研究需要，从不同区域选取了两所在多元化用工、人事制度改革等方面有代表性的高校作为案例，详细剖析案例高校的多元化用工方式及其成因、校内外相关政策等，了解案例高校对不同用工方式下的队伍结构、薪酬体系、员工发展等队伍建设现状。

（5）统计分析法：本课题通过对大量调查数据进行统计，比较分析多元化用工的用工方式、人员构成、队伍结构、地区差异等，比较分析多元化用工机制下的薪酬状况。

第一章 “同工同酬”概念界定

“同工同酬”概念最初是有关性别平等的，包含在 1919 年的《国际劳工组织章程》中。30 年后，国际劳工组织第 100 号文件《男女同工同酬公约》确认了男女之间在包括基本工资和产生于工人就业的任何额外现金或非现金报酬或津贴在内的报酬平等的重要性。该公约保证了“同等价值工作”同等报酬，而不仅是“同样或类似的工作”需要同等报酬。几十年来，各国采取主动积极措施，通过法律消除工作中的不平等待遇。美国在 1963 年颁布了《同酬法》，而后，欧盟、日本以及中国台湾等国家和地区都提出类似的规定。

我国 1978 年和 1982 年《宪法》都有“男女同工同酬”的规定。现行《宪法》第 48 条也规定：“国家保护妇女的权利和利益，实行男女同工同酬，培养和选拔妇女干部”。1995 年开始施行的《劳动法》首先将“同工同酬”作为一个独立概念提了出来。

按照劳办发[1994]289 号《关于劳动法若干条文的说明》的解释，同工同酬是指用人企业对于从事相同工作、付出等量劳动并且取得同等劳动业绩的劳动者，支付其相同的劳动报酬。同工同酬体现着两个价值取向：第一，确保贯彻落实按劳分配这个基本原则。即付出了相同的劳动应该得到相同的劳动报酬；第二，防止工资分配中出现歧视行为。即要求在同一用工单位，对相同劳动岗位、在同等劳动条件下，不同性别、不同身份、不同户籍或不同用工形式的劳动者之间，凡是提供的劳动数量和劳动质量一致，就应该支付同样的劳动报酬。在2008年1月1日实施的《劳动合同法》第63条规定的同工同酬主要指同一企业内部在不同用工形式劳动者之间的同工同酬。那么，什么是同工同酬？同工同酬中的“工”和“酬”究竟指的是什么呢？其内涵是什么？

1 同工的界定

“同酬”的前提是“同工”，决定是否“同酬”须先界定是否“同工”。而事实上，劳动却是很难精确计量的，不用说脑力劳动，即使是体力劳动也很难用数学公式来准确计算。“工”是指工作岗位、劳动数量、劳动质量还是劳动价值?要弄清这个问题，应当追溯一下国际劳工组织的同酬公约。我国1990年批准加入同酬公约，“同工同酬”就来源于国际劳工组织1951年同酬公约（第100号）的第二条：“ensure the application to all workers of the principle of equal remuneration for men and women workers of work of equal value”，即确保男女同酬原则适用所有工人。因此，同工同酬的英文原意应是equal remuneration for work of equal value，对同等劳动的价值支付同等的报酬。

因此看来，同工同酬中的“工”并不仅仅是工作岗位，也不仅仅是劳动数量或质量，而是劳动价值，原因在于：（1）相同岗位的劳动者提供同等数量的劳动，并不一定为用人单位带来同等的劳动价值。由于不同劳动者的技术、技能、技巧和熟练程度不同，即使付出同样的智力和体力劳动，所取得的业绩（劳动价值）并不一定相同。（2）即使劳动者的技术、技能、技巧和熟练程度相同，但劳动态度和积极性不同，也不可能取得同样的业绩（劳动价值）。（3）用人单位不同岗位的劳动者，即使他们的工作内容相差悬殊，对技术、技能要求也不一样，但他们可以为用人单位创造同样的劳动价值。由此可见，从“工”的角度来看，同工同酬的含义可以表述为：劳动者提供了相同的劳动价值，应当支付相同的劳动报酬。因此，实施同工同酬必须具备三个条件：一是劳动者的工作岗位、工作内容相同；二是在相同的工作岗位上付出了同样的劳动工作量；三是同样的工作量取得了相同的工作业绩。

而在我国，《劳动合同法》针对劳务派遣规定的“同工同酬”，则主要是从工作岗位的角度加以判定的，原因在于只有以岗位作为界定“同工”的标志，才可以通过同工同酬来剔除附加在用工形式上的身份属性。但值得注意的是，以岗位作为“同工”的标志，“同工”还须具备以下条件：（1）岗位的权利义务完全相同；（2）岗位的工作内容完全相同；（3）岗位级别、职称、学历、资历、技能、经验等完全相同；（4）岗位的考核结果完全相同。

2 同酬的界定

同工同酬中的“酬”，就其文义解释，是指劳动报酬。劳动报酬在不同学科的研究领域中有着不同的含义。

管理学中通常所说的报酬包括内在报酬和外在报酬两部分内容。“内在报酬是指与工作相关的非经济报酬，是员工由于完成工作而获得的关系回报（relational returns），或是指员工在工作地点获得的心理回报（psychological re-turns），诸如被赏识、有身份地位、就业安全感、挑战性的工作、学习机会等。”外在报酬由基本工资、绩效加薪或晋升制度、浮动薪酬（奖金或业绩津贴等）、长期激励（指股票期权、员工持股计划等）、福利制度（包括法定的养老、医疗和失业保险等，也包括企业年金、补充医疗保险和补充工伤保险等，还包括住房补贴、交通补贴等。

我们通常所说的薪酬一词，英文名为 compensation，是一个管理学中的概念，指外在报酬部分，“是指雇员作为雇佣关系中的一方，因为工作和劳动而从雇主那里得到的各种货币收入以及各种特定的服务和福利之和。它既包括直接以现金形式支付的工资（如基本工资、绩效工资等），又包括通过福利和服务（如社会保险、带薪休假等）获得的报酬。”

在《劳动法》领域，劳动者的劳动报酬通常是指劳动者通过提供劳动获得的货币和实物报酬，包括工资、社会保险和用人单位提供的各项职业福利。其中，工资是最重要的劳动报酬。《劳动部关于贯彻执行〈中华人民共和国劳动法〉若干问题的意见》（劳部发[1995]202 号）第五十三条明确规定：“劳动法中的‘工资’是指用人单位依据国家有关规定或劳动合同的约定，以货币形式直接支付给本单位劳动者的劳动报酬，一般包括计时工资、计件工资、奖金、津贴和补贴、延长工作时间的工资报酬以及特殊情况下支付的工资等。‘工资’是劳动者劳动收入的主要组成部分。劳动者的以下劳动收入不属于工资范围：（1）单位支付给劳动者个人的社会保险福利费用，如丧葬抚恤救济费、生活困难补助费、计划生育补贴等；……”劳动部所发该《意见》明确了以“丧葬抚恤救济费、生活困难补助费、计划生育补贴等”为例的社会保险福利费用虽不属于劳动者所得的工资范围，但确系属于劳动者的劳动收入。换言之，社会保险福利费用属于劳动者的劳动报酬构成部分。同时，该《意见》明确了工资是劳动者劳动收入的主要部分，而非全部，非属工资的其他劳动收入也应当是劳动者的劳动报酬。

从实际操作来看，用人（工）单位在生产过程中支付给劳动者的全部报酬包括三部分：（1）货币工资，用人单位以货币形式直接支付给劳动者的各种工资、奖金、津贴、补贴等；（2）实物报酬，即用人单位以免费或低于成本价提供给劳动者的各种物品和服务等；（3）社会保险，指用人单位为劳动者直接向政府和保险部门支付的失业、养老、人身、医疗、家庭财产等保险金。

那么，什么是“同酬”呢？实践中对“同酬”的理解通常有三种：同工者劳动报酬数额相同；同工者劳动报酬水平相同；同工者劳动报酬分配规则或标准相同。在本单位同类岗位的派遣工与正式工“同酬”的比较中，由于“同工”只限于静态的“同类岗位”，而未要求动态的等量劳动和相同绩效，故不宜选择劳动报酬数额相同或劳动报酬水平相同作为判　断“同酬”的标准，而只宜要求劳动报酬分配规则或标准相同即可。

3　同工同酬的解释

实际上，近 20 年来，在许多欧美国家，“同工同酬”（equal pay for equal work）的概念已经进一步演化为“同值同酬”（equal pay for equal value，即同等价值的劳动获得相同的劳动报酬）。

同值同酬是一个劳工权益的概念，指男性和女性所从事的职业虽不相同，但所做的劳动有同等价值，则应获得相同的薪资。雇主可通过工作评估过程，比较不同职位的工作内容或对雇员的要求，以评定有关职位的价值是否相等。其目的是为了解决“职业隔离”的问题。而雇主可以评估的方法有许多种，然而都必须以客观因素为基本考量，且评估过程及结果必须不得含性别歧视。重要的是，为同一雇主做同值工作的男女雇员，在雇用条款及条件上应获得相同的待遇。其评估标准一般包括工作经验、经历、教育程度、精确熟练度及手的灵活能力、体能上的要求、智力的要求、注意力及其他精神上的要求和详细的工作评估。

4 国内外同工同酬的实施情况

4.1 国外实施情况

同工同酬原则是伴随着西方法治国家过去100多年的反歧视历史产生的，尤其是在反抗性别歧视运动中形成的。在早期工业化的西方资本主义国家，同工同酬理念的提出事实上可以粗略地分为三个阶段。

第一个阶段，是产业妇女的平权运动产生和发展阶段，同时也为男女同工同酬的出现做出了铺垫。在19世纪初，美国工业的迅速发展带来了对劳动力的强劲需求，为了满足生产的需要，企业开始大量招募和使用女工。不幸的是，这些企业往往是那些工作条件恶劣和福利待遇苛刻的工作场所，女工在其中饱受剥削，生存状况远低于其他行业的职工。随着女职工力量的壮大，她们争取劳动保护的斗争也开展了起来。1859年，第一个完全由妇女组成的工会宣告成立，并开始代表女工呼吁改善工作环境和提高工资。

美国女职工的斗争也带动了西方其他工业国家，如英国、加拿大、新西兰和澳大利亚的女权运动。这些产业妇女的诉求主要集中在争取就业权、劳动保护权和政治权上，并没有要求男女同工同酬。且，女性男性当时所从事工作的种类是分开的，鲜有交集，也导致了在工资待遇上缺乏相互比较的基础。因此，20世纪初，各国反性别歧视立法相当有限，各国少有男女同工同酬的法律规定。

第二个阶段是20世纪40—70年代，在这个时期同工同酬原则被放在消除歧视，尤其是反性别歧视的背景下被提出。在第二次世界大战期间，美国还有其他同盟国国家都和本国的劳工组织达成谅解，共同努力减少产业冲突来保障战争物资的生产。在政府的支持下，各国工会迎来了空前的繁荣期，其中也包括女职工工会。由于劳动力需求剧增，大量妇女走出家庭，广泛地参与到各行各业的生产工作当中，其中就包括许多曾经是男职工集中的行业。在这期间，女职工发现自己的工资待遇和各项保障远不如她们的男同事，因此要求平权的愿望十分强烈，并通过她们的工会代表向立法者积极游说、要求平等。

1948年12月10日，联合国大会通过并颁布了《世界人权宣言》，其第23条第2款规定："人人有同工同酬的权利，不受任何歧视"。1951年，国际劳工组织通过了《男女工人同酬公约》，强调："凡会员国，应通过与现行决定报酬率的方法相适应的各种手段，促使并在与这种方法相一致的条件下保证男女工人同工同酬原则适用于全体工人。"联合国于1966年通过的《经济、社会和文化权利国际公约》也要求各成员国保证最低限度给予工人公平的工资和同值的工作报酬而没有任何歧视，特别是保障妇女享有不差于男子所享有的工作条件，并享受同工同酬(第七条)。世界各国随后也开始着手制定各自的男女同工同酬法律法规。1963年美国第一部(男女)《同工同酬法》(Equal Pay Act)正式获得通过，1970年英国出台了最早的《同工同酬法》(Equal Pay Act 1979)，直接指向性别歧视。

第三个阶段是 20 世纪 70 年代后世界上出现的反歧视扩面活动，同时也带动了同工同酬的广泛覆盖。由于人权运动在世界范围内的兴起，长期受到社会排斥和压抑的利益群体也加入到争取自己权利的斗争当中。人们逐渐认识到同工同酬原则如果只针对妇女提供保护，就远远不能解决不平等的问题，因为在工作场所还有很多其他类型的弱势群体需要类似的保护，他们包括有色人种、少数族裔和残疾人士等。因此，世界人权运动的一个重点是就将反歧视范围扩大到所有种类的歧视和所有存在歧视的场所，而同工同酬原则正是在工作场所消除各种歧视的一柄利器。

美国、英国、法国、德国等一大批西方国家都逐渐将同工同酬原则全面应用到平权运动中以消除基于年龄、种族、宗教等因素导致的不平等现象。以英国为例，20 世纪 70 年代之后，国会为了消除由于种族、残疾、性取向、宗教信仰和年龄造成的歧视，制定了多部单行法律法规。这些法规主要包括：《种族关系法》(The Race Relations Act 1965、1976、2000)、《残疾歧视法》(The Disability Discrimination Act 1995、2005)以及《就业公平(性取向)规则》[Employment Equality(Sexual Orientation) Regulations (2003、2007)]、《就业公平(宗教和信仰)规则》[Employment Equality(Religion or Belief) Regulations 2003]、《民事伙伴法》(The Civil Partnership Act 2004)、《就业公平(年龄)规则》[Employment Equality(Age) Regulations 2006]等。尤其值得一提的是，为了将这些歧视法之间相互协调，英国在 2006 年制定了《平等法》(Equality Act)。这些法律无一例外地从反歧视视角上对同工同酬做出了规定。至此，英国形成了一个严密的反就业歧视法律体系来落实同工同酬原则。

综合来看，国外在反歧视语境下的同工同酬立法上主要有以下三种基本概念：一是“同一经历同一待遇原则”（日本）；二是“同一劳动同一待遇原则”（德国、法国）；三是“禁止没有合理理由的不利待遇原则”（欧洲实际应用）。

4.2 国内同工同酬的法律沿革

我国早在 1982 年的《中华人民共和国宪法》中就开始提及“同工同酬”，并逐步通过法律条文予以明晰。

（一）反性别歧视

我国现行《宪法》是 1982 年颁布的《中华人民共和国宪法》，并历经 1988 年、1993 年、1999 年和 2004 年四次修订，其中第四十八条规定：“中华人民共和国妇女在政治的、经济的、文化的、社会的和家庭的生活等各方面享有同男子平等的权利。国家保护妇女的权利和利益，实行男女同工同酬，培养和选拔女干部。”除此之外，我国还批准了一些旨在反歧视的国际公约，例如，全国人大委员会于 1990 年 11 月 2 日批准了国际劳工组织的第 100 号文件《男女同工同酬公约》，其中就强调各国应将同工同酬原则运用到工作场所当中。

1992 年通过、并经 2005 年修订的《妇女权益保障法》第二十四条规定：“实行男女同工同酬。妇女在享受福利待遇方面享有与男子平等的权利。”

可见，无论是我国《宪法》还是我国批准的国际公约，还是《妇女权益保障法》都是在反性别歧视的语境下规定同工同酬的。

（二）原则性规定

1994 年颁布的《中华人民共和国劳动法》第十二条规定：“劳动者就业，不得因其民族、种族、性别、宗教信仰不同而受到歧视。”第四十六条规定：“工资分配应当遵循按劳分配原则，实行同工同酬。”

2007年颁布实施的《劳动合同法》则规定了三种同工同酬的情形：(1)第十一条规定：“用人单位未在用工的同时订立书面劳动合同，与劳动者约定的劳动报酬不明确的，新招用的劳动者的劳动报酬按照集体合同规定的标准执行；没有集体合同或者集体合同未规定的，实行同工同酬。”

(2)第十八条规定：“劳动合同对劳动报酬和劳动条件等标准约定不明确，引发争议的，用人单位与劳动者可以重新协商；协商不成的，适用集体合同规定；没有集体合同或者集体合同未规定劳动报酬的，实行同工同酬。”

(3)第六十三条规定：“被派遣劳动者享有与用工单位的劳动者同工同酬的权利。用工单位无同类岗位劳动者的，参照用工单位所在地相同或者相近岗位劳动者的劳动报酬确定。”

这几个条文把同工同酬原则作为最后适用的确定劳动报酬的底线，而对如何实行同工同酬则未规定。

(三)操作性规定

2012年12月28日通过的 《劳动合同法修正案》将第六十三条修改为：“被派遣劳动者享有与用工单位的劳动者同工同酬的权利。用工单位应当按照同工同酬原则，对被派遣劳动者与本单位同类岗位的劳动者实行相同的劳动报酬分配办法。用工单位无同类岗位劳动者的，参照用工单位所在地相同或者相近岗位劳动者的劳动报酬确定。劳务派遣单位与被派遣劳动者订立的劳动合同和与用工单位订立的劳务派遣协议，载明或者约定的向被派遣劳动者支付的劳动报酬应当符合前款规定。”

修订后的《劳动合同法》第六十三条关于劳务派遣中同工同酬的规定，则相对较有可操作性。劳动派遣具有用工灵活，减少冗员，降低企业固定成本，增加企业效益的优势。近年来劳动派遣在我国的使用越来越多，存在的问题也逐渐增多，尤其是同工不同酬的问题。《劳动合同法》有关劳务派遣中的同工同酬的规定，就是为了避免劳务派遣在我国扩大化使用的趋势，而使劳务派遣恢复到三性之中，即临时性、辅助性、替代性。

综上所述，“同工同酬”并不是伴随着多元化用工机制出现的，但却随着多元化用工机制在企事业单位的不断深化而逐渐引起越来越广泛的关注。

第二章　各类型单位多元化用工机制的历史及现状

同工同酬的问题根源在于用工方式的多样化，因此，针对用工方式的研究是同工同酬研究的最重要内容。2007年6月29日，《中华人民共和国劳动合同法》正式通过，新法中有关劳务派遣的规定，使企事业单位的用工方式再次成为各界关注的焦点。改革开放以来，为了激活用工制度、降低人工成本、规避用人风险、提高人力资源管理效率 ，许多企事业单位逐渐打破单一的劳动合同制和聘用合同制度，引入了劳务承包制、派遣制、事业单位公司制用工等多种用工方式。相对于单一的劳动（聘用）合同制度，这种多元化的用工方式具有相对的复杂性，并产生了一些经营、管理新问题。

1 用工模式及相关理论

用工模式，也称为雇佣模式，是组织重要的管理制度，是指组织为完成一定的组织目标而进行的有计划的用工选择和制度安排，是雇佣关系理论在微观研究领域的重要内容之一。作为组织内部的一种制度安排，用工模式概括了组织与劳动力要素的载体——劳动者之间达成的选择、使用和激励劳动力要素的各种可能的方法、规则。

按照内部劳动力市场理论，以用工模式为内容之一的雇佣制度，与组织内部的薪酬制度、晋升制度等管理规则一起构成了组织内部劳动力市场的整体制度安排，其中，用工模式（雇佣模式）、用工制度（雇佣制度）是内部劳动力市场制度的基础和前提。因此，用工模式不同于一般的组织内部的管理规则，是战略性人力资源管理的重要组成部分，是组织发展重要的基础制度。

1.1 影响组织用工模式的主要因素

用工模式作为组织的一种制度安排，其主体一般包括政府社会、组织和劳动者三方面，组织与劳动者作为用工模式的直接参与主体，在国家政府的法律、法规、劳动用工政策等宏观框架下，就组织与劳动者之间围绕用工方式、劳动力供给方式、生产要素组合方式等问题形成的一种契约安排。

组织处于不同的国家社会政策环境、不同的行业竞争环境，用工模式不同；处于不同的组织竞争战略、不同的文化背景、不同的组织生命周期，用工模式不同；组织拥有的劳动者的人力资本特征不同，其用工模式也不同。概括来说，影响组织用工模式的主要因素包括三个方面：

（1）外部环境因素。首先是法律和政策环境，国家的经济体制改革政策、《劳动法》和《劳动合同法》的颁布和实施，以及随着政府对人力资源管理的角色变换，对组织内部的人力资源管理提出了新要求，组织的管理制度必须对外部政策和体制变革做出回应，从而形成宏观与微观的互动；其次是社会劳动力市场的发展变化也促使组织改革用工模式，与劳动力市场接轨通过市场来配置企业人力资源成为关系组织用工改革成败的关键性因素，解决组织用工“能进能出”的唯一渠道只有依靠社会劳动力市场，因而我国劳动力市场或人才市场的发育程度将极大地影响到组织的人事制度改革。

（2）组织自身的因素。首先是组织文化和价值观。组织的价值观集中反映了组织需求，特别是组织对不同成员的需求，不同的组织需求形成了不同的文化、价值观，最终构成不同的组织准则，组织用工模式体现了组织文化和价值观；其次，组织的发展战略将显著影响组织的雇佣决策；再次是组织生命周期。美国爱迪思研究所博士伊查克·爱迪思对组织生命周期的各个阶段进行分析，总结组织成长与老化过程包括了成长、成熟和老化三个阶段十个时期，每个阶段的特点鲜明，组织处于生命周期的不同阶段，组织的主要矛盾和特点不同，因此所需的人力资源不同，组织采取的人力资源管理、开发模式也不相同。

（3）劳动者的因素。组织由单个的劳动者个体构成，每个人都有自己个人工作和生活的目标，组织有自身的文化和价值观并要求劳动者的认可，只有组织价值观和劳动者个人全部或者部分需求相容，劳动者才可能留在组织中。因而，组织的用工模式必须考虑劳动者的需求，不同人力资本的劳动者由不同的需求和与组织的议价能力，只有双方协商一致，即个人的需求是什么?职业目标是什么?组织对劳动者的需求能满足到什么程度?组织和劳动者才能建立劳动关系。

1.2　人力资本混合雇佣理论与多元化用工

康奈尔大学 David Lepak 和 Scott A 教授根据人力资本的价值和独特性两个维度对组织内人力资本进行划分，提出了用于战略性构建组织人力资本的人力资本混合雇佣模型论，使组织既能拥有具有长期优势的核心人力资本，又可以根据内外部环境的变化灵活调整员工的构成，降低人工成本（见图 1）。

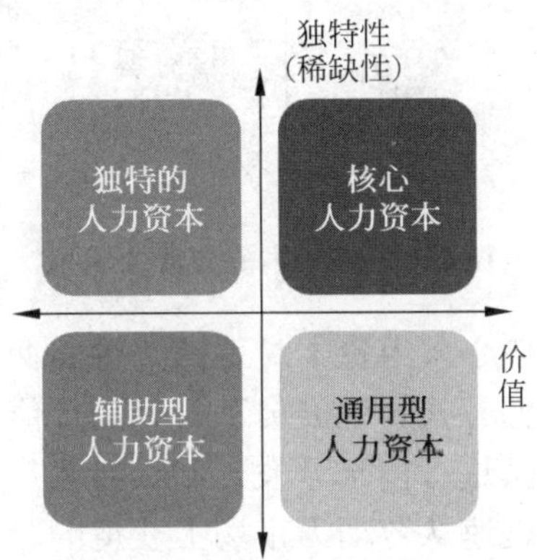

图 1　组织内人力资本的类型

人力资本混合雇用理论认为，组织内的人力资本可分为四种类型：

（1）核心人力资本（Core capital），是指对于组织而言，价值很高，并且非常稀缺和独特的人才。核心人才与组织的核心能力直接相关，因此具有很高的价值；此外，由于核心人才具有组织所急需的、市场上不易获得、不易通过简单学习和工作积累而获得的特殊的知识和技能，因此非常稀缺和独特。比如软件公司的软件开发人员，医药公司的研发人员，证券公司的操盘手等。在高校，核心人才无疑是教学科研人员。

（2）通用型人力资本（Compulsory capital）。通用型人力资本是相对于组织而言，与组织所需的核心能力直接相关、价值较高的一类人才。但由于这类人才拥有容易学习和获得的普通知识和技能，比较容易从市场上招聘和获得，不具有独特性。比如组织的财务会计、销售人员等，其所需的技能相对比较简单，在劳动力市场上的供应量也比较大，但对于组织而言，他们具有比较重要的价值。在高校，管理和支撑队伍基本上属于通用型人力资本。

（3）独特的人力资本（Idiosyncratic capital）。对于组织而言，其战略价值较低，与组织所需的核心能力间接相关，但独特人才通常拥有非常特殊的、不易习得的知识和技能，因此相对比较紧缺。如组织雇佣的专业咨询师和咨询顾问。他们为组织提供专业的咨询服务，对于组织而言，其直接的战略价值较低，只能对组织的日常经营运作产生间接的影响，但是他们通常具有非常独到和特殊的见解，并具有丰富的知识和经验，因此具有很强的独特性，不容易从市场上获得。在高校，咨询顾问等即独特的人力资本。

（4）辅助性人力资本（Ancillary capital）。辅助性人力资本在组织中的战略价值较低，通常只具有一般的知识和技能，比较容易从市场上招聘和获取。如生产车间流水线上的装配工人、门卫和清洁工人等。在高校，管理队伍中的文员也可视为辅助性人力资本。

对组织内不同人力资本的划分将有利于组织进行合理的雇佣方式决策，组织可以针对不同类型的人力资本采取不同雇佣模式，构建人力资本混合雇佣模型（见图 2）。

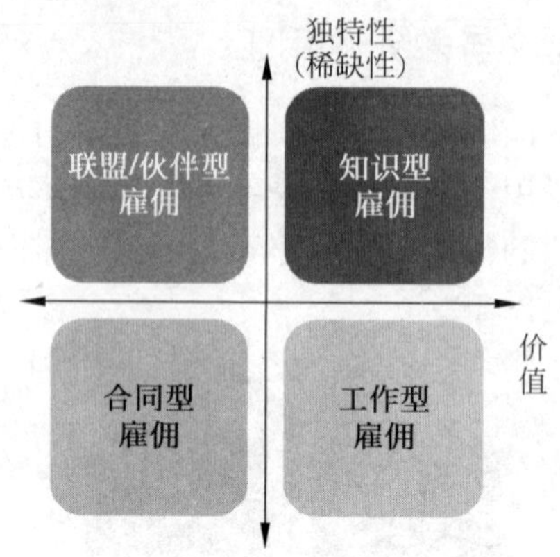

图 2　人力资本混合雇佣模型

（1）知识型雇佣。对具有核心人力资本员工的一种雇佣方式，指持续加强培训和发展员工的知识、技术和能力的雇佣方式。这类员工具有高价值和高独特性，难以在外部市场上获得，因而组织从战略上对其进行内部开发，将其视为产生竞争优势的核心员工。

（2）工作型雇佣。指能够迅速从劳动力市场上获得的、具有某种专业技能的员工，这种专业技能对于各组织是通用的。组织仅仅是支付反映在市场价格上的人力资本价值，通过通用型员工的生产活动实现利润。这类员工的高价值和低独特性使得员工具有较高的流动性。

（3）合同型雇佣。当员工对组织的价值较低，且独特性也比较低，员工对组织的竞争优势的形成没有很大的贡献，组织一般采取合同型雇佣方式。合同型雇佣产生的原因是组织生产经营的季节性变化和对劳动力技能的低要求。这种模式既可以降低成本，又可以根据需要灵活增减雇佣人数。

（4）联盟/伙伴型雇佣。指组织与独立的个体或外部组织之间建立持续的伙伴关系，组织利用具有独特的人力资本的员工的专业知识和技能为其提供定制化服务。其高独特性决定了他们难以在市场上获得，且其较低的价值决定了完全采用内部人才开发的方式成本过高，因此采用战略联盟的形式能兼取内、外部所长。

由此可见，由于组织的用工模式受到内外部各种因素的影响，且组织内人力资本类型不同，一般的，组织很少采取单一的雇佣模式。自 20 世纪 80 年代以来，雇佣方式多元化的雇佣趋势在西方发达国家已经表现的相当明显，在组织的应用也非常广泛和普遍。与国外相比，尽管我国雇佣多元化起步较晚，但发展迅速，雇佣体系正在快速经历着构建和完善过程。

2　国有大中型企业多元化用工机制的历史与现状

2.1　国有企业用工发展过程

改革开放以来，中国国有企业的转型，是以改革和改良的方式推进的，即在大体维持原国有经济体制的条件下，引入部分市场机制，从而形成计划和市场双轨并行的状态，自

1978 年以来国有企业用工制度的变革，大致可以划分为三个阶段：

第一阶段 1978 年到 1985 年为一元用工制度，即固定工制："国家对企业用工实行高度集中统一的指令性计划管理，依靠行政手段，直接控制企业用工数量、用工形式和用工办法，以固定工为主，兼以少量临时工作为补充，形成了我国特定环境下被称为铁饭碗的用工制度模式" (王丹，2008)。固定工制在一段时间起着重要的作用，但随着市场经济的推进，对企业的发展逐渐表现为一种阻力，影响其生产效率并造成资源的不合理利用。1979 年国企改革开始，拥有了一定的用工选择权，但劳动者的就业、工资、社保等都是由国家统包下来，劳动者对国家及企业有着强烈的依附关系，总的用工制度还是一元用工制，缺少自主性和激励机制。

第二阶段从 1986 年到 1991 年，从固定工制向二元用工制度转变，即"双轨制"用工开始出现；1986 年，国务院发布《国营企业实行劳动合同制暂行规定》《国营企业招用工人暂行规定》，对国企用工制度进行重大改革，引入劳动合同规范企业与员工的劳动关系及权利与义务，双方都有了自由选择权。但是这样的改革实施却受到了很大的阻力，一方面企业对这种新的用工改革存在着不确定性，担心员工思想不稳定及管理工作的开展也有了新的挑战；另一方面，劳动者的"铁饭碗"被打破，意味着就业与收入都没有了保障。这种单新面对的挑战及其配套的管理机制不健全，使得改革实施缓慢而零散。对此，国企实行了"老人老办法，新人新办法"，即原有的职工保留固定工身份，而新员工则签订劳动合同，即"双轨制"用工。

第三阶段从 1992 年开始至今，国企的用工制度逐渐形成了以"双轨制"为主的用工形式和劳动关系多样化的形态。伴随改革的深入发展，竞争机制的引进，国家颁布了一系列的政策法规，如 1992 年《关于深化企业劳动人事、工资分配、社会保险制度改革的意见》、1993 年《关于实施（全民所有制工业企业转换经营机制条款）的意见》和《关于建立社会主义市场经济体制时期劳动制度改革总体设想》、1994 年《关于全面实行劳动合同制的通知》、1995 年《中华人民共和国劳动法》、1998 年《中共中央、国务院关于切实做好国有企业下岗职工基本生活保障和再就业工作的通知》、2008 年《中华人民共和国劳动合同法》，对国企的用工机制产生了深远的影响，使得用工制度向着多元化方向发展。国企改革的推进迫使部分劳动力从企业中脱离出去，进入劳动力市场，再以临时工、劳务工、派遣工等形式进入国有企业。至此，国有企业继承了计划经济的"烙印"，也接受了市场经济运行规则，劳动关系丰富且复杂。

2.2　国有企业的用工现状分析

国有企业多元化用工是为了适应市场化改革的需要，但由于各种条件的不成熟，形成"体制内"和"体制外"级差局面，在一定程度上变成的一种歧视性的用工制度，表现在人员构成、薪酬福利、职业发展等方面（王卫国，2011)。

2.2.1　人员构成

根据国家统计局的统计口径，所有在国企就业的人员分为：在岗职工、不在岗职工和其他就业人员。在岗职工指在本单位工作且与本单位签订劳动合同，并由单位支付各项工资和社会保险、住房公积金的人员，以及上述人员中由于学习、病伤、产假等原因暂未工作仍由单位支付工资的人员。在岗职工还包括：（1）应订立劳动合同而未订立劳动合同人员（如使用的农村户籍人员）；（2）处于试用期人员；（3）编制外招用的人员；（4）派往外单位工作，但工资仍由本单位发放的人员，如挂职锻炼、外派工作等情况。在岗职工又分为长期职工和短期职工，以用工年限一年为分界点。

国有企业正式员工大部分处于管理岗位，由于国家是国企的唯一出资人，因此国企处于整个国家管理系统中，带有行政色彩的身份标识，其高层管理人员对应为局级、处级干部等，接受各地方组织部门的管理。

2.2.2 薪酬福利

国有企业就业人员的劳动报酬一般来说包括两个部分：一是工资收入，包括岗位工资、绩效工资、延长工作时间（加班）工资、奖金等；二是福利收入，一般包括社会保险费、住房公积金、职工福利费及其他津贴等。从工资收入方面看，尽管公司有明确的薪酬管理制度并接受来自上级管理部门及外部组织的监督，但是在岗位及绩效设置上面往往使得不同用工形式劳动者的收入拉开了差距；从福利收入角度来看，社会保险费用、住房公积金、各类津贴和其他收入等隐性收入没有被纳入到工资总额中去而缺乏监管，由此正式职工常常可以获取其他用工形式的职工所获取不到的额外收入（曾秋荷，2012）。体制外劳动者在劳动报酬的两方面都处于弱势，与体制内的员工收入相差较大，由此造成了不同用工形式的员工间的分配不公。国有企业对于劳动者的吸引力不仅表现在基本工资的优势上，福利待遇也明显优于非国有企业，为国有企业提高体制内员工待遇提供了保障。

2.2.3 职业发展

目前国企具有三类岗位思维定式：具有公务员行政级别称谓的管理岗位、演变为宽泛福利性质的专业技术岗位和贴有底层劳动者标签的生产操作岗位。由于传统的官本位思维、行政隶属关系和决策者立场等导致管理岗位待遇高于技术岗位，后者又高于生产岗位，也使得职业发展道路狭窄目标单一，员工除行政晋升外，很少有其他晋升渠道，就是少部分专业技术人员成才后也希望通过行政晋升。此外，考核机制的不健全，有的企业虽有考核体制，有规章，有文件，但因考核机制、技术问题、人际关系、怕担责任等因素影响，而考核未能有效执行，考核结果往往是一团和气而员工晋升时，考核结果不能起到应有作用，只能靠“领导”来决断。

3 高校多元化用工现状

高校多元化用工和企业用工一样都是在经济转型的大背景下慢慢发展的，因而两者具有较多的共同之处，如它们都属于人事管理社会化的方式之一。但不可否认的是高校与企业之间存在较大的差异，多元化用工的独立性层面，由于高校对政府有一层依赖关系，某些特定的管理方式必须遵守政策法规的明确规定，同计划经济时代相比，高校原先的享受的国家财政支持有所动摇，高校教师的岗位曾被认为是“铁饭碗”。而在引入市场化运作方式后，教师的福利待遇难免会出现有弹性的落差，无形中给高校推行多元化用工增加的难度。

3.1 高校多元化用工的历史沿革

在我国长期实行计划经济体制的大背景下，国家事业单位与公务员系统基本属于同一体系，实行编制管理，强调身份特征把编制内人员通常分为“干部”和“工人”两大身份类别，依据身份享受不同的工资和福利待遇，这种编制内的身份双轨制一直沿用至今，即使在大力倡导岗位管理，淡化身份管理的今天，在许多事业单位的内部管理体制运行中，干部与工人之间的身份转变仍然存在着难以逾越的鸿沟。作为事业单位的重要组成部分，高校的功能定位决定了它较之于其他事业单位拥有更加健全的内部运行管理机构、后勤保障机构及衍生机构，如同一个小型的“社会”，随着高校逐步走出象牙塔，面向社会服务的功能逐渐强化，原有固定的编制限额越来越无法满足高校发展对各类人才急剧增长的需求，在编制限额难以突破的困境下，还要确保为教师队伍的发展留出编制需求空间，高校开始尝试在食堂、后勤、附属中小学、附属医院、校办企业等其他机构使用“临时工”。“临时工”作为编制外用工形式，可以认为是高校多元化用工的最初尝试。不过，在计划经济时期，“临时工”在很长一段时间内处于身份模糊的状态，在用工形式及权利义务保障方面缺乏必要的政策规范和支持。

十一届三中全会以来，随着改革开放的不断深入，为适应社会主义市场经济发展需要，包括高校在内的事业单位启动了一系列制度改革，其重点和难点均集中在人事制度改革方面。1995 年 1 月 1 日起实施的《劳动法》和 2008 年 1 月 1 日起实施的《劳动合同法》，从国家层面对现存的劳动或劳务用工等形式进行了规范，在认可这些事实用工存在的前提下，使广大劳动者的合法权益得到法律保护，比如《劳动合同法》第二条规定：“国家机关、事业单位、社会团体和与其建立劳动关系的劳动者，订立、履行、变更、解除或者终止劳动合同，依照本法执行。”也使事业单位编制外用工在法律武器的保护下，开始进入逐步规范时期。

众所周知，由于在计划经济体制下所形成的事业单位特有的人员构成及机构运作方式，特别是长期以来编制“铁饭碗”的观念所形成的人员能进不能出的体制问题，使得在实际运用《劳动法》和《劳动合同法》规范事业单位用工关系，特别是编制内用工时面临诸多问题和障碍，与社会主义市场经济体制的深入推进不相协调，事业单位人事制度改革迫在眉睫，人事部在 1997 年 7 月 31 日印发的《关于加强计划管理，控制机关事业单位工勤人员过快增长的通知》（人发[1997]69 号）明确规定：“凡进入机关、事业单位的各类工勤人员，要全部纳入机关、事业单位增人计划，按照《机关、事业单位增人计划卡暂行管理办法》（人发[1996]55 号）实行统一管理”随后又于 2002 年发布了《关于在事业单位试行人员聘用制度的意见》，加快了事业单位改革特别是人事制度改革的步伐，特别是 2014 年国务院颁布的《事业单位人事管理条例》的正式出台，才产生了真正意义上的为事业单位量身定做，用于规范事业单位编制内用工的法律法规，对于在事业单位内部全面落实聘用制度，提供了有效的法律保障。

在良好的外部环境和积极的内部动力推动下，近年来高校在人事制度方面改革成效显著，事业编制内用工、合同用工、劳务派遣、业务外包等多种用工方式并存构成了高校多元化用人体系。

3.2 人事制度改革背景下的高校多元化用工现状

1999 年，教育部出台了《关于当前深化高等学校人事分配制度改革的若干意见》（教人[1999]16 号），要求推行高等学校教师聘任制和全员聘用合同制。2000 年，中共中央组织部、人事部、教育部联合公布了《关于深化高等学校人事制度改革的实施意见》（人发[2000]59 号），要求根据高等学校教学、科研、校办产业、后勤服务各方面的不同职能，实行不同的管理办法。随后，全员聘用合同制改革在高校推开。与此同时，在高校人事制度改革不断深化的过程中，为了进一步激活用工制度、弥补编制不足、降低人工成本、提高管理效率，许多高校从 21 世纪初以来，开始尝试并逐渐引入多种用工方式。

3.2.1 高校采用的聘用方式的基本情况

目前高校多元化用工分为编制内用工和编制外用工两大类。

（1）编制内用工

高校事业编制数由上级主管部门核定，编制内人员按事业单位相关条例进行管理，按事业单位薪酬体系确定薪酬标准并由国家、地方财政全额负担。长期以来，编制身份还带来了额外的福利，如工作稳定的“铁饭碗”，以及在除上海等少数地区的全国大部分省市普遍存在的事业单位人员不需要缴纳养老保险、不纳入社会养老体系、直接解决户口问题等。因此，编制身份成为包括高校在内的事业单位员工最为关注的问题之一。高校主要职能是为社会培养优秀人才，而教师队伍正是履行这一职能的关键，所以各高校在教师岗位一般均会采取编制内用工方式，以吸引和留住人才，充分调动他们的工作积极性。

目前，由于属地社会保险政策不同，各高校编制内人员也存在一定差异：例如，上海地区实施社会保险全覆盖，高校需为编制内人员，完整购买五险一金；北京地区高校需购买工伤保险、失业保险；兰州地区高校则需购买医疗、工伤、生育保险；四川地区高校需购买除养老保险外的其他四险。地区社保政策差异造成了不同高校编制内人员享受的待遇不同。基于这个原因，国家正积极采取措施将编制内人员全部纳入社会保险体系，这能同时缩小编制内人员内部以及与编制外人员之间在待遇方面的差异，逐步实现同工同酬。总体来看，高校人事制度改革是逐步进行、缓慢推进的，很长一段时间内高校编制内人员仍是教职工队伍的主体，因此，用好编制资源，妥善处理好编制内员工各种关系是确保教职工队伍稳定的重要保障。

（2）编制外用工

高校编制外用工情况较为复杂，在不同时期，编制外用工的动因、实施范围及外部环境存在明显差异（见表 1）。现阶段，编制外用工的主要特征是合同聘用，岗位管理。相较于计划经济时代缓解编制数不足的目的而言，在现阶段外部环境更好、政策保障更充分的背景下，编制外用工则更多是出于吸引优秀人才，确保队伍流动性的目的。

表 1　高校不同时期编制外用工对比

时期	范围	用工方式	动因	外部环境
计划经济时期	非核心岗位	临时工	编制不足 安置家属	身份模糊、政策缺失
现阶段	各类岗位	合同制 派遣制 业务外包 其他	编制不足 社会化程度不足 灵活的用人制度 增强外部竞争力 降低成本	国家支持、法律和政策保障

（1）合同制

国家推行事业单位聘任制改革以来，编制外合同用工已成为高校主要用工形式之一。编制外合同用工是指高校依据《劳动法》《劳动合同法》等法律法规与受聘人依法签订劳动合同，明确双方的权利和义务并建立劳动关系的用工方式。高校对员工进行日常管理并直接负责薪酬支付、社会保险、劳动关系、档案关系等。通常情况下，编制外合同用工是除编制内用工外，外部竞争力和社会认同感最强的一种用工方式。

现阶段，全国许多地方的高校在各类岗位均有使用合同用工。① 教师岗位。高校积极实施各类“人才计划”、“预聘制”。对于高层次人才，合同用工目的侧重于突破现有政策框架，实行高于编制内人员标准的年薪制；对于普通教师，合同用工更多是为了促进人员合理流动性，确保高校聘用到真正需要的优秀人才，其薪酬标准一般参照编制内标准或双方协商约定。② 行政管理、教学辅助岗位。合同用工更多是考虑编制总量和人员流动性两方面因素，薪酬标准一般以双方约定为主，也有参照编制内标准确定的情况。通过调查发现，无论是教师岗位还是非教师岗位，绝大部分高校均按实际收入缴纳社会保险，用工规范性较强，能有效保障受聘人员的合法权益。

（2）派遣制

劳务派遣指劳务派遣单位根据用工单位要求，将与之建立劳动关系的劳动者派往用工单位工作，用工单位向劳务派遣单位支付相关费用的一种特殊劳动关系。用工单位与劳动者之间为用工关系，劳务派遣单位与劳动者之间为劳动关系。随着学校发展，教学科研人员数量不断增加，相应的支撑保障队伍规模也不断扩大，同时，教学、科研工作也产生了大量临时性工作需求，如果全部使用事业编制或合同用工，势必造成编制紧张、用工成本增加。国家 2013 年 7 月发布的新修订的《劳动合同法》以及人社部于 2014 年 3 月发布的《劳务派遣暂行规定》都对劳务派遣制度做出了进一步规范，明确界定其为单位用工的补充形式，对使用范围作出了明确界定和规范，其中《劳动合同法》第六十六条明确规定：“劳务派遣一般在临时性、辅助性或者替代性的工作岗位上实施。”因此，高校在部分低技术性、辅助性岗位（办公室文员、后勤）和临时性（项目科研助理）岗位使用劳务派遣不仅符合自身需要，同时也符合国家相关政策，可以灵活决定聘用周期，是否续聘。劳务派遣人员工资、社会保险、档案管理、劳动合同管理等由派遣单位负责，可以降低高校在这些方面的人力资源投入；同时，高校与劳动者不存在劳动关系，能在一定程度上避免劳动纠纷。劳务派遣用工使人员使用权与所有权分离，在减少高校事务性投入的同时获得了专业化服务。随着国家相关制度的逐步完善，劳务派遣将成为高校在辅助性、临时性、替代性岗位的主要用工方式之一。

（3）业务外包

业务外包指高校将一些非核心的、低组织性的岗位职能或任务交由第三方的专业服务公司来完成，由其组织相应的人员提供服务，高校与服务公司属于严格意义上的经济关系。过去，由于高校公共性事务社会化程度低，需直接负责食堂、物业、附中附小、交通、后勤等诸多后勤保障类事务，极大消耗了有限的人力资源，在此过程中也产生一些突出的问题，如高校第三产业改革中产生了部分无法分流到其他岗位的人员，这部分人员长期占据了有限的事业编制。采取业务外包能有效避免此类情况发生，高校可根据实际需要增减任务，不涉及人员管理和劳动关系，实现由“花钱养人”向“花钱买服务”转换，有效降低了高校在非核心业务上的人力投入和风险，从而能够集中优势资源投入到教师育人的核心职能之中。目前，部分高校在保安、绿化、保洁、交通、后勤、会议服务等方面已开始尝试采取业务外包。

（4）其他用工方式

高校其他用工方式主要还包括兼职聘用其他单位人员，返聘本单位退休人员等。兼职聘用指在无法全职引进高水平专家、知名学者时，高校兼职聘用其到校工作，高校一般按工作量支付约定的报酬。高校通过兼职聘用高水平专家、知名学者，一方面能带动相关学科发展，另一方面能提升本校影响力。目前，兼职聘用为各个高校广泛使用，聘用对象已从国内发展到了国际。高校返聘退休人员一般有两类原因，教师岗位主要考虑继续发挥教师学术影响力、保障学科发展，特别是部分学术影响力较强的专家、学者达到退休年龄后，高校会积极返聘其回原岗位继续工作。非教师岗位则更多考虑岗位工作衔接问题，通过返聘退休人员一段时间，确保原岗位工作的顺利交接。兼职聘用与返聘退休人员风险低、方式灵活，能作为高校主要用工方式的补充，由于不影响人员原有劳动关系或退休关系，一般也不会产生劳动争议。

3.2.2　高校多元化用工现状

为理清我国高校当前的多元化用工状况，本课题研究组于 2014 年 6 月在全国范围内开展了高校多元化用工状况调查，共发放调查问卷 112 份，回收有效问卷 42 份，其中部属院校 37 所，地方院校 5 所（鉴于课题研究目的，本课题数据调查未涉及工勤人员）。

（1）多元化用工概况

调查表明，“规避用工风险”“激活原有人员队伍活力”“节约用人成本”“编制有限”等是高校采取多元化用工机制的主要原因。近 70%的高校表示，在现行事业单位人员管理体制机制下，合同制、派遣制等编外用工形式有利于建立能进能出、能上能下的用人机制，有利于形成合理的人员流动和退出，从而能“激发队伍活力、规避用工风险”。

被调查的 42 所高校全部采用了两种及两种以上的用工方式。其中，14%的高校采用了包含事业编制、合同制、劳务派遣及诸如外聘教师、外籍教师等其他用工方式在内的四种用工方式，28%的高校采用了三种用工方式，58%的高校普遍存在两种用工方式（见图 3）。

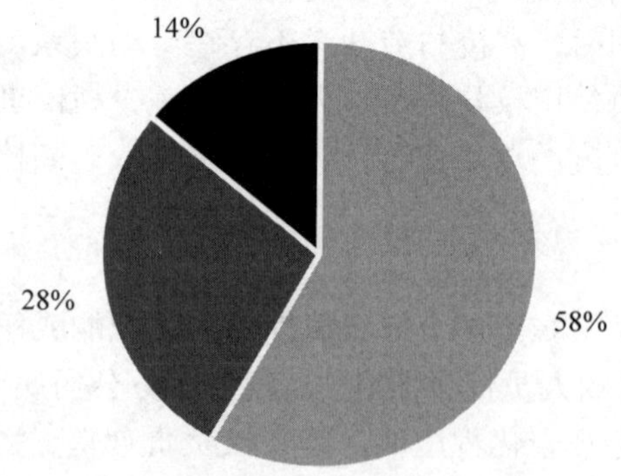

图 3　调查高校用工方式统计

从地区来看，华北地区 27.27%的高校采用了两种用工方式，各有 36.36%的高校采用了三种或四种用工方式；华东地区 75%的高校采用的是两种用工方式，各有 12.5%的高校采用了三种或四种用工方式；华南、华中、西南、西北地区的调查高校的用工方式均在三种以内（见表 2）。

表 2　各地区高校用工方式情况统计

地区	两种用工方式（%）	三种用工方式（%）	四种用工方式（%）
华北	27.27	36.36	36.36
西南	33.33	66.67	0
华南	60	40	0
西北	66.67	33.33	0
华东	75	12.50	12.50
华中	80	20	0

对各地区高校具体采用的用工方式进行分析比较发现，华北、华南、华中、西南地区的编制外用工以合同制为主、辅以派遣制及其他用工方式，华东地区则以派遣制为主，87.5%的被调查高校采用了派遣制的用工方式（见图 4）。

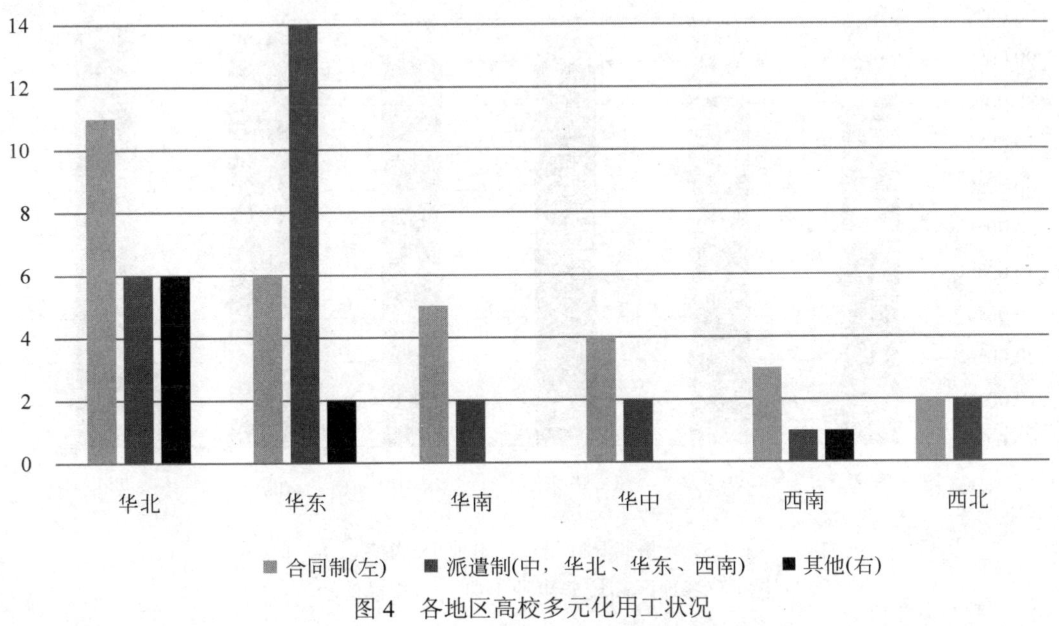

图 4　各地区高校多元化用工状况

（2）非事业编制队伍规模

调查显示，以合同制、派遣制等方式聘用的非事业编制人员占全校总人数的平均比例约为 13%。但由于受到管理方式、人员编制、政策环境等影响，42 所调查高校中非事业编制人员的队伍规模呈现出较大差异。例如，华北地区某高校非事业编制人员占全校总人数的比例超过了 1/3，约为 36.38%，而西北地区某高校的该比例仅为 0.12%（见图 5）。

图5　调查高校非事业编制队伍规模比较

总的来看，华南地区高校编外聘用人员比例为全国最高，非事业编制人员的平均比例近21%，而西北地区高校非事业编制人员的平均比例则仅为3.84%（见图6）。

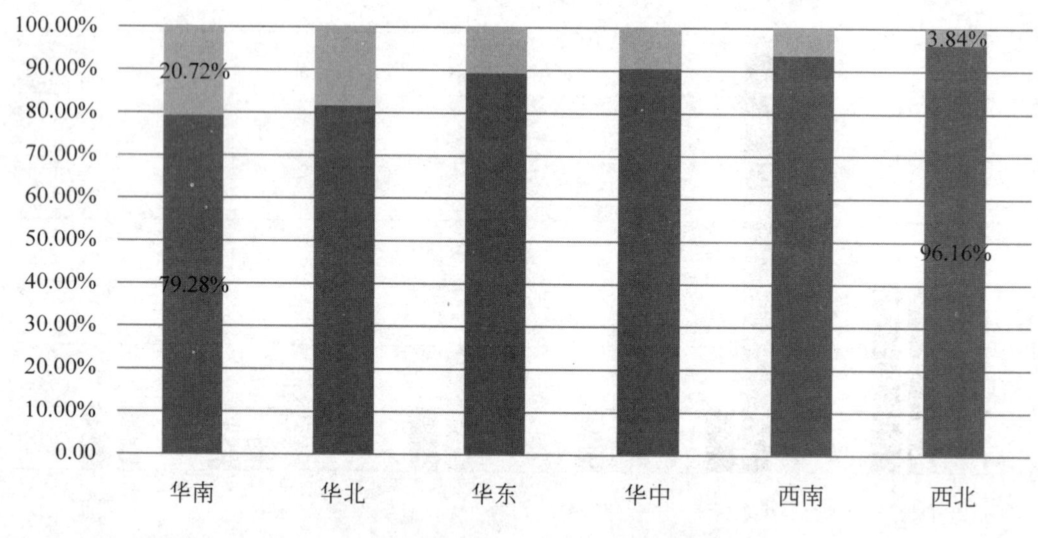

图6　各地区高校非事业编制人员规模比较

（3）非事业编制队伍结构

① 年龄结构

图7显示，高校聘用的非事业编制员工以年轻人为主。42所调查高校30岁以下的非事业编制人员占全体教职工总数的平均比例超过1/2，约为51.58%，其中华中某高校该比例最高，约为86.67%；40岁以下人员比例达到84%，2所高校非事业编制人员均为40岁以下。

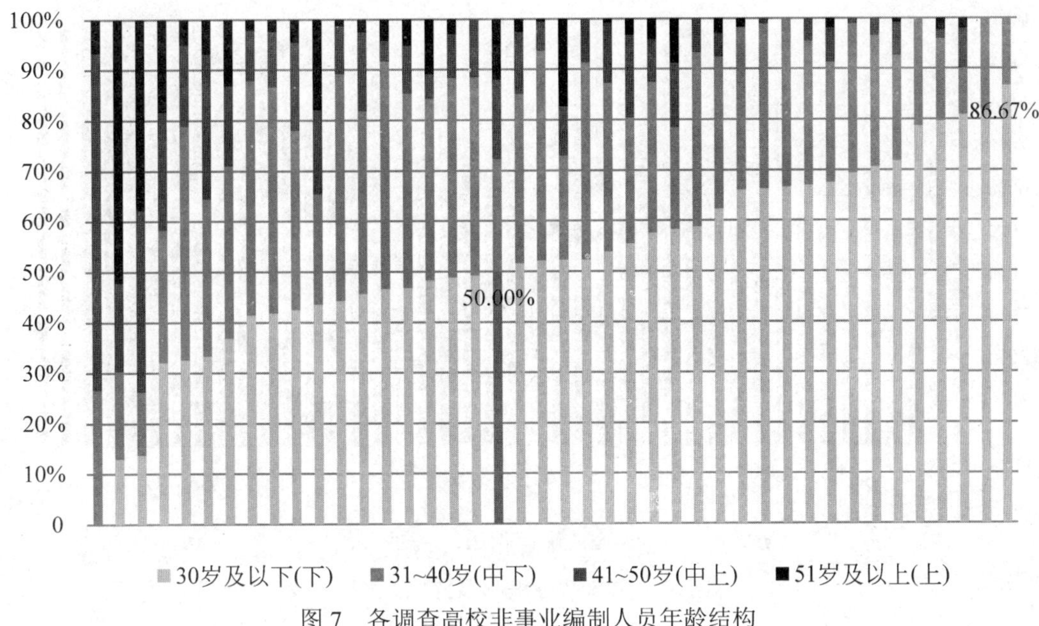

图 7　各调查高校非事业编制人员年龄结构

② 学历结构

调查显示，7.48%的非事业编制人员具有博士学位，29.11%的人员具有硕士学位（见图 8）。由此可见，在调查高校中，非事业编制人员多仅具有大学本科或本科以下学历。由于岗位的差异，各高校的非事业编制人员学历结构也不尽相同。例如，西北某高校由于非事业编制人员均为教师，队伍人员均具有博士学位。

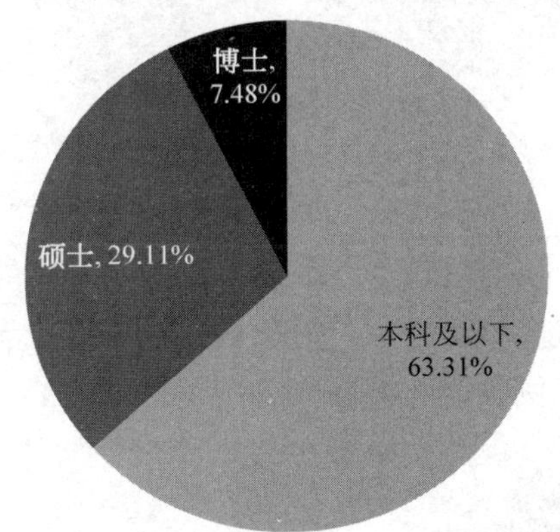

图 8　调查高校非事业编制人员学历结构概览

③ 岗位分布

图 9 和图 10 显示，非事业编制人员分布在教师、管理和教辅各个岗位上。其中，近 50%的非事业编制人员从事行政管理工作，约 36%的人从事教学辅助工作，专任教师中的非事业编制人员相对较少。

教师和教学辅助人员队伍中，非事业编制人员大多还未晋升至于副高级或以上专业技术职务。调查显示，在教师队伍中，仅有约 1/3 的人员具有副高级及以上职称；在教学辅助队伍中，具有高级职称的人员比例仅为 2.45%。管理队伍中的非事业编制人员则多集中

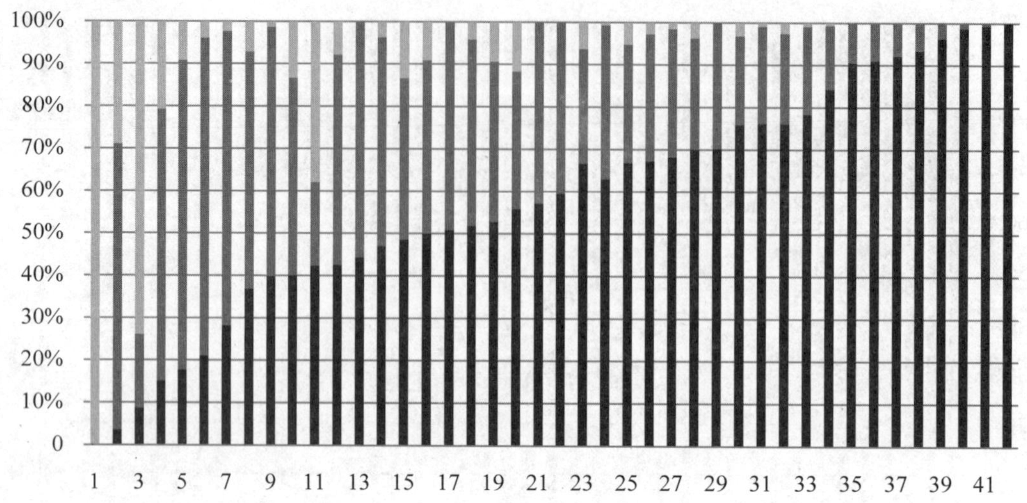

图 9　各调查高校非事业编制人员学历结构比较

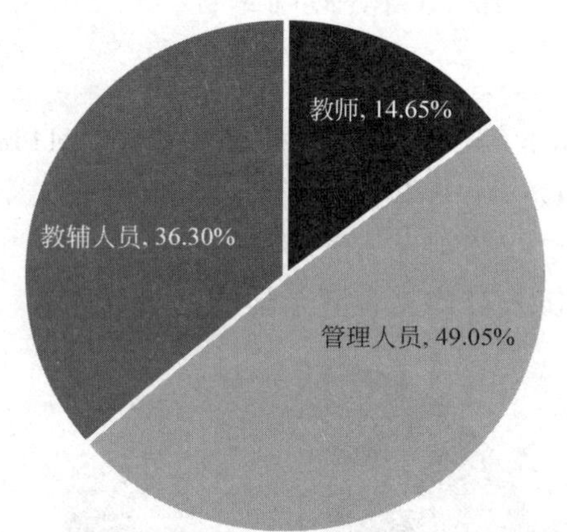

图 10　调查高校非事业编制人员岗位分布概览

在九、十级职员或科员、办事员的岗位，人员比例达到 80%，而晋升为七级职员或具有正科级及以上行政职务的人员比例仅为 4.42%（见图 11～图 13）。

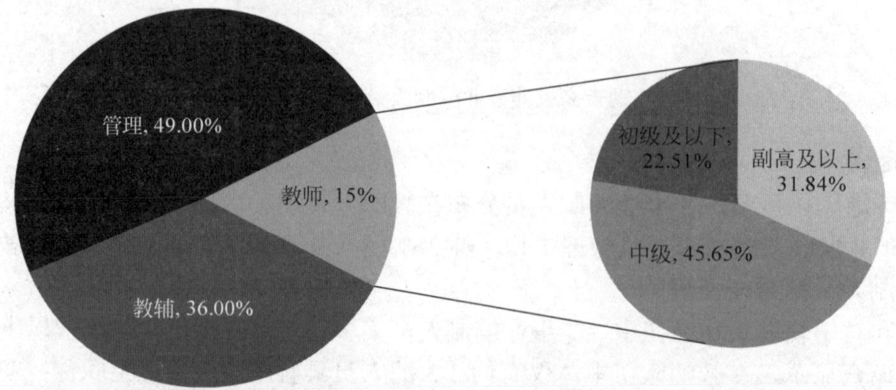

图 11　调查高校非事业编制教师专业技术职务分布情况

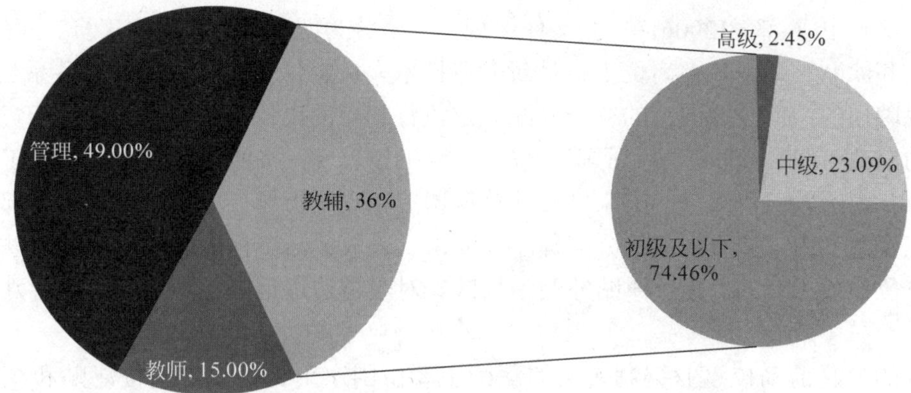

图 12　调查高校非事业编制教辅人员专业技术职务分布情况

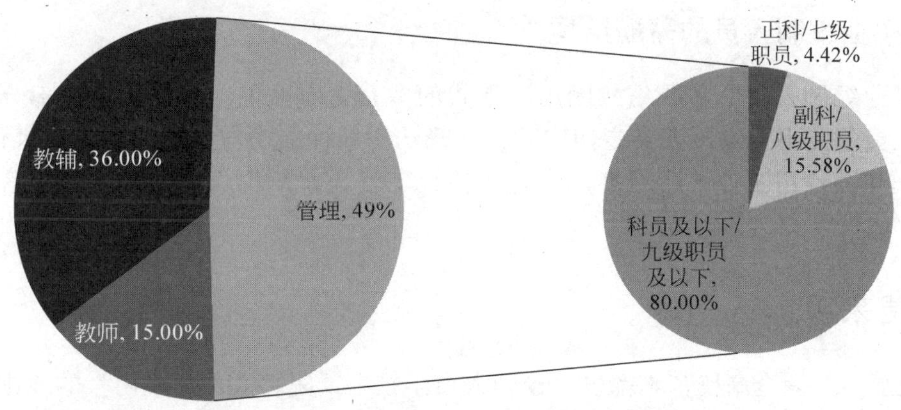

图 13　调查高校非事业编制管理人员职员职级/行政职务分布情况

第三章　我国高校编内外人员薪酬状况分析

目前，对于编制外用工，无论是企业还是包括高校在内的事业单位，普遍缺乏较规范完善的管理制度，且在不同地区、不同单位之间差异明显，从而在管理过程中存在诸多问题，主要体现在合同和社保等的规范性、薪酬体系的合理性和公平性、考核机制的科学性、职业发展的可持续性等方面。作为队伍建设的基础，且更为显性并易观测，薪酬体系的合理性和公平性伴随着“同工同酬”问题逐渐引起了社会关注和热议。

1　薪酬结构

薪酬体系多元化首先表现在薪酬结构上。对事业编制来说，由于受国家政策的约束，薪酬结构大体上比较单一；其他用工条件下的薪酬结构则呈现出了多样性。

1.1　事业编制人员的薪酬结构

2006 年国家实施事业单位收入分配制度改革。在《事业单位工作人员收入分配制度改革实施办法》(国人部发[2006]59 号)文件中规定工资分为四个部分：岗位工资、薪级工资、绩效工资和津贴补贴。其中岗位工资是对专业技术人员、管理人员、工人等各系列人员，依据其现聘用的岗位按照国家的统一分配规定执行相应的岗位工资标准；薪级工资则是按照人员的套改年限、任职年限和所聘岗位，结合工作表现，按照国家制定的薪级工资标准进行套改；在绩效工资部分，国家只实行总量调控和政策指导，单位在上级主管部门核定的绩效工资总量内，按照规范的分配程序和要求，采取灵活多样的分配形式和办法，自主决定本单位绩效工资的分配；津贴补贴是指国家对艰苦边远地区实施津贴，对特殊岗位进行补贴。

一般的，目前高校事业编制人员的薪酬主要由国家工资、校内岗位津贴和绩效津贴组成。

1.2 非事业编制人员的薪酬结构

非事业编制人员的薪酬结构因用工形式的多元化而呈现出多样化。在部分高校，合同制人员参照事业编制人员定岗定薪，薪酬结构和标准均与事业编制人员大体一致。而派遣制和其他用工方式则较多地实行了协议工资，薪酬构成包括：基本年薪和绩效年薪。

2 经费来源

调查显示，调查高校基本都以“校聘人员学校出，院聘人员学院出”的原则，明确了非事业编制人员的聘用单位和经费来源。鉴于合同制方式用工的主体通常是学校，约86%的调查高校基本上全额承担了（70%以上）该类型人员的人员经费（见图 14）。派遣制及其他方式的用工主体则更为多元化，故经费来源也更为多元化，全额承担（70%以上）人员经费的学校比例约为 63%，还有近 1/3 的学校承担的人员经费不足总经费的 30%（见图 15）。

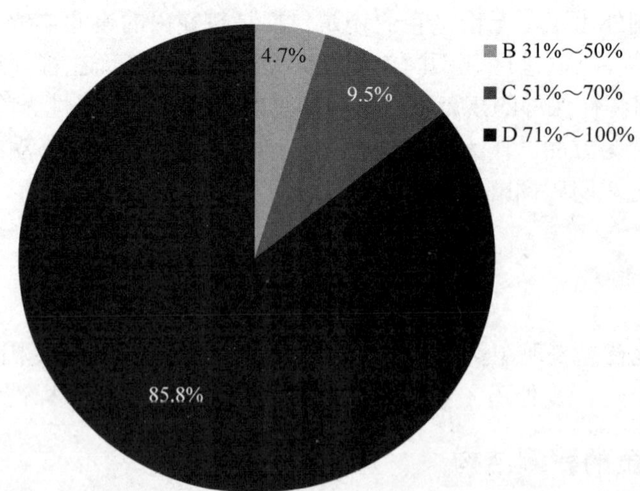

图 14 调查高校承担合同制人员经费比例

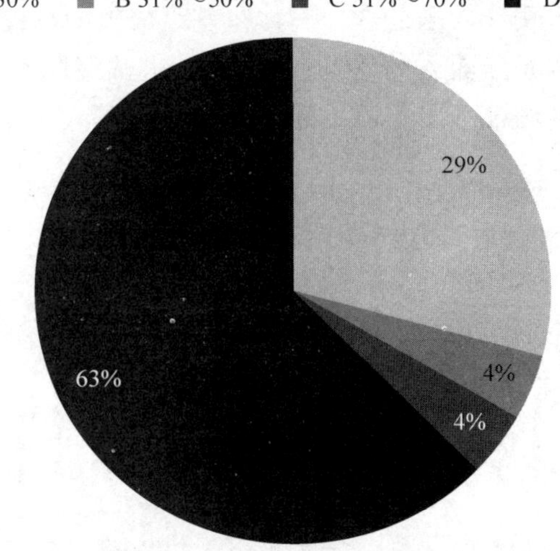

图 15　调查高校承担派遣制及其他方式用工人员的经费比例

3　薪酬标准

在对多元化用工条件下人员结构分析的基础上，课题组对编内外中级及以下专业技术人员及七八级职员或正副科及以下管理人员 2013 年年收入情况进行了调查。调查共发放问卷 112 份，回收问卷 46 份，其中 10 所高校无非事业编制人员及其薪酬数据。

3.1　编内外专业技术人员薪酬分析

调查显示，编内外专业技术人员在薪酬上存在一定差距。总体上，事业编制人员的薪酬略高于非事业编制人员，平均差距在初级及以下人员中表现得更为明显，个体差异则在中级职称中较为突出。从绝对值来看，调查高校中，编内外初级及以下人员 2013 年年收入的平均差距约为 2.3 万元，最大差距约 5.8 万元；中级职称人员的平均差距约为 2 万元，略低于初级及以下人员，但最大差距几近 8.5 万元。从相对值来看，初级及以下人员中，非事业编制人员年收入平均约为事业编制人员年收入的 74%，该比例的最低值约为 33%；而中级职称人员中，以上比例分别为 81%和 32%。

但值得关注的是，调查数据显示，有 3 所高校的非事业编制人员 2013 年年收入高于同等职务的事业编制人员，初级及以下人员的最大差距达到 28276 元，中级职称人员的最大差距为 16860 元。

3.2　编内外管理人员薪酬分析

与专业技术队伍类似，管理队伍中非事业编制人员薪酬总体上也略低于事业编制人员，但不同的是，无论是绝对值或相对值的比较，编内外人员薪酬差距在更高一级职务中表现得更为明显（见图 16～图 20）。编内外九十级职员（科员及以下）2013 年年收入的平均差距约为 2.1 万元，最大差距约 8 万元；以上差距在七八级职员（正副科）中则分别达到 2.3 万元和 9.6 万元。从相对值来看，九十级职员（科员及以下）中，非事业编制人员年收入平均约为事业编制人员年收入的 77.5%，在差距最大的高校，非事业编制人员年收入不到同等职务事业编制人员年收入的 1/3。在编内外七八级职员（正副科）2013 年年收入差距最大的高校，非事业编制人员年收入还不足事业编制人员年收入的 1/5。

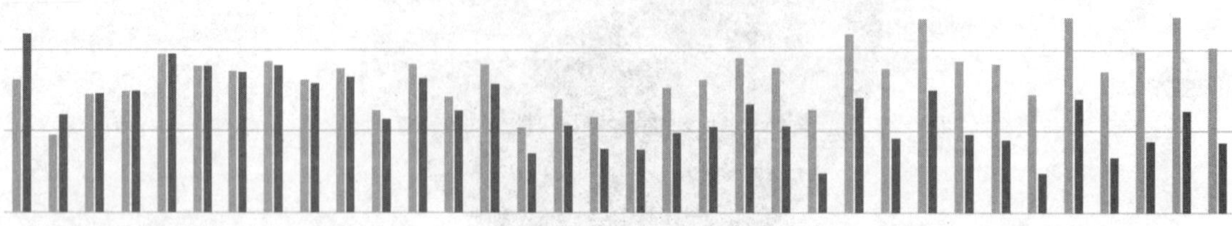

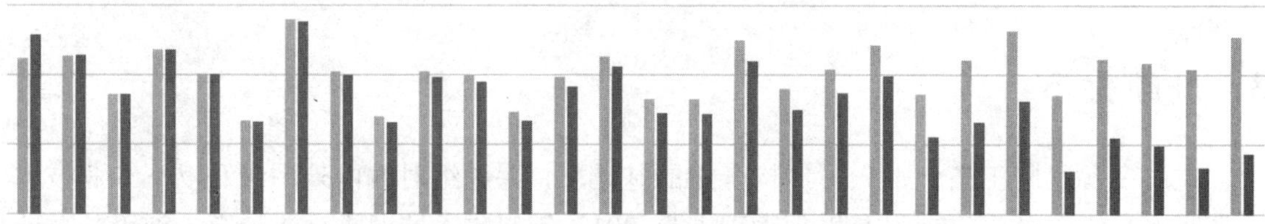

图 16　编内外专业技术人员薪酬对比

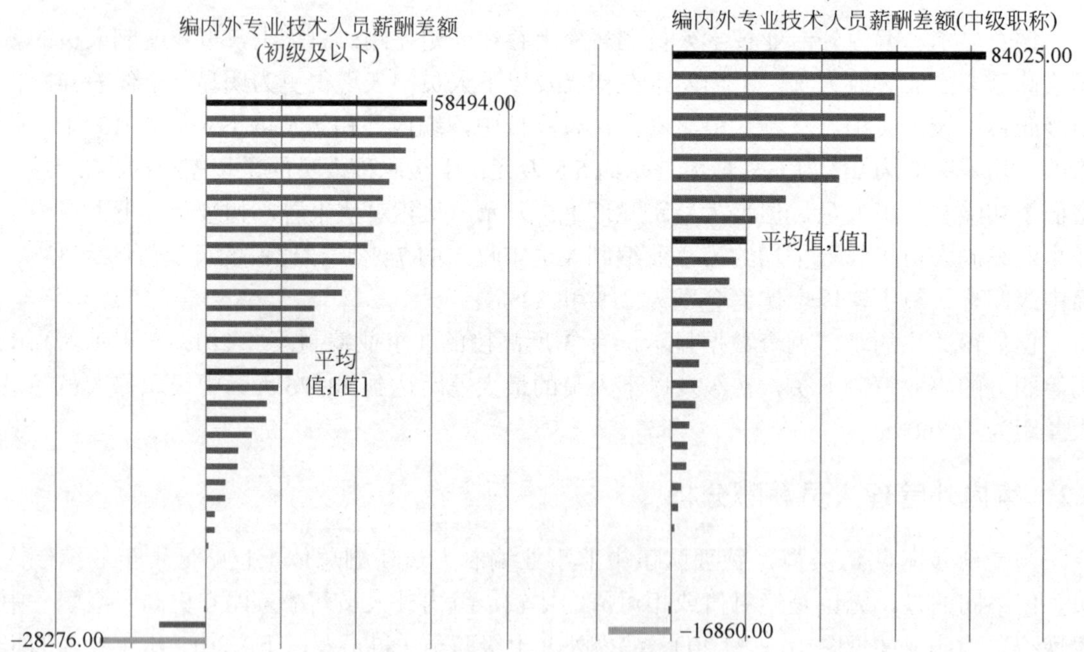

图 17　编内外专业技术人员薪酬差距

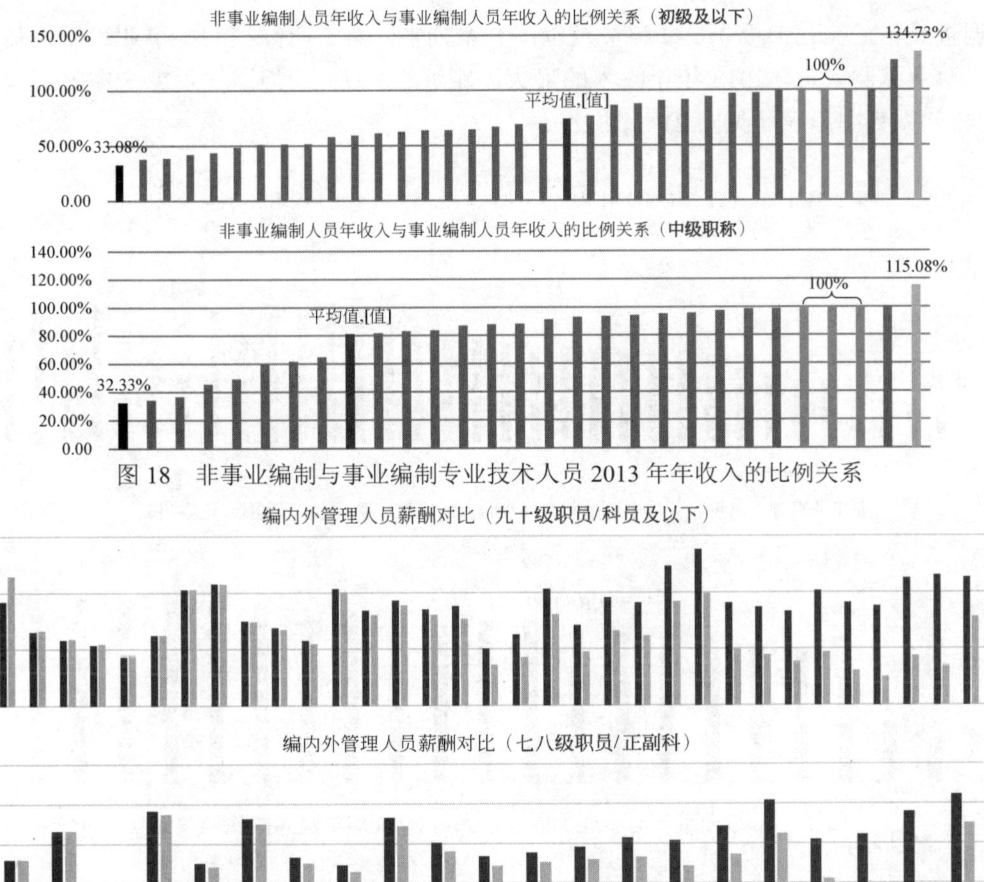

图 18　非事业编制与事业编制专业技术人员 2013 年年收入的比例关系

图 19　编内外管理人员薪酬对比

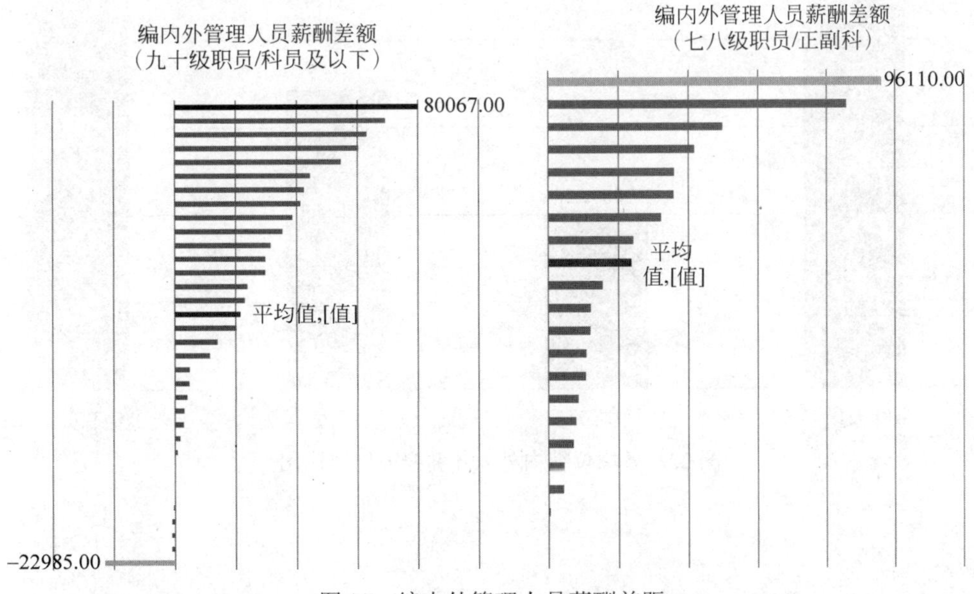

图 20　编内外管理人员薪酬差距

调查显示，在九十级职员（科员及以下）系列中，有 5 所高校的非事业编制人员薪酬略高于事业编制人员，2013 年年收入的最大差距近 2.3 万元。但这一现象未在七八级职员（正副科）系列中出现（见图 21～图 23）。

非事业编制人员年收入与事业编制人员年收入的比例关系（**九十级职员/科员及以下**）

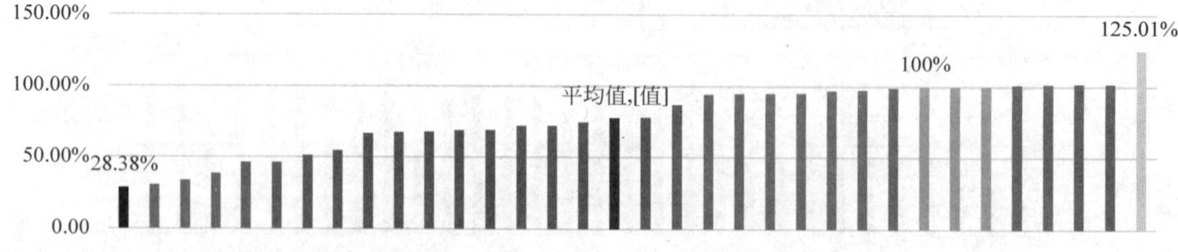

非事业编制人员年收入与事业编制人员年收入的比例关系（**七八级职员/正副科**）

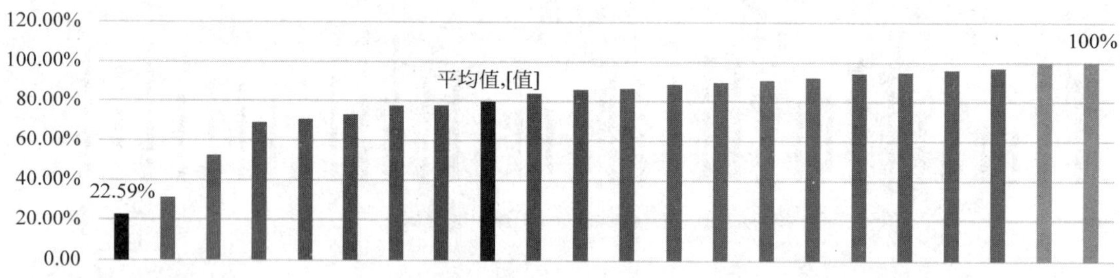

图 21　非事业编制与事业编制管理人员 2013 年年收入的比例关系

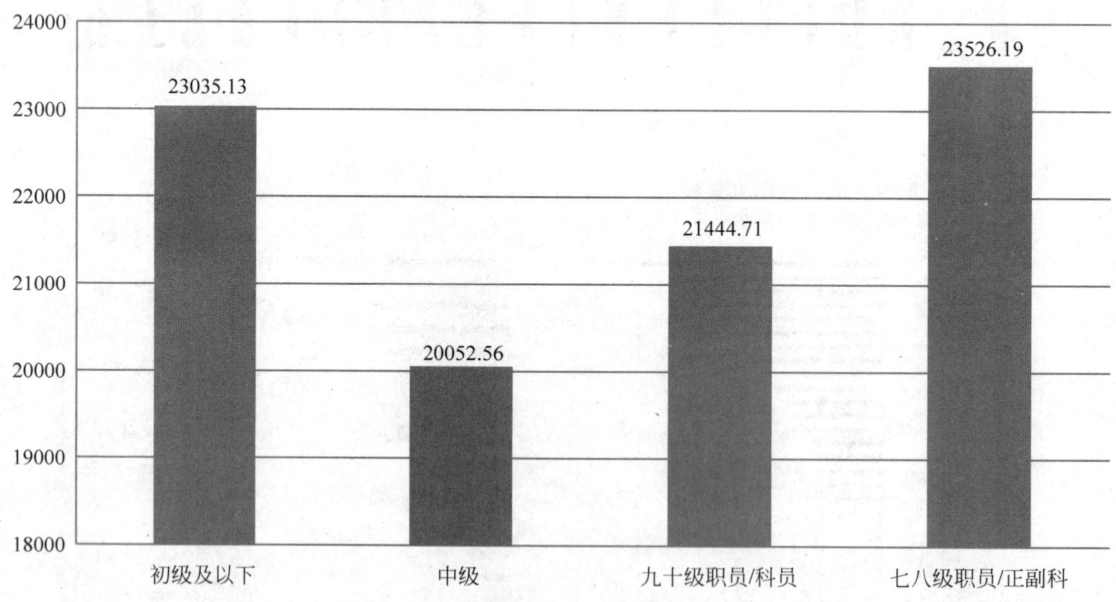

图 22　各岗位编内外人才薪酬差别对比图

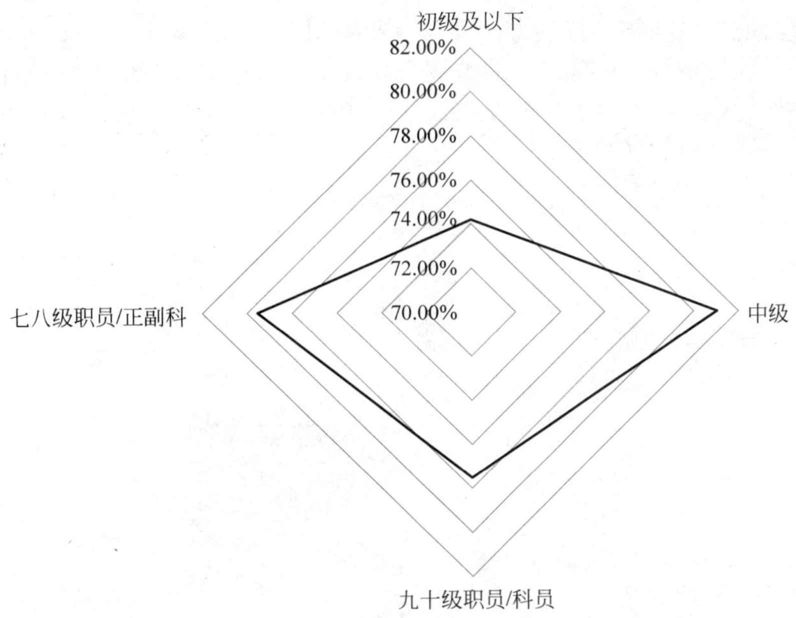

图 23　各岗位非事业编制人员与事业编制人员薪酬对比比例

4　福利待遇

编内外人员在享受福利方面，也存在一定差异，尤其是派遣制及其他人员在住房、晋升、培训等方面与事业编制人员差异明显。

被调查高校全部按政策规定为合同制人员缴纳了社会保险，合同制人员退休时可从社保按月领取养老金，养老金按企业办法计发；71%的被调查高校为合同制人员提供了晋升渠道和机制；67%的被调查高校提供了培训、在职攻读学位的机会；但仅有48%的被调查高校的合同制人员与事业编制人员享受同等的住房待遇（见图24）。

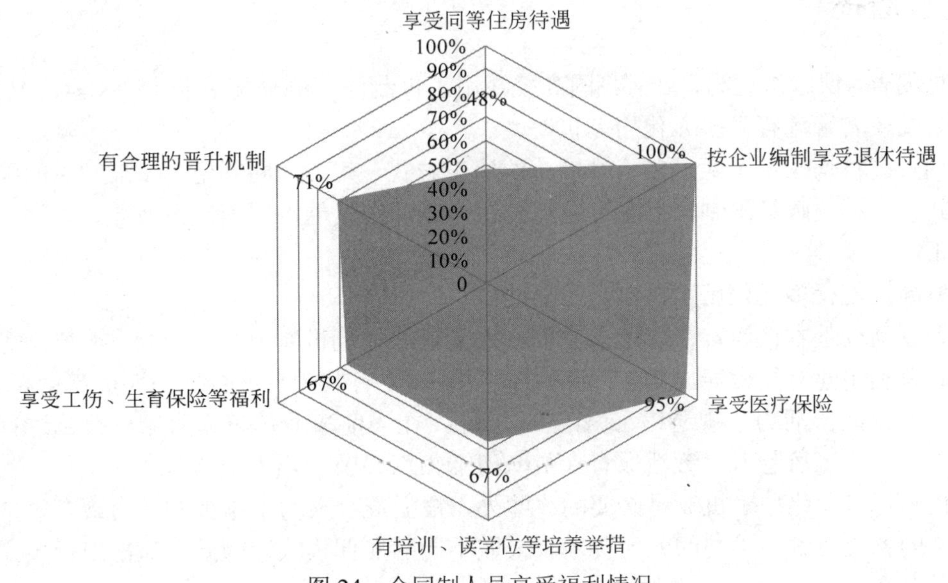

图 24　合同制人员享受福利情况

派遣制及其他人员在福利待遇方面则与事业编制人员差距较大。除按政策缴纳社会保险并享受相关保险待遇外，95%以上的被调查高校中，派遣制及其他人员没有享受与事业编制同等的住房待遇，没有培训、在职攻读学位的机会；近 13%的被调查高校为派遣制及其他人员提供了晋升机制（见图 25）。

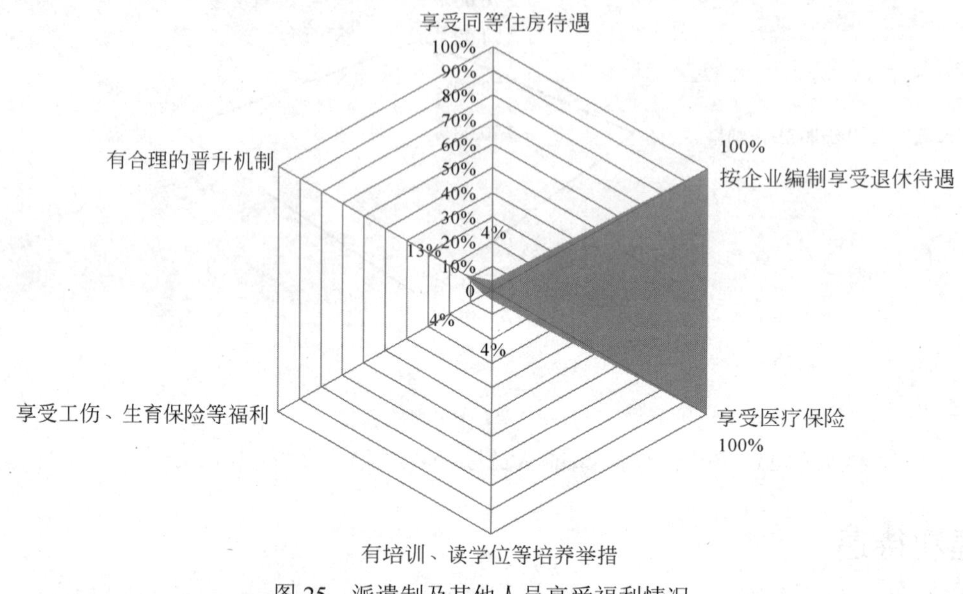

图 25 派遣制及其他人员享受福利情况

第四章 高校多元化用工机制与薪酬分配的现状和问题

1 现状概述

通过调查，课题组认为，目前我国高校在用工机制与薪酬分配机制上，大体情况如下：

（1）高校普遍施行了多元化用工机制。

被调查高校均采用了两种及两种以上的用工方式，其中合同制用工是最常见的编制外用工方式。因相关政策限制，上海等地高校在编制外则仅能以派遣制及兼职、返聘等其他形式用工。

（2）高校施行多元化用工机制是必要的。

被调查高校基本认为，在现行事业单位人员管理体制机制下，合同制、派遣制等编外用工形式有利于建立能进能出、能上能下的用人机制，有利于形成合理的人员流动和退出，从而能“激发队伍活力、规避用工风险”。因此，在当前事业单位人事制度改革进行过程中，为“规避用工风险”、“激活原有人员队伍活力”、“节约用人成本”、“缓解编制有限”等，高校施行多元化用工机制是必要的。此外，根据混合人力资本架构，为最有效地使用组织内部的各类资源，不同的人力资本宜采取不同的雇佣模式。因此，高校施行多元化用工机制是存在合理的理论基础，是十分必要的。

（3）在薪酬分配上，一定程度上存在“不同酬”的现象，但大体上，在多元化用工机制条件下基本实现了“同工同酬”。

调查发现，“不同酬”的现象在一定程度上的确存在，主要表现在：

（1）薪酬管理体制上的差异。

薪酬管理体制上的差异体现为薪酬制度、经费来源、薪酬水平和社会保险等方面。非事业编制人员的薪酬管理体制尚不规范和完善，薪酬制度相对多元，经费来源渠道多元。

（2）福利待遇上的差异。

事业单位编内人员享有比较完善的福利待遇体系，包括假期制度、优抚制度、福利补贴制度、住房、养老、公费医疗、子女入学入托、独生子女费、上下班车等多种类型。非事业编制人员则只享受部分福利待遇，例如，非事业编制人员均未享受遗属生活困难补助费。另外即使有相关福利待遇项目，标准上往往也有所不同，例如，事业编制人员子女进入本校中小学或幼儿园，入学入托不需缴纳任何费用，而非事业编制人员往往需根据自身人员类别，缴纳部分赞助费。事业编制人员在本校在职攻读学位可以享受学费减免，非事业编制人员则需全额缴纳学费。等等。福利待遇项目和标准的差异，往往在单位内部形成对非事业编制人员的隐性歧视，非事业编制人员归属感相对较低。

（3）发展与晋升机制的差异。

非事业编制人员在进修培训、申请公派出国、在职申请学位、考取各种职业资格证书（如教师资格证）、申报研究课题、申报人才项目、职工奖励等诸多项目面临准入门槛。以公派出国为例，国家留学基金委公布的《2014 年国家留学基金资助出国留学人员选拔简章》，要求申请人须为“具有中国国籍，须为高等学校、企业事业单位、行政机关、科研机构的正式工作人员或优秀在校学生”，其他校内外制度文件也存在类似的限制。这使得非事业编制人员受到一些非个体能力素质的制度因素限制，而缺乏发展机会。

此外，非事业编制人员相对缺乏晋升空间。对非事业编制人员的人事管理存在两种类型，一种是参照事业编制人员管理，另一种是不按事业编制体系分级设岗，建立单独的人事管理序列。前一种情况，当前中央直属高校的高级职称和高级职员比例普遍超标，晋升机会非常稀缺，事业编制人员的需求已难以满足，同等条件下非事业编制人员更是难以和事业编制人员竞争专业技术职务和职员晋升机会。后一种情况，没有分级设岗，也就没有了晋升机会，非事业编制人员只能根据工作年限和表现实现一定幅度的工资增长，仅有薪酬激励，而缺乏晋升激励。

但这种差异是否均以“同工”为前提，仍需具体问题具体分析。据统计，约 81%的被调查高校，按事业编制管理的编外人员的日常收入与事业编制日常收入的比例在 70%～100%之间。而在 2013 年年收入统计中，大部分高校反映，多元化用工机制于近几年才开始逐渐施行，因此，工作年限等客观因素成为造成编内外人员收入差异的主要原因。由此可见，在某种意义上，该统计的前提并未完全符合“同工”的条件。因此，上述薪酬差异的问题，是否可界定为“同工不同酬”，仍值得思考。

2 同工同酬问题界定窘境的成因分析

“同工同酬”的问题为何如此难以界定？可以从内因和外因两方面来分析。

2.1 外部因素分析

（1）“同工”界定难

落实在操作层面，同工同酬第一个难题就是“同工”界定难，因此也就难以凭此“同酬”。如前文所述，同工同酬必须具备三个要素条件：一是劳动者的工作岗位、工作内容相同；二是在相同的工作岗位上付出了与别人同样的劳动工作量；三是同样的工作量取得了相同的工作业绩。对于前两个条件：同岗位、同工作量，在一些传统的生产性行业内衡量起来可能比较容易，但是在其他领域中，比如教育领域，其工作量就难以准确核算。教学和科研工作同时包含了数量和质量的因素，体现的是智力劳动成果，难以准确衡量。其次，对于是否做出同样的工作业绩，衡量业绩方法也是多元的，不同的测量方法产生结果也是不同。正是由于考核评价难，虽然高校已经推行了岗位聘任制，但高等学校的内部津贴分配办法的制定，津贴的分配仍多以身份、职务、级别、用工的形式来决定，难以充分考虑工作业绩的大小。

（2）差异性原则

导致“同工不同酬”的众多因素当中，也有不少是合理的和必要的，要充分考虑差异性原则。首先，劳动者自身的禀赋、兴趣和能力存在差异，所处岗位，实际所做的工作量，取得的业绩成果都可能有所差异。根据各高校的情况来看，非事业编制人员主要从事一些辅助性和可替代性较强的工作，事业编制人员以教学科研人员为主，需要充分考虑根据工作差异，实行不同报酬。其次，高校间或行业间收入差别可能是由于行业收益能力不同引起的，而非劳动力本身的差异性所致。此类差异是由于学校发展水平不同导致的，体现了不同高校的资源配置能力差异，也是高校多样化发展的具体体现，在很大程度上讲，对社会发展是有利的。可见，“工”“酬”并非简单的对应关系，需要充分考虑多种因素。

《中共中央关于全面深化改革若干重大问题的决定》关于收入分配改革内容中提出形成合理有序的收入分配格局，保护劳动所得，同时也提出了健全资本、知识、技术、管理等由要素市场决定的报酬机制，即多要素参与收入分配。可见，合理范围内，收入差异性有其存在道理。

（3）立法两难性问题

从立法角度，如何把握同工同酬的实施标准“宽”“严”，是一个两难问题。尽管同工同酬原则可以预设一些例外，允许一定程度的差异，但由于实际生活中同工不同酬的抗辩理由有着广泛性和不可测性，所以这个范围基本上是无法准确预置的。导致同工不同酬的因素多种多样，而且无法通过简单枚举或一般归纳将同工同酬原则的例外设定清楚。新的产业领域和新的用工模式层出不穷，劳动关系也随之不断发展和变化。要求立法者在设置同工同酬例外时预测到所有可能出现的抗辩因素显然是不切实际的。除此之外，如何“宽严”有度地掌握同工同酬的例外范围也是个两难命题。合法的同工不同酬范围定得过宽必定会挤占同工同酬的覆盖面而使公平分配失去实际意义。如果同工同酬的例外定得过窄，就难免会对市场经济的发展和对特殊人群的保护有照顾不到的地方。因此界定同工同酬的例外范围，对于立法者来说无疑是一项艰巨的挑战。

（4）劳动力市场因素

基于学校发展战略，以及相应的学校教职工队伍建设实际需要，用人单位会根据劳动力市场，结合自身实际情况，灵活决定用人形式，确定薪酬标准。由于劳动力市场是自由的，高校自主用人条件下，导致了用人形式的差异。

其次，劳动力价值并非一成不变，是受稀缺性、市场供需关系决定的，往往会随劳动力市场的供求关系变化而发生变化。即使对同一个教师，由于高校所处区位、发展阶段、发展目标和引才力度的差异，不同学校的薪酬标准也往往不同。

劳动关系的双方主体应当自主独立，地位平等，通过协商谈判来确定各自的权利义务。如果出现社会劳动力供过于求，劳动者缺乏与用人单位平等谈判的基础，用工单位会掌握薪酬制定的决定权。我国劳动力市场存在结构性失衡，是导致劳动者合法权益受到侵害难以得不到有效保护的根源，也是多元化用工形式下其他用工形式劳动者遭受“同工不同酬”待遇的重要影响因素。

2.2 内部因素分析

（1）高校人事管理制度

目前全社会统筹的事业单位社会保障制度尚未实行，养老、医疗、就业、住房等待遇仍然固化在单位内部，加上户籍、档案等制度改革滞后，真正意义上的人员退出机制事实上还没有建立，客观上高校内部还存在所谓的“体制”内外区别。不缴纳养老保险的事业编制人员和缴纳养老保险的编外多元化用工机制下的聘用人员存在社保机制不同导致的退休后收入差异。即使事业编制人员和非事业编制人员都缴纳社保，也存在退休金核算方式导致的差异。

如果不能改变这种管理体制就不能从根本上解决同工不同酬的问题，要改变这一状况，必须建立多层次的社会保障体系，只有在一个社会保障体系完善的社会里，单位人向社会人的转变才有可能实现。

（2）科研经费管理制度

伴随着国家加大对科研事业的投入力度，高校作为科研力量的重要组成部分，其承担的科研项目规模在逐渐增大，科研经费日渐成为学校财政收入的重要来源之一。随着高校承担课题的增多，在事业编制固定人员外，聘用的非事业编制科研助理人数数量不断扩大，以农大为例，进行大田试验，就需要季节性的雇佣耕种人员。但现行科研经费管理办法严格限定了科研经费中劳务费的发放比例和人员范围。如，《国家自然科学基金项目资助经费管理办法》明确要求：“劳务费是指用于直接参加项目研究的研究生、博士后人员的劳务费用。”“面上项目劳务费不得超过自然科学基金资助经费的 15%；重点项目、重大项目及各类专项的劳务费不得超过自然科学基金资助经费的 10%”，其他纵向科研经费管理办法都存在类似的问题。这导致学校教师和非事业编制人员都难以从科研经费中合法获取自身应得的收益。事业编制人员有学校发放的固定工资，而非事业编制的科研助理主要收入来源就是科研经费，可以发放的劳务费少，其收入自然偏低。劳务费偏低，也是当前挤占、挪用科研经费问题的重要原因。

（3）中央地方分级管理体制

我国实行工资分级管理，事业单位收入分配制度改革所需经费，按单位类型不同，分别由财政和事业单位负担。由财政负担的经费，按现行财政体制和单位隶属关系，分别是中央财政和地方财政负担。

部属高校收入由中央财政负担，地方高校则由地方财政负担。由于各地经济发展水平不一，财政收入大小不同，对地方高校支持能力和力度各不相同。处于同一城市的部属高校和地方高校工资水平存在三种可能：部属高校更高、部属高校偏低、相等。由于我国经济发展水平与地域因素密切相关，不同地区呈现出不同的情况：东部发达地区和沿海地区，地方高校在职和退休人员的工资水平一般高于部属高校。在中西部地区及经济落后地区，部属高校工资水平相对较好。

实现环境中，同工不同酬涉及到工资差异、福利差异和晋升机会差异等，不仅存在于事业编制人员和非事业编制人员之间，也存在校际之间的同工不同酬，高校和企业之间非事业编制人员的同工不同酬。准确界定“同工”的难度，地区发展不均衡条件下的中央地方分级管理体制，处于转轨过程中的高校人事管理制度和结构性失衡的劳动力市场等众多因素，使得“同工同酬”难以从理想变为现实，惠及高校全体教职工。

第五章　高校多元化用工条件下实现同工同酬的可行性分析和对策建议

1　语境分析

就多元化用工语境而言，其本质上是反歧视语境的子集。但两者最根本的区别在于，在多元化用工语境下，对“同工同酬”现象的分析受到了人员“身份”的极大干扰，使得“同工”的界定更为困难，但同时又经常被忽略。在高校，由于脑力劳动中劳动工作量及工作业绩和价值很难进行衡量和比较，“同工”已难以界定，而多元化用工机制则又将人员的“身份”属性凸显，引发了人们对“身份”歧视的关注，而忽略了“同工同酬”问题的基础：“同工”的界定。因此，多元化用工机制下员工“身份”的区别很容易导致对“同工同酬”问题及其成因认识的偏差。实际上，许多关于多元化用工机制条件下“同工不同酬”的质疑都认为：① 确实存在的“不同酬”现象即为“同工不同酬”现象；②“不同酬”现象的产生是因为多元化的用工机制而非“不同工”。多元化用工机制往往成为了引起“同工不同酬”现象的重要原因；而摈弃多元化用工机制则成为了解决“同工不同酬”问题的重要途径。

因此，在多元化用工语境下分析“同工同酬”现象和问题，必须认识到多元化用工的必要性和多元化用工机制下实现“同工同酬”的可行性。

2　多元化用工的必要性

2.1　多元化的人力资本必然要求实行多元化的用工机制

根据康奈尔大学 David Lepak 和 Scott A 教授的人力资本架构，高校内部的人力资本类型可分为表 3 所示的几种类型。

表 3　高校内部人力资本类型表

人力资本类型	特点	人员组成
核心人力资本	高价值、高独特性	教学科研人员、高级实验人员、高级工程技术人员等
通用型人力资本	高价值、独特性一般	专职科研人员、教学辅助人员、管理人员等
独特的人力资本	高独特性、价值一般	发展咨询顾问、产业化法律顾问等
辅助性人力资本	独特性一般、价值一般	一般的支撑人员、文员、后勤服务人员等

各类人员资本的价值与独特性各有高低，为最有效地开发和利用人力资本，合理化编制、经费等资源配置，有效地进行人力资源管理，在高校内部实行多元化的用工机制十分必要。

师资队伍，即教学科研人员，是高校人力资本的核心，具有高价值、高独特性，体现了高校的核心竞争力。在师资队伍建设中，“引才”是一方面，重点还在于“育才”。因此，根据混合人力资本雇用理论，高校的教学科研人员应采用“知识型雇佣”，在现实操作中，即以事业编制聘用。另一方面，对于工科而言，业务强、技能高的实验、工程人员也是不可或缺且难以获得的人力资本。

专职科研人员、高级实验人员、高级工程技术人员等教学辅助人员以及管理人员尤其是高级管理人员等，对高校而言，具有较高的使用价值，但因其专业技能对各组织是通用的，因此独特性一般。这类人员的招募和培养与高水平的教学科研人员等核心人力资本相比较为容易。因此，这类人员可以界定为通用型人力资本，可采用“工作型雇佣”，在现实操作中，建议以事业编制与合同制或派遣制相结合的方式聘用（见表 4）。

表 4　高校多元化人力资本条件下的多元化用工方式

人力资本类型	特点	人员组成	用工方式
核心人力资本	高价值、高独特性	教学科研人员、高级实验人员、高级工程技术人员等	事业编制
通用型人力资本	高价值、独特性一般	专职科研人员、教学辅助人员、管理人员等	事业编制与合同制/派遣制结合
独特的人力资本	高独特性、价值一般	发展咨询顾问、产业化法律顾问等	兼职、外聘
辅助性人力资本	独特性一般、价值一般	一般的支撑人员、文员、后勤服务人员等	派遣制（谁用人、谁出资）

在高校产学研过程中，法律顾问的作用越来越重要。法律顾问具有很强的专业独特性，一般人员很难胜任。但对高校而言，引进或内部开发、培养这类人员则成本过高，且容易造成人力资源的浪费。这类人员则可以界定为独特的人力资本，可采用“联盟/伙伴型雇佣”，在现实操作中，则建议以兼职、外聘的方式用人。

如普通实验员等一般的支撑人员，文员、后勤服务人员等因其低独特性和低价值，可以界定为“辅助性人力资本”，采用“合同型雇佣”，在实际操作中个，建议以“谁用人、谁出资”的派遣制聘用。

2.2 突破编制限额，满足实际需要

国家对事业单位编制总量控制较为严格，编制内进人普遍空间小、难度大，高校也处于同样情况，由于编制总量核定时间较早，调整速度往往落后于办学规模增长速度，编制总数与实际用人需求之间存在一定落差。随着社会高速发展，科学知识更新换代频繁，部分教职工在知识、技术、专业等方面存在不同程度的问题，特别是在教辅岗位和后勤岗位，因历史原因存在一批学历层次较低，无法完全胜任工作岗位要求的编制内人员，此类人员在现有体制下缺乏有效出口，导致了高校编制数进一步紧张。人员结构性过剩与需求短缺之间的矛盾，使高校将编制主要用于教师队伍，在教辅、管理岗位通过编制外用工以弥补编制数不足的问题。只要经费允许，高校多元化用工方式能够有效解决因编制总量不足而造成的人员紧缺。

2.3 能进能出，用人方式灵活

编制内用工的主要问题在于用工方式灵活性和人员流动性较差，造成“能进难出”的困境。高等教育作为知识更新最快的领域，人员必须能有效流动。国家 2002 年实行事业单位聘用制改革以来，事业单位用人机制逐步由固定用人向合同用人，由身份管理向岗位管理进行转变。目前，高校人事制度改革取得了一定成效，特别是在新聘人员方面，普遍实现了按岗招聘，岗位管理的用人机制。对于原有编制内教职工，虽然已签订了聘用合同，但考评中考虑到编制身份、单位内部稳定等因素，实际缺乏有效措施解聘考核不合格者。教职工多元化用人的核心为合同聘用、岗位管理，明确受聘人员岗位职责、工作任务、考核、管理等要素，因此，受聘人员在出现无法胜任工作时，高校可根据合同条款和相关法律终止合同或退回派遣公司；阶段性工作完成后或职能减少时，高校也可以选择不再续聘相关工作人员。多元化用工打破了编制内“铁饭碗”的传统，同时又符合《劳动法》《劳动合同法》的相关规定，在兼顾高校和劳动者双方权益的同时，对受聘人员产生适度压力，有利于调动受聘人员的工作积极性，提升工作质量。

2.4 服务社会化，增强核心效益

高校的职能可以划分为人才培养、学术研究、社会服务等核心职能和后勤服务等辅助性职能两类。由于过去高校内部结构庞杂，后勤保障社会化程度较低，存在一支规模较大的服务保障队伍。目前，高校在辅助性、事务性岗位所采用的劳务派遣或业务外包的形式，在本质上推行了后勤服务的进一步社会化，将需求委托给相关专业公司，由公司根据高校需求派遣员工、进行管理。这有助于减少高校在后勤保障队伍上的管理投入，降低用工风险，提高在教书育人等核心职能上的人力资源配置效率。

3 在多元化用工机制下实现同工同酬的可行性

本课题调查数据显示，在多元化用工机制下，编内外类似岗位、职务的人员薪酬水平上存在一定差异。分析发现，这些差异产生的原因主要在于：① 许多高校近几年才开始陆续推行多元化用工，编外聘用的人员又多以年轻人为主，因此，由于总体上编外人员的工

作年资明显低于编内人员，在部分编内外人员实行同样薪酬体系的高校也出现了两类人员的薪酬在统计数据上的差异。② 在大多数高校，由于编内外人员在管理上的区别，因此，编内外人员的岗位、职务职称等无法一一对应，本身就缺乏了“同工”的基础，“同工同酬”也就无从谈起了。

综上所述，目前高校多元化用工机制条件下出现的“同工不同酬”的现象只是表象，而非本质。因此，高校在多元化用工机制条件下实现“同工同酬”是可行的，是具备良好的实践基础的。但目前，在多元化用工条件下实现同工同酬也实非易事，还要从国家政策和法律、思想认识和管理操作等各个层面采取措施，在可能的范围内促进同工同酬的实现。

3.1 思想认识层面

（1）“同工同酬”是群体概念

尽管“工”具有一定的个体性，一个组织中任何人的“工”都可能不同，但“酬”却具有明显的群体性。任何一个组织都不会针对任何一个人制定一套薪酬体系，薪酬的设计是以某一群体而非个体为对象。因此，“同工同酬”是群体概念，对该现象的分析切不可以个体为单位，以偏概全。

（2）“同工同酬”不等于平均主义

“同工同酬”是按劳分配原则的体现，而绝不是平均主义。高校在施行同工同酬时，应充分考虑同工同酬的适用领域。

（3）正确认识和理解多元化用工语境

如前所述，语境影响着对现象的理解和分析，并影响着对问题的认识和解决。因此，在多元化用工语境下谈“同工同酬”则必须正确认识和理解该语境。

3.2 法律政策层面

（1）弥补立法漏洞，健全法律法规，增强法律法规的可操作性

抛开反歧视语境来推行同工同酬原则的最大难点还是在于如何使其具有可操作性。针对同工不同酬现象普遍存在的现状，国家应该尽快制定《工资法》或《同工同酬法》，对同工同酬原则进行细化，明确同工同酬的内容，准确界定同工同酬的标准，建立同工同酬参照体系，规定具体的实施办法，提高针对性和可操作性。例如对哪些工作可以进行比较，怎样评价工作绩效，工资差别应包括哪些合理因素。同工同酬并非强调绝对的平均主义，而是在同等岗位的前提下，让派遣工与正式工适用同一套薪酬计算标准，从而排除因身份差异导致的劳动报酬歧视。

（2）落实《事业单位人事管理条例》

2014 年 7 月 1 日期开始施行的《事业单位人事管理条例》中第七章第三十五条明确指出：“事业单位及其工作人员依法参加社会保险，工作人员依法享受社会保险待遇。”据了解，在全国范围内，大部分省市的事业编制人员未缴纳社会保险，而事业编制外的合同制、派遣制等用工方式下聘用的工作人员则均按照企业办法缴纳社会保险，从而产生了编内外人员在薪酬福利上的差异。为实现同工同酬，高校应尽快落实《事业单位人事管理条例》，为事业编制人员缴纳社会保险。

（3）加快推进养老保险制度改革

企事业单位养老保险制度的差异是多元化用工机制下产生“同工不同酬”现象的重要原因之一。本课题的调查数据显示，尽管高校给编制外人员均缴纳了社会保险，但编外人员的养老待遇是按照企业办法计发。因此，即使编内外人员在在职期间实现了“同工同酬”，一旦退休，在现行政策下，两者养老待遇上的差异则将十分明显。

3.3 管理操作层面

（1）深化事业单位用人机制改革

本课题调查发现，在全国范围内，除上海外，合同制是高校多元化用工机制中最常用的方式。这种方式通过学校与工作人员直接签订劳动合同而有效解决了派遣制及其他方式所带来的工作人员缺乏对学校的归属感等问题，在《劳动法》《劳动合同法》允许的范围内实现了多元化用工，并在一定程度上淡化了编制的概念。但在上海等地，该用工方式却受到了地方社保政策及其他相关政策的限制。建议在上海等地，相关部门尽快给予高校以合同制聘用工作人员的权力；而在其他省市，则需在保留高校以合同制聘用工作人员的权力的基础上，进一步规范相关用工制度和管理政策等。

（2）制定科学合理的劳动报酬分配办法

针对高校编制外用工薪酬体系尚不规范的问题，建议人社部、教育部协作，在充分调研的基础上，形成编外用工薪酬体系的指导性意见，为高校编外用工薪酬体系的建立及其科学性、规范化奠定基础。

高校要建立与岗位职责、工作业绩、员工实际贡献紧密联系的激励体制，这主要涉及薪酬分配体制和绩效考核体制两个方面。薪酬分配体制以岗位为基础，制定岗位说明书，科学合理地设计薪酬制度，严格按照岗位职责实施薪酬发放，保障同工同酬的顺利进行。同时，绩效考核体系的建立健全也是薪酬分配体系有序运行的必要保障。在绩效考核中，要特别注意考核指标、考核周期、考核维度的设立，对于同层次、同工种的考核要遵循相同的标准和原则，不能对任何人实行特殊化。这种运行机制和监督机制的合理制约能促进同工同酬的实现。

（3）发挥工会推进集体合同和工资集体协商作用

工会是职工利益的合法代表，工会应该在协调劳资关系、保护劳动者合法权益上发挥重要作用。但是不少事业单位的工会只为事业编制人员服务，非事业编制人员无资格加入工会。高校工会要发挥其应有的作用，让广大员工加入工会，并积极充当劳动者权益的代言人，尤其是在切实推进集体合同和工资集体协商工作方面，发挥集体的力量通过平等协商的形式为劳动者争取更多的合法权益。

（4）确立“以人为本”管理理念，注重对员工的精神激励

要想促进同工同酬，首先必须确立“人人生而平等”的理念和主张“社会正义”的价值取向，这是同工同酬的灵魂。高校尤其要确立“以人为本”的管理理念，把每个“人”都作为单位的核心和重要资源，注重员工的开发激励，关注员工的意愿要求，从物质和精神两方面给予员工激励，使员工和单位逐渐成为劳动契约和心理契约的双重合作伙伴关系，从而实现单位和员工的共同发展。

课题组负责人及主要成员

负责人：	王维克	上海交通大学
成　员：	林晓棠　陈　菡	上海交通大学
	骆　腾	中山大学
	纪　勇	南京大学
	雷利利	西安交通大学
	徐启飞	中国农业大学
	张英姿	上海大学
	胡雪松	重庆大学

高校非教师队伍建设的研究

——支撑队伍研究报告

第一章　高校加强建设支撑队伍的战略意义

长期以来，由于“重理论、轻实践”观念的影响，高校普遍存在着重视教学和科研队伍建设，而支撑队伍一直不被重视的现象。所以支撑队伍人员的待遇和地位偏低，工作地位与价值未得到应有的重视，人员的工作业绩难以得到肯定。这种现象挫伤了支撑队伍人员的积极性，严重影响和制约着实验室的建设和发展。

然而，建设一支高质量、高水平的支撑队伍既是国家发展的要求，同时也是创建世界一流大学的需要。

高等学校实验室是学生实践、教师科研的重要场所，作为高校实验室建设和人才队伍建设的重要组成部分，高等学校实验室的建设与发展，将直接影响到实验教学和科研任务的完成，最终将影响到我们所培养人才的科研能力和综合素质的提高。高等学校实验室条件的评价，不仅要看拥有多少先进仪器设备、实验环境条件多么优越，更重要的是看它是否拥有一支思想作风好、技术水平高、结构合理的支撑队伍。

支撑队伍是实验教学和实验室建设的直接参与者，是高校实验教学改革和创新的生力军。一支结构合理、素质优良的支撑队伍是实验教学质量稳定和提高的重要保证，也是发挥实验室建设经济效益的重要保证。在实验室建设中，实验环境和仪器设备是前提，管理是手段，实验技术人才是关键。支撑队伍的建设是一直制约实验室发展的课题，也是各高校体制和管理方面一直未能解决好的一个难题。

本课题的研究对象：高校支撑队伍主要是指高校内的实验技术队伍（包括工程系列和实验系列），即在公共服务平台、教学实验室、科研实验室或学科基地等组织机构中，从事分析测试、技术支持、实验教学与指导、实验室安全监管、网络信息化建设以及仪器设备设施的操作、管理与维护等实验室建设与管理工作，为学校教学和科研工作提供支撑服务的群体。主要包括实验技术人员和实验室管理人员。

1　建设支撑队伍国家层面的需求

中央组织部、人力资源社会保障部发布了《专业技术人才队伍建设中长期规划（2010—2020 年）》，明确了建设人才强国的战略部署，对新时期专业技术人才工作提出了新的要求，进一步细化和延伸了国家人才规划有关专业技术人才队伍建设目标任务。

《国家中长期教育改革和发展规划纲要（2010—2020）》提出，要“加快创建世界一流大学和高水平大学的步伐，培养一批拔尖创新人才”。为了向世界一流大学的目标迈进，除了需要具备一流的师资、生源、成果、硬件设施等，还必须具有符合时代要求、结构合理、技术精湛、综合素质高、具有服务精神的高校支撑队伍。这既是建设世界一流大学的需要，也是提高教学质量、开展高水平科学研究的重要保证。《纲要》还提出要“提高我国教育国际化水平”“建成一批国际知名、有特色、高水平的高等学校，若干所大学达到或接近世界一流大学水平，高等教育国际竞争力显著增强”。支撑队伍既是大学实现国际化战略目标的支撑和保障，同时又是衡量大学国际化水平的重要指标之一。支撑队伍需具有国际视野，了解国际实验技术前沿，具有跨文化交流能力，才能培养具有国际竞争力的学生，开展具有国际水平的实验。拥有一支具有国际化水平、在实验技术和管理方面具有协作精神和创新能力的支撑队伍，对大学来说具有重要战略意义。

科技部、财政部在《关于加大对公益类科研机构稳定支持的若干意见》中提出要加大科研装备和基础设施投入，国家科技基础条件平台要建立重大仪器装备和设施等科技资源向社会开放共享的有效机制，增强公益类科研机构对科学数据信息、生物种质资源等战略性科技资源的保存和开发能力，以及面向社会开展检验检测、开发设计、成果转化、人员培训等公益服务能力。主管部门要对公益类科研机构的基本建设给予重点支持，不断改善科研装备和基础设施。要达到以上要求不但要有高精尖的技术设备，更需要一支技术过硬的支撑队伍。

全国第三次教育工作会议指出：高等教育要重视培养大学生的创新能力、实践能力和创业精神，要抓紧建立更新教学内容的机制，加强课程的综合性和实践性，重视实践课教学，培养学生实际操作能力。培养具有实践能力和创新精神的人才是当前大学的首要任务。要提高学生的实验素养和实践技能、培养学生的创新精神，高水平的实验室及支撑队伍是不可或缺的必要条件。

一个实验室的水平可以从实验设备和技术力量两方面来衡量，其中硬件设备的投入必不可少，而作为实验室重要组成部分的软件———实验技术力量，更能代表实验室的水平，因为人的因素在实验室中起着更主动和决定性的作用。培养学生的实践能力和创新精神需要依靠高水平、实践经验丰富的教师的言传身教；实验课程体系、实验内容、实验方法需要人来设计；实验设备、实验室管理、制度运行需要人去操作完成。没有高质量的支撑队伍，这一切都无从谈起。实践证明，高质量的支撑队伍不仅教学、管理水平高，而且开发新实验的水平、创新能力也强。

2 建设支撑队伍学校层面的需求

支撑队伍是实验教学和实验室建设的直接参与者，是高校实验教学改革和创新的生力军，是实验教学和科学研究的桥梁和基石，直接影响到实验室的建设、学生创新能力的培养和科学研究成果的产出。一支结构合理、素质优良的支撑队伍是实验教学质量稳定和提高的重要保证，也是建设世界一流人学的迫切需要。一流的大学必定有 流的实验室作基础，实验室硬件是骨架，而一流的支撑队伍是灵魂和血肉。实验室工作是一项复杂的综合性工作，作为实验室主体的支撑队伍承担着实验教学、科研、实验室建设和日常管理等任务，支撑队伍的思想状况、业务水平和专业技能，直接关系到实验教学和科研水平、实验室建设和管理水平的高低。

随着国家和地方政府对高等院校的投入不断加大，高校实验室的装备不断更新，先进的仪器设备大量增加，高校实验室已经逐步向技术密集、知识密集和设备密集的综合型教学科研基地发展。然而，操作这些先进仪器设备、支撑实验室有效运转、为教学科研提供重要技术保障的支撑队伍建设则明显滞后，这已成为制约高校教学、科研和社会服务水平进一步提高的瓶颈。如何加强支撑队伍建设、提高其业务水平、保障实验室高效运行，是国内各高校广泛关注和研究探索的重要课题。支撑队伍不单是传统意义上的设备仪器操作者和维护者，更是科学研究、教学实验的直接组织者和实施者，他们的专业水平、知识结构、工作热情，直接影响着教学、科研的效果和进程。高校必须培养、建设一支具有良好专业技能、知识结构全面、具有创新务实能力的高素质实验技术队伍。

物理学家、中科院资深院士冯端教授有一句名言："实验室是培养创新人才的摇篮，是现代大学的心脏。"的确，实验室在高校落实深化教育改革，全面推进素质教育、培养高素质创新人才、创建世界一流大学方面发挥着举足轻重的作用。

实验教学对培养学生的创新能力、实践能力具有不可低估的作用。实验技术人员是实验教学的主力军，其业务能力的高低，直接影响到教学质量的优劣。在教学方面，实验教学与理论教学共同构成大学教学的有机整体，实验技术人员与理论教师共同组成高校教学、科研的配套梯队，两者相辅相成，缺一不可。在科研方面，实验技术人员同样发挥着重要作用。如果没有一支高素质的实验技术队伍，即使有高性能仪器设备，也难以取得高质量的科研成果。在实验室建设与管理方面，实验技术人员的作用更加明显。在创新人才培养方面，由于实验教学具有直观性、综合性、探索性和实践性，使得实验教学较理论教学在培养学生的创新精神和实践能力方面显得更为重要。

3 支撑队伍建设的必要性

3.1 实验室建设和管理上水平的需要

近几年来本科专业建设、重点学科建设不断推进，结合本科教学水平评估，学校把大批经费投入到实验室建设中，实验室在仪器设备的数量与质量方面得到了很大程度的提高。一些高校实验室汇集了大量的优质资源，仪器设备的规模和水平甚至已经达到世界先进水平。一些高校往往以实验室的硬件环境来展示学校实验教学的水平。然而有了高精仪器设备而不能很好地操作和管理，或者说实验技术人员操作不了，也会造成极大的浪费。随着实验技术和仪器设备的日新月异，大量的新技术、新设备应用于科研活动之中，使得支撑队伍建设成为当务之急。

3.2 实验教学改革发展的需要

实验教学是高等学校教学工作的一个重要组成部分，是十分重要的教学环节，它更着重于培养学生的创新思维和探索未知世界的能力。实验室通过开放型实验、设计型实验、科技创新型实验，培养综合型人才。深化实验教学改革和提高实验教学质量的关键是人。实验室是一个综合的多功能的系统，必须有一支素质高、结构合理、人员相对稳定的支撑队伍相互配合，两者缺一不可，不能相互替代。一支实力雄厚的支撑队伍是培养掌握现代化科学技术的综合型人才和增强实验室活力的基础。因此，为了适应实验教学改革发展的需要，必须加强支撑队伍的建设。

3.3 新开专业和新型专业模式的需要

中共中央、国务院关于全面推进素质教育的决定中提出，把培养大学生的“创新精神和实践能力”作为教育的主要任务。近年来，国家大力发展高等教育事业，学校规模不断扩大，层次不断提高，新专业不断涌现，必然要求开设新的理论课程及相应的新实验课程。在宽口径、厚基础、淡化专业界限的教育改革方向下，支撑队伍必须掌握新的知识，才能满足教育改革对实验教学的全面需要。为了适应新开专业和新型专业模式的需要，建设一支技术过硬的支撑队伍是非常必要的。

总之，支撑队伍是高校实验教学、科学研究、技术开发、实验室建设和管理的基本技术力量，应当在教学和科研中发挥更大的作用。

4 研究方法介绍

本课题主要采用了调查法、座谈法、统计法、比较法。

调查法：① 通过查阅已有文献了解支撑队伍在国内外高校的概况和队伍建设方面已取得的进展；② 根据课题拟解决的相关问题设计调查问卷并发放给国内兄弟院校及本校的支撑队伍人员和人事工作者。

座谈法：邀请专家和支撑队伍人员代表，以座谈会的形式了解实验技术队伍人员的困难，为队伍建设出谋划策。

统计法：对回收的调查问卷进行统计汇总与分析，总结国内高校支撑队伍建设中的共性问题。

比较法：对比国内外高校支撑队伍建设的实践经验和具体做法，归纳总结适合我国高校建设支撑队伍的可行之路。

第二章 国内高校支撑队伍现状及主要问题

1 国内高校建设支撑队伍的探索

近年来，随着教育实验队伍建设改革的不断深入，国内许多专家学者、实验室管理工作者围绕如何建设好支撑队伍进行了不懈的探索和研究。不少高校都在探索实验与工程技术队伍管理模式的改革和创新，在岗位设置和编制管理等方面采取激励措施。例如清华大学于 2004 年开展工程实验技术校内设关键岗位，形成实验技术核心队伍，引导实验技术队伍建设方向，学校还在工程实验技术系列中设立研究员职称，激励高水平的技术人员脱颖而出；清华大学生命学科校级科研平台实行岗位聘任制，即岗位聘任制的事业编制，实行聘期管理。所有岗位公开招聘，竞争上岗，考核流动，“新人”若聘期考核不合格直接终止聘用合同，拥有事业编制的“老人”有一次竞聘其他岗位的机会，若竞聘不成功或新岗位考核不合格，则解除聘用。上海大学 2008 年制定了《关于实验室“技术主管”岗位的考评及聘任的试行办法》，设立了四级技术总监和两级技术主管岗位。浙江大学 2011 年对实验队伍进行了梳理，并开展了新一轮的岗位聘任工作，设置了“求是特聘实验岗”；浙江大学医学部公共技术支撑平台对平台的实验技术岗位实行定编不定岗的多元管理模式，以几位固定事业编制人员作为技术核心力量，再配备一批相对不稳定的人才派遣人员作为技术储备，派遣人员由公共平台管理委员会进行考核，决定是否续聘与转岗。为了提高实验技术人员的技能、保障其权益，首都师范大学相继制定了《首都师范大学实验室工作条例》《首都师范大学实验教学管理暂行办法》《首都师范大学实验技术人员培训管理办法》《首都师范大学优秀实验室、优秀实验技术人员评比办法》《首都师范大学劳动保护用品发放说明》等一系列涉及实验技术人员的培训和管理制度。武汉大学设立“首席技术专家”“技术骨干”岗位，鼓励具有仪器测试与分析领先技术的高水平人员参与仪器设备的管理与服务，以标杆性的实验技术带头人带动整体队伍水平与素质的提高。中国科学院实施“人才培养引进系统工程”，对于从事科研支撑工作的技术人才，每人最多可获 260 万元的经费支持。这些措施不同程度地提升了支撑队伍整体待遇和发展空间，产生了积极的作用。

此外，上海市教委于 2013 年发布了《上海市教委关于进一步加强高校实验技术队伍建设的意见》（沪教委人[2013]33 号），为进一步加强上海高校内涵建设，促进高校实践教学改革，特别是建立有利于培养学生实践能力和创新能力的实验教学体系，继续推动高校人事制度改革提供了政策保障和依据。

2　国内高校支撑队伍建设实例

上海交通大学

为进一步发展支撑队伍，上海交通大学出台、修订了一系列政策文件。

1）科学设岗

为支撑队伍人员制定明确的岗位职责，设计了高效快捷实用的人员招聘流程，把好人员入口关。学校实行“事业编制+派遣用工”的灵活用人方式。

2）明确晋升条件、严控评审程序

为支撑队伍设置正高级职务，并对各专业技术职务任职经历，教学课时，科研、教学服务工作量，主持课题或发明专利授权情况等方面做了详细且明确的规定。对于高级专业技术职务规定了“三审三评”制的评审程序。

3）把好考核评价关

二级单位可以依据不同岗位不同职务的职责，采取年度述职和聘期绩效评估的方式进行考核，考核结果作为续聘、短聘、低聘、转岗、解聘的依据。新聘期需重新签订岗位合同，完成相应岗位任务，享受相应岗位待遇。聘期绩效评估工作须提前三个月进行。

4）“院为实体”二级管理

学校长期以来采用“院为实体”的校院二级管理模式，对支撑队伍给予教师队伍相同的资源配置标准，二级单位结合自身情况按薪酬方案发放支撑队伍人员薪酬。

为了充分发挥学校学科和技术优势，进一步发挥支撑队伍的学术领军和技术引领作用，形成一支一流的支撑队伍，服务学校创建世界一流大学的战略目标，学校将推出卓越人才成长计划，构建高端支撑队伍。卓越计划设首席高实/高工（实验技术）、主任高实/高工（实验技术）、副主任高实/高工（实验技术）等高级支撑队伍岗位。

首都师范大学

1）建立相对完善的激励机制

管理部门要充分认识到实验室工作的重要性，特别是支撑队伍在培养创新型人才方面的重要性。支撑队伍建设及管理的核心是针对人员的管理，如何将人的积极性激发起来，建立高素质、创新型支撑队伍是一项刻不容缓的任务。

（1）制定支撑队伍人员培训管理办法，从制度上保障其业务水平的提高。为了提高其技能、保障其权益，该校相继制定了《首都师范大学实验室工作条例》《首都师范大学实验教学管理暂行办法》《首都师范大学实验技术人员培训管理办法》《首都师范大学优秀实验室、优秀实验技术人员评比办法》《首都师范大学劳动保护用品发放说明》等一系列涉及实验技术人员的培训和管理制度。

（2）学校积极创造条件，鼓励实验技术人员提高专业技术水平。通过有计划的岗前培训、安全培训、业务培训、进修等，从各方面调动实验技术人员的积极性，使这支队伍成为思想素质高、业务能力强、知识面宽的支撑队伍。近年来，该校针对支撑队伍人员参与学术交流、实验理论研究、实验方法创新等，均予以一定的资助，对于提高支撑队伍业务水平起到了积极作用。

（3）开展全校范围的实验室先进个人评比活动。对在实验室建设和管理工作中踏实工作、积极进取，并在工作岗位上做出突出贡献的人员进行表彰，并给予一定的物质奖励。

2）鼓励支撑队伍参与实验教学改革

支撑队伍具有参与实验教学和实验室建设的热情，希望参与自制、改造实验教学仪器或制作实验教学多媒体课件的工作。应当建立有效的途径，使其具有开展工作、施展才能的空间，鼓励他们积极参与实验教学改革研究工作。该校于 2010 年开始设立实验教学改革指南性项目，鼓励实验教师带领学生走进实验室。截至 2012 年 7 月，全校共有 23 位实验教师的 42 项指南性项目得到学校实验室开放基金的支持。

3）改善支撑队伍结构和完善考核评估体系

培养和引进高学历、高素质人才，对于改善支撑队伍的结构，提高队伍的整体素质和业务能力，推动实验教学改革工作起着至关重要的作用。在学校定岗、定编的大前提下，支撑队伍进一步扩充受到了一定的限制。为了保证这支队伍的进一步发展，可以采取专职、兼职和临时聘任等多种形式补充队伍力量。

学校针对不同来源的支撑队伍人员，完善考核评估体系，不单纯以实验课程量进行工作评判，而是要根据不同岗位的特点设置不同的考核评估体系。通过量化和主观评价相结合的考核办法，全面评价支撑队伍人员的工作。

4）提高支撑队伍运用现代教育技术的能力

随着现代教育技术的广泛运用和教学改革的不断深入，高校实验室呈现出新的特征，它已成为一个多学科渗透、设备互补、资源共享，能进行综合技能实践和科研开发的实习基地，需要一批专业水平高、技术娴熟、知识面较广的实验技术人员，还需要有一批熟悉现代办公自动化的实验管理人才。高校支撑队伍要提高自身的业务水平与修养，不断更新知识，学习和掌握现代信息技术和技能，并且不断将它们运用到教学实践活动中去。

南京信息工程大学

1）加强领导，制定规章

该校制定《南京信息工程大学关于加强实验技术队伍建设的若干意见(试行) 》。加强支撑队伍建设的指导思想，即："实验技术队伍建设，要有利于学校事业的持续发展，有利于学科建设和科技创新，有利于教学改革和人才培养，有利于提高实验技术队伍的整体素质，有利于调动实验技术队伍的主动性、积极性和创造性。"明确支撑队伍建设目标，"利用3年左右的时间，建设一支具有现代教育教学理念、理论基础扎实、实验技术先进、专兼结合、结构合理、素质优良、精干高效、相对稳定的高水平实验技术队伍。"建立平等的竞争机制，切实革除那种"压抑了贤才，赶走了良才，留下了庸才"的人事管理弊端。确立理论课与实验课同等重要的理念，吸引高水平教师为学生上实验课，努力提高实验课的教学质量和水平。建立各尽所能的人才培养机制，在培养的方法和手段上，不断探索创新，把理论培训与实践锻炼、国内培养与出国(境)培训、短期培训与职业教育等有机结合起来，建立广覆盖、多层次、开放式的人才培养体系，努力构筑学习型组织，通过培训，提高现有支撑队伍业务素质水平。该校还树立用人先育人的观念，不追求"用人不养人"的低成本人才投资，要注重"用人先育人"的超前人才投资，以在人才争夺中占得先机。

2）明确支撑队伍的岗位职责

支撑队伍由实验教师、实验技术人员、实验室管理人员和实验室技术工人四部分构成。实验教师以实验教学为主要岗位职责，负责完成学生的实验教学，积极做好实验室的建设和实验教学改革工作；实验教师是学校专任教师的重要组成部分。实验技术人员负责部分实验教学、实验指导工作，负责大型仪器设备的运行管理、功能开发与利用，实验的准备及自制实验教具等。实验技术管理人员负责实验仪器、设备的保管及实验室的日常管理及日常事务的协调等工作。实验室管理人员一般由实验教师和实验技术人员兼任。实验室技术工人是从事实验准备及实验仪器的保养等工作的工人。

3）切实提高支撑队伍的整体素质

加强对支撑队伍的业务培训，更新拓展知识结构，夯实实验教学理论基础，提高专业水平和实践技能。培训形式可以多样，在职培训和脱产培训相结合；实验教师与实验技术人员的培训纳入教师培训体系；实验技术人员及实验技术工人培训内容应着重在大型仪器设备的维护测试、功能开发与运行管理，以及其他有利于实验教学和技术水平提高的方面。

积极鼓励和支持支撑队伍参加学术交流活动。鼓励实验技术队伍人员跨地区、跨学校、跨专业开展交流合作，开阔实验技术队伍人员的眼界和思路。各学院应积极创造条件，保证每位实验技术人员都有机会参加学术交流活动。设立实验室开放基金、大型贵重仪器设备共享基金和自制实验仪器设备项目经费等专项经费，积极鼓励实验技术人员从事实验室项目开放、科学实验研究、实验技术开发、实验教具自制和实验教学改革。

4）合理配置人力资源

学校在挖掘现有支撑队伍力量的同时，有重点、有选择引进人员。鼓励具有高级职务教师兼职承担实验课教学任务，特别是开设具有创新内容的特色实验课，指导学生的设计性、综合性、创新性实验、编写实验课教材。其中，有实验环节的专业课教师必须承担实验教学任务，并指导学生实验。采取切实有效措施，引进高层次、高素质的实验技术人才，特别是在开发、改进大型仪器设备中有突出贡献、实验能力强、教学水平高的高层次人才。对引进人员要重点考察实验教学能力和实践技术水平。

5）强化岗位聘任，健全考核激励机制

强化学科建设导向，合理设置支撑队伍职务结构比例和岗位。利用专业技术职务聘任机制，激励支撑队伍开展实验教学和研究工作。在聘任实验教师和实验技术人员高级职务时，主要考察其在实验教学、实验技术创新、仪器设备的维修改造、实验教材建设及实验室管理等方面取得的成绩。加强实验室主任聘任工作，把业务和组织能力强、群众基础好、工作认真负责、具有奉献精神的技术骨干选拔到实验室管理岗位上来，全面负责实验教学、实验室建设和管理。担任省级及以上实验教学示范中心主任者，须具有正高职务；实验室主任必须承担实验教学或实验技术研究工作。

建立健全科学、客观、公正的考核、评价、激励机制，对支撑队伍的考核评价方式和指标要有利于实验创新和实验教学水平的提高，考核内容包括职业道德、业务能力、教改成果、技术开发、实践技能等，考核结果作为岗位聘任、进修培训、评奖评优的重要依据。鼓励开展综合性实验、设计性实验、实验室项目创新、实验设备的技术创新，并对取得实效者给予奖励；对在实验教学、实验室管理工作中不负责、不能完成规定工作任务以及造成不良影响的，给予相应的处分或调离岗位。

建立行之有效的人才激励机制。坚持物质与精神激励相结合，善于用伟大的事业凝集人才，崇高的精神鼓励人才，努力用真挚的感情关心人才，真正做到用“事业留人、感情留人、适当的待遇留人”，使人才充分享有实现自身价值、贡献社会、得到社会承认和尊重的荣誉感。对于身处弱势群体的实验技术队伍，学校给予较多的关爱和政策上的扶持，促使弱势群体变为强势群体，以适应高校教育发展的需要。

6）创建和谐环境，稳定支撑队伍

在校园内营造宽容、和谐、奋进、创新的工作环境与氛围，鼓励教学探索，鼓励科技创新，鼓励技术改革。建设一支充满活力、富有创新意识的高水平队伍。进一步探讨支撑队伍建设和管理中存在的问题，并积极探索在现有的条件下如何切实加强支撑队伍建设，培养一支安心实验室工作的结构合理的高素质队伍。探寻支撑队伍建设策略和管理举措，建立一支综合素质高、结构合理、精干高效的创新型队伍，以提高实验教学质量、开展科学研究、搞好实验室建设与管理。

华侨大学

内培外引相结合，探索支撑队伍分层管理、分段培养的新思路

1）分层管理

分层管理即按人员的学历、能力划分为 3 个层次进行建设和管理。

（1）实验编制的教辅人员。他们以实验室日常管理工作为主，在实验教学上起辅助作用，这主要是一些年龄偏大，学历、能力偏低，但由于种种原因还留在实验室工作的人员。

（2）实验编制的实验教学人员。他们以实验教学为主，参与和辅助实验室管理工作，其成员以具有中高级职称的实验技术人员为主。

（3）教师编制的实验教师。这是实验队伍中具有硕士研究生及以上学历者，符合教师职务任职条件，专职从事实验教学和实验室建设发展的人员，其主要职责是制定实验课教学计划、编写实验讲义、实验指导书或教材、改革实验教学方法、更新实验项目、制定实验室发展规划等。他们在学科建设和实验室建设中起学术指导和技术指导作用。为推进实验队伍建设，可设立“实验教师岗位”，吸引更多的高层次人才参与实验教学及实验室工作。“实验教师”享有与理论课教师相同的待遇，并且可以参评正高级职称。“实验教师”由各院系、实验设备处、教务处、人事处和职改办联合聘任，实行动态考核、滚动管理。对个别突出的可设立“实验技术总监”岗位，享受教授级待遇。

2）分段培养

分段培养即对不同年龄、职称的支撑队伍实行有目的培养，各有侧重和不同。

（1）对于近几年进入实验室，并具有一定学历和专业知识的年轻人，以培养严谨的工作作风和为教学科研服务意识为主，形成良好开端，为今后开展工作打好基础。培养工作主要通过具有丰富工作经验又有专业基础知识的中、高级技术人员的传、帮、带进行。聘请一批具有高级职称并且经验丰富的实验教学及管理专家成立实验教学督导组，对全校实验教学质量进行监督，并帮助青年实验人员尽快成长。

（2）对中、高级技术人员，要充电学习，拓展视野，防止知识老化，要尽可能定期让他们参加各类培训和短期进修，并让他们担负一定的组织领导工作。

改革人事制度，建立健全激励机制

1）推进支撑队伍人事制度改革

采用固定编制与流动编制相结合，正式编制为主、人事代理形式为补充的灵活的人事管理办法，以解决学校发展过程中实验人员不足，或实验人员“只进不出”的现象。

重新修订现有“实验技术人员工作量计算办法”，对各类层次的实验人员工作职责和要求重新认识和核定。现有的“实验技术人员工作量计算办法”在实验室人员定编、奖金分配以及职称评定上起到定量的积极作用，但不同层次实验人员采用同一标准并不合理，同时也难以对质量问题进行评价，所以，我们有必要针对上述问题对“实验人员工作量计算办法”进行修订。

建立年轻教师实验室工作制度，加速研究生担任实验教学及助教制度建设。要推行新分配来校的理工科青年教师必须到实验室工作 1～2 年以取得实验室工作经历的制度；制定相关政策措施，吸引优秀研究生从事实验教学及实验室建设和科研实验。通过此途径，既锻炼年轻教师和研究生，同时也能解决学校教学、科研发展对实验人员数量的要求。

2）建立健全激励机制

建立营造竞争性环境和权、责、利相结合的激励机制，包括考核、待遇、晋升制度，包括从政策上对从事实验室和实验教学工作的教师在编制上给予保证。建立健全实验室投资项目绩效考核评价制度，将投资效益、管理绩效与实验人员个人利益挂钩，以调动实验人员参与实验室建设和管理的积极性；设立校级实验教学改革专项基金，鼓励实验人员进行实验教学及实验方法改革；设立校级实验技术成果优秀奖，鼓励实验人员进行实验设备开发及利用，以及进行实验手段改革等。所有奖项应等同于同级别的教学科研奖，使实验教学师资队伍和实验技术人员队伍能够保持相对稳定和持续健康发展。

3　对全国各高校支撑队伍现状的统计调查结果及问题分析

接受调研的 20 所高校中，16 所为综合性高校，3 所为理工类高校，1 所为人文社科类高校。20 所高校均设有支撑队伍岗位，支撑队伍人员数占编制内人员总数的比例为 9.06%。支撑队伍中，实验岗位与工程岗位的数量比例为 2∶1。

3.1　支撑队伍学历和职称情况调研

在接受调研的高校支撑队伍学历分布中，博士占比较低，只有 13%，人员主体以专科、本科和硕士为主，其中专科比例高达 26%（见图 1）。

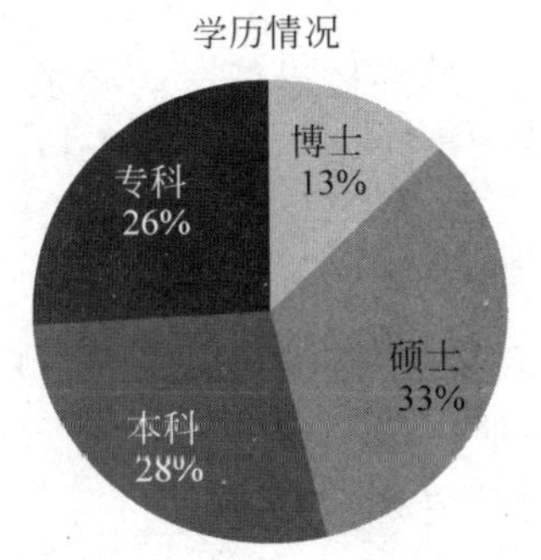

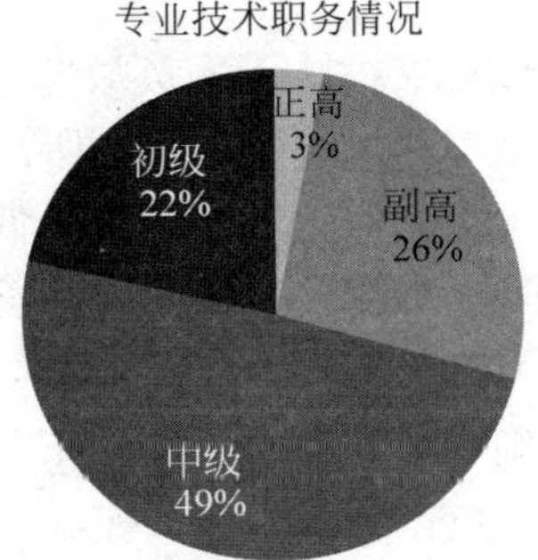

图 1　学历和职称情况

在专业技术职务分布中，中级占比为 49%，副高和初级比例相当，正高比例最低为 3%。

有 14 所高校设置支撑队伍正高级职称，职称名称为“正高级工程师”“正高级实验师”“教授级高级工程师”“教授级工程师”“教授级高级实验师”“实验研究员”“教授”“自然科学研究员”“研究员”“一级美术师”等。从名称上看，基本能体现支撑队伍的工作实际。

3.2　支撑队伍聘任情况调研

70%的受调研高校（14 所）存在编制外聘用支撑队伍情况。其中，有 6 所高校（编内∶编外）聘用比例大于 5∶1，8 所高校（编内∶编外）聘用比例为 5∶1 到 2∶1 之间。

14 所存在编制外聘用支撑队伍的高校中，有 7 所高校编外聘用人员没有转为事业编制的通道，有 6 所高校有编外人员转为事业编制的通道，有 1 所高校即将启动该工作。

编外聘用方式中，少数为学校统一劳务派遣和退休返聘，一般都为二、三级单位劳务派遣，签订劳务合同。

3.3　支撑队伍薪酬与福利情况调研

16 所受调研高校编制内支撑队伍人员平均薪酬是编制内专任教师平均薪酬的 90%以下，其中，有 1/2 的高校该比例为 70%～80%，有 1/4 的高校该比例为 70%以下，另有 1/4 的高校该比例为 80%～90%。另有 3 所受调研高校该比例为 90%以上，或者支撑队伍与专任教师薪酬相当。

受调研高校的人力资源部门老师认为，编制内支撑队伍人员平均薪酬与编制内专任教师平均薪酬的合理比例应在 70%～100%。

在薪酬构成比例调研中，受调研高校现有平均构成情况是：23.8%是国家工资，13.3%是地方津补贴，55.2%是学校津补贴，7.7%来自其他。

与当地社会职工的平均工资相比，几乎所有受调研高校支撑队伍人员薪酬高于当地职工平均工资，平均高出 70%。受调研高校的人力资源部门老师认为，支撑队伍人员薪酬应当高于当地职工平均工资，合理的水平应当是高出 80%左右。

在福利情况调研中，支撑队伍一般都享有住房津贴、教职公寓、体检、子女教育等校内教职工福利。

3.4 支撑队伍准入情况调研

受调研高校对支撑队伍人员最低学历要求中，85%的高校最低学历要求是硕士，15%最低学历要求是本科。其中只有一所高校特殊岗位招聘可放宽中职，对于招聘的中专、技校或职高类技术工人，无工勤等级最低要求。

20%的受调研高校存在支撑队伍编制被“混岗”（即其他类别人员如行政、思政等占用支撑队伍编制）的现象，80%的受调研高校不存在该现象。“混岗”现象的主要原因为岗位职责设置不明确，身兼多职。也存在其他原因，如其他岗位（专任教师、管理、教辅）编制不足，借用岗位；支撑队伍（实验、工程系列）晋升更为容易等。

3.5 支撑队伍晋升与考核情况调研

晋升方面，大部分受调研高校支撑队伍人员一般更倾向选择实验技术晋升系列，部分高校支撑队伍人员倾向选择工程技术系列和高校教师系列。

考核方面，受调研高校支撑队伍人员考核评价关键性指标排在前三位的有实验教学与指导，仪器设备操作、管理与维护和实验室安全管理。考核结果一般分为优秀、合格、基本合格和不合格。

3.6 支撑队伍培训与激励情况调研

培训方面，受调研高校支撑队伍人员培训内容多为教学技能培训，实验工程技术业务培训和实验室安全管理培训。45%的高校有支撑人员出国交流培训内容。培训组织机构多为学校内部组织，委托、参加国内其他高校培训，以及校外专门培训机构相结合。

在激励方面，支撑队伍人员的激励措施主要有普通项目经费资助，海外学习、交流机会，针对性培训和优秀项目奖励，受调研高校均没有（首聘）资金资助项目。

3.7 支撑队伍建设规章制度调研

12 所高校提供了针对支撑队伍建设的规章制度。

（1）北京交通大学：《北京交通大学关于加强实验技术队伍建设的若干意见（试行）》（校人发[2012]17 号）

（2）北京工业大学：《北京工业大学实验室安全管理办法》《北京工业大学实验室工作管理规程》

（3）北京科技大学：《北京科技大学各类人员编制与岗位管理规定》(校发[2013]1 号)、

《北京科技大学岗位聘任实施办法》(校发[2013]2 号)、《北京科技大学实验教学工作规范》(校发[2015]60 号)、《北京科技大学实验室突发安全事故应急预案（试行）》(校发[2015]63 号)、《北京科技大学实验室技术安全责任追究暂行规定》(校发[2015]29 号)、《北京科技大学实验室技术安全管理规定》(校发[2015]28 号)

（4）北京理工大学：《北京理工大学高级专业技术职务岗位申报基本条件》(办发[2012]23 号)、《北京理工大学中级专业技术职务申报条件》(人发[2008]20 号)

（5）电子科技大学：《电子科技大学专职实验教学队伍管理办法》《电子科技大学专职科研人员管理办法（试行）》

（6）杭州电子科技大学：《杭州电子科技大学实验技术岗位设置与聘用管理实施细则》

（7）华侨大学：《华侨大学岗位设置与聘用管理实施办法》《华侨大学实验室各级人员职责》《华侨大学实验室工作人员考核办法》《华侨大学实验室人员工作量计算办法》《华侨大学实验室技术服务管理办法》

（8）上海大学：《上海大学实验技术总监和技术主管系列岗位聘任与考核办法》，技术总监分为：首席技术总监、特级技术总监、高级技术总监、技术总监。技术主管分为：高级技术主管、技术主管

（9）西南大学：《西南大学实验室技术安全事故应急预案》《西南大学实验室技术安全管理办法（试行）》《西南大学实验室工作规程》《西南大学实验技术人员培训管理办法》《西南大学实验技术研究项目管理办法》《西南大学实验室对外服务管理规定》《西南大学实验室工作人员岗位职责》《西南大学教学实验室建制管理暂行办法》

（10）中国传媒大学：《中国传媒大学实验技术人员考核办法》《中国传媒大学实验系列专业技术职务任职基本条件》

（11）中国海洋大学：《中国海洋大学岗位设置管理暂行办法》(海大人字[2007]117 号)、《中国海洋大学非教师专业技术岗位设置管理与聘任实施细则》(海大人字[2008]3 号)，含工程技术岗位业务申报条件和实验技术岗位业务申报条件

（12）中山大学：《中山大学实验室工作人员编制核定、职位设置与职务聘任规程（试行）》《中山大学实验室工作人员聘期考核实施办法（试行）》

4 对上海交通大学支撑队伍现状的统计调查结果及问题分析

4.1 问卷基本情况

问卷发放对象为上海交通大学实验系列和工程系列支撑队伍，匿名调研，共发放问卷 128 份，回收 128 份，其中有效问卷 121 份，有效问卷回收率 94.5%。

问卷共分为两大部分，一是接受调研的实验、工程系列支撑人员的基本情况，二是此类人员工作生活现状及期望值调研。

4.2 接受调研支撑队伍基本情况

表 1 列明了有效反馈问卷 121 人的年龄、性别、学历、聘用方式、岗位类别、职称、工作年限情况。

表 1　被调研支撑队伍基本情况

分项	选项	人数	占比（%）
年龄	25 岁及以下	3	2.5
	26～35 岁	44	36.4
	36～45 岁	38	31.4
	46 岁及以上	36	29.8
	小计	121	100.0
性别	男	63	52.1
	女	58	47.9
	小计	121	100.0
学历	大专及以下	20	16.5
	本科	32	26.4
	硕士	48	39.7
	博士	21	17.4
	小计	121	100.0
聘用方式	事业编制	73	60.3
	人才派遣 A	17	14.0
	人才派遣 B	11	9.1
	项目聘用	20	16.5
	小计	121	100.0
岗位类别	实验技术岗位	55	45.5
	工程技术岗位	51	42.1
	管理岗位	15	12.4
	小计	121	100.0
职称	初级或未评级	42	34.7
	中级	45	37.2
	副高	34	28.1
	小计	121	100.0
工作年限	5 年以下	40	33.1
	6～10 年	22	18.2
	11～15 年	22	18.2
	16～20 年	9	7.4
	20 年及以上	28	23.1
	小计	121	100.0

4.3 接受调研人员工作生活现状及期望值分析

问卷主要从工作生活压力、工作时间分配、考核晋升、薪酬福利、工作满意度、培训发展等方面考察接受调研人员工作生活现状及未来期望值。

4.3.1 工作生活压力分析

被调研人员所选择的面临的压力相对集中，超过60%的老师选择了职称晋升压力、经济压力（见表2）。

表2 面临压力分析

压力来源	人次	比例（%）
实验教学压力	12	9.9
科研服务压力	41	33.9
技术开发压力	17	14.0
职称晋升压力	85	70.2
经济压力	77	63.6
家庭压力	2	1.7
人际关系压力	7	5.8

（1）年龄与压力

25岁以下的人员中有半数选择了“经济压力”；选择“实验教学压力”的人员中，有75%的人员年龄为46岁及以上；选择“家庭压力”和“人际关系压力”的人员中，46岁及以上亦超过50%（见表3）。

表3 年龄与压力关系分析

年龄	比例	实验教学压力	科研服务压力	技术开发压力	职称晋升压力	经济压力	家庭压力	人际关系压力	小计
25岁及以下	人数	0	1	0	1	3	1	0	6
	年龄占比（%）	0.0	16.7	0.0	16.7	50.0	16.7	0.0	
	压力选项占比（%）	0.0	2.4	0.0	1.2	3.9	50.0	0.0	
	总人数占比（%）	0.0	0.4	0.0	0.4	1.2	0.4	0.0	2.5
26～35岁	人数	2	14	4	37	31	0	0	88
	年龄占比（%）	2.3	15.9	4.5	42.0	35.2	0.0	0.0	
	压力选项占比（%）	16.7	34.1	23.5	43.5	40.3	0.0	0.0	
	总人数占比（%）	0.8	5.8	1.7	15.4	12.9	0.0	0.0	36.5

续表

年龄	比例	实验教学压力	科研服务压力	技术开发压力	职称晋升压力	经济压力	家庭压力	人际关系压力	小计
36～45 岁	人数	1	14	5	28	25	0	3	76
	年龄占比（%）	1.3	18.4	6.6	36.8	32.9	0.0	3.9	
	压力选项占比（%）	8.3	34.1	29.4	32.9	32.5	0.0	42.9	
	总人数占比（%）	0.4	5.8	2.1	11.6	10.4	0.0	1.2	31.5
46 岁及以上	人数	9	12	8	19	18	1	4	71
	年龄占比（%）	12.7	16.9	11.3	26.8	25.4	1.4	5.6	
	压力选项占比（%）	75.0	29.3	47.1	22.4	23.4	50.0	57.1	
	总人数占比（%）	3.7	5.0	3.3	7.9	7.5	0.4	1.7	29.5
	合计	12	41	17	85	77	2	7	241

（2）性别与压力

选择“实验教学压力”“经济压力”的人员中，男性占较高比例。选在“人际关系压力”“技术开发压力”的人员中，女性比例较高，其中，有高达 85.7%的人际关系压力来自女性人员（见表 4）。

表 4　性别与压力关系分析

性别	比例	实验教学压力	科研服务压力	技术开发压力	职称晋升压力	经济压力	家庭压力	人际关系压力	小计
男	人数	7	21	7	45	43	1	1	125
	性别占比（%）	5.6	16.8	5.6	36.0	34.4	0.8	0.8	
	压力选项占比（%）	58.3	51.2	41.2	52.9	55.8	50.0	14.3	
	总人数占比（%）	2.9	8.7	2.9	18.7	17.8	0.4	0.4	51.9
女	人数	5	20	10	40	34	1	6	116
	性别占比（%）	4.3	17.2	8.6	34.5	29.3	0.9	5.2	
	压力选项占比（%）	41.7	48.8	58.8	47.1	44.2	50.0	85.7	
	总人数占比（%）	2.1	8.3	4.1	16.6	14.1	0.4	2.5	48.1
	合计	12	41	17	85	77	2	7	241

（3）聘用方式与工作压力

在选择“实验教学压力”“技术开发压力”的人员中，事业编制人员超过 90%，同时，有 71.4%的人际关系压力来自事业编制人员。人才派遣 A 人员压力主要集中在“职称晋升”

（达 41.2%），这可能与我校转编政策有关(实验工程系列副高可直接转入事业编制)。项目聘用人员压力主要集中在经济压力（达 47.5%），分析其原因可能是项目聘用人员一般收入较低，且暂不纳入职称晋升通道，所以经济压力是比较突出的主要压力（见表 5）。

表 5　聘用方式与压力关系分析

聘用方式	比例	实验教学压力	科研服务压力	技术开发压力	职称晋升压力	经济压力	家庭压力	人际关系压力	小计
事业编制	人数	11	25	16	48	39	1	5	145
	聘用方式占比（%）	7.6	17.2	11.0	33.1	26.9	0.7	3.4	
	压力选项占比（%）	91.7	61.0	94.1	56.5	50.6	50.0	71.4	
	总人数占比（%）	4.6	10.4	6.6	19.9	16.2	0.4	2.1	60.2
人才派遣 A	人数	1	9	1	14	9	0	0	34
	聘用方式占比（%）	2.9	26.5	2.9	41.2	26.5	0.0	0.0	
	压力选项占比（%）	8.3	22.0	5.9	16.5	11.7	0.0	0.0	
	总人数占比（%）	0.4	3.7	0.4	5.8	3.7	0.0	0.0	14.1
人才派遣 B	人数	0	2	0	10	10	0	0	22
	聘用方式占比（%）	0.0	9.1	0.0	45.5	45.5	0.0	0.0	
	压力选项占比（%）	0.0	4.9	0.0	11.8	13.0	0.0	0.0	
	总人数占比（%）	0.0	0.8	0.0	4.1	4.1	0.0	0.0	9.1
项目聘用	人数	0	5	0	13	19	1	2	40
	聘用方式占比（%）	0.0	12.5	0.0	32.5	47.5	2.5	5.0	
	压力选项占比（%）	0.0	12.2	0.0	15.3	24.7	50.0	28.6	
	总人数占比（%）	0.0	2.1	0.0	5.4	7.9	0.4	0.8	16.6
	合计	12	41	17	85	77	2	7	241

4.3.2　工作时间分配分析

仪器设备操作、管理与维护占用了第一主要工作时间，有 58.6%的人员将该项工作占用时间排在前两位。其次是实验室日常管理占用了第二主要工作时间，57.8%的人员将该项工作占用时间排在前两位。25%～30%的人认为实验或工程技术支持与开发、实验教学与指导、分析测试服务占用了排在前两位的工作时间（见表 6）。

表 6　工作内容排序

工作内容	排序平均值
实验教学与指导	3.97
分析测试服务	4.07
仪器设备操作、管理与维护	2.92
实验或工程技术支持与开发	3.93
实验室日常管理	3.12

不同年龄、学历、聘用方式、岗位、职称、工作年限老师在工作内容分配上不尽相同。

从年龄角度分析，26～35 岁的人员，除了较少承担实验教学任务外，其他工作内容占用时间大致相同。36～45 岁的人员，在仪器设备操作、管理与维护工作上占用时间最多。46 岁及以上的人员，在实验室日常管理工作上占用时间最多。

在学历方面，大专及以下多从事实验室日常管理，本科从事仪器设备操作管理与维护，实验室日常管理时间较多，硕士从事仪器设备操作管理与维护较多，博士在各工作内容的时间均匀分布。

在聘用方式上，项目聘用主要从事仪器设备操作、管理与维护工作。

在工作岗位上，实验技术岗位主要从事仪器设备操作、管理与维护、实验室日常管理。工程技术岗位主要从事仪器设备操作、管理与维护。

在职称和工作年限方面，中级较多从事仪器设备操作管理与维护，20 年及以上和副高较多从事实验室日常管理。

不同性别在工作内容上无显著差异。

4.3.3　考核评价设置

现有考核评价指标中，实验教学与指导排前三的比重是 43%，仪器设备操作、管理与维护排前三的比重是 59.5%，实验或工程技术支持与开发排前三的比重是 44.6%，实验室安全管理排前三的比重是 40.5%，分析测试服务排前三的比重是 38.8%。老师期望的考核评价指标中，实验或工程技术支持与开发、实验工程队伍建设、学生评价这三项比重有所增加；实验工程类发明专利与论文数比重有较大幅度降低（见表 7）。

表 7　考核评价指标

现有考核评价指标			考核评价指标期望		
实验教学与指导			实验教学与指导		
权重	人数	百分比（%）	权重	人数	百分比（%）
排第一	30	24.8	排第一	36	29.8
排第二	7	5.8	排第二	9	7.4
排第三	15	12.4	排第三	12	9.9
未列入前三位	69	57.0	未列入前三位	64	52.9
总和	121	100.0	总和	121	100.0

续表

现有考核评价指标			考核评价指标期望		
分析测试服务			分析测试服务		
权重	人数	百分比（%）	权重	人数	百分比（%）
排第一	28	23.1	排第一	23	19.0
排第二	17	14.0	排第二	18	14.9
排第三	2	1.7	排第三	4	3.3
未列入前三位	74	61.2	未列入前三位	76	62.8
总和	121	100.0	总和	121	100.0
仪器设备操作、管理与维护			仪器设备操作、管理与维护		
权重	人数	百分比（%）	权重	人数	百分比（%）
排第一	22	18.2	排第一	19	15.7
排第二	35	28.9	排第二	33	27.3
排第三	15	12.4	排第三	17	14.0
未列入前三位	49	40.5	未列入前三位	52	43.0
总和	121	100.0	总和	121	100.0
实验或工程技术支持与开发			实验或工程技术支持与开发		
权重	人数	百分比（%）	权重	人数	百分比（%）
排第一	15	12.4	排第一	19	15.7
排第二	15	12.4	排第二	22	18.2
排第三	24	19.8	排第三	20	16.5
未列入前三位	67	55.4	未列入前三位	60	49.6
总和	121	100.0	总和	121	100.0
实验室安全管理			实验室安全管理		
权重	人数	百分比（%）	权重	人数	百分比（%）
排第一	11	9.1	排第一	13	10.7
排第二	17	14.0	排第二	15	12.4
排第三	21	17.4	排第三	15	12.4
未列入前三位	72	59.5	未列入前三位	78	64.5
总和	121	100.0	总和	121	100.0
实验工程队伍建设			实验工程队伍建设		
权重	人数	百分比（%）	权重	人数	百分比（%）
排第一	1	0.8	排第一	3	2.5
排第二	2	1.7	排第二	3	2.5
排第三	10	8.3	排第三	14	11.6
未列入前三位	108	89.3	未列入前三位	101	83.5
总和	121	100.0	总和	121	100.0

续表

现有考核评价指标			考核评价指标期望		
标志性教学成果			标志性教学成果		
权重	人数	百分比（%）	权重	人数	百分比（%）
排第一	7	5.8	排第一	3	2.5
排第二	13	10.7	排第二	13	10.7
排第三	5	4.1	排第三	6	5.0
未列入前三位	96	79.3	未列入前三位	99	81.8
总和	121	100.0	总和	121	100.0
实验工程类发明专利与论文数			实验工程类发明专利与论文数		
权重	人数	百分比（%）	权重	人数	百分比（%）
排第一	4	3.3	排第一	2	1.7
排第二	11	9.1	排第二	6	5.0
排第三	21	17.4	排第三	16	13.2
未列入前三位	85	70.2	未列入前三位	97	80.2
总和	121	100.0	总和	121	100.0
学生评价			学生评价		
权重	人数	百分比（%）	权重	人数	百分比（%）
排第一	3	2.5	排第一	3	2.5
排第二	4	3.3	排第二	2	1.7
排第三	8	6.6	排第三	17	14.0
未列入前三位	106	87.6	未列入前三位	99	81.8
总和	121	100.0	总和	121	100.0

4.3.4 职称晋升标准设置

33.1%的被调查人认为目前职称晋升标准适中可接受，13.2%的人员认为不可能达到，超过半数（53.7%）的人员认为标准太严（见表 8）。

表 8 职称晋升 1

标准	人数	比例（%）
太松	3	2.5
适中	37	30.6
太严	65	53.7
不可能达到	16	13.2
总和	121	100.0

36～45 岁、博士学历的人员认为晋升标准过严，介于“太严”和“不可能达到”之间。在严苛度上，女性的感觉略低于男性，工程技术岗位略高于实验技术岗位，工作 11～15

年的人员尤其认为晋升条件最为苛刻（见表 9，数值越大表示认为严苛程度越高，严苛程度介于 1～4 之间）。

表 9　职称晋升 2

人员信息	平均数	标准差
25 岁及以下	2.33	0.577
26～35 岁	2.68	0.601
36～45 岁	3.03	0.592
46 岁及以上	2.67	0.862
总和	2.78	0.701
男	2.81	0.715
女	2.74	0.690
总和	2.78	0.701
大专及以下	2.55	0.759
本科	2.75	0.672
硕士	2.73	0.610
博士	3.14	0.793
总和	2.78	0.701
事业编制	2.82	0.733
人才派遣 A	2.59	0.618
人才派遣 B	2.82	0.751
项目聘用	2.75	0.639
总和	2.78	0.701
实验技术岗位	2.71	0.762
工程技术岗位	2.84	0.644
管理岗位	2.80	0.676
总和	2.78	0.701
初级或未评级	2.71	0.636
中级	2.87	0.625
副高	2.74	0.864
总和	2.78	0.701
5 年以下	2.68	0.694
6～10 年	2.86	0.640
11～15 年	2.95	0.575
16～20 年	2.89	0.782
20 年及以上	2.68	0.819
总和	2.78	0.701

4.3.5 薪酬福利分析

（1）薪酬

被调查者中，有 48.8%人员 2015 年税前年收入为 10 万元及以下，35.5%的人员为 11 万～15 万元，11.6%的人员为 16 万～20 万元，4.1%的人员为 21 万～25 万元。其中，博士、副高、46 岁及以上或工作 16 年以上的人员现有年收入平均为 16 万～20 万元。

根据目前的岗位，期望的税前年收入情况为：34.7%期望为 11 万～15 万元，33.1%期望为 16 万～20 万元，24.8%期望为 21 万～25 万元，5%期望 26 万元及以上。平均期望年收入为 20 万元左右。

（2）福利补贴

被调查者中 92.6%的人员希望学校可以在“薪酬”方面加大支撑力度，其中，85.1%的被调查者更是将“薪酬”需求排在第一位，这与期望薪酬分析结果相一致，反映出被调查者普遍认为现薪酬水平较低亟待提高。52.9%的人员选择“住房补贴”，这或与上海购房压力大有关。约 20%的人选择“评优奖励”“培养进修费用”，10%的人员选择“子女教育”。

4.3.6 培训需求及下一步发展目标

被调研老师培训需求排在前三位的是：实验工程技术培训（80.2%）、出国交流（55.4%）、教学技能培训（46.3%）。

4.3.7 工作满意度

采用 5 点计分法，从 1 至 5 满意度依次提升，中值为 3，表示基本满意。从描述性统计结果中可以看出，只有“您认为目前工作是否能体现您的个人价值”、“您对于目前的办公室、实验室空间满意程度”两项均值超过 3，介于“基本满意”和“比较满意”之间，其他项目均值为 2.5～3，介于“不太满意”和“基本满意”之间。“您对学校目前薪酬分配制度的满意程度”项目满意度最低（见表 10）。

表 10　满意度

项目	均值	标准偏差
您认为目前工作是否能体现您的个人价值	3.34	0.945
您对于目前的办公室、实验室空间满意程度	3.38	1.002
您对学校目前提供的培训进修机会的满意程度	2.54	1.049
您对学校目前薪酬分配制度的满意程度	2.47	0.984
您对自己所在职称系列的晋升程序、政策的满意程度	2.54	1.033
您对学校目前考核评价体系的满意程度	2.89	0.956
学校对实验工程队伍人员的重视程度	2.54	1.057

25 岁及以下的人员各项目满意度均高于其他年龄人员，处于“基本满意”与“比较满意”之间。随着年龄的增加，大家对各项目的满意度水平在降低。博士的各项满意度水平均处于低位。

对于“学校对实验工程队伍人员的重视程度”，46 岁及以上人员的平均满意度水平只有 2.19，博士的平均满意度只有 2。

对于“您对学校目前提供的培训进修机会的满意程度”，除了25岁及以下的人员，其他人员的满意度水平均较低。

对于“您对自己所在职称系列的晋升程序、政策的满意程度”，人才派遣B的满意度水平只有1.73，可以说是不满意，这可能与我校人才派遣B人员无法参与职称晋升评审有关。

4.3.8 发展目标

关于下一步最大的目标选择中，有两个选项比较集中：53%的人员选择了“职称晋升”，31%的人员选择了“提升实验工程技术水平”，其他项目的选择都较为分散（见表11）。

表11 发展目标

下一步目标	人数	占比（%）
学历提升	14	11.6
职称晋升	53	43.8
出国进修	8	6.6
提高教学水平	7	5.8
提升实验工程技术水平	31	25.6
享受生活	8	6.6

5 国内高校支撑队伍建设过程中的主要问题

尽管部分高校在建设自己的支撑队伍方面先行一步，纷纷出台了相应的校内政策努力把本校的支撑队伍做强，但通过对回收调查问卷的统计分析，我们对国内高校支撑队伍的整体情况有了较充分的了解，经归纳总结我国高校支撑队伍建设过程中仍存在以下代表性的主要问题：

1. 支撑队伍岗位设置缺乏科学性与合理性，没有充分考虑工作需要；少数高校存在混岗现象，使原本不是很充足的支撑队伍岗位更加紧张；现有支撑队伍人员普遍博士学位比例低，正高级专业技术职务比例低，队伍结构不理想。

2. 支撑队伍职业发展受限，多数受调查者认为晋升标准过严，晋升难度大，但大家对自身发展的愿望很强烈；一些高校没有为支撑队伍设置正高级专业技术职务，影响了人员工作的积极性；支撑队伍人员接受培训，特别是教学、实验技术培训，出国培训需求明显；编外聘用的人员没有形成完善、畅通的转编通道。

3. 支撑队伍考核评价指标多与教师体系通用，缺少适合其自身特点的评价体系，同时对考核结果没能进行进一步运用，使考核流于形式。

4. 支撑队伍的薪酬没有与考核评价结果形成联动，没有很好的体现工作绩效。

第三章 国外高校支撑队伍建设的实践经验

通过查阅大量文献、摘录相关院校官网及第三方统计网站数据，总结国内外高校人员结构概况如表12和表13所示。

表 12　美国理工类前十高校人员结构表

学校	总计	教学科研人员			行政管理人员		教学辅助人员		工勤保障人员		官网或网站数据			
		人数	比例	终身教职轨道教师	人数	比例	人数	比例	人数	比例	本科生数	研究生数	总学生数	生师比
麻省理工学院	10475	5157	49%	1065	1988	19%	2674	26%	656	6%	4527	6804	11331	8 : 1
伯克利加州大学	9373	3079	33%	1429	1536	16%	3888	42%	870	9%	27126	10455	37581	17 : 1
密西根大学（安娜堡）	18413	5849	32%	2201	3765	20%	7149	39%	1650	9%	28312	15339	43651	15 : 1
斯坦福大学	10634	3249	31%	992	2406	23%	4361	40%	618	6%	6994	9128	16122	4 : 1
加州理工学院	2981	900	30%	296	531	18%	1165	39%	385	13%	1001	1254	2255	3 : 1
康奈尔大学	9339	2701	29%	1489	2273	24%	3100	33%	1265	14%	14315	5265	19580	9 : 1
卡内基-梅隆大学	4684	1281	27%	661	1337	29%	1863	40%	203	4%	6309	6976	13285	13 : 1
普渡大学（西拉法叶）	9120	2290	25%	1837	1689	19%	3435	38%	1706	19%	29255	9515	38770	13 : 1
伊利诺伊大学（香槟）	9713	2148	22%	1837	2226	23%	3649	38%	1690	17%	32579	11024	43603	18 : 1
得克萨斯大学（奥斯汀）	11706	2462	21%	1909	2722	23%	4953	43%	1569	13%	39619	11331	50950	18 : 1
佐治亚理工学院	6279	1039	17%	943	632	10%	3843	61%	765	12%	14682	8427	23109	19 : 1

表 13　国内 C9 高校人员结构表

学校	总计	教学科研人员		职员数	行政管理人员		教学辅助人员		工勤保障人员		总学生数	本科生数	研究生数	生师比	师职比	生职比
		人数	比例		人数	比例	人数	比例	人数	比例						
北京大学	9025	3179	35%	5846	1274	14%	2404	27%	2168	24%	37467	14232	23235	11.8	0.54	6.41
清华大学	9066	3258	36%	5808	2111	23%	1595	18%	2102	23%	31644	13980	17664	9.7	0.56	5.45
复旦大学	5092	2490	49%	2602	1167	23%	956	19%	479	9%	28253	12227	16026	11.3	0.96	10.86
上海交通大学	5992	2851	48%	3141	1053	18%	1343	22%	745	12%	35731	16099	19632	12.5	0.91	11.38
南京大学	3624	2251	62%	1373	680	19%	545	15%	148	4%	29660	14592	15068	13.2	1.64	21.60
浙江大学	5566	3302	59%	2264	1292	23%	798	14%	174	3%	46045	23438	22607	13.9	1.46	20.34
西安交通大学	4467	2753	62%	1714	952	21%	243	5%	519	12%	29863	15664	14199	10.8	1.61	17.42
中国科学技术大学	2427	1275	53%	1152	423	17%	455	19%	274	11%	19253	7270	11983	15.1	1.11	16.71
哈尔滨工业大学	6428	3577	56%	2851	1167	18%	895	14%	789	12%	45326	27306	18020	12.7	1.25	15.90

从以上表格可以看出，国外高校支撑队伍（教学辅助人员）规模占全校教职员工比例基本在30%～45%，而国内高校比例在10%～20%，比例最高的北京大学为27%，整体相较于国外高校队伍规模较小；国内高校专任教师（教学科研人员）的规模则远大于国外高校，特别是南京大学比例达到了62%。

根据文献显示，美国、日本和韩国高校支撑队伍的情况比较相似，学历层次方面已研究生学历人员为主；实验平台的主任由教授委员会聘任；支撑队伍需进行年度考核，有较理想的薪资水平，并有结合考核结果的年度加薪机制，保证了队伍人员的稳定性；工作内容上多为对师生的上机操作培训和仪器维护，由师生自己完成测试。对于一些复杂的测试任务，负责仪器管理的技术人员与测试人员研究探讨，共同商定测试方法。从队伍规模的角度看，美国和新加坡高校支撑队伍的规模较大。聘用方式方面，韩国和新加坡高校都采用固定岗位和合同（项目）聘用相结合的方式。

国外高校支撑队伍建设经验可总结为如下三点：

1 充足的支撑队伍比例配备

管师比与生师比已经成为测度和衡量大学规模、办学效率、组织特性和资源配置情况等方面的重要指标。世界一流大学人员结构具有职员队伍规模较大，生师比、师职比和生职比较低的特点。而我国高校职员比例偏低，数量偏少，服务压力大，教师行政压力大，与欧美大学相比存在一定差距。此外，哈佛大学院系职员的数量占全校职员的比例高达71.38%，院系职员是大学职员的绝对主体，这样的职员分布凸显了教师在世界一流大学中的重要地位，有利于教师专注教学科研工作。康奈尔大学院系职员的比例与哈佛大学大致相当，教师均配备了一定的教务秘书或助手。而我国高校目前支撑队伍数量太少确实在客观上影响了教师和学生教学、科研活动的开展，也在客观上造成了学术资源和人力资源的浪费。

2 岗位职责的合理定位和可操作化

以密歇根大学为例，上到学校章程，下到各部门的规章制度、各岗位的工作职责，都做了明确详细的规定。其董事会章程作为一个宏观的指导性规范已经细致到半操作化的程度。在学校章程的统领下，各部门再辅之各级更为具体与细致的规定，支撑队伍在发挥职能时有据可依，有规可查。明确的岗位职责直接导致考核的简化和公正，从而大大减少支撑队伍增加或减少的随意性。

3 科学化管理

为提高高校行政管理工作的质量和效率，许多高校纷纷将各种信息化技术应用于高校行政管理的各个领域。然而对于美国的研究型大学而言，科学化不仅仅体现在现代化管理工具的应用方面，更多的是指管理观念的科学化、管理制度的科学化和管理过程的科学化。以加州伯克利大学在其行政管理过程中实行的“平衡记分卡”系统为例，其系统设计和改革的理念充分体现了大学尊重学术、服务学术的理念，在系统设计过程中拥有科学、严谨的流程与方法，在系统实施的过程中又制定了详细的考核体系、明确了监管的部门。整个系统处处体现了科学化的管理理念。

第四章　国内高校支撑队伍建设的建议

1　岗位设置与编制核定

1.1　科学设岗，构建清晰明确的准入标准和程序

实验/工程岗位要求专职专任，原则上该岗位人员不承担非实验/工程技术、非实验教学和非实验/工程管理相关课题，不担任课程主讲教师。日常管理上，实验人员实行坐班考勤制，实验/工程人员执行岗位责任制。

在明确实验/工程岗位总量和岗位要求的基础上，在学校的指导下，各二级学院完成现有支撑队伍的梳理工作，科学设岗。岗位招聘主要分为校外招聘和校内招聘两类。招聘由院系（含直属单位，下同）提出招聘需求，学校审核通过后发布招聘启事进行公开招聘。校外招聘采取笔试与面试相结合的形式，事业编制和人才派遣 A 聘用人员由学校和院系进行笔试，其中学校笔试以题库抽考形式进行；人才派遣 B 聘用人员由院系组织笔试，内容报学校审核备案。笔试后院系组织面试，人事部门、实验室管理部门参与招聘。校外招聘过程中，人事部门负责审核编制、岗位设置情况并完成新聘人员审批工作，实验室管理部门负责审核招聘条件及申请人准入资格。校内招聘相对简化，主要由院系组织，笔试内容报学校审核备案，人事部门、实验室管理部门参与面试，最后拟聘用人员报学校核准。

校外招聘中，学校拟聘为副高级及以上专业技术职务人员以事业编制形式聘用；其它技术人员以人才派遣形式聘用。新聘人员原则上需具有硕士及以上学位和相关专业背景，急需专业申请者应具有本科学历且已取得实验师/工程师任职资格；个别特别优秀者，可适当放宽学历或任职资格要求。校内招聘中，需满足岗位基本要求，一旦聘用，保留原有聘用方式；未受聘新的实验/工程岗位的原工程实验岗位人员，通过转岗、低聘、短聘等形式进行分流，经过一定的过渡期，或离校或续聘。

1.2　编制核定

1.2.1　原则

传统标准与国际惯例结合原则。即一方面根据国家要求（如编制总量控制、岗位数指导比例）、国内大学的建设现状以及自身处于起步阶段的实际情况，确定支撑人员队伍规模；另一方面借鉴国外一流大学的建设经验，给予相对宽松的支撑人员队伍发展余量，以便于满足人员结构与世界一流大学接近的过程中对支撑人员数量的增加。

定量与定性结合原则．定量即通过一定的核算方法来确定基本人数，定性即根据相关单位的实际情况在定量的数字上进行合理的调整。

静态与动态结合原则。静态即编制核定后保持一定时期的稳定性，经过一段时期的运行，结合各单位教辅人员的工作绩效进行人员的增减调整。

1.2.2 步骤

第一步　确定总量

借鉴国外一流高校情况，确定支撑人员在人员总量中的比例。借鉴国外知名大学经验，同时结合国内实际情况。

第二步　分类定编

分类，一是指根据支撑人员工作类别定编，分工程实验类和图书资料类；二是指在总量的基础上，将总量分为固定编制数、流动编制数。固定编制数用于吸引和稳定一批具有相当技术水平的人员，利用这支队伍力求产生一批骨干技术支撑人员，产生若干高水平技术支撑拔尖人才；流动编制则是用于学校和院系根据自身发展需求，灵活的聘用技术人员，这类人员具有短期聘用、流动性强的特点，同时也可作为固定编制类人员的一种考察、选拔、储备。

第三步　定编方法

第一类　工程实验人员编制

方法一：

参照上级有关文件精神，结合学校的实际情况，以人时数、设备总值、贵重仪器台件，以及准备实验的复杂程度、实验层次为因素，合理定编。

学部（教学中心）、（国家、教育部）重点实验室、独立研究所（处级）定编人数 S1

$$S1 = A / Q1 + B / Q2 + C$$

其中：

A 代表学部实验教学人时数合计；B 为单位设备总值；C 为贵重仪器设备补贴编制；Q1 为人均承担实验教学人时数标准；Q2 为人均承担设备值标准。

A=$\sum$（单位单门实验课计划学时×上该门实验课的学生数×K1×K2）；K1 为准备实验的复杂程度系数；K2 为实验层次调节系数。

方法二：

按照实验室级别，确定人员编制。

国家级实验室　核定 3 个人员编制；

省部级实验室　核定 2 个人员编制；

一般实验室　　核定 1 个人员编制。

第二类　图书资料人员编制

图书馆先以学生 4000 人，藏书 20 万册，配备 15 人为基数核定编制。在此基础上，每增加 400 标准学生数增加 1 人，每增加图书 5 万册增加 1 人；年平均进书 3500 册增加 1 人。

各单位资料室的图书资料编制按本单位教师数、研究生数、资料室规模进行核定。具体见表 14。

表 14　图书资料编制核定

资料室类型	教师数+研究生数	藏书量（万册）	编制数（人）
大型	800 人以上	5	3～4
中型	400～800 人	2～5	2～3
小型	400 人以下	1～2	1～2

2 队伍人员的发展与晋升

充分做好教学科研支撑工作，构建高水平实验技术平台，提升工程技术开发水平，着力解决实际工程问题，促进和保障教师队伍与支撑队伍的均衡全面发展，培养和造就一支与世界一流大学建设要求相适应的实验工程队伍，对于我国高等学校落实世界一流大学发展战略至关重要。

通过梳理编制岗位，规范岗位设置，明确支撑队伍人员的岗位职责，建立清晰明确的准入标准和程序，建立适合该队伍特点的发展和晋升体系，建立考核、分配、流动联动机制等一系列改革措施，逐步形成支撑队伍管理长效机制，打造一支理论基础扎实、技能精湛、结构合理、素质优良的高水平支撑技术队伍。

改革创新，建立健全发展与晋升体系

(1) 专业技术职务晋升 进一步建立和健全支撑队伍专业技术职务晋升体系。在原有专业技术职务体系下，填补正高职务的阶梯空白，设立研究员（实验技术/工程技术）岗位，纳入学校高级专业技术职务统一评审程序。研究员（实验技术/工程技术）申请需经过院系“教授会议”和学校实验与工程系列“教授会议”评审，报学校进行同行专家匿名评议，院系专业技术职务聘任小组会议评审推荐，最后报学校相关学科专业技术职务评审专家组和校专业技术职务聘任委员会进行评审聘任。研究员（实验技术/工程技术）岗位由学校统筹，高级专业技术职务聘任工作启动后，院系可提出招聘需求，但不占院系研究员当年招聘岗位数，待学校评审同意聘任后，占院系研究员岗位。

同时，修订实验/工程系列专业技术职务聘任实施办法，进一步明确申请条件，各院系在学校基本条件基础上，提出实施细则。允许各单位根据学科特点和发展需要，提出不低于学校必要条件要求的对等条件，报学校批准后执行。

申请条件遵循以下原则：一是规范岗位，确实在实验/工程岗位工作的技术人员和管理人员可申请实验/工程系列专业技术职务，申请晋升正高职务者须在实验/工程岗位实际工作五年及以上，申请晋升副高职务者须在实验/工程岗位实际工作三年及以上；二是改变科研论文导向，重点考察实验/工程技术、实验/工程创新、成果转化以及工程实践等能力；三是分类发展，为实验/工程技术队伍不同类型人员制定适合其特点的晋升申请条件。

人才派遣类实验/工程技术人员，被聘任为实验/工程系列副高级及以上专业技术职务，且年度和本聘期考核均为合格及以上者，在受聘次年可以事业编制形式聘用。

(2) 专业技术职级晋升 建立有利于实验/工程技术队伍个人发展的平台与机制，健全其职业发展通道和空间。在现有专业技术岗位聘任实施细则中，新增适合研究员（实验技术/工程技术）岗位的职级晋升条件，进一步细化实验/工程系列专业技术职级晋升条件，适时设立实验/工程技术队伍卓越人才成长计划。

加大培养，提高专业水平和综合素质

从人才计划、业务培训以及荣誉奖励等三个层面加大支撑队伍培养。首先，探索并建立更适合实验/工程技术队伍特点的人才支持与资助计划，研究科学合理的教辅系列优秀青年实验/工程技术人员的选拔模式。其次，将日常和专项培训作为实验/工程技术人员专业技术职务聘任和岗位聘任的重要依据。人事部门、实验室管理部门联合组织实验/工程技术

人员系列培训，包括职业素养、业务理论和实践能力、实验室安全管理和管理实务培训等。以国家留学基金管理委员会出国研修项目为基础，适时推出适合实验/工程技术队伍的出国研修计划，重点支持优秀实验技术人员到国外著名高校或科研机构、实验室进行研修。第三，通过设立基金、项目经费和荣誉成果奖励等，鼓励实验/工程技术人员从事实验/工程技术创新与开发、工程实践及成果转化、实验设备研究以及实验教学改革研究等，逐步完善支撑技术队伍激励措施。

3 队伍的考核评价机制及人员流动

正确评价和认可实验队伍的工作是保证实验队伍工作积极性的关键。实验技术队伍的绩效评估内容应与教师、科研人员有所区别，评估不能过分注重科研论文和科研成果等指标，需要综合考虑实验工作人员在实验室管理，实验教学改革，实验仪器设备维护方面的能力，以及工作人员在工作中的态度、表现。比如工作量是否饱满，工作效率如何，是否参与实验教学与改革、指导学生课内外活动，能否维护维修仪器设备、自制仪器设备、开发大型精密仪器设备功能等方面。从工作量、态度、能力、业绩、获奖等方面全面评价实验工作人员成绩。考评结果为其待遇制订、晋升、职称评聘、培训和奖惩提供依据，并帮助和促进实验人员自我成长。

与专任教师或者行政管理人员工作量评估不同，实验室技术人员工作量的评估是一个较为复杂的问题。他们的工作中既有实验教学，又有实验室管理与建设，还有服务和其他。因此，对他们的工作量评估多数定性而不定量。

3.1 实验技术人员工作业绩评估指标体系的构建原则

3.1.1 公开、公平、公正原则

指标体系全透明，指标内容有明确的含义，注重个体差异下的整体合理性，对实验技术人员进行全过程评价。各级指标或观测点应能抓住实验技术人员整个工作的本质要素，形成多元化的评价指标体系。评估项目分值易于计算，评估程序公开透明。

3.1.2 模块化原则

整个指标体系由几个相对独立的模块叠加而成，每个模块反映实验技术人员工作的某一方面。当某一模块的指标或某指标的量化分值发生变化时不会对其他模块产生影响，仅仅使最终的评价量化总分值发生相应变化，使整个体系清晰明了，结构简单，具有良好的适应性。

3.1.3 定量与定性相结合原则

定量评价有利于分项计算，也便于逐项累加区分等级。但实验技术人员的工作是一个的复杂过程，有些工作难以量化，采用定量加定性的评价办法能对无法定量评价的高校实验技术人员工作业绩评估指标体系的构建使评价结果更趋合理。

3.2 实验技术人员工作业绩评估指标体系的构建

3.2.1 评估等级

实验技术人员工作业绩评估主要针对正式在编在岗的实验技术人员在实验教学、实验

室管理、实验室建设等方面进行工作业绩评估，重点评估履行岗位职责的工作实绩，同时在指标及分值的设置上注重引导，指引实验技术人员更好地为人才培养服务。

评估结果分优秀、良好、合格、基本合格、不合格五个等级，原则上良好及以上比例不得超过当年度参加评估人数的 50%，其中优秀比例不超过 10%。其中，年度内出现实验室责任事故 1 次（含）以上者及没有完成年度岗位工作任务者，不能评良好及以上等级；年度内出现实验室一般责任事故 2 次以上（含 2 次）或出现实验室重大责任事故者，直接定为不合格等级。

3.2.2 评估指标体系构成

实验技术人员工作业绩评估指标体系由工作量、日常管理、改革与研究、工作奖惩四个相对独立的模块构成，每个模块又由若干个二级指标组成，每个二级指标又包含若干个观测点，各指标和观测点的设置旨在评估实验技术人员工作的全过程。

3.2.3 各指标分值

在评估体系中，每一个模块及二级指标、观测点均用分值来量化，具体分值根据其重要程度分别设定。相应得分其计算公式为：实验技术人员工作业绩分=工作量×30%+日常管理×50%+改革与研究×10%+奖惩情况×10%，实验技术人员的本职工作，即日常管理工作业绩得到了充分的体现。各模块下二级指标如下：

工作量模块　含实验教学工作量、实验准备工作量和开放项目指导工作量三个二级指标。其中，实验教学工作量以督导评价分数来确定等级，共分为 A、B、C 三个等级；实验准备工作量以准备学时数的多少来确定得分值；开放项目指导工作量依据指导情况（含按计划执行情况和材料上交情况两个观测点）来确定得分值。三个二级指标中，实验准备工作量所占比重为 80%，体现对实验技术人员本职工作的重点评估。

日常管理模块　含管理仪器设备台套数、管理实验室面积数、实验室卫生、资产账务相符率、仪器完好率、实验室使用登记情况和材料报送情况七个二级指标。各二级指标依据其在日常管理中的重要程度确定分值，其中前两个指标以定量形式评估，后五个指标采取综合评价方式，即分为优秀、良好、合格和不合格四个等级，再根据等级确定分值。

改革与研究模块　含新实验项目开发、参与课程建设情况、参与教材建设情况、参与教学建设项目情况、发表研究论文情况、申请专利情况六个二级指标。每个指标依据所取得成果的等级，给予一定的得分。此模块的设立旨在鼓励实验技术人员参与教学改革与研究，促进自身水平的提高和教学质量的提高。

奖惩情况模块　含指导学生获奖情况、教学奖惩情况、有偿服务情况和出勤情况四个二级指标。其中，指导学生获奖情况依据取得奖励的等级确定分值；有偿服务情况依据创收次数确定分值。

3.2.4 评估结果的使用

实验技术人员工作业绩评估是年度评估的重要组成部分，将作为评优、聘岗、晋升的主要依据。凡申报高一级职称的实验技术人员，近三年工作业绩评估曾获“优秀”等级者，优先考虑；年度工作业绩评估为“不合格”者，不推荐其申报高一级职称；连续两年为“不合格”者，可不聘任。

4 队伍的薪酬体系及保障机制

4.1 薪酬的含义

现代意义上的薪酬已不同于传统意义上的工资。薪酬是员工因向所在的组织提供劳务而获得的各种形式的酬劳。薪酬可以分为经济薪酬和非经济薪酬。

经济薪酬又可分为直接货币报酬和间接货币报酬。直接货币报酬包括基本工资、奖金、绩效工资、津贴、加班费、利润分红等；间接货币报酬主要通过各种福利以及服务（如保险、医疗、培训、带薪休假等）支付的薪酬。

非经济薪酬则体现在社会地位、具有挑战性能够发挥潜力的工作机会、较多的职权、个人发展机会、学习与进步的机会、上级与同事的认可、宽松的工作环境等方面。

社会发展的多元化、现代人对个性发展的追求，员工不再遵循传统意义上的衡量，在选择工作时对于非经济薪酬考虑因素也占据了很大的比重，员工期望寻求广阔的发展空间、具挑战性的工作内容、在追求出色工作的同时渴望谋求自身发展，希望工作充实而富有趣味。

4.2 高校现行薪酬体制

4.2.1 签约方式

中国高校教师的基本签约制度为固定制薪酬，即岗位绩效工资制；引进人才（柔性聘用人才）多数为协议工资制，即年薪制。

岗位绩效工资制是 2006 年开始实行的工资制度，主要包括岗位工资、薪级工资、绩效工资和津补贴，其中岗位工资和薪级工资按照国家统一规定，绩效工资由国家进行总量调控和政策指导，事业单位在核定的绩效工资总量内，按照规范的程序和要求自主分配，津补贴根据原有国家和地方政策执行。由于国家在绩效工资分配上并未出台相关细则，因此目前的绩效工资仍然采用的是学校自行制定的标准和分配方案，并未实现真正的绩效工资。

年薪制是近几年对引进人才采用的比较普遍的一种签约方式，由于引进人才一般具有海外背景，而国际上高校支付教师薪酬的方式基本都以签约年薪制为主，对引进人才采用年薪制的方式更符合国际惯例，而且当前无论是国家、地方还是高校政策都向高层次人才倾斜，其年薪标准一般要高于相同职位的本校教师，因此，年薪制度也对新进教师起到一定程度的激励作用。

4.2.2 薪酬组成分析

国家工资

无论是岗位绩效工资制还是年薪制，最主要影响教师薪酬水平的是教师的职位，其次是教学科研工作的工作量。

岗位绩效工资制中，岗位工资依据教师的岗位等级设定，工程实验系列从正高级到初级共 12 级，薪级工资按照岗位的工作年限，共有 50 级。自 2006 年实行岗位绩效工资以来，事业单位高校一直执行岗位工资和薪级工资，2014 年 10 月随养老保险改革调整国家岗位薪级工资，2016 年再次调整该标准。

国家地方津补贴

津补贴制度从中华人民共和国成立以来就从未停止过，目前包括国家、地方各类津补贴总共有将近二十种，标准也一直沿用最初制定政策时的标准从未改变，从一两块钱到几百块不等。津补贴政策成为工资单中结构最为复杂、力度最低的一部分。但迄今为止，由于国家地方并未明确规定取消各项津补贴，因此津补贴制度一直在工资中占有一席之地。

校内津贴

由于国家尚未统一规定绩效工资的实施办法，目前各高校通过自定的岗位津贴制度进行分配。岗位津贴是由清华大学、北京大学在 1999 年提出的，基本解决了高校教师收入长期偏低的现象。之后，各高校也纷纷效仿，根据各自学校的财力设置了岗位津贴制度，整体提高了教师待遇，并根据自定的分配制度，将教师的收入与贡献紧密联系了起来，充分调动了广大教师的积极性和主动性。由于校岗位津贴的分配水平视学校财力而定，随着教师平均工资的逐年提高，校岗位津贴占教师收入中的比重越来越大，国家规定的岗位工资、薪级工资、津补贴所占比例则逐渐缩小。

其他收入

除固定工资部分外，实验工程类人员还会承担一定的实验课的课时收入，以及一些科研工程项目的科研提成。不同层次的高校在课时数上没有很大差异，但在能够申请的科研项目的类型上参差不齐。985、211 高校在学科建设上可以得到国家的大力支持，学科发展水平处于国家前列，其能够申请到的科研项目的资源更为丰富、项目规模更为庞大。而一般高校的在整体科研水平上比较一般，只能申请层次较低、经费较少的一般项目。因此，不同层次的高校在科研提成上的差异还是很显著的。

4.2.3 其他影响因素

地区差异和学校层次差异

因为经费来源不同，教育部直属高校（简称“部属高校”）和地方院校在教师薪酬待遇上有着一定的差异。在经济欠发达地区，由于部属高校人员经费由教育部拨付，相比地方高校，部属高校自筹经费的能力比较强，而地方财政对地方高校的支持力度有限，所以地方高校的薪酬水平普遍低于部属高校；在经济较发达地区的沿海城市，地方财政的实力较强，对地方高校的支持力度较大，地方高校的人员经费水平要高于部署高校。而对于 985、211 这些有更多项目资助的高校来说，他们的薪酬水平一般要高于资助项目较少的普通高校。

内部分配制度

当前我国高校处于跨越性发展阶段，无论从学生数量的扩招、高校之间的合并，还是学校园区的扩建，这一点都清晰可见。而海外人才的大量引进则将高校的发展推向了更深的层面。在这种特殊时期，收入分配制度也面临着严峻的挑战，在国家、地方政策不变的前提下，高校的内部分配制度总体向高层次人才倾斜，拉开了收入差距。

物价水平（增长机制）

居民消费价格指数（简称 CPI）的不断增长，使得人们对于薪酬增长机制的期望越来越高，特别是工资政策统一由国家、地方制定的高校而言，CPI 的不断增长和维持不变的工资水平形成了鲜明的对比，于是在高校中设立一个科学的薪酬增长机制的呼声越来越高。不少高校顺应潮流，结合薪酬体系中的宽带细分制度，在校内岗位津贴中设计了与岗位等级和岗位工作年限相关的薪酬宽带制度，实现了薪酬逐年增长的长效机制。

4.3 对策研究：新形势下支撑队伍薪酬体系的建设

4.3.1 建立高稳定性的薪酬模式

行为理论认为组织内部员工薪酬差距过大在一定程度上会破坏合作，最终对组织稳定及绩效产生负面影响。具体而言，借由“相对剥削理论”“组织政治理论”“分配偏好理论”“社会比较理论”，行为理论者从四个角度分别阐述薪酬差异如何给组织绩效带来损害：第一，组织内的员工（特别是低层级员工）往往很容易通过比较来评判自己的薪酬。当他们发现中高层员工的薪酬高过自己时，很容易产生“被剥削”的心理感受，进而造成消极怠工行为。事实上，因为能力比薪酬更加难以衡量，因此员工往往不会客观地依据个人贡献多寡来评价薪酬，反而放大薪酬差距的不公平感。第二，薪酬差异会影响组织员工的行为选择。当面对薪酬差异带来的激励，非高管员工会提高个人努力水平，但更倾向于通过减少团队协作、增加利己努力来实现目标，必要时从事政治阴谋也有可能。因此，当团队协作对组织绩效十分重要的时候，过多的薪酬差距是不利的。第三，当维持社会公平及团队协作对组织十分重要时、当员工边际贡献难以衡量、当员工不满容易导致政治阴谋的情况下，即使员工个人绩效存在差异，也应该采用相对均等的薪酬分配方案——因为员工不满所带来的负面影响太大。第四，基于公平理论，人们总是很在意与周围人比较，并以此来评判自己收入的合理性，为鼓励员工更多协作应偏好更小的薪酬差距。

高校支撑队伍人员作为辅助性岗位员工，在更多情况下个人生产率高低并非是薪酬的主要决定因素，员工个人边际贡献并不像科研人员那般容易衡量。此类人员的薪酬差异决定变量通常为工龄、职务及学历，与此同时部门团队成员之间的合作往往非常重要，因此不适合将支撑队伍内部人员之间的薪酬差距拉得过大，反而更适合适当压缩薪酬差距来保障组织运行的稳定和绩效，同时给大多数人带来正向激励。从另一个角度考虑，支撑队伍人员普遍存在流动性低的特点，因此适合高稳定型薪酬模式，即基本工资作为薪酬结构的主要组成部分，绩效工资等处于次要的地位，所占的比例较低。以因岗聘人、因岗定薪为主要手段，通过岗位管理实现人员管理，在薪酬体系中突出岗位的重要性。

薪酬结构主要考虑岗位等级、个人能力和工作实绩。岗位等级（包括岗位价值、任职年限）占 50%～60%，个人能力（包括学历学位、工作年限）占 10%～20%，工作实绩（考核结果）占 30%。

4.3.2 建立“宽带细分”的工资体系

“宽带薪酬”作为一种新型的趋扁平化薪酬设计结构，其产生是对传统薪酬体系下存在大量垂直等级结构的一种改进。流传较广的定义源自美国薪酬管理学会：“宽带型薪酬结构就是指对多个薪酬等级以及薪酬变动范围进行重新组合，从而变成只有相对较少的薪酬等级以及相应的较宽薪酬变动范围。一般来说，每个薪酬等级的最高值与最低值之间的区间变动比率要达到 100%或 100%以上。一种典型的宽带型薪酬结构可能只有不超过 4 个等级的薪酬级别，每个薪酬等级的最高值与最低值之间的区间变动比率则可能达到 200%～300%。而在传统薪酬结构中，这种薪酬区间的变动比率通常只有 40%～50%。”

由此设计带来的效益是多方面的：首先，弱化原有的与职称职级完全挂钩的结构，职员的薪酬增长不完全取决于职称职级。在宽带薪酬体系下，资历浅但能力高的职员也有可能获得比他职级高的职员更高的报酬。平衡了员工因内部薪酬结构不合理而带来的巨大心理落差。在此基础上，员工不必再为职称晋升而钻牛角尖，能将更多精力投入到工作中去。

支撑队伍的“宽带+细分”标准与职称等级相联系，设正高级至员级五个级别，每个级别再细分若干档，并且各级别之间的档位可以相互交叉。每年依照考核结果和职务晋升情况，进行升档或者升级（见图 2）。

序号	员级//标准		助教//标准		中级//标准		副高//标准		正高//标准	
1									M	2.8k
2									L	2.8k
3									K	2.7k
4									J	2.6k
5							L	2.35k	I	2.5k
6							K	2.18k	H	2.4k
7							J	2.01k	G	2.3k
8							I	1.84k	F	2.2k
9					I	1.64k	H	1.67k	E	2.1k
10					H	1.48k	G	1.5k	D	2.0k
11					G	1.32k	F	1.34k	C	1.9k
12					F	1.16k	E	1.17k	B	1.8k
13					E	1.00k	D	1.00k	A	1.7k
14					D	0.93k	C	0.93k		
15			F	0.84k	C	0.85k	B	0.85k		
16			E	0.77k	B	0.78k	A	0.78k		
17			D	0.70k	A	0.7k				
18	D	0.6K	C	0.63k						
19	C	0.52K	B	0.56k						
20	B	0.44K	A	0.49k						
21	A	0.36K								
22										
23										
24										
25										

图 2　专业技术人员工资宽带细分表

“宽带细分”薪酬体系不仅与支撑队伍人员的资历、经验、担任职务相挂钩，而且还可以实现“小步走，年增长”的特点。如上图，“宽带细分”设计一方面在低层级员工（员级/助教）内部保持相对少的薪酬等级与薪酬，同时各薪级中位数设置也较为合理。保证了绝大部分同职级职员之间的薪酬差异不至于太大，保障了稳定性。另一方面，随着职级晋升，人员之间薪酬档数增多、级差明显增大，各薪级之间的重叠程度增加。这样保证对优秀员工的持续激励作用。可以说“宽带细分”薪酬体系是岗位工资的一个很好的发展和补充。可以适当提高支撑队伍人员的积极性，为其发展提供了平台和保障。

4.4 小结

现代人力资源管理认为，好的薪酬制度不仅是对员工工作的正确酬劳，还要实现对员工的激励，以期发挥其最佳潜能。如果把人力资源管理系统比作一座房子，那么薪酬体系就是最后搭成的屋顶。只有当机构设置合理、岗位职责明确、工作安排恰当、考核办法健全、晋升机制完善的前提下，薪酬体系才能够作为最后的物质推手发挥出最大的激励效果。所以，薪酬制度的优劣不能单从工资的结构和数量来衡量，而要以实现学校的发展战略、增加激励效果为主要目标，从人力资源管理的角度进行整体规划和设计，达到员工与组织的共同发展。

课题组负责人及主要成员

负责人：梁　齐　　上海交通大学
成　员：林晓棠　　上海交通大学
范悦敏　　上海交通大学
徐亦斌　　上海交通大学
李　霞　　上海交通大学
陈　菡　　上海交通大学
付瑶瑶　　上海交通大学
施瑾欢　　上海交通大学
朱立群　　上海交通大学
刘　婷　　上海交通大学
王天威　　上海交通大学
李素秋　　上海交通大学
常陈叶　　上海交通大学

双创背景下以增加知识价值为导向的兼职兼薪问题的研究与探索结题报告

第一章　引　言

距离 2015 年国家正式将“大众创业、万众创新”上升到国家战略高度已三年时间。2018 年 9 月 18 日，国务院下发《关于推动创新创业高质量发展打造“双创”升级版的意见》，2018 年 12 月 20 日，“双创”当选为 2018 年度经济类十大流行语。在双创背景下，人才作为国家竞争力的最核心要素逐渐凸显作用。双创战略驱动实质上是人才驱动，创新人才是主要国家竞相争夺的核心战略资源。无论是美日德等发达国家，还是新兴经济体，都把人才战略上升为立国战略。相比之下，我国现状下妨碍创新人才成长和流动的壁垒依然存在，科研转化率以及产学研合作项目数量都低于发达国家水平。根据教育部《2016 年高等学校科技统计资料汇编》[1]以及《2017 年高等学校科技统计资料汇编》[2]显示，每年高校的科技成果数量都呈现稳定的增长，但是在科技转化上的专利出售率以及技术转让金额上仍处在较低的水平（见表 1）。

表 1　2016 年、2017 年高等学校科技统计指标对比

统计指标			2016 年	2017 年
R&D 成果应用和科技服务项目	R&D 成果应用（项目数）		29425	30899
	科技服务（项目数）		36567	39646
科技成果	出版科技著作		13113	14046
	发表学术论文		870529	918161
	知识产权与专利	申请数	184423	229458
		授权数	121981	144375
		出售数	2695	4803
技术转让	合同数		8617	9592
	合同金额（千元）		5402729	5025207
	当年实际收入（千元）		2341910	2670500

因此，只有打破束缚人的生产力的限制，让各类创新人才在企业、高校、科研机构流动起来，让创新资源从实验室流向市场，把更多科技成果转化为现实生产力。才能把创新人才红利释放出来，创造“二次人口红利”。

2016 年 11 月，中办、国办印发的《关于实行以增加知识价值为导向分配政策的若干

意见》，旨在解放思想，充分调动广大科技人员积极性、主动性和创造性，对于保障我国建设创新型国家和科技强国具有重要意义。《意见》要求通过发挥收入分配政策的激励导向作用，让智力劳动获得合理回报，促进多出成果、快出成果、出好成果，推动科技成果加快向现实生产力转化，有效支撑供给侧结构性改革。《意见》指出，允许科研人员和教师依法依规适度兼职兼薪，包括允许科研人员从事兼职工作获得合法收入和允许高校教师从事多点教学获得合法收入。

政策红利被看好，但在政策的具体落实上，哪些能做、哪些不能做，能看到多少实效，人们存在疑虑。要保证新规顺利、有效落实，广大科技工作者期待尽快确立有针对性扶持细则，希望厘清高校和科研人员之间的权责关系，建议编制行为“负面清单”，明确执行边界。建立合理的激励机制，最大程度地激发出每个人的潜力。

1.1 问题的提出

在现行的市场经济体制下，兼职兼薪已经成为我国各类企事业单位中比较常见的现象。相当一部分的教师及专业技术人员从事着各种形式的兼职兼薪活动，例如到校外兼课、企业挂职或者自办学科公司等。这种现象的加速出现说明随着知识经济的到来和现代大学社会功能的不断拓展，大学已从知识的自留地向社会活动的中心地进行角色转变，高校教师与社会的联系接触变得日益密切。

高校教师及专业技术人员作为知识密集型人才的典型代表，以发展性的科学思维、渊博的专业知识以及先进的研究成果，在传承人类优秀文化的同时，不断进行创新和突破，从而推动社会的发展和进步。高校教师作为学校的主体成员，保质保量的完成学校的工作是他们的基本职责，与此同时，作为社会的一员，应用自己的知识才能参与社会的活动，为地方经济和社会做出贡献，并获得合法的报酬。但是，由于缺乏整体性的引导，目前我国的兼职兼薪仍然存在着一定的误区、偏差和问题。主要表现在：① 兼职兼薪是一种完全自由的个人行为，如果时间控制不好，对本职工作的完成质量有负面影响。因为教师授课质量难以量化考核，对于实验、作业、考试的履行情况更加难以监督和考核，从而导致教师对本职工作漫不经心，而对待兼职工作则积极认真，结果就是本末倒置。由于薪酬上的差异，很多教师不愿意在本校多上课，而愿在完成基本工作量的前提下到外校兼课，从而影响了本校的正常教学活动。② 许多教师在外兼职对于厘清与学校的资源配置使用等问题上存在着潜在的纠纷风险。尤其是面对法律纠纷时，学校无端地变成被告的法人主体。③ 由于薪酬上的差距，一些教师往往乐于更加“实惠”的兼职工作，而对于本职工作则应付了事。人的精力是有限的，兼职工作多了，势必影响正常的教学和科研。另外，这些任务会转加到其他教师身上，增加其他教师的教学负担，容易造成其他教师的不满情绪。因此在外兼职活动的隐性化、自由化、无序化，无形中对学校的学科建设、专业发展，特别是组建团队和日常管理造成了较大的冲击，容易造成人才的隐性流失。

1.2 高校人员兼职兼薪的政策沿袭

1983 年我国劳动人事部、国家经济委员会颁布了《关于企业职工要求“停薪留职”问题的通知》，首次允许体制内人员“停薪留职”，[3]正式开启了我国体制内在职人员可以兼职的时代，为高校人员的兼职兼薪提供了参考范本和实施价值。1993年我国颁布了《科学进步技术法》，其中明确规定对在科技进步活动中做出重要贡献的科技工作者给予奖励，开启了我国体制内人员分配政策的重大变革，极大地调动了科技工作者的积极性，并赋予兼职兼薪的合法性[4]。2003年我国颁布了《关于进一步加强人才工作的决定》进一步完善了分配激励体制，极大地促进了专业技术人才的合理流动[5]。2007年12月我国新修订的《科学技术进步法（2007年修订）》，明确鼓励了产学研的结合，对有突出贡献的科技工作者给予优厚的待遇。

而进入双创战略周期，为了加快实施创新驱动发展战略、深化科研成果转化体制机制创新以及激发我国高校科技资源的活力，2014年1月北京市下发了《加快推进高等学校科技成果转化和科技协同创新若干意见(试行)》，简称“京校十条”。明确鼓励高校教师兼职创新创业，科研创新和成果转化的成果还可以作为职称评审的依据之一[6]。2015年5月我国颁布了《关于进一步做好新形势下创业工作意见》进一步给出了促进高校科研人员进行创业和提高科研转化率的信号。2016年11月，中共中央办公厅，国务院印发了《关于实行以增加知识价值为导向分配政策的若干意见》，该意见的出台将知识价值的导向放到了更高的层面。该“意见”可以分为两部分：第一部分是允许科研人员从事兼职工作获得合法收入；第二部分允许高校教师从事多点教学获得合法收入[7]。其中第六条规定：“允许科研人员和教师依法依规适度兼职。”则对高校教师、科研人员依法依规适度兼职兼薪提出了明确的指导方针和意见。知识价值的评价体系是建立在通过知识满足人的需求，而人运用知识进行生产应用的关系。在高校主要包括知识的传播价值和知识的创新价值两大价值，传播价值基于高校的优秀文化的传递和保存，而创新价值基于高校创新型人才的培养及社会发展需要。高校内部教学是传播知识的主要途径，对教师而言，它的传播价值就是教师的教学所带来的物质和精神需求的满足。现行我国高校教师收入建立在职称评价体系的基础上，而职称工资既违背了“按劳分配、优劳优得”的市场经济原则，又不符合最近颁布的以增加知识价值为导向的分配政策。以增加知识价值为导向的教师兼职政策是对我国高校教师职称工资分配政策的一种改革，调动了高校科研人员参与成果转化和产学研落地实施的积极性，增加了知识传播导向的必要性（见表2）。

表2　国家、部委、地方政策一览

年份	文件名称	态度	前提	实现方式
1985	中共中央关于科学技术体制改革的决定	允许	完成本职工作 不侵犯本单位权益	业余从事技术工作和咨询服务，收入归个人。
1988	关于科技人员业余兼职若干问题意见	允许	保障国家，单位和个人的合法利益	业余从事科学技术工作
1993	中华人民共和国科学技术进步法	创造条件	推动科学技术为经济建设和社会发展服务	从事技术开发研究、科学技术咨询、信息服务和社会公益性研究。
1999	上海市鼓励专业技术人员兼职从事高新技术成果转化工作的试行办法	鼓励	完成本职工作、不侵害国家和单位技术、经济权益	签订兼职协议

续表

年份	文件名称	态度	前提	实现方式
2000	关于深化科研事业单位人事制度改革的实施意见	鼓励	有组织地	开展面向市场的有偿技术服务
2002	关于充分发挥高等学校科技创新作用的若干意见	支持	厘清知识产权、股权配额等方面/国科发政字[2002]202 号	技术转让、专利许可、技术入股等多种方式
2003	中共中央进一步加强人才工作的决定	鼓励	完善兼职兼薪管理办法	通过多种激励引进方式
2003	中国科学院关于科技人员兼职的若干意见	鼓励	工作需要兼职者，需报主管院领导批准	实行分级管理
2004	江苏省《关于事业单位工作人员实行兼职兼薪的指导意见（试行）》	鼓励	在做好本职工作的前提下兼职兼薪	兼职兼薪活动合法、规范、有序
2012	高校教师职业道德规范	默许	不得影响本职工作	参与社会实践，提供专业性的服务
2013	加快推进高等学校科技成果转化和科技协同创新若干意见(试行)	鼓励	保质保量的完成本职岗位的相关工作	鼓励推动教师科研创新和成果转化
2016	关于进一步做好新形势下创业工作意见	支持	需经学校批准	进行创业和提高科研转化率
2016	关于实行以增加知识价值为导向分配政策的若干意见	鼓励	经所在单位批准	推动资源技术共享，按照市场价值获得报酬
2016	关于深化人才发展体制机制改革的意见	鼓励	经所在单位同意	可在科技型企业兼职并按规定获得报酬
2016	国务院关于印发实施《中华人民共和国促进科技成果转化法》若干规定的通知	激励	在履行岗位职责、完成本职工作的前提下，经征得单位同意	可以兼职到企业等从事科技成果转化活动
2017	关于支持和鼓励事业单位专业技术人员创新创业的指导意见	支持	经所在单位批准	进行创业和提高科研转化率

1.3 研究目的与意义

对双创背景下以增加知识价值为导向的兼职兼薪问题的研究与探索，能够进一步释放我国高校教师的创造力和生产力，从而促进我国兼职兼薪的政策的完善和实施。既能让科研人员在企业从事技术开发、成果转化等增加知识的创新价值，同时也能够获得成果转化收益分享比例和红利收入。有利于完善我国高校教师的分配政策，能够极大地促进高校教师科研工作的积极性、主动性和创造性。高校教师在校外从事多点教学，就是在完成所在单位任务后，额外增加了知识的传播价值，既提高了工资收入，又扩大了教师知识价值的影响范围。

一份以青少年为对象的网络调查报告显示[8]，我国近 70%的少年儿童以文体明星作为偶像，以科学家、教师、医生为代表的知识分子为偶像的只有 2.3%。青少年是祖国的未来，如果他们的价值取向和人生选择出现偏差，其后果可想而知。实行以增加知识价值为导向的分配政策，让真正有作为、有贡献的知识分子"名利双收"是时代洪流。我国政府在引领知识价值导向上迈出了实质性的一步，我们有理由相信会逐步扩展到各个职业领域，在取得社会大众认同、建立游戏规则、加强监督约束的基础上，每一位职业人士都可以迎来精彩的人生。

第二章　兼职兼薪的内涵和理论基础

2.1　内涵

高校教师的特点包括：第一，在整个人才梯队中，属于较高层次专业技术人才，这体现在学历、职称方面，决定了社会对教师需求的可能；第二，在学校目前相对宽松的管理体制下，教师不用坐班，授课完毕后时间自由支配，科研人员工作时间也很灵活，部分教师工作量还不够饱满，这些决定了教师承担一定量社会兼职的客观条件；第三，高校教师的收入与社会中高薪酬阶层相比，还有较大差距，教师有改善个人生活的要求，另外，教师参加某些研究项目时需要接触社会实际的生产部门，这些决定了教师进行兼职活动的主观条件[9]。

兼职一般是指任何自然人同时在两个及以上组织进行工作的行为。这里我们把高校教师兼职界定为：目前我国高等学校教师在合同所规定的岗位职责之外，到校外其他单位或组织承担名誉或实际工作任务并且因此而获得各种形式报酬的行为。高校教师没有薪酬的兼职行为不属于我们研究的范围。

高校教师兼职的类型较多，这里仅列举本研究范围内的一些主要类型。校外兼课：在本校外兼职带课，如企业培训，社会培训，或其他学校授课。科技开发：科技开发就是在资金的支撑下，把研究与发展活动的成果转化为现实生产力，或应用已有的科学技术知识解决生产实践中提出的技术难题的科技活动。成果转化：科研成果的转化创造的经济利益，包括成果转让费等。企业兼职：在公司、企业中担任职务，承担相应的责任和享受相应的报酬，如企业的独立董事；或自己开办公司、企业。学术兼职：这种学术兼职获得了非象征性的薪酬。如在其他院校担任实质性的学术职位或行政职位等。

对于兼职兼薪的规范性描述是指：兼职兼薪是员工个体在完成本职工作的同时，以不损害所在单位的利益、社会和公众权益为前提，在其他单位或社会组织中所从事的正当工作并获得合法收入的行为。

从上述的描述中，可以看出兼职兼薪的三个明显特点：① 个人到本职单位以外的单位担任一定的工作；② 在外单位的工作并非全时制的；③ 可以通过外单位的工作获得报酬。而对于高校的专业技术人员而言，来判定所做的工作是姓"本"还是姓"兼"是需要明确其本职工作的工作职责和工作量化指标。"才者，德之资也；德者，才之帅也。"人才培养一定是育人和育才相统一的过程，而育人是本。人无德不立，育人的根本在于立德。一名合格的大学教授，在保持高尚道德的同时，必须具有较高的学术造诣，为人师表。独立从事所在学科领域的学术研究能力，包括提出问题和解决问题的能力。并且由于教师自身的属性，需要服务于社会，义不容辞的关注社会发展，重视社会实践，参与社会活动，服务于整个社会，进而推动和发展。

由于大学的类型和层次上的不同，其具体的办学理念和社会功能定位上也存在着诸多区别，因此，不同学校对于教师的职责要求也会有所偏重。对于教学型大学而言，教师的首要任务则是上好课，教好书。对于科学研究和社会服务方面，主要则是围绕教学开展工作和一些应用型研究；对于教学研究型大学或研究型大学的教师，除了教学上的职责以外，对科研和社会服务方面的要求会更高，形式和指标量化会更加多样化。

随着我国高校人事管理制度改革的逐步深入和推进。通过聘任制的实施，高校可根据自身定位对不同类型的专业技术人员进行职责量化。根据聘任制的原则，聘任合同规定的岗位职责就是本职工作，岗位职责规定以外且有偿从事的可视为兼职兼薪。而保质保量完成本职工作是所有一切的先决要素。

2.2 理论分析

身份是“社会人”的本质构成，是个体参与社会的基本形态，是个体肩负的社会职责的集合。从高校教师的社会身份及其承担的社会职责出发，高校教师是指接受过专门教育和训练，具备高校教师任职资格，并在高校从事教育、教学工作的人。但是高校教师又不单单是纯教师，而是置身于复杂的社会关系之中，并承担着育人、科研、创新等多重职能的具体人，用“多重人”身份来表达高校教师形象是较为贴切的。进言之，高校教师不仅是承担教育、教学任务的教育者，也是肩负创造知识的研究者，还是社会中的平凡人，有着追求个人幸福生活的本能和需要。因此，需要通过多重人的视角来看到高校教师兼职兼薪的问题。

（一）教育属性

古人有云：“师者，传道授业解惑也。”作为高校中的特定群体，高校教师在社会角色的定位首先是教育者。随着时代的发展，高校教师的角色被不断赋予新的时代元素与价值内涵。但是追溯本源，“师者，传道、授业、解惑”的根本属性依旧存在，高校教师依然承担着教书育人、立德树人的本位责任。无论是从大学生成长、知识传承还是从文化发展的角度来看，“教育者”都是高校教师首要的使命。

目前，我国大学生存在着心理年龄滞后于生理年龄的现象，因此促进大学生心理日益成熟，引导他们全面发展，成长为有价值、有思想的成年人，是高校教师作为教育者的首要任务。从知识传承的角度来看，“当知识成了一种以符号形态出现的象征资本，谁处在知识生态链的上游，谁就拥有了设定知识标准的话语权”，[10]拥有大量高新知识资本的高校教师被寄予了社会厚望，为大学生提供知识服务依然是高校教师的根本职能。从文化发展的角度来看，古人说：“师者，人之模范也。”在学生眼里，老师是“吐辞为经、举足为法”，一言一行都给学生以极大影响。教师具有很强的示范性，要坚持教育者先受教育，让教师更好担当起学生健康成长指导者和引路人的责任。文化，尤其是民族文化、民族精神赋予高等教育以社会价值和存在意义，教育在文化传承中发挥着轴心作用。

教育兴则国家兴，教育强则国家强。高等教育是一个国家发展水平和发展潜力的重要标志。今天，党和国家事业发展对高等教育的需要，对科学知识和优秀人才的需要，比以往任何时候都更为迫切。在这一形势下，高校教师作为“高新知识的化身”“真理的代言人”“民族精神的导师”等身份显得尤其重要，他们是推动中华文明进步、造就高素质人才的核心力量。在此意义上，高校教师该不该兼职兼薪首先取决于教育职责的履行程度，毕竟教书育人一直是高校教师的主业，而兼职兼薪是附带性工作，只能被定位在“兼”的水平上。

（二）研究属性

教学、科研、社会服务是高校教师的三大主业，都是基于研究、通过研究来实现的。

首先，教学需要研究。“大学教师首先是研究者，他们所面对的不再是小学生，而是成熟、独立和精神已有所追求的年轻人。”[11]即便是教学，高校教师也必须坚守“教学研究化”“教学学术化”的理念。教学研究就是运用科学的理论和方法，有目的、有意识地对教学领域中的现象进行研究，以探索和认识教学规律，提高大学生教学接收的质量。从而指引他们学习刻苦钻研的精神，充当他们的研究导师，而不仅仅是纯粹意义上的教书匠。在这一意义上，大学之道在研究，研究是大学的主体使命。

其次，高校需要研究创新。人类已进入以知识创新和技术创新为特征的知识经济时代。习近平总书记在北京大学师生座谈会上的讲话上说道：“当今世界，科学技术迅猛发展。大学要瞄准世界科技前沿，加强对关键共性技术、前沿引领技术、现代工程技术、颠覆性技术的攻关创新。”研究创新在一定程度上可以转换为社会生产力，生产知识就是创造潜在的社会生产力，故高校教师就是我国新知识新技术的重要生产者和转化者，是社会人力资本的关键构成要素，是推动科技进步与社会发展的重要力量。

最后，服务更需要研究的支撑。兼职兼薪其实是高校教师为社会提供的一种服务。高校教师通过兼职途径直接参与市场经济建设，孵化高新科技，转化知识产权，投身社会生产和科技事业研究，甚至可以根据社会生产中面临的技术短板、知识缺口“对症下药”，量身定做地为区域经济发展提供定制型科技服务，还可以利用合法收入拓展“市场导向”的科研项目，促使科技与生产、知识与社会间的良性循环。不仅如此，高校教师兼职兼薪一方面还能够使科技理论与实践找到切实的结合点，有效避免高校教学科研闭门造车，从而改善科研成果长期闲置或无人问津的状况。另一方面，兼职兼薪还能有效地体现知识的价值，使科研更有针对性，科研成果更具实用价值，更有效地将知识转化为实际生产力，促进我国综合国力的实质性提高与创新型国家建设目标的实现。

因此，研究者是高校教师的主体角色构成。在“大众创新，万众创业”的新时代，我们更应强调高校教师作为学术事业的承担者、科研成果的生产者等社会身份，积极鼓励他们立足于社会现实与区域经济发展需要而开展研究活动，理顺科研成果与社会生产力间的关系，提高科研质量和成果转化率，更好地发挥高校教师在促进社会科技事业进步中的作用。

（三）逐利属性

在市场经济时代，现今社会日益世俗化、物质化，功利主义在各个社会领域广泛渗透并被利用，关注高校教师的人性本能需求，满足其合法需要，体现其贡献付出的价值，实现自我价值的最大化，鼓励其更多地投入科研教学事业，也在情理之中，合乎民族富强与国家振兴的整体要求。

目前，尽管高校教师具有较高且稳定的薪资，足以满足教师的基本物质需要，但与高校教师的社会贡献相比，比例依然很不协调，这是当前高校教师很难感受到职业幸福感的缘由之一。在目前的体制环境中，国家既不可能大幅度地提高高校教师的工资水平，也不可能给那些没有社会贡献的教师随意增加工资。在此形势下，鼓励教师兼职兼薪，拓展教师收入渠道，正是激励优秀高校教师为国家、社会做出更大贡献的最佳手段。所以，从教师既是“学术人”又是“社会人”这一两面性角度来看[12]，允许兼职兼薪对鼓励高校教师充分释放聪明才智，利用所掌握的知识资本来追求幸福生活而言意义明显。一定程度上看，允许教师兼职兼薪是解放高校教师的创造力，解放社会的生产力的基本途径。

总之，高校是科学研究的殿堂，是学术创造的平台，是高新技术的发祥地，是助长大学生精神成长的基地。与之相应，高校教师需要扮演“多重人”的身份，承载着“多重人”的职责和追求。作为教育者的身份，高校教师进行校外兼职兼薪必须适度、有限，牢记使命，不忘初心。作为研究者的身份，高校教师兼职兼薪能使科研与社会生产相结合，使理论研究与生产实践找到切实的衔接点，使科研更接地气，从而有效克服科研成果闲置的痼疾。作为逐利者的“平凡人”，高校教师兼职兼薪能给其教学科研活动注入一股活力，解放社会生产力，增加经济收入，提高教师个人的职业幸福感与生活幸福指数，激励其进行科技创造和教学改革的热情。

第三章 高校教师兼职兼薪政策的社会认可度

3.1 高校教师兼职兼薪政策的网评数据分析

3.1.1 高校教师兼职兼薪政策的媒体关注度分析

网评参与度是反映网民对社会政策关注度的重要指标，是反映新闻热度或人气的有力指标之一。起朝梅等人以 2016 年 11 月 8 日的“中办国办：允许科研人员和高校教师适度兼职兼薪”网民反应为素材，从新闻视频点播次数、网评参与人次和主要网站网评条数三个方面，从 2016 年 11 月 8 日—2017 年 1 月 8 日覆盖 2 个月时间为网评监测周期，统计情况如图 1、图 2、图 3 所示。

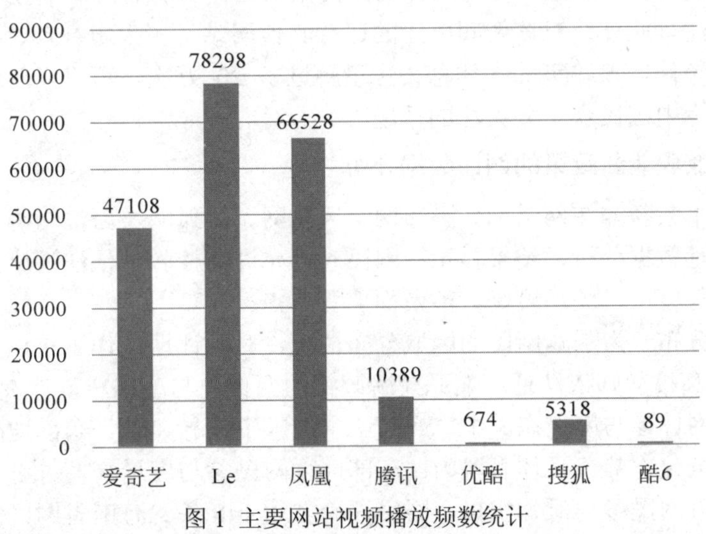

图 1 主要网站视频播放频数统计

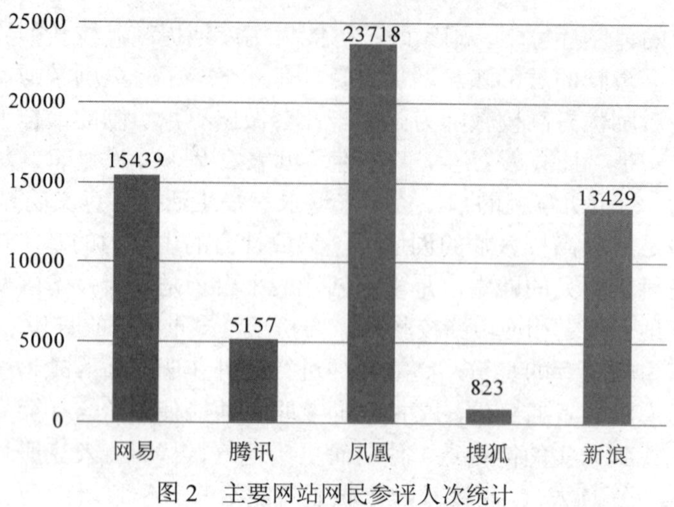

图 2　主要网站网民参评人次统计

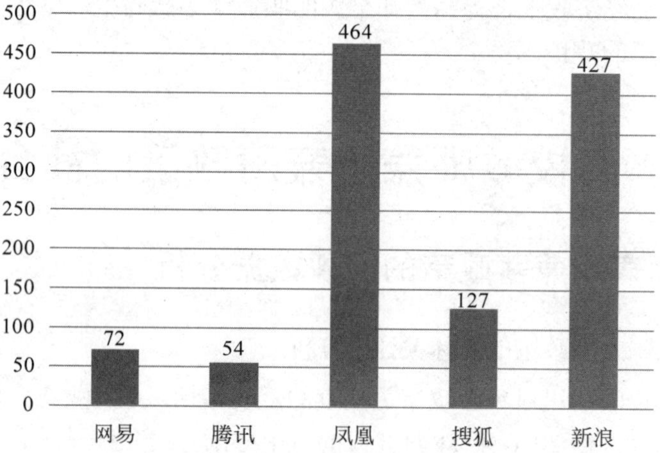

图 3　主要网站网民评论条数统计

从点播次数来看，达到 20.8 万余次；从网评参与人次来看，达到 5.8 万多人次；从网评条数来看，达到 1140 余条。参与网评的网民来自国内各行各业，说明该政策引起了多个行业的同步关注。此外，对该新闻关注的还有其他网站、各大电视台、报纸、期刊等的转播和转载。据统计，该政策的媒体总关注量超过了 20 万次。可见，此政策引起了较大的社会反响，成为中国民众十分关注的话题之一。

3.1.2　高校教师兼职兼薪政策的网评数据分析

针对网民对本条新闻在网易网、腾讯网、凤凰网、搜狐网及新浪网等五个主要媒体网站发表的评论进行数据分析，结果显示：网民对“允许高校教师依法适度兼职兼薪”的反应呈现出地域参与度广、关注度高、涉及面广等特点。

网评的地域分布。为了解网民的区域分布情况，对网评地域作了重点分析，其结果如图 4 所示。有关高校教师依法适度兼职兼薪政策的网评参与度很广，涉及 31 个省市，基本上遍布全国。网评参与度在东、中、西部三个地区中差异显著，东部地区和西部地区网民参与度呈两极分化态势。具体表现为：东部地区网民参与度最高，省份之间差异非常显著，其中以广东省网民参与最为积极，网民评论多达 140 条，海南省网民参与度最低，网

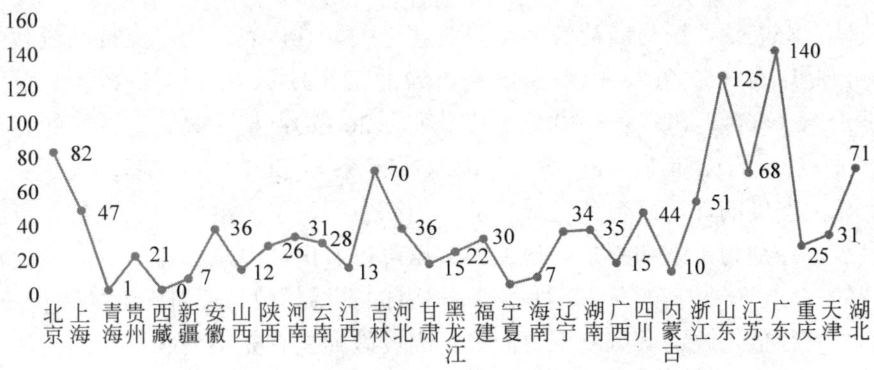

图 4　网民评论各地区参与人数统计

民评论仅有 7 条，最高参与度省份和最低参与度省份网民评论相差 133 条。中部地区总体参与度较高，省份之间差异不显著；西部地区总体参与度偏低，最少的是西藏、青海两地，网民评论分别为 0 条和 1 条。这一结果的出现并不偶然：高校教师兼职兼薪机会较多的地区，如广东、北京、上海等地网民参与热度较高；政策反应热点地区与高校分布密度之间大致呈正相关。

网评热度变化态势。在一个监测周期内，对网民评论条数随时间变化的趋势进行了统计整理，绘制了网评热度变化图如图 5 所示。

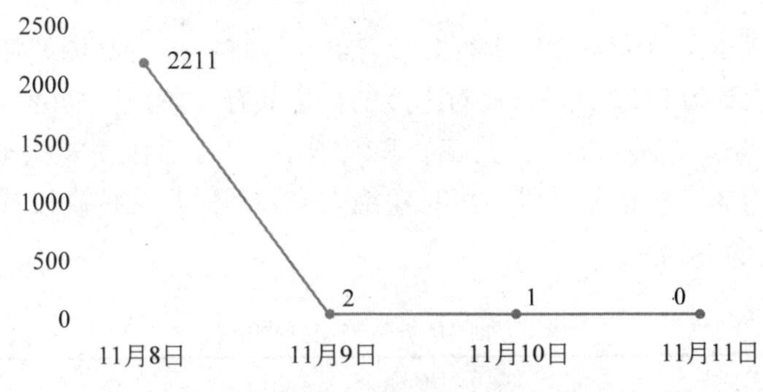

图 5　网民评论条数随时间变化

从图 5 可见：随着时间的推移，网民参与网评的热度变化极为显著。具体表现为：网民在 11 月 8 日参与评论的热度最高，评论条数为 2211 条；之后急剧减少，11 月 9 日网民评论条数仅有 2 条。截至 11 月 10 号，网民评论总条数为 2214 条，主要集中在 11 月 8 日一天内；之后直到 1 月 8 日，网评销声匿迹，再无人发表评论。可见，网民对高校教师依法适度兼职兼薪的政策十分关注，关注方式上体现出爆发性、高密度、短暂性与一次性等特点。这足以表明：网民对该政策的态度很快达成一致，该政策不具有持续可争议性。但对于兼职兼薪主体却持续关注后续发展。

3.1.3　网评态度的地域差异

网评态度是支持还是反对，这是政策反应监测的核心内容。对网民评论分为三类：支持、反对及无关，并以此整理出网民评论各地区态度。

由统计结果可以看出，共有 464 条评论支持高校教师兼职兼薪，303 条评论反对高校教师兼职兼薪，369 条评论与高校教师兼职兼薪无关。具体表现为：支持高校教师兼职兼薪较多的省市是广东（57 条）、山东（43 条）及北京（37 条）；反对高校教师兼职兼薪较多的省份是山东（56 条）、广东（33 条）及吉林（26 条）；持无关态度较多的省市是广东（50 条）、江苏（36 条）、北京（29 条）及山东（26 条）。其中，广东省网民无论是支持、反对，还是无关态度的评论条数都是最高的，山东省网民参与度紧随广东省，青海和西藏两地评论最少，分别为 1 条和 0 条。从以上数据可以看出，中东部地区对高校教师兼职兼薪多持支持的态度，但支持度的显著性不高，二者间支持频数与反对频数的差异不够显著，西部地区参与度很低，政策认可度不得而知；高校教师具有充裕兼职机会的发达地区，如广东省，对该政策反应强烈、心态复杂；而在经济不太发达的地区，如吉林、山东等省份则反对声音较大。这些监测结果值得各高校制定政策时高度关注。

3.1.4 典型网评分析

通过对网民评论进行大数据分析，研究者统计出具有高关注度的前十条评论，将之作为网民“典型态度”加以分析。针对典型网评的高关注度的前十条评论进行态度分类，分别是：支持高校教师兼职兼薪的评论、反对的评论和态度模糊或无关的评论。然后，对这三类态度的评论在高关注度的各前十条评论中所占的百分比进行统计。最后，从分析这些高热度评论中总结出网民对高校教师兼职兼薪政策持不同态度的主要原因及关注点，分析结果如表 3 所示。

对具有高关注度的前 10 条评论进行分析，结果发现：支持高校教师兼职兼薪的评论共有 4 条，被点赞次数为 8122 次，持反对态度的评论共有 4 条，共 5408 条，态度模糊的评论有 2 条，共 8162 条，这两条的观点是担心和限制在中小学及医院兼职兼薪，而《意见》中关于兼职兼薪的对象非中小学教师。可见，绝大多数网民是支持高校教师兼职兼薪，该政策的实施舆论环境较好。

表 3　前 10 条高关注度评论

序号	高关注度评论	频次/（次）
1	科研人员不得到不相应的院校兼职，反之风险巨大！	1067
2	教师不专心教书育人，能够培养国家优秀人才？	1098
3	好消息。	1234
4	不好意思，我们不是神圣，我们也要养家糊口。	1419
5	合理，但要监控好这个度！	1522
6	教师的战场是课堂，切勿让圣神的职业沾污了铜臭。	1566
7	什么是依法依规？谁监管？怎么能做好本职工作？	1677
8	本办法只适用于高校和科研机构，中小学教师和基层公立医院医生不得生般硬套。	3315
9	挺好！是骡是马可以放心出去遛遛了，人才的自由对人类的进步是无法估量的。	3947
10	要是在职的中小学教师允许兼职，都办补习班或为其他补习班讲课，还能安心教学吗？	4847

在对具有高关注度和高频度的前 10 条评论进行统计、分析之后，对网民关于高校教师兼职兼薪持不同态度的主要原因及关注点进行了归结，主要有三点：其一，支持高校教师兼职兼薪的网民认为，教师也是人，只有在基本生活得到保障的基础上，高校教师才能在自己的岗位上发光发热；人才的自由流动对人类的进步是无法估量的；至于兼职兼薪政策，对高校教师与中小学教师要区别对待，并且要科学监管；完成好本职工作、兼职工作与本职工作密切相关是允许高校教师兼职兼薪的前提条件。其二，对高校教师兼职兼薪持反对态度的网民认为，教师的天职是教书育人，既然干了这一行就要无私奉献，就得忍受清贫，“切勿让铜臭味玷污了这神圣的职业”；兼职会分散教师精力，兼职兼薪会影响教师专心育人。其三，对高校教师兼职兼薪态度模糊的原因，主要是部分网民把兼职兼薪的主体误解为中小学教师，他们强烈反对中小学教师兼职，担心中小学教师以“校外补课”形式赚钱，课上不会认真教学。因此，在实施该政策的过程中，必须在确保有效应对上述质疑的前提下落实兼职兼薪政策，及时破解制约该政策落实的瓶颈问题，尽可能减小政策实施阻力。

3.2　高校教师兼职兼薪政策社会反应的归因分析

3.2.1　社会民众支持高校教师兼职兼薪的原因分析

为进一步了解民众对高校教师兼职兼薪政策的态度及其态度形成的重要因素，对搜集到的网评进行了词频统计，以期对民众支持高校教师兼职兼薪的主要原因进行深入分析。词频统计显示，民众支持高校教师兼职兼薪政策的原因中频繁出现的词汇依次是：“科研”“成果”“知识分子”“市场”“贡献”“技术”等，其中“技术”和“科研”是极高频词汇。再进一步对网民的评论进行归类分析，发现民众支持高校教师兼职兼薪政策主要有以下三方面原因：

第一，高校教师作为“凡夫俗子”，有同平凡人一样追求物质生活、追求幸福的权利。允许高校教师兼职兼薪是对其社会生存权、追求幸福生活权的一种尊重。在传统观念里，教师形象通常是安贫乐道、甘于奉献的，正如人们常常用蜡烛来比喻教师一样，默默燃烧自己而去照亮他人。但是，随着科技的发展和人们观念的开放，越来越多的人开始关注教师的实际生存状态，认识到教师除了承担教书育人的本职工作之外也有同普通人一样追求物质生活的权力。教师以合理的手段向“市场”取酬，用自己的社会“贡献”获取合法社会回报，借此提高教师的收入水平，激励他们教学、研究的热情，能够得到大多数人的理解。允许高校教师兼职兼薪，就是让教师在完成本职工作的前提下，通过适当的兼职来增加收入，提高教师的生活水平。

第二，高校教师是“知识人”，是科技工作者。允许高校教师兼职兼薪，不仅是尊重知识、尊重人才的表现，更是把知识“外溢”，创造外在价值的表现。许多网民认为，允许高校教师和科研人员兼职兼薪，转化自己的科研成果，孵化出科学技术，是尊重知识、尊重人才的表现，知识分了本身具有无限潜力与创造力，让这部分潜力与创造力充分得到发挥与利用是理所应当的。高校教师在完成本职工作，即教书育人、完成基础研究工作的前提下，通过兼职兼薪使其才能得到充分发挥是利己利国、双赢互利的好事情。知识既可以积累，也可以创新，结合实践的创新是成倍放大知识价值的重要途径[4]。知识的价值就意味着创新的价值，高校教师作为知识分子、科研工作者，允许他们兼职兼薪有利于用知识外溢手段来创造更美好的世界、更美好的生活，值得社会大力提倡。

第三，高校教师是“市场主体”，允许高校教师兼职兼薪，让知识人才与市场相结合，每个社会人都是受益者，终将惠及整个国家、社会。允许高校教师兼职兼薪，就是要鼓励知识分子更深入地与产业界合作，乃至亲自“下海”把成果落地，以提高科技成果的转化率。[13]在实验室、象牙塔内，科技成果、智能资源、人才资源都是沉睡中的生产力，它需要“市场”这一巨龙去唤醒、激发，需要在与产业、行业中的生产要素结合中形成强大的社会生产力。允许高校教师兼职兼薪可以确立起高校教师作为“市场主体”的身份，促使其通过知识成果转化、孵化产业、连通知识与市场链条等途径，让知识人才的社会价值充分彰显，让科技创新在市场中迸发潜能，服务国家民族振兴大计，驱动创新创业实践的展开。

3.2.2　社会民众反对高校教师兼职兼薪的原因分析

在对高校教师兼职兼薪的态度调查中，与支持的网民相比，反对这一政策的网民相对较少，仅有两成左右的网民对高校教师兼职兼薪政策持反对意见，通过对网民态度进行分类，总结出网民反对高校教师兼职兼薪的原因主要有两点：

第一，教师的本职工作是教书育人，而非兼职赚钱。在反对高校教师兼职兼薪的网民中，有很大一部分人认为：允许高校教师兼职兼薪使得教师兼职“赚外快”这一行为变得合法化，可能会鼓励越来越多的高校教师外出兼职；特别是对一些动机不良的教师来说，可能会将兼职当成“赚钱”的手段，进而敷衍自己的本职工作，客观上会刺激教育事业中的功利化倾向。其结果是，高校教师的兼职兼薪行为会“变味”，最终会使得教师这一神圣的职业受到玷污。

第二，人的“精力”是有限的，允许高校教师兼职兼薪很有可能导致教师教学投入不足、教学质量下降。网民反对高校教师兼职兼薪的另一个重要原因是：担心教师无法处理好本职工作与兼职工作之间的关系。尽管《意见》中提到：“高校教师应当经所在单位批准，并在保证完成本职工作的前提下，可开展多点教学并获得报酬。”[14]但不少网民认为，政策中没有对高校教师兼职兼薪的具体实施细则进行明确的规范，如：明确兼职的类型、每次兼职的时长、兼职过程中劳资双方关系以及要注意的事项等，政策规定的模糊性以致难以有效指导高校教师兼职兼薪政策的实施，难以保证高校教师在兼职工作的同时兼顾好本职工作。教师的本职工作是教书育人，如若因为兼职工作而耽误了学校的教学、科研任务的完成，或是随随便便敷衍学校的教学工作，将会造成适得其反的结果，甚至可能成为社会诟病的对象。

（本章节选自《高校教师兼职兼薪政策的社会认可度监测研究》一文，课题组对原作者表示感谢）

第四章　国外高等院校兼职兼薪管理比较研究

高校的专业技术人员兼职兼薪在世界上许多国家都是一种常见的现象，有些国家经过长期的实践和探索，已经构建起了一整套高度适应国情和社会要求的管理体系，体系行之有效，运转良好。有的国家正在探索符合自身教育体制的管理模式。经过调研和查阅资料，通过代表性国家的情况介绍来对国外高校兼职兼薪情况进行分析，从而能够对我国高校的兼职兼薪的管理制度进行借鉴和指导。

4.1 美国

态度方面：在美国，高校的声誉、公众对高校的信心是高校最大的资产已经成为了高校的共识。高校内的专业技术人员均有责任维护本学校的声誉和利益。美国高校对于专业技术人员在校外兼职有两大原则：

（1）是否影响学校利益；

（2）是否影响校内责任。

大体上可以概括为持“有条件的支持和鼓励”的态度。如果校外兼职带来的良好的社会效应，对学校、专业技术个人以及社会形成共赢局面，学校是支持的。但是如果校外兼职与校内工作，教学计划，科研职责发生冲突和纠纷，使得学校的正常运行，声誉和权益受到损害的，学校则进行监管和追究。

类型：美国高校对于学校专业技术人员的兼职类型有着严格的分类。以约翰霍普金斯大学为例，学校将兼职类型分成了三大类（见表 4）。

表 4　约翰霍普金斯大学兼职类型

	第一类	第二类	第三类
定义	基本不存在潜在利益冲突和责任冲突的服务于公共机构、教育组织和专业学会的校外专业性活动	具有中等的冲突可能性，但学校是能够进行管理的校外活动	具有较高的冲突可能性，并且学校不容易进行管理
准许情况	个人需向学校报告，校方不需要进行审查	个人需向学校报告，校方需要进行审查批准	不被允许
部分情况举例	1. 在没有合作研究关系的大学进行讲座、研讨会、座谈会 2. 编写教科书及其他教学材料 3. 对学术论文、项目申请书进行同行评议 4.为政府研究拨款机构、非营利性基金会和教育组织提供咨询服务	1. 技术转让 2. 特许使用权转让 3. 获取收入的咨询服务活动 4. 接受校外职务任命 5. 寻求外部资助的活动	1. 大学专业人员（或其直系亲属）拥有某公司 10%以上的股份和所有权，或在该公司担任董事会成员或重要管理职务 2. 大学专业人员在完全由其他学术机构、联邦政府机构或商业组织立项、资助和管理的研究活动中担任主要研究成员或合作研究成员 3. 需要学生和其他辅助成员参加的外部商业活动 4. 完全为例校外机构的某种目的，使用校内资源的活动
期限	五分之一原则 （每学年度共 52 天，或者每周 1 天）		

其中，每周可有一天从事校外兼职活动，是美国大学比较普遍的规定。不但约翰霍普金斯大学，马里兰大学、哈佛大学、麻省理工学院等院校也有类似的规定。但是，这一规定是就一般情况和平均值而言的。具体的情况，可有系主任、院长根据本部门的实际情况制定具体的规定。

收入分配：当校外兼职活动产生了大学工资以外的报酬时，各院系有权根据自己的情况以及兼职活动的类别制定相关的分配政策。一般没有固定的分配比例。

审批：基于美国大学教授治校的悠久传统，美国大学大多具有由广大教师组成的委员会来对教师的专业活动或者是校外兼职活动进行约束和规范。用以保护学术自由，学校声誉和教师的根本利益不受侵犯。在教师委员会行使民主权利的基础上，再由各学院院长、副院长具体实施管理措施。

以约翰霍普金斯大学为例，该校的教授在校外兼职时，所有可能潜在的利益冲突都要接受该学院冲突审查委员会的审查。对于所有具有潜在冲突可能性的校外活动，学校建立了年度报告和审查制度，目的不仅仅在于保护学校学术人员的知识产权，给予学术人员有益指导，使他们在未来的校外活动中妥善处理关系。还能够使广大师生、大学相关的管理部门、校外活动的委托方以及广大公众相信，对所有出现的情况均已经用最高的学术和道德标准进行衡量。

审批的流程环节一般为：

1. 报告：大学专业人员对自己打算进行的校外兼职活动向系主任、委员会或者副院长进行报告。

2. 审查：委员会进行审查，提出审查意见和管理建议。

3. 实施：由主管研究事务的副院长落实相应的管理措施。

4. 处罚：若出现违反规定的情况，造成了损害学校利益的校外兼职行为，依据大学的相关条例进行处罚。

5. 申诉：兼职人员在收到处罚决定的10天内向正院长或大学常务副校长提出申诉。

4.2 德国

态度方面：德国的高校教师属于国家公务员的体系，在德国的《国家公务员法》中，对于公务员的兼职行为有专门的章节作了规定。因此，在德国高校的兼职管理中，都依托了法律的条例。从各个高校的管理办法和条例中可以看出，德国普遍欢迎和鼓励高等院校的教授和教师在外进行有利于本职工作的兼职活动。特别是理工科的教授到企业去兼职。在不损害原单位或他人知识产权和利益的前提下，高校对各级教师兼职兼薪基本不设过多限制。但是也对部分情况作出了规定：首选与自己专业相关的工作；以学校工作为主，利用业余时间从事兼职工作；不得损害学校利益，不能利用本单位的资源，如需使用，则需缴纳费用；不得在有限责任公司内部担任经理或者老板的职务；不得侵犯他人的知识产权。

类型：德国的国家法律和各学校的兼职条例中，并没有对兼职的类型作出明确的划分。如果从批准手续为依据，可分为表5所示的三种类型。

表5　德国高校按兼职审批手续兼职类型

	无须批准类	普通批准类	从严批准类
准许情况	当事人有义务向上级主管汇报兼职情况	大学教授一般都可获批，但助教、讲师或者非技术人员则必须严格审批	不论兼职人员的专业技术水平，都必须严格审批
部分情况举例	1. 在外担任的公共名誉职位 2. 在外兼职的科学研究或艺术类工作 3. 在外从事与教学研究相关的专家顾问工作 4. 与本职工作利益相关的工会、社团的兼职工作	1. 科研杂志的编辑与发行工作 2. 专业领域进行的演讲或者研究报告 3. 接受其他单位委托的研发和咨询工作 4. 在国家承认的教育培训机构内担任教学工作 5. 担任各类评奖委员会委员	1. 在企业内从事兼职工作 2. 单独或与人合作的商业活动 3. 单独或与人合作的自由职业 4. 在校内外从事的医疗工作 5. 其他索取报酬的兼职工作
期限	兼职工作不得占用本职工作时间； 每周兼职工作时间不得超过所有工作时间的20%； 助教、讲师以及非专业技术人员在外兼职不得超过两年； 大学教授一般可兼职五年或者更长时间		

收入分配：根据《国家公务员法》和学校的兼职条例的规定，若兼职国家公职、承担国家项目或从事与本职工作相同的兼职工作，兼职收入有封顶限制。封顶数额依据职称和工资级别进行划分。超出封顶数额的工资需要在规定时间内上缴到上级部门。如果从事的是其他私人性质的兼职工作，在收入方面并无限制，但是需要每年年终向上级主管部门进行汇报兼职收入和所得，否则将受到处罚。

审批：德国高校教师从事兼职工作，必须事先获得本单位的书面批准。兼职人员至少要在正式兼职前三周向大学人事部门提交申请报告，说明兼职原因、兼职收入、兼职时间和内容。审批程序由校长委员会负责完成。如若在规定期限内变换兼职工作，必须立即向有关部门提交书面申请。对有损大学利益的，不予批准。

4.3　法国

态度：与德国相同，法国的高校教师属于国家公务员的体系，早在1936年，法国政府就颁布了关于公务员从事因公和因私兼职兼薪活动的规定。随着时代的发展和社会的不断变化，法国政府多次对上述法令进行了修改和补充，增加了时代性和可行性。从各个高校的管理办法和条例中可以看出，法国高等院校对于专业技术人员在外兼职兼薪的管理比较松散，只要不影响学校的正常教学和科研工作，学校不干预，并在一定程度上支持教师、科研人员到名牌大学和知名科研机构兼职。

类型：规定了公务员可以从事以下因私或者因公的兼职活动。

第一，经部门或单位负责人的同意，公务员可以担任其能力所及的非本单位职责范围内的教学科研工作，提供鉴定和咨询服务。

第二，公务员可以进行教学、文学或艺术著作的创作，毋须事先征得许可。

第三，在不影响本职工作的前提下，高等教育机构教师、技术人员或者科研人员可以从事与其公职同一性质的自由职业，但是高等院校教师因私兼课不得超过每周四小时。

收入分配：包括教师在内的所有公务员，其因公兼职兼薪的收入不得超过主要收入净额的 100%。为了严格遵守兼薪上限，兼职者应开立兼薪账户，将所有兼职收入划入该账户。高校财务部门或者学区长对账户进行监督管理。必要时由大学校长亲自监督管理。年终进行账目审核，往来账目截止日期为 12 月 31 日。财务部门应于 6 月 30 日前向当事人送达下一学年兼薪账户管理明细表。当事人应在收到明细表后一个月内将此表寄回财务部门，以示接受监管。

如发现兼薪数额超过上限规定，可给予当事人纪律处分或经济处罚，即由行政部门下达溢收金返还通知书。高等教育专业技术人员兼职兼薪收入，除去本人应得的份额外，其余部分不划入高等院校的账户，而是直接列入国家财政收入。

审批：公务员兼职兼薪需要事先以书面形式向上级领导提出申请，在人事部门填写专门的表格后，对兼职兼薪活动或者任务进行详细的说明。说明上需要由兼职单位的有关负责人的签字。从事不同的兼职兼薪活动，需分别提出申请，申请书每年提交一次。部门或上级领导在对申请进行审批后发给兼职许可证。一年后视工作情况决定是否发给延期证，延长期一次最长不超过一年。如果兼职工作对本职工作有影响，校长有权要求终止兼职活动。

4.4 澳大利亚

态度：一般说来，澳大利亚的各大学均鼓励并支持本校专业技术人员以学校的名义申请外部的研究课题或者开展学术咨询活动，从事与该学校名声相符且与专业技术人员本人学术特长一致的专业性工作，以增加学校的收入以及提高学校在当地社区、政府、产业界和国际上的影响力和知名度。对于纯属个人行为的校外兼职特别是技术类兼职，则采取的是适当性许可和严格监管的态度（见表 6 和表 7）。

表 6　澳大利亚高校对兼职态度

学校	态度
澳大利亚国立大学	学校规定需要营造一种鼓励并支持其教职员工通过外部渠道申请研究课题或咨询项目的文化氛围。但是对于纯属个人行为的学术咨询或专业性活动则要受到“五分之一”原则的严格限制
堪培拉大学	在必须保质保量的完成学校聘用合同中规定的各项任务的基础上，学校对在外兼职没有明确的时间限制
西澳大学	在有效完成学校工作的前提下，不占用工作时间且不占用学校资源的兼职工作不加干预；但是对于占用上班时间或占用学校资源的，均严格要求。规定必须事先打报告并经主管领导书面批准同意

表 7　澳大利亚高校兼职内容与态度

学校	内容	态度
澳大利亚国立大学	申请来自校外的研究课题经费，包括与政府和产业界合作签署的研究合同，以大学或者大学企业名义与外单位签约	学校鼓励且支持 员工完成课题投入时间不受限制
	以学校名义对外开展专业技术咨询活动，大学是签约方，收取咨询费用	院长或者系主任批准后员工可以参加，没有时间限制
	以职工个人或合伙公司名义提供对外咨询或者专业性服务，收入所得归职工个人或其合伙公司所有，职工兼职时间受“52 天规则”的限制，并且不能利用学校的资源。如需要使用，需支付费用	严格限制
堪培拉大学	1. 从事与学校职务完全无关的业余兼职工作	不影响本职工作且不使用校内任何资源
	2. 从事由学校支持并出面的外部工作，也可个人联系校外业务后申报学校，但是最终决定权在学校	员工可以享受学校给予的额外报酬、津贴和比例分成
	3. 从事纯属个人行为的专业技术性兼职工作	收入全部归个人所有，学校不分成不担责。需事先报告并得到批准
	4. 从事学术性兼职工作，例如为出版社著书，为外单位审查论文等	无需上报，无需得到校方批准
	5. 从事社会公益性兼职工作	无需得到校方批准
	明令禁止任何时候从事面向本校学生的有偿私人辅导工作	
西澳大学	1. 代表大学申请有竞争性的研究课题（如项目投标）； 2. 代表大学与政府或者企业签订研究合同； 3. 以个人名义担任公司董事，或签订研究、教学或培训合同； 4. 医学方面的实践； 5. 作为专家参加政府、司法部门或者有关行政机构的专业委员会工作； 6. 参加对社区有益的公益性活动	在有效完成学校工作的前提下，不占用工作时间且不占用学校资源的兼职工作不加干预；但是对于占用上班时间或占用学校资源的，均严格要求，规定必须事先打报告并经主管领导书面批准同意

类型：在澳大利亚，大学对于兼职兼薪的类型判定标准不尽相同。

从整体上来看，澳大利亚各大学对于本校专业技术人员兼职兼薪的时间期限限制各有不一，各州立大学对于以个人名义的兼职兼薪活动受“52 天规则”的约束，堪培拉大学则无明确要求，西澳大学则要求职工兼职时间不能超过其全年工作的 20%。

审批：上述三个学校的审批程序基本类似。均需要填报相关申请后报送至学校主管领导，主管领导进行风险评估以及是否存在资源使用以及竞争审核后进行批准。

4.5　俄罗斯

态度：俄罗斯联邦劳动法对公民兼职有相关规定。公民可以在从事主要工作的同时，利用业余时间，签署劳动合同，在另一个单位兼职。兼职工作时间为每天 4 小时，每周不超过 16 小时，享受带薪休假。教育行业兼职人员兼职工作的时间不能超过主要工作量的一半。

类型：俄联邦健康与社会发展部针对教育行业的兼职行为制定有特殊规定。规定中对非兼职工作做了特别说明和解释，以下工作视为非兼职，无须签署合同。如：

（1）经本单位同意，高级专家在本校利用正常工作时间从事培训工作，获得额外报酬。

（2）从事不占编制的编辑翻译类工作、计时工，且年不超过 300 小时的教学工作、咨询工作。

审批：俄罗斯高校对于专业技术人员兼职兼薪表示理解与支持，目前暂时没有明确的规定措施。学校对专业技术人员按工作量实施管理。以莫斯科大学为例，莫大对工作量定额标准划分有着明确的分类。包括了课程讲座类，实践研讨答疑类，论文项目实践类，测试类等等。在完成本职工作的前提下，是否能够兼职，则是公民的权利与自由。

4.6 加拿大

态度：加拿大规定高校教师兼职活动主要包括咨询工作、合作研发、兼职授课和开办企业或公司。在完成本职工作前提下的兼职收入全部归个人所有；参与学校承揽的项目、课题或利用学校资源的，校方收取 10%～40%的佣金；利用学术假期兼职，学校发放标准工资 80%，同时兼职收入不得超过标准工资 1.5 倍。

审批：加拿大高校教师从事兼职工作实行审批制度。首先，个人必须事先向院系负责人报告，由院系负责人视情况向主管副校长报批，并征得学校同意。利用学术假期兼职的，需提前三个月向所在院系提出书面申请，由系主任或院长向大学人力资源部门报批，兼职结束后需向人力资源部门提交详细总结报告。

通过以上国家对高校教师兼职兼薪的管理调查可以看出，在一定前提下，大多数国家都允许专业技术人员进行兼职兼薪活动，总体把控则因国家而略有不同。大体可以分为三种情况。第一，有条件的支持和鼓励，其代表国家有美国、德国、澳大利亚和加拿大等；第二，不鼓励并限制，代表国家有法国；第三，官方禁止，但实际通过严格工作量的考核，在完成本职工作的前提下，是否能够兼职，则是公民的权利与自由，代表国家有俄罗斯等。

第五章　国内高等院校专业技术人员兼职兼薪现状

5.1 研究方法

（1）文献调研

本研究围绕人力资源管理、薪酬管理以及高等教育管理等学科中涉及专业技术人员兼职兼薪等方面的内容，利用各种检索工具查找和参考文献查找相结合的方法。查阅了国内外的相关文献，同时收集了专业技术人员兼职兼薪管理相关的国家文件以及地方、高校的管理办法。通过整理，对兼职兼薪有了进一步的认识和理解。

（2）问卷调查

根据课题调研的需要，研究选择提问的方式来了解高等学校专业技术人员兼职兼薪的现状、利弊以及管理中存在的问题。通过预先设计好的问题以及表格，进行有控制的随机抽样，分别对高校的人事部门和教师个人进行调查。截止到 2018 年 8 月底，共收到全国各地区的 50 余所教育部直属高校、部委所属高校和地方高校的问卷调查。

（3）座谈交流

为了对高校教师兼职兼薪的情况有一个总体的了解，课题组向部分高校送发了调研提纲，并在 2017 年 11 月、2018 年 6 月 2 日、6 月 5 日和 8 月 19 日分别在南京、深圳、上海和北京举行座谈会。对各高校教师兼职兼薪情况和管理情况进行研讨，应邀参加的座谈会的不仅包括课题组相关高校，薪酬分会其他高校会员，还包括北京市教工委相关部门负责人，上海市人社局相关部门负责人等。与会高校集中讨论了高校兼职兼薪工作的实际情况、权责归属和利益分配机制等热点问题。通过座谈，课题组详细了解了当前高校兼职兼薪管理的工作现状，归纳总结了现有存在的问题。在与北京市、上海市相关部门负责人座谈时，有关领导认为高校专业技术人员的兼职兼薪应该是一种“有条件的兼职兼薪”。

在对待兼职兼薪的态度上：

首先，兼职兼薪的前提条件是不可对原单位的本职工作（主业）造成影响；从另一个角度出发，用人单位必须合理设置专业技术人员的教学科研工作量，做到人尽其用，不至于出现因原单位工作量不饱和而导致人才兼职频现。

其次，兼职活动不可占用工作时间；这样一来兼职兼薪活动被定性为专业技术人员在业余时间从事的个人行为，既保证专业技术人员不因兼职活动影响本职工作，又有效规避了因兼职活动可能对原用人单位造成的权益损害。

再次，允许兼职兼薪的对象必须明确。原则上允许兼职的主体应该是对社会有贡献价值的人才，比如某些特定领域的高层次人才，而非所有类型的教学科研人员都可有条件从事兼职兼薪活动。

最后，兼职活动的岗位内容必须与专业技术人员的本职工作内容无关。主要是考虑到专业技术人员如果从事与本专业领域相关的兼职活动，势必涉及科研成果归属纠纷、岗位机密泄露等风险。

除此之外，针对专业技术人员兼职有一个核心观点：科技成果转化活动应该属于对外合作行为，而非兼职行为；兼职活动应该定义为“从事与本职无关的工作”。

对高校专业技术人员兼职收入分配的建议：

（1）只要兼职人员完成本单位规定教学科研工作量，达到考核标准的，理论上不应该影响其在本单位的福利待遇；原则上来讲，兼职收入不应纳入单位工资总量计算。

（2）兼职单位发放部分在合理合规的前提下原单位不予过多的管理和限制。

综上，兼职兼薪是一种“有条件的兼职兼薪”，从事兼职兼薪的核心提前是不影响本职工作，不对原单位造成不利影响。用人单位在管理过程中必须对兼职兼薪的对象、兼职时间和兼职岗位内容进行严格和明确的限制，切实做好内部管理和分配工作。

5.2 现状分析

在双创背景下，高校专业技术人员兼职兼薪已成为一种普遍的社会现象。为了详细了解高校专业技术人员的兼职兼薪情况，课题组通过薪酬研究分会对全国 15 个省的 50 余所会员高校开展了问卷调查，同时，承担此课题的高校根据所在地区高校的特点有针对性的对本地区各类高校进行了问卷调查。

其中问卷分为单位问卷和教师问卷两部分，其中对于教师问卷的抽样范围涵盖了机关党政管理干部，院系党政领导、青年教师以及专家教授。共发放问卷 360 份。实际收回 320 份。此外，课题组还先后组织了多次座谈会，座谈会的对象不仅包括北京市教工委，上海市人力资源与社会保障局等政府职能部门，还有活跃于教学一线的基层教师们。希望通过广泛调研听取各方的意见和建议。

课题组对高校专业技术人员调查结果如下：

5.2.1 高校专业技术人员对学校兼职兼薪的政策把握和环境感受

从图 6 和图 7 可以看出，一方面，多数教师对于所在学校的兼职兼薪的政策缺乏了解。另一方面，学校对于兼职兼薪相关文件的起草和实施上处于空白，约占 53%。

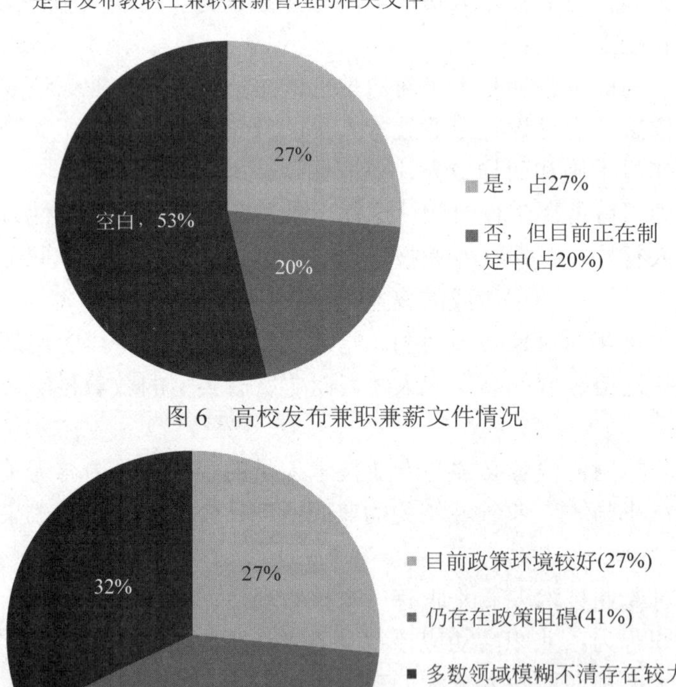

图 6 高校发布兼职兼薪文件情况

图 7 高校兼职兼薪政策环境情况

从高校兼职兼薪的政策环境上来看，仅有 26.6%的教师认为现有的政策环境较好，41.3%的教师认为兼职兼薪“现有政策环境仍存在着阻碍”。

5.2.2 高校专业技术人员兼职兼薪的类型

高校专业技术人员兼职兼薪情况较为复杂（见图8），由于目前国家对兼职兼薪概念还没有统一明确的规定，因此，课题组在调研时采用列举法的方法对现行存在的类型进行了罗列。从调查结果来看可以说明一些情况：

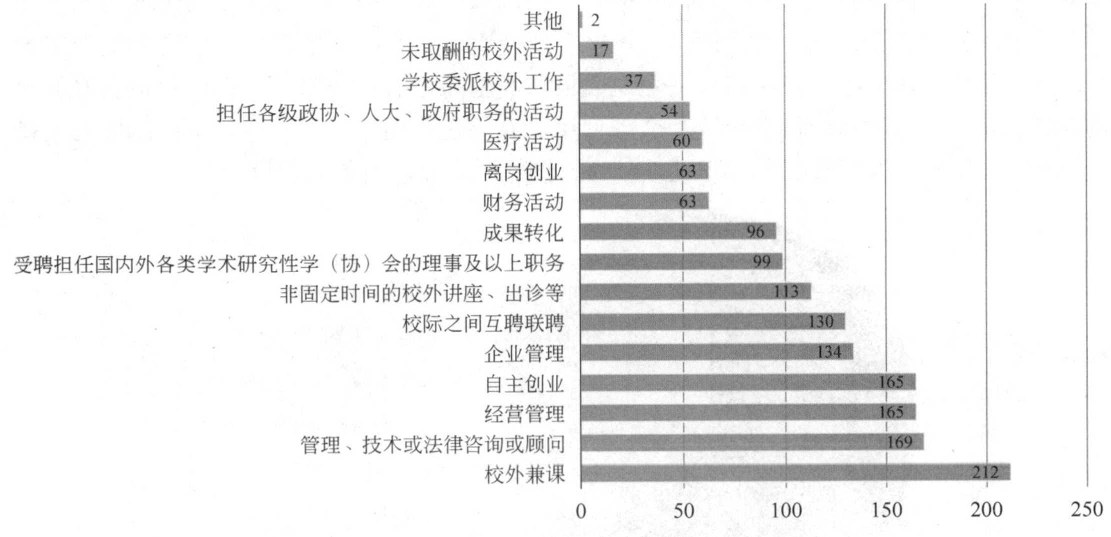

图8 高校教专业技术人员兼职兼薪类型

在高校专业技术人员当中，从事校外兼课、经营管理、自主创业、企业管理、校级之间的互聘联聘和管理、技术或法律咨询等是当下兼职兼薪活动的主流。这是由高校专业技术人员的职业特点和专业背景所决定的。其中校外兼课是为了缓解扩招之后高校师资力量匮乏的局面，弥补教学岗位的不足，而自主创业或者与人合伙开办企业映射出高校教师多重人属性中的逐利属性。企业顾问或者咨询是目前比较流行的兼职方式，由于高校教师的专业知识储备和良好的素质教育背景。很多企业愿意聘请高校教师来为自己的企业发展提供有益的咨询。同时能够加强校企之间的合作。

5.2.3 高校专业技术人员对兼职兼薪管理制度的态度

从图9的调查结果中可以看出，70%的教师是支持高校专业技术人员参与兼职兼薪活

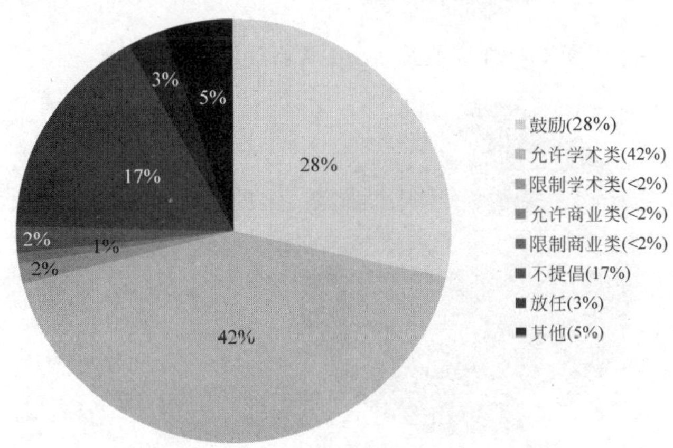

图9 对教师兼职兼薪活动的态度

动中的，42%的教师希望允许学术类的兼职兼薪，这样能最大化的使自身的学术参与度提高并且能够发挥自身的兴趣爱好。但也有 17%的教师不提倡兼职兼薪活动。

由图 10～图 12 可以看到，在对于兼职兼薪的时限要求上，42%的教师都认可“不得占用工作时间”这一基本准则，在具体实施过程中，相比于国外的五分之一原则，高校教师展现出了多元化的需求，包括了不超过两个工作日，不超过一个工作日，无需限制等。在可否使用学校资源上，74%的教师认为可以有偿使用，最大限度地发挥学校资源的使用效率，为培养高质量人才、创新高水平知识成果和实施高效益社会服务等方面营造良好的保障，对于高校资源管理的科学配置和合理使用具有促进作用。在兼职兼薪审批制度的选择上，26%的教师认为应采用申请制度，65%的教师认为应采用备案制度。

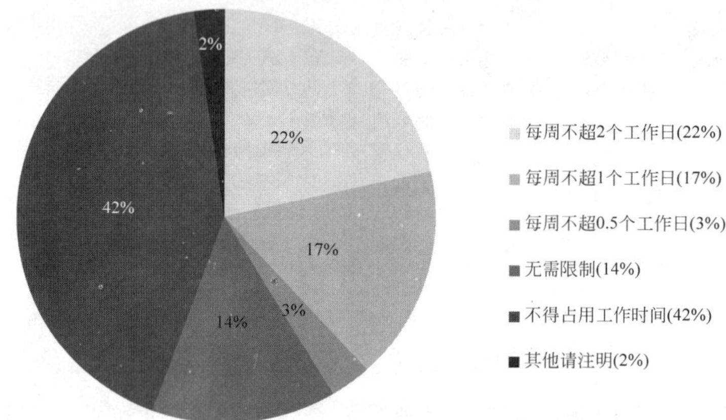

图 10　对教师从事兼职兼薪活动的时限要求

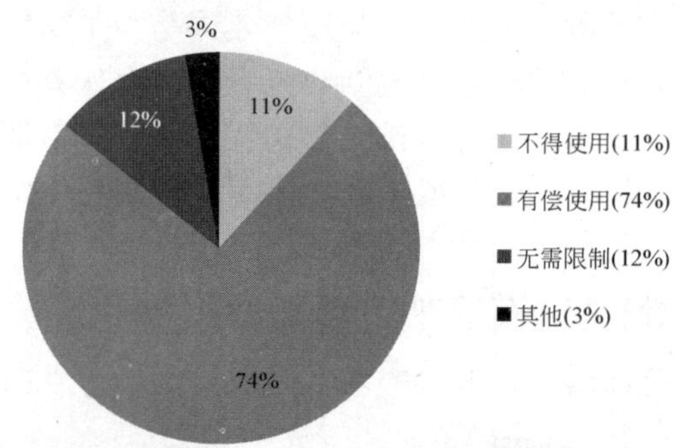

图 11　兼职兼薪活动中可否使用学校资源

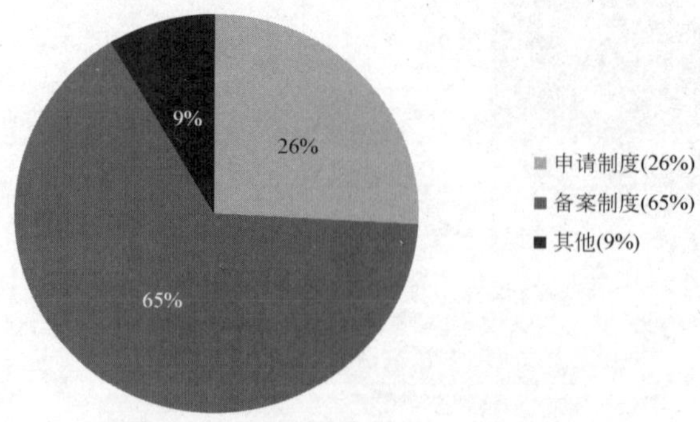

图 12　兼职兼薪应采取何种审批制度

5.2.4 高校专业技术人员对兼职兼薪收入管理的态度

在对待校外兼职收入上，虽然国家、地方政府出台了一系列专业技术人员兼职兼薪的政策，但以指导性的居多，并未对兼职收入的标准和管理作明确的规定，特别是在个人所得税和收入支付方式等方面缺乏有效的调控政策，就现有情况看来，从报备的角度出发，50%的教师认为“应该向学校进行报备”，以方便学校的正常管理。30%的教师则认为“兼职收入乃个人隐私，无需报备”。从收入分配的角度出发，认为“收入全部归己”和“应与单位协商分配比例”各占一半（见图 13）。

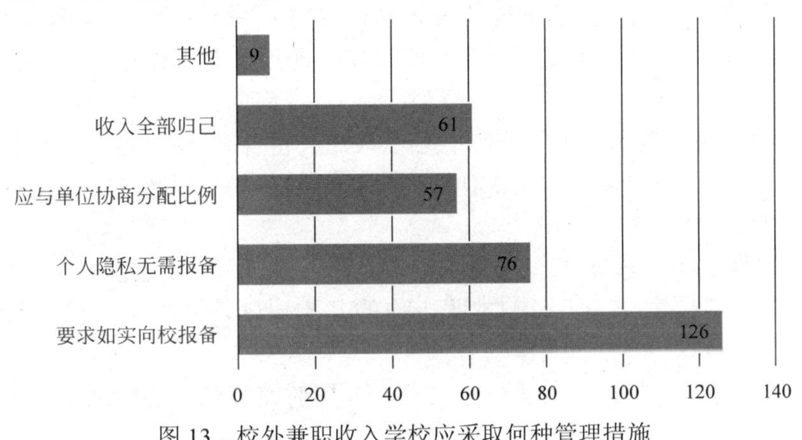

图 13　校外兼职收入学校应采取何种管理措施

5.2.5 高校专业技术人员对兼职兼薪活动的影响

高校专业技术人员的兼职兼薪的行为对学校产生的影响有利有弊（见图 14），在调查过程中发现，大多数教师认为兼职兼薪活动有利于“提高学校知名度和影响力”，并且能够“充分发挥人才价值”。但是也有部分教师认为，兼职兼薪活动对本职工作产生影响，会对学校造成职工的隐性流失，增加学校的管理成本。

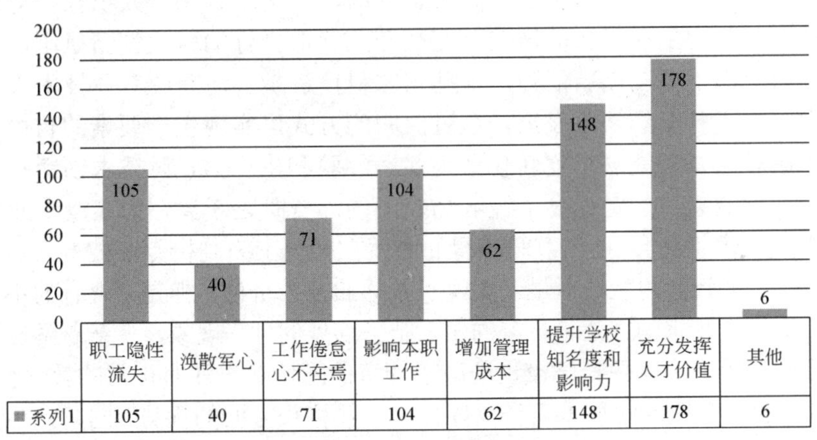

图 14　兼职兼薪活动可能对学校产生的影响

5.2.6 高校兼职兼薪管理文件对兼职时间的约定

近年来，部分高校相继制定了兼职兼薪管理的相关文件或办法，尤其对兼职兼薪的时间进行了约定，具体情况如下：

（1）《天津中医药大学教职工校外兼职管理办法（试行）》中，约定在其他单位从事兼职工作的，每人每周不超过两个半天。

（2）《北京大学教研系列教师校外兼职管理试行办法》中要求，兼职兼薪活动原则上不得占用工作时间；因特殊情况需占用工作时间的，每周不得超过 8 小时(兼课不得超过 2 小时)。

（3）《南京农业大学关于教职工校外兼职的暂行规定》中规定，每周校外兼职累计时间不得超过 1 天（节假日、法定节日除外）

（4）《广东外语外贸大学教职工校外兼职管理规定》中，原则上不得占用工作时间，如因特殊情况需要占用工作时间的，一般平均每周不超过 1 个工作日；全年累计不超过 80 小时。

（5）《湖南大学关于教职工校外兼职的若干规定（暂行）》中规定，兼职兼薪活动不得占用工作时间。因特殊情况需要占用工作时间的，一般每周不得超过 1 个工作日，全年累计一般不得超过 80 小时。

（6）《北京中医药大学教职工校外兼职管理办法（试行）》中规定，校外兼职应遵循依法、合规、不损害学校声誉、不影响本职工作的基本原则，并由本人承担兼职相应法律责任。

从以上部分高校制定的兼职兼薪管理文件，分别对兼职活动的时间进行了限制，其出发点是通过明确规定，保障“适度兼职”。

第六章　高校专业技术人员兼职兼薪的行为影响

在双创背景下，如何最大程度的调动高校专业技术人员这个巨大的智库，需要内在激励机制的构建与实施，引导、激励上至高校、部门、下至团队和个人积极参与科技创新工作，实现由被动参与向主动引领的转变。在社会上营造良好的科技创新氛围，由内而外提升创新动力，自上而下激发创新活力，推动国家科技进步。而高校专业技术人员兼职兼薪在一定程度上促进了社会经济的发展，通过兼职的方式可实现生产要素的自由流动，使高校教师所擅长的理论知识能够迅速转化成为实践经验和生产力，对技术创新和社会进步起到推动作用；并且能够从一定程度上缓解高校中的师资匮乏矛盾，为高校专业技术人员提高自身专业素质提供了机会。通过兼职获得的兼薪在客观上为高校专业技术人员增加了可观的经济收入，改善了教师的生活质量，实现了教师的社会价值。但是，现有的不规范的教师兼职兼薪行为给学校带来的“荒了自家的田，肥了别处的地”现象，夹杂着学校知识产权保护，收入税收监管等诸多问题给学校也造成了师资的隐性流失和对正常的教学秩序的干扰。因此，为了有效的使高校专业技术人员发挥自己专业特长方面的优势，同时也为了满足社会经济发展对知识和技术的广泛需求。需要正确的引导高校专业技术人员参与兼职兼薪活动。

从接受调查的高校专业技术人员的反馈中可以看出，高校专业技术人员的职业特征有以下几个方面：

（1）相比于学校，专业技术人员更忠实于自己的专业。

（2）专业技术人员的知识更新速度快，需要紧跟发展前沿技术。意味着工作时间的考量需要弹性化。目前高校的管理体制相对宽松，教师不用坐班，科研人员工作时间的灵活度较高，部分教师的工作量还不够饱满。

（3）高校专业技术人员是智力高度密集行业，前期教育精力投入和成本投入较高，因此对于收入的期望值明显高于其他行业的从业人员。

这三个特征在专业技术人员讨论兼职兼薪时也得到了充分的验证：

（1）技术人员认为，自身从事的学术活动，或是与自身专业的社会兼职都是合理的。

（2）专业技术人员认为，教师完成了本职工作分配的工作量和教学任务后，在其他地方从事的学术活动也是合理的。

（3）高校专业技术人员的收入与社会中高薪酬层次相比还有较大差距。于对改善个人生活的要求，高校专业技术人员期望通过其他合法的方式获得兼职收入。

因此，在国家双创大背景下，越来越多的高校专业技术人员参与到多途径、多交叉下的兼职兼薪活动中。但是，任何事物都有两面性，高校专业技术人员的兼职兼薪活动也有利弊。结合调查结果，从教师层面和高校层面分别来看待兼职兼薪活动（见表 8）。

表 8　高校专业技术人员兼职兼薪利弊态度

高校专业技术人员兼职兼薪活动利弊（教师层面）		高校专业技术人员兼职兼薪活动利弊（高校层面）
利	有利于教师知识更新，拓展知识面	有利于提高学校的知名度
	有利于丰富教学内容	有利于学科间交流融合
	有利于稳定师资队伍	有利于科研工作
	有利于增强专业技术人员的成就感	有利于优化教师队伍，弥补师资力量的不足
弊	兼职容易削弱教师的敬业精神	影响所在高校的正常教学活动。影响研究生的培养
	削弱一些教师的教学科研的才能	影响科研活动，造成资源浪费
	不利于专业技术人员的身体健康	扰乱学术风气，增加管理难度

近些年来，高校意识到规范兼职兼薪行为的重要性，纷纷出台了相关的法规文件或者制度，对专业技术人员兼职兼薪进行政策性引导和规范化管理。但是从调查的结果分析，在全国范围内，大部分高校仍存在政策空白和规范缺失，体系尚未建立，制度不够完善。形成了管理上的巨大反差。而高校现有的政策上看，大多也是从保护本单位利益出发的，对于“引进来”和“走出去”两方面的兼职人员，主要关注的是“引进来”的问题，不仅以诱人的字眼写进招聘简章中，还会对薪水、待遇、工作时间以及工作地点进行特事特办。在聘用兼职教师（教授）的制度上较为完善。对于本单位的校外兼职行为却少有规定，某种意义上也反映了高校对于本单位人员校外兼职的不鼓励，消极的态度。虽然个别学校制定了管理办法，但往往因孤掌难鸣，在执行上也处于信息闭塞，得过且过，兼职兼薪的隐性化和无序化还是普遍存在的。

此外，一些地方政府的政策导向与高校管理的实践之间也存在着一定程度的不协调，使得高校制定的相关政策无法落地实施。一方面表现在没有全国性法律对于兼职兼薪的法律地位和性质进行高度明确，另一方面表现在现有的政策制度并没有形成统一的体系，地域性较强。如何把握兼职兼薪的“度”是最为关键的。既能最大限度地发挥高校专业技术人员的智库作用，转化成科技生产力，又能保障原单位的权益，协调处理好本单位、兼职单位以及兼职者本人的关系才是最为关键的。只有这样，才能增强兼职兼薪行为在实践中的可操作性和执行性。

第七章　高校专业技术人员兼职兼薪管理制度的构建

在双创背景下，社会对于人才红利转化成科技生产力的需求日益强烈，高校教师兼职兼薪活动能够在一定程度上促进社会经济的发展。通过兼职兼薪，能够实现生产要素的自由流动，对技术创新和社会进步起到推动作用；并在一定程度上为教师的创业实践和自身素质的提高提供了机会。兼职兼薪活动体现了大学的社会服务功能，客观上为高校教师增加了一定的经济收入，改善了教师的生活质量，实现了教师的社会价值。但是，不规范的教师兼职兼薪的行为，除了影响学校的正常教学科研工作之外，还存在侵犯学校知识产权、普遍漏税和管理困难的情况。因此，课题组认为建立完善的兼职兼薪管理制度是非常必要的。

7.1　建立规范有效的管理制度

本课题组研究发现，为数较多的高校教师有校外兼职兼薪的经历，除本职工作外，教师在其他高校或研究所兼职和从事包括学术讲座或咨询服务等兼职活动的比例较高。这反映了高校教师校外兼职活动既满足社会多样化的需求，又在一定程度上实现了教师人力资本的合理配置和价值最大化，充分体现了大学的社会服务功能，有其存在的客观合理性。中共中央办公厅、国务院办公厅印发的《关于实行以增加知识价值为导向分配政策的若干意见》明确指出，允许科研人员和教师依法依规适度兼职兼薪，包括允许科研人员从事兼职工作获得合法收入和允许高校教师从事多点教学获得合法收入。既考虑到了教师兼职的合理性，同时又划定了兼职的底线，具有积极的规范和引导效果。由于兼职类别和工作方式的多样性和复杂性，需要建立一套健全的制度规范和可操作细则，针对兼职活动的范围、类别和参与的普遍程度对高校教师的校外兼职兼薪实行区分兼职类型的分类管理方式，进一步加强引导和规范，促进高校教师兼职活动的有序进行。在建立规范高效专业技术人员兼职兼薪的管理制度上，要以人为本，牢固树立人才资源是第一资源的思想。规范管理时不能采取一刀切的办法，严禁兼职兼薪活动是不可行的。只有通过对高校兼职兼薪的行为进行积极引导，对兼职时间、内容以及范围进行合理的限制和规定，列出负面清单，以分清主次，明确主业和副业的区别标准，在高质量完成本职工作的前提下，有条件的支持适度的兼职兼薪行为。

7.2　加强本职职能考核和兼职管理，完善责任机制

教师校外兼职的潜在弊端是对本职工作产生的负面影响，集中表现在兼职占用教师时间、分散教师精力，从而影响教师本职工作的完成和各项职能的履行。因此，可对教师所兼职的工作类型、周工作量多少和时间安排给予指导。根据专业技术人员兼职兼薪活动的

不同性质和类型，学校应分类指导和管理，明确鼓励、规范及限制兼职活动。各高校应针对学校内不同学科，不同类型，不同层次级别的专家鼓励其参与社会的兼职活动，为社会积极服务。鼓励各种形式的科技开发、科学合作研究，将实验室的科研成果推向市场，服务经济，服务社会。但是对于损害国家利益、侵犯知识产权、与教师身份不符的兼职工作，利用科研经费办公司的应当明令禁止。如果兼职工作有利于教师的实践和发展，工作量适度、时间安排适当，与本职工作无冲突，则可能并不会减少高校教师对本职工作的时间总投入和各项职能的时间投入分配。所以，高校在教师兼职管理方面可以考虑建立相应的责任机制，加强本职职能考核和兼职管理，确保校外兼职以完成本职工作为前提。比如可借鉴美国等建立兼职活动批准和年度报告制度，对兼职时间设定上限等方式令兼职活动保持在适度范围内。[15]

7.3 指导与约定建议

通过调查并结合高校特点，在兼职的范围、类型、时间、管理和程序这 5 大要素的界定上，建议给予指导和约定。

第一，对于兼职范围，高等院校有条件的支持和鼓励其专业技术人员在校外公共服务部门和学术领域从事相关的兼职活动，将理论知识与社会实践相结合，以拓展个人或所在单位在本专业的影响力。但是必须以完成本职工作为前提，不得损坏原单位的利益，不得泄露原单位的科研成果。不得侵占和无偿占有原单位资产为自己的兼职工作提供便利。

第二，对于兼职类型，应当突出重点，注重实效，在重点领域进行鼓励，对于部分兼职要有限制，设立明确的负面清单来禁止部分兼职类型。

第三，对于兼职时间，必须要保证教师能够保质保量的完成教学或科研任务，兼职时间不得过长，不能认为课堂以下的时间是可以随时进行兼职兼薪活动的。课题组建议每周不超过一个工作日比较适宜。

第四，对于兼职薪酬管理，需要把兼职薪酬规范化，纳入社会的统一的薪酬体系。规定兼职薪酬的标准原则，并用税收杠杆加以调节。规范发放方式，必须从工资账户或者专门的兼职薪酬账户发放。加强多方监管，保证本单位，兼职单位能够协同监督。

第五，对于兼职程序，采用申报与备案制度相结合。对于鼓励性的兼职活动，专业技术人员向学校部门进行备案；对于限制性的兼职活动，专业技术人员必须向学校以书面方式进行申请。经学校审批同意后，报学校人事部门备案。包括将来也要制定实行科研人员兼职的公示制度，兼职获得的股权和红利收入应该向本单位报告的制度。这样一个约定，实际上体现了鼓励与约束并重的原则。

对于高校教师和科研人员来说，有两项制度最重要。

其一，实行年薪制，以此保障教师和科研人员的待遇，避免教育和科研的功利化，减少利益因素对教师和科研人员的干扰。加大对重大科技创新成果的绩效奖励力度，建立健全科技成果转化收益反馈机制，使科研人员能够潜心研究，让教师回归育人之本，在保障年薪基础上，从知识价值角度的兼职，才能真正增加知识价值。

其二，实行教育和学术同行评价，建立学术共同体，突破利益共同体。科学设置考核周期，合理确定评价时限，避免短期频繁考核，形成长期激励导向。同时也要加强实实在在的考核，对于那些只干兼职而不完成本职工作的科研人员及高校教师，要采取有力惩戒措施，这样才能保证相关制度真正达到应有的效果。此外，要建立相应的管理制度，比如兼职公示制度、兼职所得收入向本单位报告制度、利益回避制度等。

7.4 负面清单参考

本课题组提出以下关于兼职兼薪负面清单建议，供参考。

本负面清单适用于与学校建立劳动合同关系的从事教学科研活动的人员。

关于兼职范围：

（1）违反原单位关于兼职兼薪管理规定，未全面履行岗位职责、未保质保量完成本职工作任务的兼职兼薪行为。

（2）当校外兼职与校内工作、教学计划和科研职责发生冲突和纠纷情况，有影响学校的正常运行、使得原单位声誉和权益受到损害的行为。

（3）违反教学纪律，敷衍教学，或擅自从事影响教育教学本职工作的兼职兼薪行为。

（4）工作不负责任、不作为、慢作为，无故不承担或故意不完成教学任务、拒不接受分配的其他教学科研工作的行为。

关于兼职类型：

（5）从事与学校职务完全无关的兼职活动。

（6）存在与原学校的利益冲突可能性，并且学校不容易进行管理的兼职活动。

（7）教学科研人员在校外兼职时，所有可能潜在的利益冲突未接受原单位审查的兼职兼薪行为。

关于兼职时间：

（8）兼职时间超过国家和学校法定工作时间的五分之一。

（9）兼职岗位数超过两个及以上。

关于兼职薪酬管理：

（10）兼职或离岗创业个人收入未如实将兼职收入报原单位备案，未按有关规定缴纳个人所得税。

（11）未遵守原单位兼职兼薪备案制度、未按学校建立的年度报告和审查制度接受审查的兼职兼薪行为。

（12）利用原单位的资源完成兼职兼薪活动，未按要求支付使用费用的。

关于兼职程序：

（13）未按学校规定实行备案、报批等兼职兼薪活动。

（14）未在规定时间履行备案或报批手续。

其他：

（15）在兼职岗位上违反原单位技术保密管理制度，利用职权和工作之便或采取不法手段泄露、发表、使用、许可、出售、转让原单位的技术秘密。

（16）成果发表时署名不当的兼职兼薪行为。

（17）在校外兼职兼薪活动中违反国家法律法规的。

伴随着中国高等教育的改革进程，加快实施创新驱动发展战略、深化人才发展体制机制改革、大力推进大众创业万众创新，在双创背景下以增加知识价值为导向的兼职兼薪活动，将会越来越丰富。我们也亟待对本研究课题开展新调查，收集新数据，了解新情况，为进一步规范我国高校教师兼职兼薪提供和积累新的实证证据。各高校要更深刻地看待兼职兼薪问题，更灵活地处理兼职兼薪活动，发挥高校在科技创新和大众创业万众创新中的示范引导作用，充分理解科研人员和教师依法依规“适度”兼职兼薪，最大程度地激发每位科技工作者的潜力。激发科研人员创新创业积极性，在全社会营造尊重劳动、尊重知识、尊重人才、尊重创造的氛围。

参考文献

[1] 中华人民共和国教育部官网. 2016年高等学校科技统计资料汇编[EB/OL]. http://www.moe.edu.cn/s78/A16/A16_tjdc/201703/t20170303_298076.html, 2018-09-01.

[2] 中华人民共和国教育部官网. 2017年高等学校科技统计资料汇编[EB/OL]. http://www.moe.gov.cn/s78/A16/A16_tjdc/201805/t20180522_336767.html, 2018-09-01.

[3] 沙森. 停薪留职政策的前世今生[J]. 晚晴，2015，29（7）：59-60.

[4] 沙鹏. 高校教师兼职兼薪现象思考[J]. 科学·经济·社会，2006，24（3）：55-58.

[5] 徐秉国. 规范高校教师兼职要自律更要监管[N]. 中国教育报，2012-05-30（003）.

[6] 孙奇茹. 大学教师兼职创业从此名正言顺[N]. 北京日报，2014-06-05（001）.

[7] 新华社. 关于实行以增加知识价值为导向分配政策的若干意见[EB/OL]. http://www.gov.cn/xinwen/2016-11/07/content_5129796.html.[2018-06-07].

[8] 落雪. 兼职兼薪能否释放斜杠职业的巨大红利？搜狐公号（职场火锅），2017.01.24

[9] 李永壮，李颖，王勇. 高校教师兼职及其管理的理论分析[J]. 清华大学教育研究，2006，27（5）：30-34.

[10] 余宏亮. 教师作为知识分子的角色重构研究[D]. 重头：西南大学，2014.

[11] 雅斯贝雅斯. 什么是教育[M]. 北京：生活，读书. 新知三联书店，1991.

[12] 杨志敏，白静，杨志勇. 试论高校教师身份认同的重塑[J]. 河南科技学院学报，2013（2）：61-65.

[13] 雷锋网. 允许科研人员和高校教师适度兼职兼薪教授们是这样回应的![EB/OL]. http://mt.sohu.com/20161109/n472668396.shtml, 2016-11-09.

[14] 腾讯新闻. 两办:允许科研人员和高校教师适度兼职兼薪[EB/OL].（2016-11-08）.http://news.qq.com/a/20161108/000545.html.

[15] 沈红. 中国高校教师兼职的实证研究[J]. 教育发展研究，2016（21）：16-20.

课题组成员名单

组　长：	韩宝玲	原北京理工大学人事处处长、深圳北理莫斯科大学人力资源部部长
副组长：	林晓棠	上海交通大学人力资源处副处长
	刘明芬	东南大学人事处副处长
	徐启飞	中国农业大学人事处副处长
	王志伟	北京中医药大学人事处处长
	骆　琪	北京工业大学人事处副处长

成　员：陈蓉蓉　　上海交通大学人事处
焦洪网　　深圳北理莫斯科大学人力资源部
强　劲　　深圳北理莫斯科大学人力资源部
何　萌　　东南大学人事处
杨家福　　中国农业大学人事处
陈远滨　　深圳北理莫斯科大学人力资源部
赵映川　　长江大学

执笔人：强劲、陈蓉蓉、韩宝玲

2018 年 12 月 25 日完稿